AF542369

Selección por competencias

Coordinación
de la serie Martha Alles
Gabriela Scalamandré

Diseño de tapa
Juan Pablo Olivieri

MARTHA ALICIA ALLES

Selección por competencias

Atracción y reclutamiento en las redes sociales. Entrevista y medición de competencias

GRANICA

ARGENTINA - ESPAÑA - MÉXICO - CHILE - URUGUAY

ARGENTINA
Ediciones Granica S.A.
Lavalle 1634 - 3° G / C1048AAN Buenos Aires, Argentina
Tel.: +54(11) 4374-1456 Fax: +54(11) 4373-0669
granica.ar@granicaeditor.com
atencionaempresas@granicaeditor.com

MÉXICO
Ediciones Granica México S.A. de C.V.
Valle de Bravo N° 21 El Mirador Naucalpan Edo. de Méx.
53050 Estado de México - México
Tel.: +5255-5360-1010 Fax: +5255-5360-1100
granica.mx@granicaeditor.com

URUGUAY
Ediciones Granica S.A.
Scoseria 2639 Bis
11300 Montevideo, Uruguay
Tel: +59 (82) 712 4857 / +59 (82) 712 4858
granica.uy@granicaeditor.com

CHILE
granica.cl@granicaeditor.com
Tel.: +56 2 8107455

ESPAÑA
granica.es@granicaeditor.com
Tel.: +34 (93) 635 4120

www.granicaeditor.com

ISBN 978-950-641-901-1

Hecho el depósito que marca la ley 11.723

Impreso en Argentina. *Printed in Argentina*

Alles, Martha Alicia
Selección por competencias: atracción y reclutamiento en las redes sociales: entrevista y medición de competencias / Martha Alicia Alles. - 2ª ed. - Ciudad Autónoma de Buenos Aires: Granica, 2016.
430 p.; 23 x 17 cm.

ISBN 978-950-641-901-1

1. Recursos Humanos. I. Título.
CDD 658.3

Índice

Presentación
***Selección por competencias.* Nueva edición 2016** 11
Selección por competencias. Ayer. Hoy. Mañana 11
Por qué una nueva edición 13
Selección. Prestigio interno y marca empleadora 14
A quién va dirigida esta obra 15
Contenido de la nueva edición 17

Capítulo 1
Introducción a la Gestión por competencias.
Selección por competencias 21
Las buenas prácticas y su importancia 22
Gestión por competencias y las buenas prácticas 24
La importancia de los distintos tipos de competencias 35
La difusión del modelo de competencias. Un aliado fundamental para una implantación exitosa 42
Talento. Competencias. Motivación 46
Selección por competencias. Las buenas prácticas 50
La entrevista por competencias 53
Gestión por competencias y su aplicación en los distintos subsistemas de Recursos Humanos 55
¿Quién puede ser un buen selector? 59
20 pasos para seleccionar personas 62
Síntesis del capítulo 66

Capítulo 2
Planificación. Definición del perfil 69
Antes de la planificación 70
Descriptivo del puesto y Gestión por competencias 72

Asignación de competencias a puestos. Estructura de puestos 74
Planificación de un proceso de selección 79
Definición del perfil 86
Los aspectos económicos como parte del perfil de la búsqueda 93
Perfil de la búsqueda *versus* perfil del postulante. Compatibilidad 95
Planificación de un proceso de selección. Ejemplos 97
Síntesis del capítulo 101

Capítulo 3
Atracción y reclutamiento 105
Atracción y reclutamiento. Ayer y hoy 106
Del reclutamiento al reclutamiento 1.0 117
El reclutamiento dentro del proceso de selección de personas 120
Atracción, selección e incorporación de personas en el contexto actual 122
Conectividad e inmediatez 125
Atracción y atracción 2.0 128
Reclutamiento 2.0 132
Información en la red *versus* antecedentes laborales 142
Headhunting y *Headhunting* 2.0 147
Síntesis del capítulo 149

Capítulo 4
Primera selección 153
Preselección o primera selección 154
Primera revisión de antecedentes 159
Las evaluaciones en la etapa de preselección 164
La entrevista 167
El rol del entrevistador. Consejos sobre la entrevista 172
El rol de las preguntas en un proceso de selección 176
El análisis de la motivación en un proceso de selección 182
Los postulantes problemáticos. Cómo resolver situaciones difíciles 188
Otros tipos de entrevistas utilizadas en selección de personas 191
Registro de la entrevista 195
Síntesis del capítulo 197

Capítulo 5
Entrevista por competencias. Comparación de candidatos 201
Selección y elección 202
Gestión por competencias. La aplicación práctica de los tres diccionarios en selección de personas y en la entrevista por competencias 204
La entrevista en Gestión por competencias 208
Cómo utilizar el *Diccionario de preguntas* y el *Diccionario de comportamientos* en la entrevista por competencias 213

Cómo observar comportamientos en una entrevista. Ejemplo práctico 219
Cómo comparar a los diferentes postulantes en un proceso de selección 233
Confirmación de información previa al ingreso (referencias laborales) 244
Síntesis del capítulo 248

Capítulo 6
Evaluaciones específicas 251
Evaluaciones específicas. Aplicaciones prácticas 252
Assessment Center Method (ACM) 255
Evaluaciones psicológicas 266
Conocimientos. Distintas evaluaciones 270
BEI: *Behavioral Event Interview* o entrevista por incidentes críticos 272
Herramientas para detectar valores personales previo al ingreso a la organización .. 280
Evaluaciones de potencial 281
Síntesis del capítulo 283

Capítulo 7
Negociación y oferta. Incorporación 287
De la negociación a la incorporación 288
Conceptos a tener en cuenta 290
Negociación en un proceso de selección 296
Oferta por escrito 303
Comunicación a postulantes 307
El ingreso a la organización 310
Inducción a la organización y al puesto 311
Síntesis del capítulo 314

Capítulo 8
Control de gestión. Auditoría 319
Control de gestión y Recursos Humanos 320
Un enfoque de costos 322
Diferentes tipos de indicadores en relación con Recursos Humanos 323
Indicadores de gestión para el área de Selección 325
Procedimientos. Auditoría 337
Síntesis del capítulo 346

Capítulo 9
Promociones internas 349
Análisis de eventuales candidatos internos 350
Distintos tipos de carreras 353
Promociones internas efectivas 356
Cómo elegir al nuevo ocupante de un puesto 362
Promociones internas. Diferencias y similitudes
con otros programas organizacionales 368

Programas organizacionales para las personas que ya integran la organización 371
Síntesis del capítulo 373

Anexo I
Cómo tratan la temática de esta obra otros autores 379

Anexo II
Glosario de términos 395

Anexo III
Herramientas 403

Anexo IV
Ética y selección de personas 405

Bibliografía 419

Unas palabras sobre la autora 425

Guía de lecturas 427

Presentación

Selección por competencias. Nueva edición 2016

Selección por competencias. Ayer. Hoy. Mañana

La selección de personas es un tema de ayer, vigente hoy y también en el futuro. Si bien su esencia no cambia, las formas de trabajo sí lo hacen. Estos cambios han originado, entre otras razones, esta nueva otra.

Clientes y colegas suelen consultarme por diversos temas, algunos muy puntuales. Por ejemplo, la rotación en sus empresas ¿es alta o adecuada al tipo de organización? O, ¿cómo retener a los buenos colaboradores? Muchas veces, se pierden los mejores colaboradores, los más valiosos, y es difícil determinar las causas o razones de tal circunstancia.

Diferenciar los conceptos involucrados en esas preguntas –rotación y retención– es de suma importancia. Una forma de determinar si hay problemas con la retención de colaboradores es analizar la rotación.

El término "rotación", empleado en relación con los recursos humanos, hace referencia a la salida de colaboradores de la organización, que luego son reemplazados por otros. Por otra parte, "retención" se utiliza para designar el conjunto de acciones organizacionales, estructuradas y sistemáticas que se realizan con el propósito de evitar que los buenos colaboradores dejen la organización en la búsqueda de mejores opciones laborales.

En términos generales, podríamos afirmar que cuando las personas dejan la organización muy poco tiempo después de haber ingresado, quizá el problema no sea de retención sino de selección. Por lo tanto, las empresas preocupadas por la retención de personas deberán comenzar su análisis por los métodos de atracción y selección utilizados.

Si las personas dejan la organización al inicio de la relación –por ejemplo, en los 3-6 primeros meses–, usualmente el problema se puede resolver rápidamente adecuando los procesos de selección. En cambio, si los colaboradores dejaran la organización luego de los 3-6 primeros meses, entonces sí se podría hablar de problemas estrictamente de retención.

No realizaré aquí un análisis detallado de esta cuestión; no obstante, su mención es importante, dado que las buenas prácticas en selección ayudan a solucionar algunos problemas que, en ocasiones, se rotulan de otra manera y se identifican como parte de una situación distinta a la que realmente corresponde.

Las buenas prácticas indican que se debe contar con procedimientos y herramientas para cubrir las diferentes problemáticas organizacionales: la selección de personas externa e interna, programas de desarrollo para las personas que integran la organización, entre otros métodos de relevancia. El factor humano es, en pleno siglo XXI, una de las mayores preocupaciones de los líderes mundiales y no debe ser descuidado. Este es nuestro aporte. A su vez, los temas tratados en relación con la selección de personas tienen una relación directa con los resultados organizacionales.

Cuando hablamos de las buenas prácticas, estas no son importantes solo por una cuestión técnica, sino que su aplicación permite minimizar riesgos, evitar problemas futuros, con implicancias legales y económicas. Por ejemplo, una mala inducción podría devenir en una futura desvinculación, por una mala comprensión –por parte del nuevo colaborador– de ciertas consignas, normativas, y usos y costumbres laborales.

Por otra parte, si una empresa ha implementado programas internos para el desarrollo de personas, muchas de las vacantes serán cubiertas con personas formadas a partir de esos mismos programas. No obstante, será difícil que se cubran internamente todas las necesidades que se presenten. Siempre será necesario realizar procesos de selección externos e internos, al igual que deberán realizarse promociones internas, además de llevar adelante los programas mencionados.

Un proceso de selección efectivo y eficiente permite desde no contratar a la persona equivocada hasta mejorar la calidad del trabajo del selector –por ejemplo, al evitar recibir muchas respuestas irrelevantes provenientes de distintas fuentes de reclutamiento mal utilizadas–. La clave del éxito de todo el proceso es que sea sencillo y breve, contemplando todos los pasos adecuados y no otros innecesarios, para así cubrir de manera efectiva los requisitos de la búsqueda.

La presente obra –en su conjunto– está destinada a la temática de *selección* y contempla las cuestiones mencionadas y otras adicionales.

Cuando la selección de personas se realiza de acuerdo a las buenas prácticas organizacionales, las personas que ingresen a la organización tendrán las capacidades que sus respectivos puestos requieren. Un buen proceso de selección implica que todos los involucrados en él, el especialista en Recursos Humanos a cargo del proceso de selección –selector–, el futuro jefe, el jefe del jefe, etc., desempeñen sus respectivos roles de acuerdo a las ya mencionadas buenas prácticas. Ser un buen selector y/o un buen entrevistador –no solo el especialista de RRHH, también el futuro jefe– implica capacidad de análisis, identificar comportamientos en el relato de los entrevistados, así como un conocimiento de la actividad y del mercado en el cual se desenvuelve la organización en cuestión.

Como se verá en el Capítulo 8, la función de selección puede ser medida y, también, auditada. La calidad de un buen proceso de selección se inscribe entre las buenas prácticas diseñadas bajo el criterio *ganar-ganar*, es decir, será bueno para todos los involucrados. Especialmente, jefes y colaboradores.

Por qué una nueva edición

Hace unos pocos meses comenté con mi editor acerca de la necesidad de reescribir uno de mis clásicos y le expliqué –en aquel momento– que los conceptos básicos no se han modificado (por ejemplo, la forma de observar comportamientos en una entrevista). Pero, al mismo tiempo, otros aspectos fueron dejados de lado y/o modificados, especialmente por la irrupción de la tecnología –y de las redes sociales de manera muy particular–.

Los *social media* han modificado tanto ciertos comportamientos de las personas como los métodos de trabajo utilizados por las organizaciones para llevar adelante el reclutamiento, incorporando conceptos tales como *Atracción 2.0* y *Reclutamiento 2.0*. Estos conceptos ya fueron tratados en una obra previa de esta misma autora, *Social media y Recursos Humanos*. Aquí, estos conceptos se incorporan como procedimientos específicos dentro de un proceso de selección.

Como decíamos, algunos aspectos en la selección de personas no se han modificado; por ejemplo, siempre los candidatos serán comparados con el perfil de la búsqueda. Sin embargo, han cambiado sustancialmente las formas, las vías de comunicación, los soportes en los cuales se encuentran los datos, la forma de interactuar entre las personas y, por ende, los comportamientos relacionados. Por todas estas razones se hizo necesario escribir un nuevo libro sobre selección de personas.

Otro aspecto esencial y constante en el tiempo es que en los procesos de selección se pueden considerar candidatos externos e internos. En todos los casos se analizarán conocimientos, competencias, experiencia y motivación. Todas estas características se podrían resumir en una palabra: talento.

Una persona puede poseer talento, es decir, conocimientos, competencias y experiencia según lo requerido por su puesto actual de trabajo, quizá superarlo, pero no por ello ser la adecuada para otro puesto. En el ámbito de las organizaciones, se considera el talento en relación con un puesto, sea este el actual –el que la persona ocupa– o uno que eventualmente ocupe en un futuro y que se espera asuma más adelante.

Esta nueva obra, escrita desde la *página en blanco*, es decir, reformulando el total de sus contenidos, incluye nuevos temas, desde la ya mencionada utilización de las redes sociales en selección de personas, hasta otros conceptos que, sin ser nuevos, estimé necesario incorporarlos entre los contenidos de esta nueva edición. Me refiero a la mejor forma de evaluar candidatos internos antes de designarlos para un puesto diferente al que ocupan, y la auditoría de los procedimientos de selección, solo por mencionar algunos. Entre los anexos, la obra incluye, a modo de *estado del arte*, la opinión de otros autores, un glosario de términos y la descripción de herramientas clave.

Selección. Prestigio interno y marca empleadora

El prestigio interno de cualquier especialidad, en nuestro caso el área de Recursos Humanos y, muy especialmente, la función Selección de personas, alcanzará el más alto nivel cuando sus integrantes realicen bien su tarea, obtengan resultados, evidencien comportamientos éticos y, en función de todo lo anterior, generen –en los otros– credibilidad sobre la tarea realizada. ¿Cómo lograrlo? Aplicando las buenas prácticas.

A partir del prestigio interno se alcanza un valor que denominamos "marca Recursos Humanos", al que le hemos dedicado un libro publicado en 2014, *La marca Recursos Humanos*[1]. En pocas palabras, el concepto identifica la valoración positiva que dentro de una organización posee el área de Recursos Humanos, producto de la eficacia de su gestión.

Trabajar sobre el concepto interno de *marca* tiene múltiples aplicaciones prácticas y, a su vez, podrá ser considerado desde diferentes perspectivas:

Mirada externa. El valor de marca alto produce buena imagen entre directivos y colaboradores, y todos ellos, de manera consciente o no, la transmiten fuera de la organización. Como consecuencia, otras personas desean formar parte de ella.

Mirada interna. Cuando el área de Recursos Humanos alcanza un valor de marca alto, se facilita la implementación de cualquier programa, método o proyecto que proponga, dado que tanto los directivos como los colaboradores en general tienen confianza en su gestión.

Cuando se verifica lo mencionado en el último punto, es posible obtener una respuesta altamente satisfactoria al realizar acciones de atracción y reclutamiento. Se logra atraer al mejor talento disponible para la posición ofertada.

---

1 *La marca Recursos Humanos. Cómo lograr prestigio interno en la organización* (Ediciones Granica, Buenos Aires, 2014) es una obra que surge como producto del intercambio de experiencias profesionales compartidas con Javier Fernando Burdman, director de Martha Alles International, quien generó la idea de combinar las disciplinas de Marketing y Recursos Humanos, lo que dio origen a la citada obra.

Un indicador alto-positivo de que se posee una buena imagen interna se evidencia, por ejemplo, cuando se promueve que los colaboradores presenten postulaciones (amigos, compañeros, etc.) y la respuesta es alta, superior o igual a la esperada. Por el contrario, sería un indicador negativo que, ante una situación similar, la respuesta sea escasa o nula.

Continuando con el ejemplo, sería un indicador alto-positivo de la percepción externa (del mercado) con relación a la gestión de personas en la organización, que se obtenga una alta respuesta a anuncios de oferta de empleo. Por el contrario, sería un indicador negativo que, ante una situación similar, la respuesta sea menor a la esperada (en anuncios de oferta de empleo).

Así como mencioné el concepto de marca de RRHH, también se puede identificar la *marca empleadora / marca del empleador (employer branding)*. Lograr esta "marca" implica construir una imagen positiva en el mercado, conseguir una reputación como buen empleador tanto para los colaboradores actuales como para los futuros. Esta imagen positiva no debe basarse solo en consignas publicitarias, sino que, por el contrario, debe estar construida sobre la base de acciones concretas en materia de Recursos Humanos.

A quién va dirigida esta obra

Los temas de Recursos Humanos en general y de selección en particular son de interés para personas que se desempeñan en organizaciones de todo tipo, que en su día a día llevan a cabo procesos de selección de personas, como responsables de Recursos Humanos en una organización o como consultores externos, así como para los futuros jefes de las personas involucradas en dichos procesos de selección.

También para estudiosos de diferentes ámbitos académicos, tanto profesores como alumnos, y, de algún modo, para los buscadores de empleo, aunque no estén mencionados en la figura superior de la página siguiente.

Desde una mirada organizacional, en una primera instancia pareciera que la temática de selección, como se mencionó más arriba, es de interés solo entre los especialistas en Recursos Humanos o selectores. Sin embargo, el interés sobre estas cuestiones es mucho más amplio. Involucra también a los futuros jefes que deban realizar un proceso de selección por su cuenta y a aquellos otros que, perteneciendo a una organización que dispone de un área de Recursos Humanos a cargo del proceso de selección, tienen también un rol activo en la elección de un futuro colaborador. En esta última situación, los futuros jefes participarán al inicio del proceso y, ya casi sobre el final, serán ellos los que deban elegir a uno de los candidatos para ofrecerle el empleo (ver figura inferior en la página siguiente).

A quiénes les puede interesar esta obra - 1

Consultores	Ámbitos académicos	Organizaciones
Firmas de consultoría Consultores independientes	Profesores Alumnos	RRHH Jefes Número 1

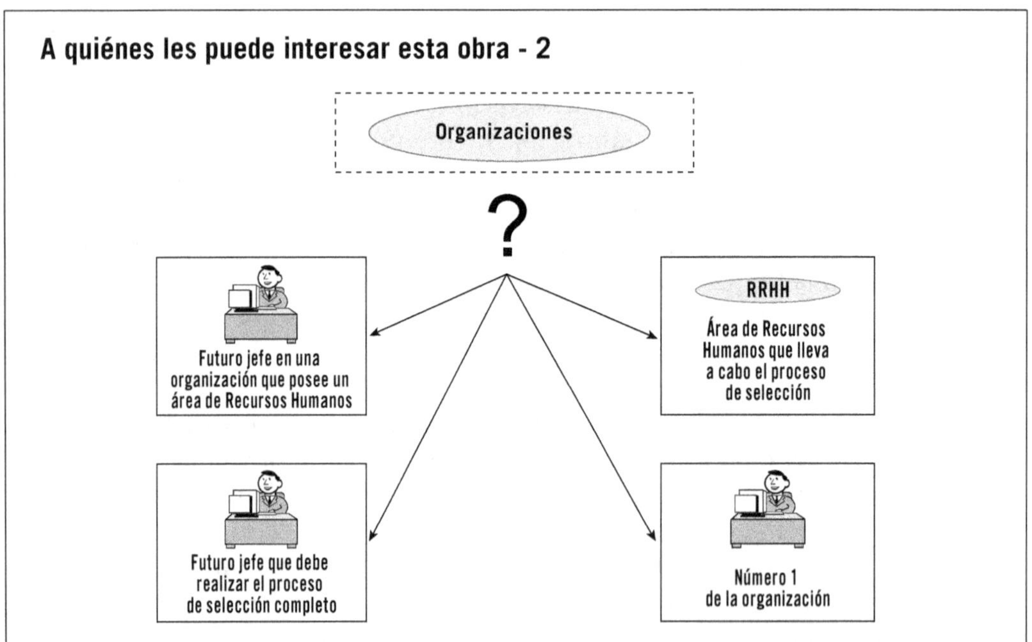

Al número 1 de la organización le podrá interesar esta temática desde diferentes miradas o perspectivas. En primer lugar, en el siglo XXI el conductor de cualquier tipo de organización está –usualmente– preocupado por el talento organizacional, por retenerlo y desarrollarlo, en cuanto a los colaboradores actuales, así como por integrar nuevos colaboradores valiosos y que respondan a las necesidades actuales y futuras de la organización.

El número 1, en algún momento, podrá él mismo llevar adelante un proceso de selección y así asumir un rol doble. Aquí podrán darse dos variantes, según cuente la organización, o no, con un área de Recursos Humanos que participe en dicha selección.

En resumen, el número 1, en cualquiera de las distintas posibilidades y perspectivas, deberá conocer las posibilidades que ofrecen las buenas prácticas de Recursos Humanos.

También es mi propósito poner blanco sobre negro mitos y verdades sobre las redes sociales. En mayor o menor medida todos estamos en contacto con ellas, pero no todos comprenden su utilización con una mirada organizacional, en especial desde la disciplina de Recursos Humanos. Dentro de esta, en particular para la selección de personas, que es el eje de este libro.

Contenido de la nueva edición

Como se muestra en la figura de la página siguiente, la obra consta de nueve capítulos.

Capítulo 1. Introducción a la Gestión por competencias. Selección por competencias

Capítulo 2. Planificación. Definición del perfil

Capítulo 3. Atracción y reclutamiento

Capítulo 4. Primera selección

Capítulo 5. Entrevista por competencias. Comparación de candidatos

Capítulo 6. Evaluaciones específicas

Capítulo 7. Negociación y oferta. Incorporación

Capítulo 8. Control de gestión. Auditoría

Capítulo 9. Promociones internas

También incluye cuatro anexos:

Anexo I. Cómo tratan la temática de esta obra otros autores

Anexo II. Glosario de términos

Anexo III. Herramientas

Anexo IV. Ética y selección de personas

Como siempre, invito al lector a que nos escriba, comentando sus dudas y sugerencias, y muy especialmente si desea aportar nuevas cuestiones a tratar. Podremos estar comunicados, como siempre, a través de cualquiera de nuestras participaciones en las redes sociales, así como escribiendo a la siguiente dirección de correo electrónico: **libros@marthaalles.com**

Como es tradición en nuestros libros, cuando estos son utilizados por profesores se ofrece material adicional de apoyo para el dictado de clases, en formato digital.

PARA PROFESORES

Para cada uno de los capítulos de esta obra hemos preparado:

- Casos prácticos y/o ejercicios para una mejor comprensión de los temas tratados.
- Material de apoyo para el dictado de clases.

Los profesores que hayan adoptado esta obra para sus cursos tanto de grado como de posgrado pueden solicitar de manera gratuita las obras:

- *Selección por competencias. CASOS*
- *Selección por competencias. CLASES*

Únicamente disponibles en formato digital, en nuestro sitio: **www.marthaalles.com**, en la exclusiva *Sala de profesores*, o bien escribiendo a: **profesores@marthaalles.com**

PARA TODOS LOS LECTORES

Se encuentra disponible en formato digital un Anexo donde se ha realizado un análisis detallado de libros y subsistemas que complementa las temáticas abordadas en esta obra.

Capítulo **1**

Introducción a la Gestión por competencias. Selección por competencias

En este capítulo se verán los siguientes temas:

- Las buenas prácticas y su importancia
- Gestión por competencias y las buenas prácticas
- La importancia de los distintos tipos de competencia
- La difusión del modelo de competencias. Un aliado fundamental para una implantación exitosa
- Talento. Competencias. Motivación
- Selección por competencias. Las buenas prácticas
- La entrevista por competencias
- Gestión por competencias y su aplicación en los distintos subsistemas de Recursos Humanos
- Quién puede ser un buen selector
- 20 pasos para seleccionar personas

Las buenas prácticas y su importancia

Muchas personas resuelven situaciones diversas sobre la base de la intuición, y en ocasiones los resultados son buenos. Sin embargo, existen las buenas prácticas y a ellas nos referiremos en este primer capítulo.

¿Por qué comenzar por definir el concepto "buenas prácticas"? Quizá por la frecuencia con que se hace un uso inadecuado de la terminología.

La expresión "buenas prácticas" hace referencia a aquellas prácticas que son consideradas un parámetro o estándar a alcanzar, según la opinión de un experto.

En diversos ámbitos, como los académicos, se diferencia adecuadamente la teoría de la práctica, para brindar por un lado conceptos y definiciones y, por otro, ejercitación. En la materia que nos convoca (Recursos Humanos en general y selección de personas en particular) es más adecuado explicar y referirse a las buenas prácticas que a la teoría, dado que este último término, en algunos casos, hace referencia a *conceptos no probados,* y en cambio las organizaciones desean conocer acerca de acciones y conceptos que han sido experimentados en la actividad cotidiana y que han demostrado una alta eficacia en cada uno de los aspectos a los que se refieren.

Por lo tanto, a través de la explicación de las buenas prácticas –así como de las definiciones brindadas en obras previas, tales como el *Diccionario de términos de Recursos Humanos* y su obra complementaria, *Las 50 herramientas de Recursos Humanos...*– se ofrece al interesado conceptos y definiciones probados en la vida real por un gran número de organizaciones. Hacia el final del libro como Anexo II, el lector encontrará un Glosario con los términos más importantes relacionados con esta obra.

En resumen, se pretende acompañar la teoría y la investigación académica con la experiencia práctica en el ámbito de las organizaciones, para así brindar métodos de trabajo fiables que instituciones y empresas de todo tipo puedan implementar.

Dentro de la disciplina que nos ocupa, se pueden identificar las "buenas prácticas en Recursos Humanos". Aquí la expresión hace referencia a aquellas prácticas que son consideradas un parámetro o estándar a alcanzar según la opinión de un experto en la temática.

Las "buenas prácticas en Recursos Humanos" describen métodos de trabajo que las empresas han implantado y que se consideran "deseables", es decir, que sería bueno implementar o adoptar en aquellas organizaciones que no lo han hecho aún. Por lo tanto, las buenas prácticas no implican conceptos de tipo teórico, sino que describen los métodos de trabajo que representan la mejor manera de hacer las cosas en lo que respecta a un determinado tema o aspecto de la organización: *métodos de trabajo reales llevados a la práctica por organizaciones reales.*

En resumen, las buenas prácticas representan modelos de gestión que han sido exitosos en algunas o muchas organizaciones.

Un directivo preocupado por el factor humano deberá conocer, al actuar en su área, todas las variantes de prácticas disponibles a fin de identificar las más convenientes para lograr en su organización un buen desempeño general. Del mismo modo, también deberá hacerlo un experto en Recursos Humanos.

En esta obra, como en otras, el lector encontrará un amplio abanico de temas relacionados con las buenas prácticas, algunos más conocidos que otros.

Para completar lo aquí expuesto, voy a mencionar la práctica denominada *benchmarking*, expresión en idioma inglés que refiere al proceso mediante el cual se puede comparar una determinada práctica organizacional con otras similares en el mercado que sean consideradas "buenas prácticas". El propósito con el cual se realiza *benchmarking* es implementar mejoras en los métodos de trabajo organizacionales.

Por extensión, se puede realizar *benchmarking* interno, para comparar el funcionamiento de un área o sector con otro/s. Esta variante –*benchmarking* interno– es de aplicación frecuente en compañías transnacionales para comparar divisiones de negocios de diferentes países o regiones.

A continuación, introduciremos otros términos relacionados.

Herramental: Conjunto de herramientas relacionadas con una disciplina o un tema en particular. Ejemplo: herramental de RRHH, herramental disponible para selección de personas.

Herramientas: Cuestionarios, manuales, guías y otros materiales de apoyo de probada eficacia para la resolución práctica de un determinado problema o situación.

Con relación a nuestra temática, es preciso tener en cuenta las *herramientas de Recursos Humanos.*

La disciplina de Recursos Humanos requiere de herramientas sencillas, eficientes y eficaces para ser implementadas en todos sus subsistemas.

La mayoría de los asuntos relacionados con las personas que integran una organización son asumidos por los jefes directos de los colaboradores, que tienen, además, una serie de funciones y responsabilidades. Por lo tanto, la gestión del área de RRHH deberá proveer a sus clientes internos (los jefes de cada sector) cuestionarios, manuales, guías y otros materiales de apoyo para la resolución práctica de todos los asuntos relacionados con sus equipos de colaboradores.

Al mismo tiempo, la Dirección del área de Recursos Humanos debe asegurarse que todos los profesionales de su sector cuentan con este tipo de materiales de apoyo para la resolución práctica de todos los asuntos relacionados con sus distintas especialidades: selección, desempeño, formación, programas internos para el desarrollo, remuneraciones, etcétera.

Por último, tanto la Dirección del área de Recursos Humanos como la Dirección General podrían, al contar con herramientas y procedimientos adecuados, tener certeza y tranquilidad respecto de que la gestión del área –y específicamente la función de selección, a la que nos abocamos en esta obra– podrá ser auditada de manera correcta.

Tanto para herramientas como para los conjuntos de ellas –herramentales–, se han realizado versiones específicas de acuerdo con la Metodología Martha Alles. En algunos herramentales se aporta una variante inédita hasta el momento (ejemplo: los distintos programas para jefes), o bien se brinda una versión propia de un elemento conocido (ejemplos: modelos de competencias, de conocimientos y de valores). Algo similar ocurre con las herramientas: en algunos casos se ofrece una variante inédita hasta el momento (ejemplos: *Fichas de evaluación, Codesarrollo*), o bien se brinda una versión propia sobre un elemento ya conocido (ejemplos: *Manual de Assessment, Manuales para formador de formadores*).

En esta obra en particular se hará referencia, a continuación, a las *buenas prácticas en Gestión por competencias y en selección por competencias.* En el Anexo I –a modo de estado del arte– el lector encontrará un recorrido por diversos autores, los más relevantes, que han publicado trabajos con relación a selección de personas, Gestión por competencias y algunos otros aspectos relacionados.

Gestión por competencias y las buenas prácticas

Explicar de manera detallada las buenas prácticas en Gestión por competencias sería sumamente extenso, por lo cual se hará una síntesis, a modo introductorio, para luego tratar los temas relacionados con selección de personas[1].

La Gestión por competencias es considerada, en la actualidad, dentro de las buenas prácticas organizacionales. Si bien esta es una obra destinada a la selección de personas, comenzaremos por una breve introducción a las buenas prácticas, primero en Gestión por competencias y, a continuación, en selección de personas; más precisamente, en selección por competencias.

1 Si el lector está interesado en conocer otras obras donde las buenas prácticas sean analizadas con mayor detalle, le sugiero consultar el anexo "Para todos los lectores", disponible en formato digital, donde se ha realizado un análisis detallado de libros y subsistemas que complementa las temáticas abordadas en esta obra.

Hacia el final de la obra el lector encontrará el Anexo I. Cómo tratan la temática de esta obra otros autores, en el cual se presentan aquellos que han tratado Gestión por competencias, desde diferentes vertientes. Como se podrá apreciar allí, se trata de un método sólido con muchos años de vigencia y que, como es lógico, ha sufrido cambios y transformaciones, para adaptarse a las realidades del contexto, y ha evolucionado –básicamente– en sus detalles y aplicaciones.

La temática relacionada con la Gestión por competencias es posible verla con dos enfoques, como se explica con más detalle en el ya mencionado Anexo I, pero que resumiremos aquí.

Bajo la denominación de *competencias*, las organizaciones trabajan en dos direcciones o con dos enfoques diferentes:

- Competencias laborales que hacen foco en el individuo, en especial los niveles operativos.
- Competencias (conductuales) como un modelo de gestión.

Existe en diversos medios, aun en los académicos, una profunda confusión sobre términos que, siendo parecidos, significan cosas muy diferentes: las competencias laborales y las competencias conductuales. Estas últimas, usualmente, se las denomina solo con la palabra "competencias", sin adición de su calificación de "conductuales".

Cuando se habla de Gestión por competencias se hace referencia a un modelo de management o de gestión, una manera de dirigir los recursos humanos de una organización para lograr alinearlos con su estrategia. Cuando esta modelización se hace correctamente, conforma un sistema *ganar-ganar*, ya que es beneficiosa tanto para la empresa como para sus empleados.

El término *Gestión por competencias* hace referencia al modelo de gestión que permite alinear a las personas que integran una organización (directivos y demás niveles organizacionales) en pos de los objetivos estratégicos.

Para que sea eficaz, la Gestión por competencias debe ser implementada con un enfoque sistémico, es decir, aplicarse en todos los subsistemas de Recursos Humanos de la organización.

El término "modelo" se utiliza para designar al conjunto de relaciones basadas en términos lógicos, y "modelo de competencias", a su vez, se utiliza para identificar al conjunto de procesos relacionados con las personas que integran la organización para alinearlas en pos de los objetivos organizacionales.

Un modelo de competencias permite seleccionar, evaluar y desarrollar a las personas en relación con las competencias necesarias para alcanzar la estrategia organizacional.

Algunos autores señalan la diferencia entre Gestión por competencias, temática tratada en este capítulo, y otra expresión similar, Gestión de las competencias. Explicaremos a continuación este último concepto para que el lector pueda apreciar las diferencias.

La expresión "Gestión de las competencias" hace referencia al conjunto de acciones que se realizan con el propósito de administrar las capacidades de los colaboradores –en especial, sus competencias–.

Las acciones a realizar son: medición, comparación con lo requerido (concepto de *adecuación persona-puesto*), formación y desarrollo, por citar las más relevantes.

Dicha expresión –Gestión de las competencias– se utiliza para señalar una gestión planeada, por parte de la organización, en torno a las competencias de sus colaboradores. Implica tenerlas en cuenta ya sea tanto para darles una utilización adecuada como para incrementarlas cuando sea necesario.

El concepto se puede asimilar a *desarrollo de competencias* y es claramente diferente a *Gestión por competencias.* Cuando el propósito sea implantar un modelo de gestión basado en competencias, la expresión correcta será "Gestión por competencias".

Si bien la metodología que se expondrá es la que surge tanto de mis investigaciones y trabajo profesional como de la labor del equipo que integra nuestra firma, no representa una mera opinión de un autor, sino que es el fruto de la experiencia, de ver resultados positivos en empresas y organizaciones a lo largo de toda Latinoamérica. Por lo tanto, la Gestión por competencias, así como los aspectos más salientes de la metodología que se describe a continuación, conforman las buenas prácticas en materia de Recursos Humanos.

Diferentes significados para el término "competencia". Diferencias con el término "comportamiento"

El término "competencias" posee varios significados. Según la RAE[2]:

- El término "competencia", en relación con "ser competente", significa: pericia, aptitud, idoneidad para hacer algo o intervenir en un asunto determinado.
- El término "competencia", cuando está relacionado con el infinitivo del verbo "competir", significa: disputa o contienda entre dos o más personas sobre algo.

---

2 www.rae.es

- El término "competencia", cuando está relacionado con "ser competente" y, a su vez, con "incumbencia", significa: atribución legítima a un juez u otra autoridad para el conocimiento o resolución de un asunto.

Muchos autores también utilizan el término en otros idiomas. Veamos algunos casos:

- *Competence.* Palabra inglesa cuya traducción a nuestra lengua es "competencia". Su plural puede escribirse de dos maneras: *competences* o *competencies.*
- *Compétènce.* Término en idioma francés cuya traducción a nuestra lengua es "competencia". Plural francés: *compétènces.*
- En otras lenguas el término también tiene su expresión: en alemán, *Kompetenzen*; en italiano, *competenze;* en portugués –al igual que en español–, *competencia.*

Por último, dos términos relacionados con las definiciones de los párrafos previos:

- *Competente.* Persona con los conocimientos y competencias adecuados para desempeñar un trabajo, tarea u oficio determinado.
- *Competir.* Pugnar, rivalizar con, contender. Sustantivos relacionados: *competición, competencia, competidor, competitividad.*

Otras expresiones comunes relacionadas con competencias son:

- *Competencias de punto inicial.* Características esenciales (generalmente conocimientos o habilidades básicas) que se necesitan en un empleo para desempeñarse adecuadamente. Competencias de punto inicial son, por ejemplo, para un vendedor, el conocimiento del producto que ofrece; para un empleado administrativo, el conocimiento necesario para utilizar un procesador de texto.
- *Competencias diferenciales.* Estos factores distinguen a las personas de niveles superiores de los demás. Por ejemplo, la competencia *orientación al logro,* que implica establecerse objetivos más altos que los que la organización requiere.

Por último, dos definiciones de suma relevancia en la Metodología Martha Alles, donde se hace una diferencia fundamental entre los términos "competencia" y "comportamiento".

- *Comportamiento.* Es aquello que una persona hace (acción física) o dice (discurso). Sinónimo de conducta.
- *Comportamiento observable.* Es aquel comportamiento que puede ser visto (acción física) u oído (en un discurso).

Por otra parte, la expresión "comportamiento individual" hace referencia al comportamiento de cada una de las personas, sin relación con un contexto específico.

A nivel organizacional, primero se define el comportamiento deseado dentro del ámbito de cada organización, en función de sus objetivos y estrategia, y luego se compara con el comportamiento de cada uno de sus integrantes.

Conocimientos y competencias. Diferencias

Conocimiento es un conjunto de saberes ordenados sobre un tema en particular, materia o disciplina.

Si bien algunas definiciones del término *competencias* incluyen los conocimientos como parte del significado del término, en la Metodología Martha Alles y, en consecuencia, también en esta obra, se tratan estos conceptos por separado. La razón de ello es simple: la evaluación y medición de los conocimientos se realiza con métodos diferentes a los de la evaluación y medición de competencias. Lo mismo sucede con la formación y el desarrollo, temas que no forman parte de este trabajo y han sido tratados por la autora en otras obras.

Los conocimientos también son denominados por otros autores como "competencia/s técnica/s", expresión que no aconsejamos dado que puede crear confusión, en especial entre los no expertos en Recursos Humanos.

La Metodología de Gestión por Competencias de Martha Alles International –MAI–

Nuestra firma consultora ha desarrollado una metodología para la puesta en marcha de modelos de competencias, basada en dos grandes pilares: la teoría preexistente y la experiencia profesional trabajando con este método –ya mencionada–. Dicha metodología ha sufrido transformaciones a través del tiempo. Esto implica haber tenido la oportunidad de realizar un sinnúmero de implantaciones de sistemas de Gestión por competencias, conocer muchos modelos en organizaciones de todo tipo de países diversos, ajustar modelos diseñados por otros, buscar soluciones a distintos problemas, etcétera.

Conocer muchos modelos diferentes, además de los propios, brinda un panorama muy amplio. La riqueza del conocimiento en materia de competencias se obtiene no solo por conocer buenos métodos de trabajo, sino también por haber tenido la oportunidad de conocer otros que no han sido satisfactorios. También se aprende mucho al observar qué procesos no han dado resultado.

Definición de competencias para Martha Alles

En varias partes de la obra el lector encontrará definiciones de algunos términos. También podrá hallar otras al final en el Anexo II. Glosario. La inclusión de las definiciones conlleva un doble propósito: clarificar el significado de ciertos términos, para los que no estén familiarizados con ellos, y, al mismo tiempo, fijar nuestra posición en aquellos casos en que puedan existir diversas interpretaciones o corrientes relacionadas con esta terminología. Por lo tanto, estas palabras serán utilizadas a lo largo de toda la obra con el significado que les atribuimos en las correspondientes definiciones[3].

Existen diferentes acepciones del concepto de *competencias*; en nuestro trabajo se utilizará la que incluimos a continuación.

Competencia. Competencia hace referencia a las características de personalidad, devenidas en comportamientos, que generan un desempeño exitoso en un puesto de trabajo.

Modelo de competencias. Conjunto de procesos relacionados con las personas que integran la organización y que tienen como propósito alinearlas en pos de los objetivos organizacionales o empresariales.

Como ya se comentara más arriba, los modelos de Gestión por competencias hacen referencia, en todos los casos, a las denominadas *competencias conductuales.* Sin embargo, existen autores y profesionales del área de Recursos Humanos que confunden la temática incluyendo bajo el nombre de competencias también los conocimientos. Si bien puede decirse –como hemos señalado– que los conocimientos son competencias técnicas y las competencias conductuales son competencias de gestión –en obras anteriores también hemos mencionado esta cuestión–, cuando queramos referirnos a conocimientos usaremos solo este término (conocimientos), a los efectos de no confundir al lector, en especial al que no es un especialista del área, a quien también dirigimos nuestro trabajo.

3 Cabe aclarar que en todas las obras que conforman la *Metodología de Gestión por Competencias de Martha Alles International –MAI–* cada vocablo definido es utilizado con idéntico significado.

Conocimientos	Competencias
Informática (por ejemplo, un software)	Iniciativa – Autonomía
Contabilidad financiera	Orientación al cliente
Impuestos	Colaboración
Leyes laborales	Comunicación
Cálculo matemático	Trabajo en equipo
Idiomas	Liderazgo

La tabla precedente muestra ejemplos de conocimientos y competencias.

Tanto los conocimientos como las competencias son necesarios para realizar cualquier tipo de trabajo. Los conocimientos deben estar presentes. Sin embargo, el desempeño exitoso solo será posible cuando, además, se posean las competencias que el puesto requiere.

Los conocimientos constituyen la base del desempeño; sin los conocimientos necesarios no será posible llevar adelante el puesto o la tarea asignada. No obstante, el desempeño exitoso se obtiene a partir de poseer las competencias necesarias para dicha función. Estas ideas se expresan en la figura siguiente.

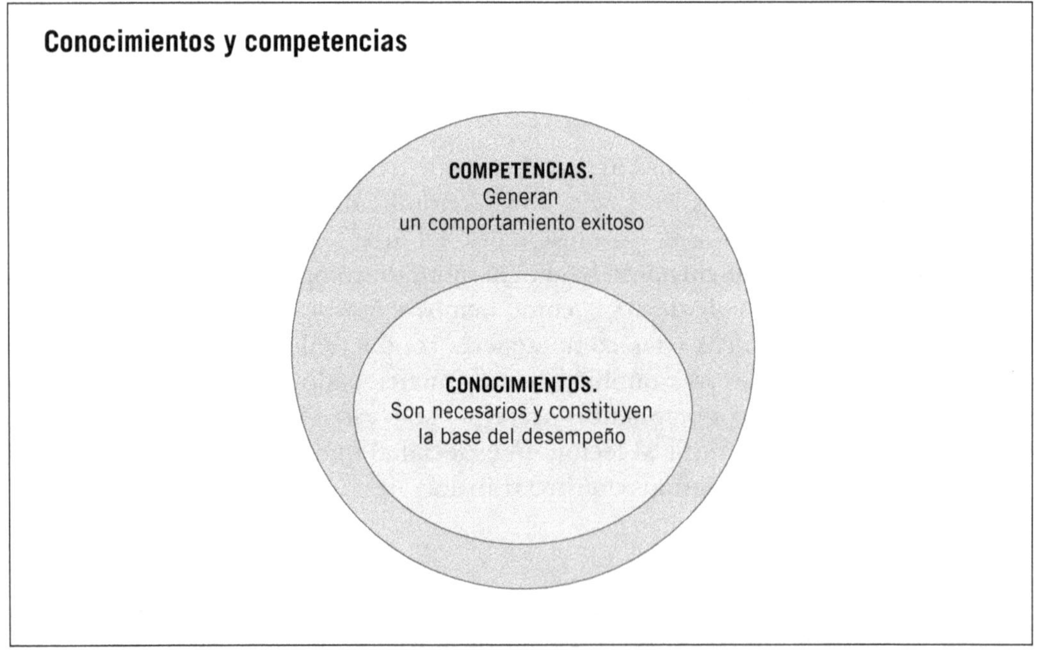

Veamos un ejemplo: si se está realizando una selección lo más sencillo será evaluar los conocimientos de la persona que se postula, los cuales –por otra parte– suelen ser excluyentes en los procesos de búsqueda; por lo tanto, se sugiere comenzar la evaluación *por lo más fácil de medir y que es, a su vez, excluyente: los conocimientos requeridos.* De este modo los candidatos que posean los conocimientos excluyentes serían a continuación evaluados en sus competencias o características más profundas.

Al analizar las capacidades de una persona usualmente se consideran los conocimientos, las destrezas y las competencias.

Como ya se ha expuesto, la palabra "conocimiento" se utiliza para designar el conjunto de saberes ordenados sobre un tema en particular, materia o disciplina. En cambio, el término "destreza" hace referencia a habilidades de tipo físico, como, por ejemplo, la destreza para manejar grandes vehículos, o utilizar herramental pequeño en la relojería, o material de precisión –como un bisturí– en medicina.

En resumen, y con relación a la disciplina de Recursos Humanos, se utiliza el término "destreza" para designar las capacidades físicas de una persona, como por ejemplo, de motricidad. Los tres grupos de capacidades son importantes; veamos algunos ejemplos de destrezas (ver tabla al pie).

Las destrezas son, en general, fácilmente evaluables y no tan fácilmente desarrollables. Puede decirse que cada destreza tiene un origen y una forma de desarrollo particular con respecto a las demás. A modo de ejemplo, en el manejo de vehículos o de ordenadores la destreza se desarrolla, básicamente, a partir de "muchas horas de práctica"; en cambio, la destreza para trabajar con objetos pequeños puede conectarse con alguna condición de tipo motriz del individuo.

Destrezas
Manejo de vehículos
Manejo de ordenadores (PC)
Escritura o manejo de textos
Comunicación oral (buena voz y dicción)
Resistencia al cansancio
Preparación de comidas
Reparación de objetos
Trabajo con objetos pequeños
Resolución de problemas complejos
Buen trato con animales

Para la selección de personas se realizará una unificación de criterios de evaluación en relación con el grado de dificultad en dicha medición, por lo cual se sugiere considerar como un conjunto los conocimientos y las destrezas, siendo estas últimas, en muchos casos, necesarias para la puesta en práctica de los primeros. Si en algún caso la/s destreza/s posee/n una relación directa con características de personalidad, serán tratadas de manera conjunta con las competencias.

Las competencias difieren según la especialidad y el nivel de los colaboradores dentro de la organización. En ocasiones, una misma competencia, como por ejemplo *Liderazgo*, si bien puede ser requerida para jóvenes profesionales y, al mismo tiempo, para los máximos ejecutivos, puede tener diferente importancia en cada caso, lo que se indica a través del *grado requerido de la competencia* asignado a cada uno.

Cómo definir un modelo de competencias

Para definir un modelo de competencias se parte, en todos los casos, de la información estratégica de la organización: su misión y visión, y todo el material disponible en relación con la estrategia. Este punto de partida puede darse en

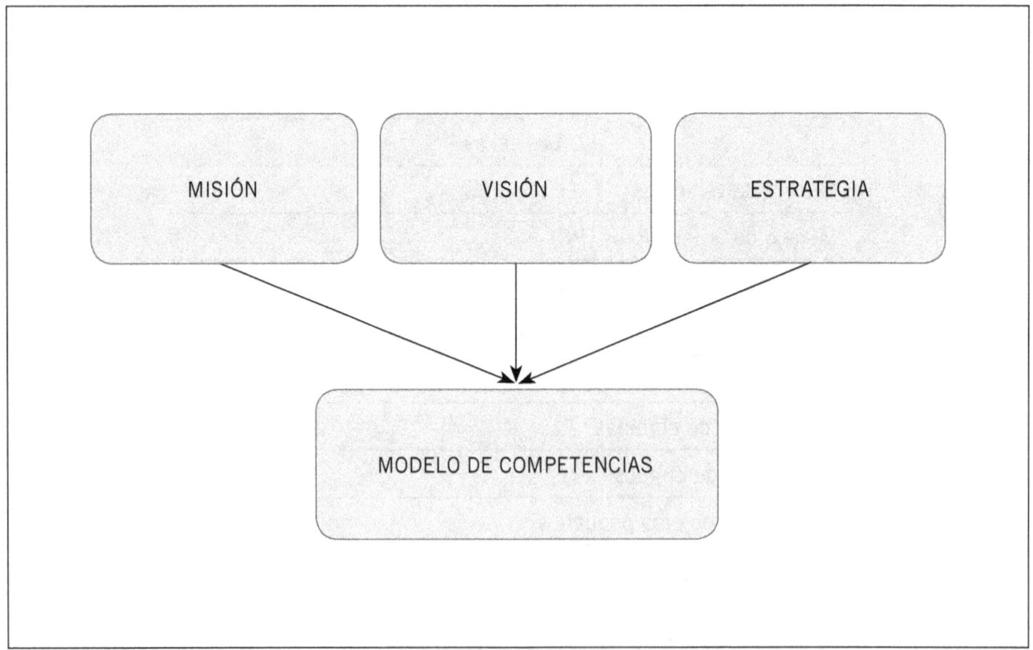

función de la información disponible o bien redefiniendo todos estos aspectos, para asegurarse de que se trabajará con información actualizada (ver figura de la página anterior).

Las competencias se definen en función de la *misión, visión* y *estrategia* de la organización. Aunque no se diseñe específicamente un modelo de competencias, el mero sentido común indica que para alcanzar los objetivos estratégicos será necesario que las personas que integran la organización, tanto directivos como colaboradores de todos los niveles, posean ciertas características. En la aplicación de esta metodología, estas características personales se denominan *competencias.*

Un modelo de competencias permite seleccionar, evaluar y desarrollar a las personas en relación con las competencias necesarias para alcanzar la estrategia organizacional.

Como resultado de la definición del modelo de competencias, se confeccionan una serie de documentos; entre los más relevantes se pueden mencionar los *diccionarios de competencias y comportamientos* y la *asignación de competencias a puestos.*

Los pasos para definir un modelo de competencias y los documentos correspondientes, de acuerdo con la Metodología MAI, se exponen en la figura siguiente.

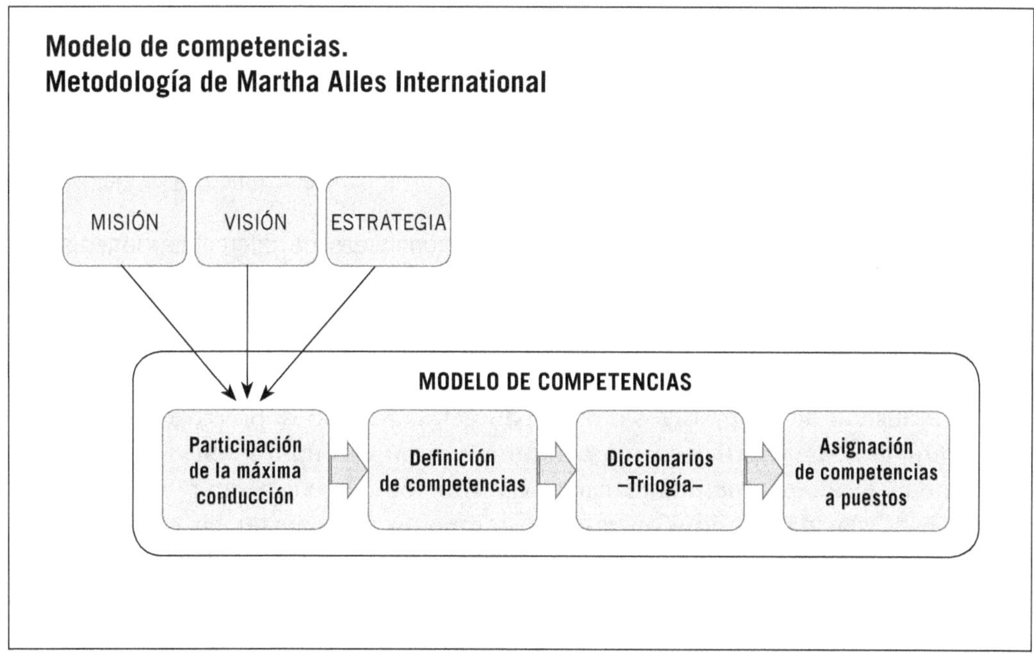

El rol de los directivos en la definición del modelo de competencias

Uno de los pasos más importantes es involucrar a los directivos de la organización en la definición del modelo de competencias. Este involucramiento implica participar activamente en la definición de cada competencia y, luego, aprobar los textos donde se plasman las diversas definiciones en su versión final.

Los directores de la organización, por su experiencia y compenetración con el negocio o actividad, son los más indicados para aportar las ideas básicas destinadas a construir el modelo. A partir de estos conceptos, será luego el experto quien llevará estas ideas al formato de competencias y de ese modo construirá un modelo que no solo sea aplicable, sino que, por sobre todo, permitirá alcanzar la mencionada estrategia organizacional.

La participación de los altos ejecutivos es imprescindible en la definición de las competencias cardinales y específicas gerenciales. Luego, para las restantes, será conveniente incluir –además– a los niveles siguientes, por ejemplo, los directores de área y sus segundos niveles.

Algunas definiciones a tener en cuenta:

Competencia cardinal. Competencia aplicable a todos los integrantes de la organización. Las competencias cardinales representan la esencia de la organización y permiten alcanzar su visión.
Las competencias cardinales son denominadas de diferente manera, por ejemplo, *core competences* (en idioma inglés), competencias genéricas, transversales, institucionales, generales, corporativas entre otros nombres.

Competencia específica. Competencia aplicable a colectivos específicos, por ejemplo, un área de la organización o un cierto nivel, como el gerencial.
Las competencias específicas también son denominadas de diferentes maneras, por ejemplo, *competencia funcional.*

Como se desprende del gráfico de la página siguiente, un modelo de competencias estará conformado por diferentes conjuntos de competencias.

En el diseño de los modelos de competencias, cuando se prepare el respectivo *Diccionario de competencias*, será importante tener en cuenta que estos documentos se definen y diseñan a medida de cada organización. Otro aspecto relevante a considerar es la claridad de los conceptos al momento de redactar las competencias, junto con el correcto uso del idioma en el proceso de escritura. Adicionalmente, se deberá tener en cuenta que muchos de dichos conceptos se relacionan con otros y en ciertos casos se solapan entre sí.

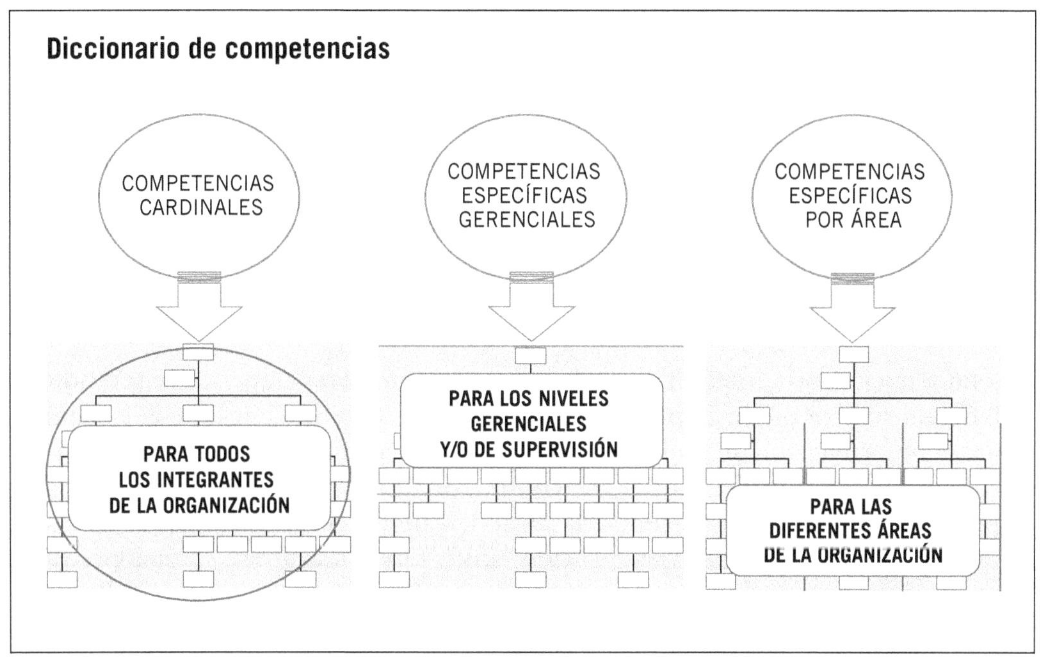

La importancia de los distintos tipos de competencias

Las competencias cardinales hacen referencia a lo principal o fundamental en el ámbito de la organización; usualmente representan valores y ciertas características que diferencian a una organización de otras y, muy especialmente, reflejan aquello necesario para alcanzar la estrategia. Por su naturaleza, las competencias cardinales serán requeridas a todos los colaboradores que integran la organización.

Las competencias específicas, como surge de su definición, se relacionan con ciertos colectivos o grupos de personas. En el caso de las específicas gerenciales se refieren –como su nombre lo indica– a aquellas características que son necesarias en todos aquellos que tienen a su cargo a otras personas, es decir, que son jefes de otros.

Por último, las competencias específicas por área, al igual que las competencias específicas gerenciales, se relacionan con ciertos colectivos o grupos de personas. En este caso se trata –como su nombre lo indica– de aquellas competencias que serán requeridas a los que trabajen en un área en particular, por ejemplo, Producción o Finanzas.

Una vez que se han definido las competencias cardinales, específicas gerenciales y específicas por área, estas integrarán el *Diccionario de competencias.* Luego, con base en este, se procede a realizar el paso siguiente: determinar las competencias y los grados necesarios para cada puesto de trabajo, paso que se denomina *asignación de competencias a puestos.*

Modelo de competencias. Armado e implantación

La etapa inicial en la implantación de un modelo de competencias comprende los talleres de reflexión con la máxima conducción y la definición de cuáles competencias conformarán el modelo, tal como se ha explicado hasta aquí. Como primer resultado del armado del modelo se confecciona el *Esquema,* documento interno organizacional en el cual se refleja la totalidad de las competencias que integran el modelo de competencias y su relación con las distintas áreas y funciones de la organización.

Este documento es la base para la *asignación de competencias a puestos.* A continuación, un ejemplo.

Modelo de competencias. Esquema

Ejemplo

Competencias cardinales		
Compromiso con la calidad del trabajo		
Ética		
Flexibilidad y adaptación		
Justicia		
Competencias específicas gerenciales		
Dirección de equipos de trabajo		
Visión estratégica		
Competencias específicas por área		
Producción - Logística Operaciones	**Servicios (Administración y finanzas, Sistemas, Recursos Humanos)**	**Mercadeo y ventas**
Capacidad de planificación y de organización	Capacidad de planificación y de organización	Comunicación eficaz
Colaboración	Colaboración	Conocimiento de la industria y el mercado
Manejo de crisis	Credibilidad técnica	Influencia y negociación
Pensamiento analítico	Influencia y negociación	Manejo de crisis
Perseverancia	Orientación al cliente interno y externo	Orientación al cliente interno y externo
Tolerancia a la presión de trabajo	Tolerancia a la presión de trabajo	Productividad

Retomando un gráfico que se expuso en páginas anteriores, luego de esta etapa inicial se preparan los *diccionarios* donde se refleja el modelo; se los ha denominado "la trilogía". Es decir, se define el modelo y, a continuación, se prepara el *Diccionario de competencias*; luego se establecen los ejemplos de comportamientos, compilados en un documento que se denomina *Diccionario de comportamientos* y que también se confecciona a medida de cada organización; y por último se prepara el *Diccionario de preguntas,* el cual analizaremos en detalle en el Capítulo 5.

Nuestra sugerencia es emplear una escala de cuatro grados; si se optara por una cantidad de grados diferente, se deberá respetar la coherencia dentro del modelo (ver figura al pie).

La implantación del modelo requiere de ciertos pasos iniciales, a los cuales nos hemos referido brevemente en las páginas precedentes. El armado del modelo comienza por la definición de competencias, junto con su apertura en grados, y a continuación se asignan estas competencias, con sus correspondientes grados, a los diferentes puestos.

En un breve resumen los pasos iniciales son:

1. Definición de competencias, sobre la base de la misión, visión y estrategia de la organización. Se sugiere considerar, además, los valores organizacionales.

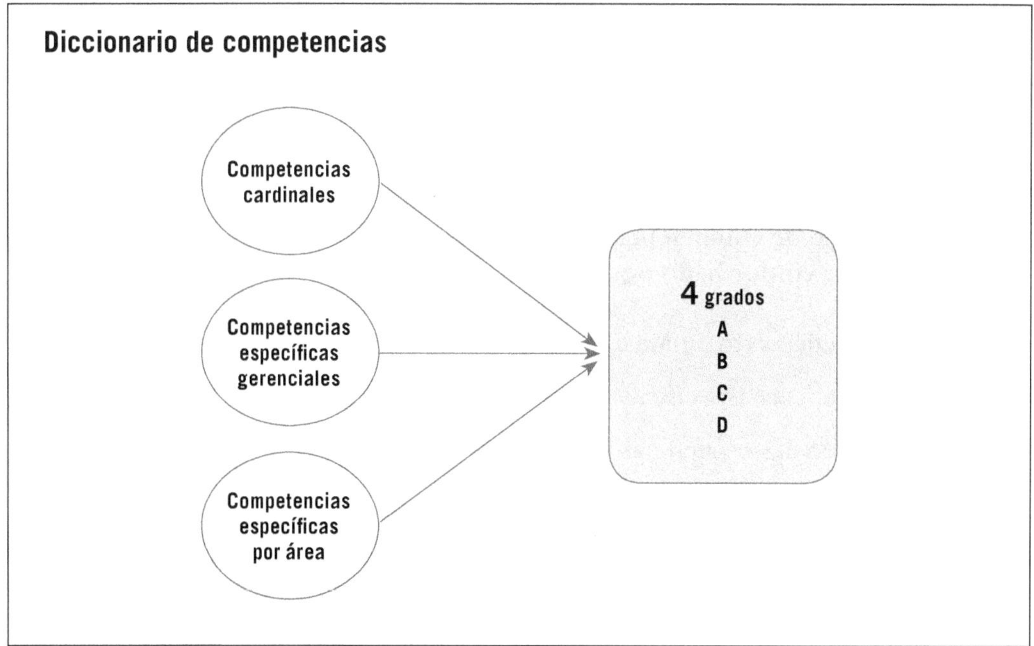

2. Preparar diccionarios (trilogía).
3. Asignar competencias a puestos.
4. Inventario. Determinación de brechas.

Una vez que se han cumplimentado los pasos 1 a 3, se sugiere hacer un relevamiento del grado de desarrollo de competencias de todos los colaboradores de la organización. A este paso lo denominamos "Inventario". Su propósito es determinar, por comparación (inventario *versus* las competencias asignadas a cada puesto), las brechas existentes entre lo requerido y lo real.

En la definición del modelo de competencias y para su posterior aplicación práctica se elaboran los tres diccionarios mencionados. Cada uno de estos diccionarios cumple un propósito diferente y todos ellos se construyen para todas las competencias del modelo adoptado.

Como ya se mencionara, los modelos se diseñan a medida de cada organización y reflejan su visión, estrategia, valores, cultura, etcétera.

Los diccionarios.
Competencias. Comportamientos. Preguntas

Como se señaló más arriba, en el armado de un modelo de competencias se confeccionan tres diccionarios, que analizaremos a continuación.

Diccionario de competencias. Documento interno organizacional en el cual se presentan las competencias definidas en función de la estrategia.

El diccionario de competencias se diseña a medida de la estrategia de cada organización y está conformado por:

- Competencias cardinales.
- Competencias específicas gerenciales.
- Competencias específicas por área.

Cada competencia se abre en grados, y tanto la definición de la competencia como la de cada grado se hacen mediante un enunciado, que explica su alcance.

El diccionario de competencias organizacional será la base para la *asignación de competencias a puestos*, la cual, una vez definida, integra el *descriptivo de puestos.*

Otros términos a tener en cuenta:

Gradación. Apertura en grados o niveles. En la disciplina de Recursos Humanos se podría aplicar este concepto en diferentes modelos: de competencias, de conocimientos, de valores.

Gradación de una competencia. Apertura en grados o niveles de una competencia determinada. Dentro de un modelo de competencias en particular se sugiere que el número de grados o niveles sea constante.

En la Metodología MAI las competencias usualmente se abren en cuatro grados: A, B, C y D.

Grado. Cada uno de los niveles en los cuales se abre un concepto en particular. En la disciplina de Recursos Humanos se aplica en diferentes modelos: de competencias, de conocimientos, de valores.

Grado de una competencia. Cada uno de los niveles en los cuales se abre una competencia.

El diccionario de competencias se utiliza fundamentalmente en el subsistema *Análisis y descripción de puestos.* Las competencias y sus grados correspondientes formarán parte del *descriptivo de puestos.*

Diccionario de comportamientos. Documento interno en el cual se consignan ejemplos de los comportamientos observables asociados o relacionados con las competencias del modelo organizacional.

El diccionario de comportamientos organizacional se diseña en función del diccionario de competencias que, en todos los casos, se confecciona a medida de cada organización.

Un diccionario de comportamientos quedará conformado con la siguiente estructura:

- Cinco ejemplos de comportamientos observables para el grado A.
- Cinco ejemplos de comportamientos observables para el grado B.
- Cinco ejemplos de comportamientos observables para el grado C.
- Cinco ejemplos de comportamientos observables para el grado D.
- Cinco ejemplos de comportamientos observables que permitan identificar cuándo la competencia se encuentra ausente o “no desarrollada”.

En total, 25 comportamientos observables por cada una de las competencias del modelo: cardinales, específicas gerenciales y específicas por área.

En relación con el diccionario de competencias se indicó que este solo se relaciona con uno de los subsistemas, *Análisis y descripción de puestos*. Por el contrario, el *diccionario de comportamientos* es utilizado en casi todos los subsistemas de Recursos Humanos: *Atracción y selección, Evaluación del desempeño, Formación,* y *Desarrollo y planes de sucesión*. Por esta razón, este es el diccionario que será objeto de la mayor difusión posible en el ámbito de toda la organización, como se verá en las páginas siguientes.

Diccionario de preguntas. Documento interno de la organización en el cual se consignan ejemplos de preguntas que permiten evaluar las competencias del modelo en una entrevista.

El diccionario de preguntas organizacional se diseña en función del diccionario de competencias que, en todos los casos, se confecciona a medida de cada organización.

Un diccionario de preguntas usualmente se confecciona con la siguiente estructura:

- Cuatro preguntas para indagar sobre el grado de desarrollo de cada una de las competencias cardinales.
- Cuatro preguntas para indagar sobre el grado de desarrollo de cada una de las competencias específicas gerenciales
- Cuatro preguntas para indagar sobre el grado de desarrollo de cada una de las competencias específicas por área.

La principal aplicación práctica del diccionario de preguntas se relaciona con la selección de personas, tanto interna como externa.

Una vez que se ha implantado un modelo, su aplicación se basará en tres pilares: Selección, Desempeño y Desarrollo. Los diccionarios se utilizan en cada uno de ellos. La idea se expresa en la figura de la página siguiente.

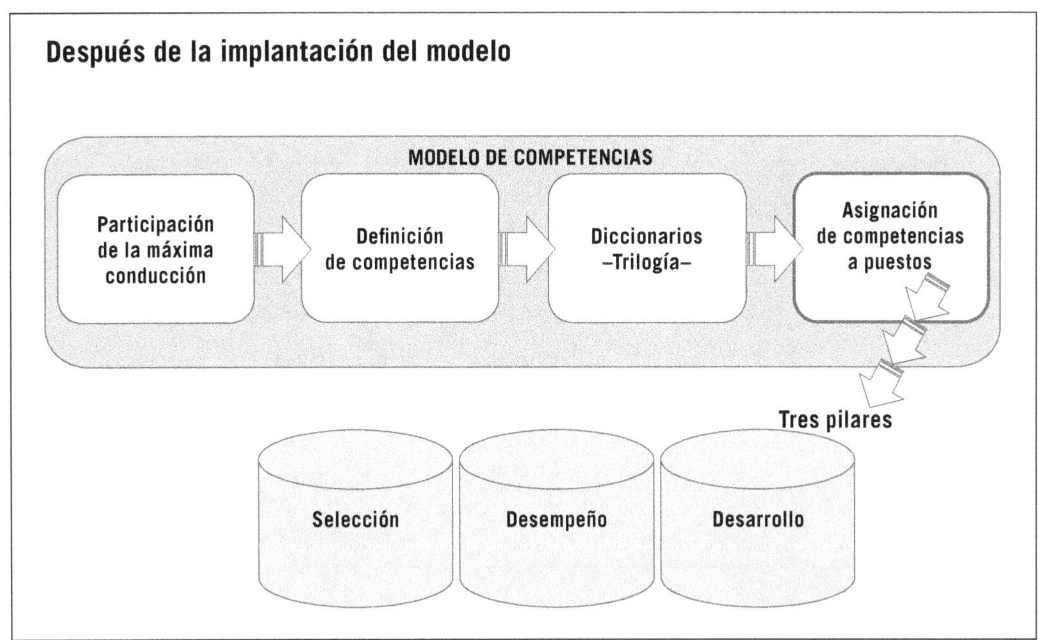

El modelo en la práctica

Uno de los pilares del modelo es la función *Selección de personas.* A través de las buenas prácticas se logrará que solo ingresen a la organización aquellos que posean las competencias necesarias y en el grado requerido, según el modelo de competencias y el puesto de trabajo a ocupar. En resumen, los nuevos colaboradores serán seleccionados en función del modelo de competencias.

Además, también se evaluará el desempeño en función del modelo de competencias (pilar *Desempeño*), así como las acciones de formación y desarrollo (pilar *Desarrollo*) deberán ser definidas teniéndolo como guía.

Una vez establecido el modelo de competencias, se sugiere la confección de herramientas prácticas para su puesta en funcionamiento. En la figura de la página siguiente se brinda mayor información en torno a este punto.

Una vez que se completó el armado del modelo de competencias, y en relación con los tres grandes pilares para su implementación ya mencionados –Selección, Desempeño y Desarrollo–, se sugiere el diseño de herramientas[4] específicas para cada uno de ellos. Entre las principales podemos mencionar:

4 Obra de la autora relacionada: *Las 50 herramientas de Recursos Humanos que todo profesional debe conocer,* Ediciones Granica, Buenos Aires, 2011 y 2016.

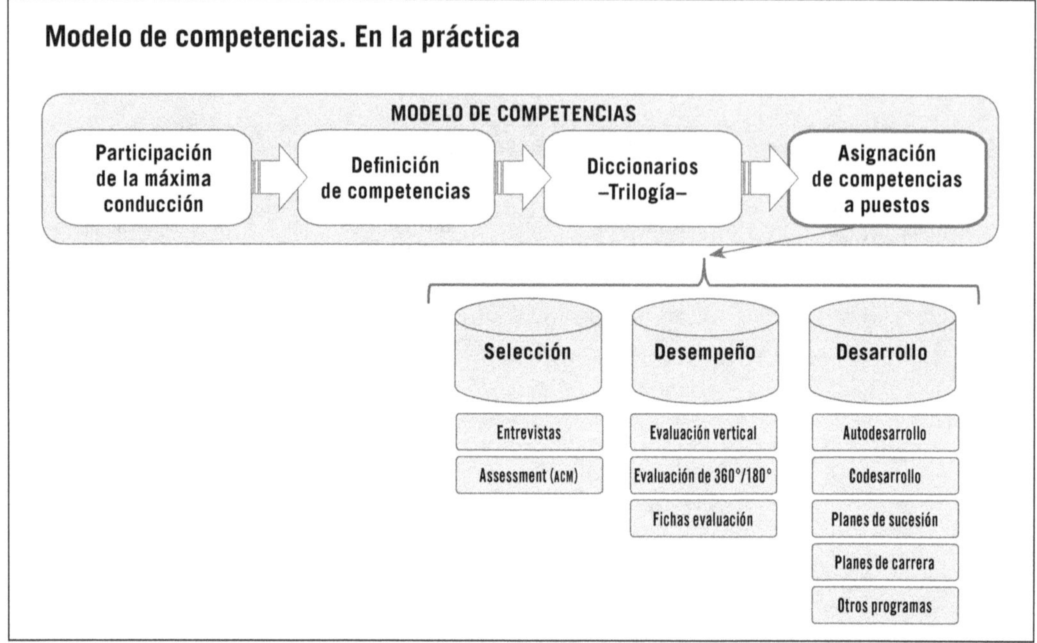

- *Selección.* Entrevista por competencias, Entrevista estructurada y *Assessment Center Method.*
- *Desempeño.* Evaluación vertical, Evaluaciones de 360° y 180°, Fichas de evaluación y Diagnósticos circulares.
- *Desarrollo.* Autodesarrollo, Codesarrollo, Planes de sucesión y Planes de carrera, entre otros programas.

Solo he mencionado algunos de los aspectos más relevantes en relación con Gestión por competencias; no son los únicos.

La difusión del modelo de competencias. Un aliado fundamental para una implantación exitosa

Los modelos de competencias no se diseñan para el uso exclusivo de los integrantes del área de Recursos Humanos. Todo lo contrario. Un modelo de competencias ayudará tanto al número 1 como a los restantes directivos y colaboradores a alcanzar la visión y estrategia organizacional. Adicionalmente será una herramienta de trabajo diario y cotidiano para todos los integrantes de la organización. Por lo tanto, se deberá realizar la mayor difusión posible hasta que el modelo se integre al accionar cotidiano de todos.

La difusión del modelo de competencias implica acciones concretas de comunicación junto con otras complementarias. Como un primer paso –previo a la difusión– se deberá definir cuáles serán los documentos e instrumentos a utilizar, para que toda la organización conozca el modelo junto con su verdadero significado e importancia.

Programa de difusión del modelo de competencias

Este programa implica un conjunto de acciones tendientes a que la organización en su conjunto conozca el modelo de competencias adoptado y comprenda cabalmente su aplicación en los distintos subsistemas de RRHH.

Según puede apreciarse en la figura siguiente, el programa de difusión puede constar de varias instancias:

- *Libro organizacional con el modelo de competencias.* Puede prepararse un libro, propiamente dicho, describiendo el modelo de competencias de la organización; implica que el mismo tendrá ISBN (registro de propiedad intelectual), como cualquier otra obra literaria o de management. Esta opción se recomienda para organizaciones con un gran número de colaboradores. En empresas más pequeñas se puede elaborar un folleto explicativo que incluya, como mínimo, el *diccionario de comportamientos.*
- *Talleres de difusión del modelo.* Estos talleres tienen como foco principal lograr que todos los integrantes de la organización conozcan el modelo de competencias: tanto las competencias que lo componen, como sus definiciones y los niveles en que ha sido graduada cada una de ellas. También sirven para comunicar por qué se han elegido esas competencias y su relación con los planes estratégicos. Este tipo de talleres se realizan *en cascada,* desde el número 1 de la organización hasta alcanzar a todos los demás integrantes.
- *Talleres sobre cómo observar comportamientos.* Tienen su foco en lograr que tanto los integrantes del área de Recursos Humanos como todos los jefes de la organización, a partir del número 1, aprendan a observar comportamientos, sobre la base del diccionario de comportamientos adoptado. Además, estos talleres se diseñan utilizando el método *Codesarrollo*[5]. Eventualmente, si la organización cuenta con plataformas de *e-learning,* este medio podrá ser utilizado como recurso adicional de difusión.

5 Alles, Martha. *Codesarrollo. Una nueva forma de aprendizaje.* Ediciones Granica. Buenos Aires, 2009.

El programa de difusión del modelo de competencias incluye los talleres destinados a su correcta comprensión, sobre los cuales haremos algunas precisiones adicionales.

Dichos talleres son actividades de formación estructurada en las que se intercalan exposiciones teóricas con ejercitación práctica, siendo esta última la predominante, con el propósito de difundir el modelo de competencias organizacional.

Los talleres mencionados están dirigidos a todos los colaboradores, desde los altos ejecutivos hasta los niveles iniciales. El foco de la actividad apunta a lograr que todos los integrantes de la organización conozcan el modelo de competencias:

- Las competencias que lo componen.
- Sus definiciones.
- Los ejemplos de comportamientos (diccionario de comportamientos) para así primero, reconocerlos y luego, evaluarlos, cuanto esto sea necesario.

Adicionalmente a los talleres de difusión mencionados, se sugiere brindar las primeras nociones sobre cómo observar comportamientos. Las personas, en especial los que son jefes desde hace mucho tiempo, creen saber cómo evaluar personas. En algunos casos esta es una creencia acertada, en otros no. Para unificar criterios dentro de la organización y para asegurar una medición objetiva de competencias,

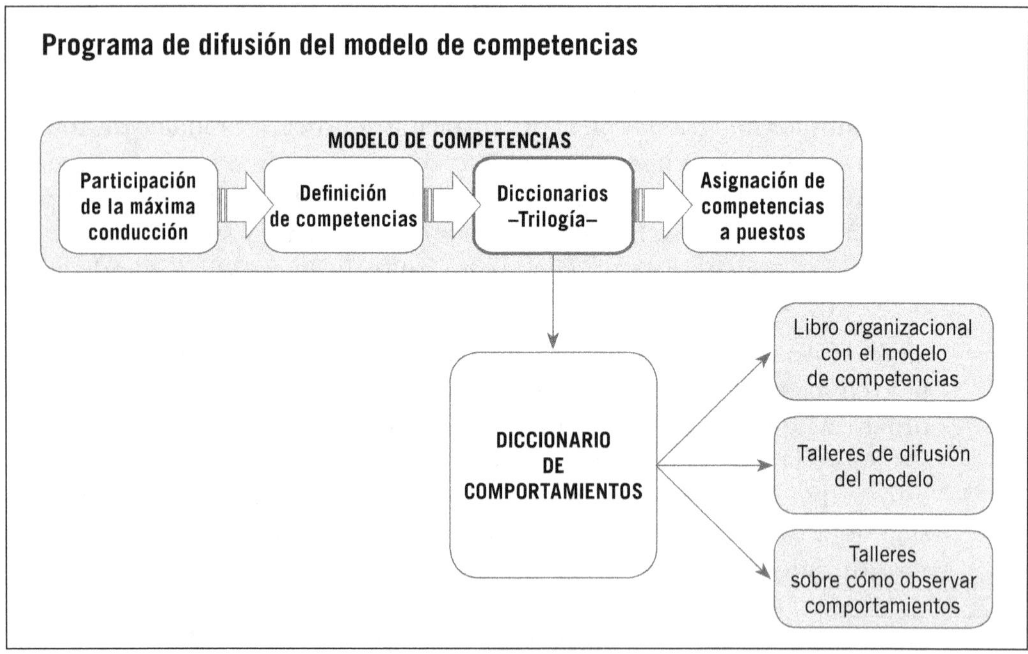

la formación acerca de Gestión por competencias debe comenzar con talleres sobre cómo observar comportamientos.

No obstante, es importante recordar que la formación en competencias es una tarea de tipo continuo. Por lo tanto, no alcanza con hacerla solo al inicio de la puesta en práctica del modelo, deberá realizarse a través de acciones concretas y en forma periódica. Será necesario formar a los integrantes del área de Recursos Humanos, así como a todos los jefes, en temáticas tales como *selección, desempeño y desarrollo,* con la perspectiva de Gestión por competencias y en relación directa con el modelo organizacional.

Al igual que los orientados a la difusión del modelo, estos talleres son sugeridos para todos los integrantes de la organización, incluyendo a los especialistas de Recursos Humanos.

Un documento que ayuda mucho a una mejor comprensión del modelo, tanto por parte de los especialistas de Recursos Humanos como de directivos y colaboradores en general, es el denominado "mapa del modelo".

Mapa del modelo de competencias

El "mapa del modelo" es un documento organizacional que facilita la comprensión del modelo de competencias al explicar la interrelación de las distintas competencias

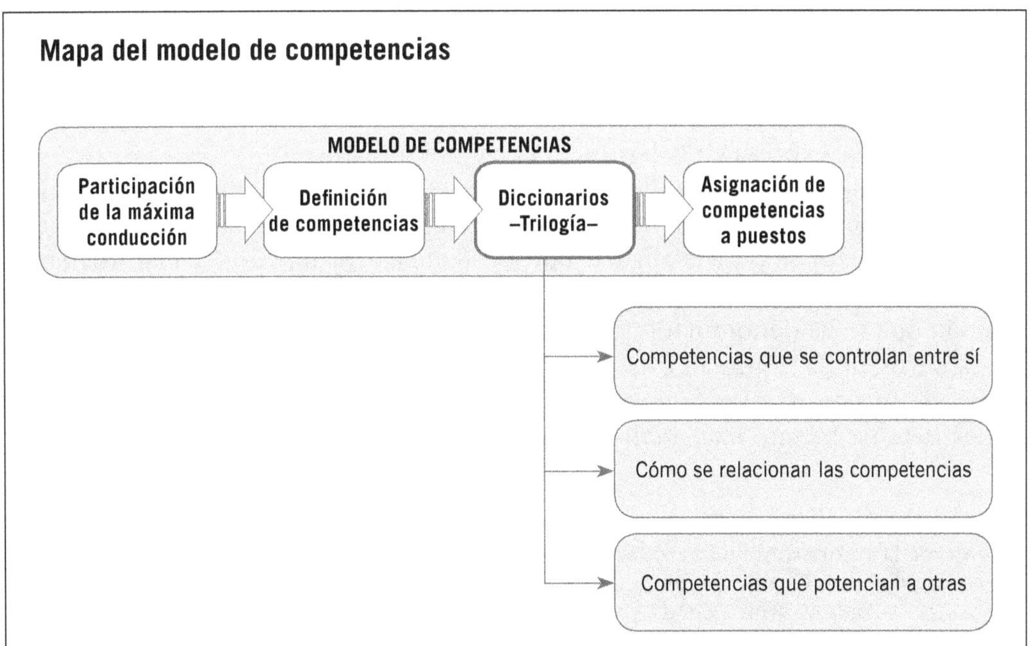

que lo componen. No existe una única forma de confeccionar un mapa del modelo. No obstante, entre otra información usualmente contiene: competencias que se controlan entre sí, relación entre competencias, competencias que potencian a otras.

La idea expuesta puede visualizarse en la figura de la página anterior.

La interrelación entre los conceptos de las distintas competencias es un aspecto relevante para la comprensión del modelo y su posterior utilización.

Talento. Competencias. Motivación

Considerar los aspectos que conforman el talento de los individuos y evaluarlo adecuadamente es un tema de fundamental importancia en la atracción, selección e incorporación de personas, dado que es este subsistema el que abre la puerta a futuros colaboradores para ingresar a la organización. En otras obras me he referido al talento, en especial al tratar temáticas de desarrollo[6]; aquí el enfoque será similar, pero con otra perspectiva, relacionada con el objeto de esta obra: la selección de personas.

El término "talento" hace referencia al conjunto de competencias y conocimientos. Una persona puede poseer conocimientos y tener desarrolladas competencias que van más allá de lo requerido por su puesto de trabajo.

En el ámbito de las organizaciones, se considera el talento en relación con un puesto, sea este el que la persona actualmente ocupa, o uno futuro, que se espera que un individuo asuma más adelante.

Esta idea se expresa en la figura de la página siguiente.

Analizando con más detalle la figura precedente, se muestran dos subconjuntos: conocimientos y competencias pertenecientes a una persona. Si esta ocupa un puesto de trabajo, se podría afirmar que para que el desempeño sea exitoso deberá producirse la intersección de ambos subconjuntos (en este esquema simplificado, la porción que se ha denominado "talento").

A partir de la definición de talento, y vinculando este concepto con descripciones de puestos y otras buenas prácticas de Recursos Humanos, se puede decir que para tener talento hacen falta conocimientos y competencias. Una persona que

6 Obras de la autora sobre desarrollo de personas: *Desarrollo del talento humano. Basado en competencias,* Ediciones Granica, Buenos Aires, 2004 y nueva edición 2008; *Codesarrollo. Una nueva forma de aprendizaje* (obra citada); y *Construyendo talento,* Ediciones Granica, Buenos Aires, 2016.

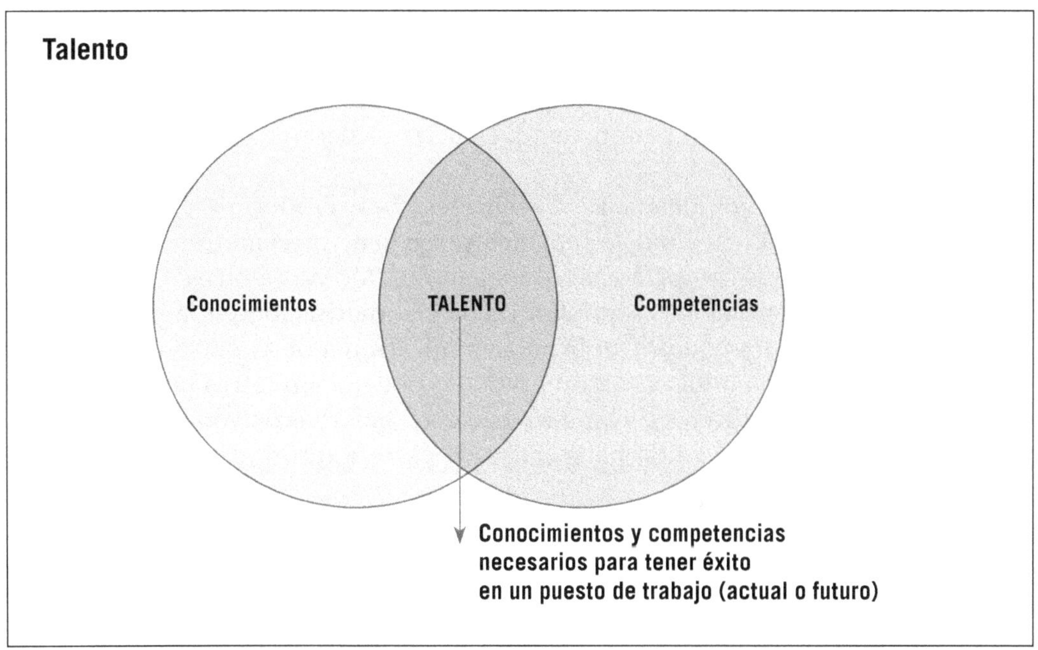

trabaja posee, aun sin proponérselo y tal vez ni ser consciente de ello, un conjunto de conocimientos y una serie de competencias. Entre los conocimientos se pueden mencionar desde aquellos específicos relacionados con los estudios de la persona –por ejemplo, leyes si es abogado–, hasta otros que podrán o no ser necesarios en su tarea cotidiana –por ejemplo, conocer acerca de las calles de su ciudad… o de vinos–. Lo mismo sucede con las competencias: cada persona posee un conjunto de competencias, algunas de las cuales usará para su trabajo y otras que no le resultarán necesarias.

En resumen, cuando esta persona ocupa un puesto de trabajo aplica una parte de sus conocimientos y algunas de sus competencias, según lo requerido por la función a desempeñar. Adicionalmente, los conocimientos son importantes y necesarios. Sin embargo, se llegará a evidenciar un desempeño exitoso, superior, por el nivel de las competencias que se posea. Por ejemplo, para ser un buen profesor no será suficiente conocer sobre la temática a enseñar sino que, además, se deberá contar con las competencias necesarias para serlo: *Comunicación eficaz, Credibilidad técnica, Ética y sencillez, Justicia, Gestión y logro de objetivos*, solo por citar algunas.

El rol de la motivación

La intersección de los dos subconjuntos, conocimientos y competencias, expuesta en la figura precedente, no es suficiente. Debe considerarse otro factor, la motivación.

En los modelos de competencias se suele identificar el concepto "Compromiso" como una competencia cardinal, la cual incluye, en general, la motivación. También se pueden definir otras competencias, por ejemplo, "Motivar a otros".

El concepto "motivación" es amplio. Incluye la motivación en la propia tarea, en la conducción de un equipo, en brindar motivación a otras personas, en alcanzar logros destacados, en lograr algún grado de poder sobre otras personas, sobre negocios o actividades diversas, y también motivaciones más personales, tales como desarrollar la propia carrera, la perspectiva de carrera futura, la conciliación con otros intereses, etcétera.

En esta obra nos referiremos a la motivación en los procesos de selección, por lo cual el análisis se focaliza en la relación de una persona con un futuro puesto de trabajo o nueva posición (quizá con cambios de roles y tareas). Se retomará este tema en el Capítulo 5, *Entrevista por competencias. Comparación de candidatos* y en el Capítulo 9, *Promociones internas.*

Con frecuencia, tanto especialistas en Recursos Humanos como futuros jefes confunden el análisis de la motivación para el cambio con las pretensiones económicas de una persona. Si bien se trata de aspectos relacionados, son diferentes y deben ser analizados por separado.

En un proceso de selección de personas, la remuneración es un tema de suma relevancia. En el momento de definir el perfil de la búsqueda, será necesario considerar esta información ya que, en ocasiones, el nivel de remuneración puede ser un condicionante de peso en la elección de postulaciones y candidaturas. Luego, la remuneración será nuevamente considerada y analizada en el momento del armado de la carpeta de finalistas. Otro aspecto de importancia que se tendrá en cuenta al analizar una propuesta económica es una adecuada diferenciación de conceptos. Se retomará este tema en el Capítulo 7, al tratar tópicos relacionados con *negociación y oferta.*

A modo de síntesis y en oposición a las manifestaciones que le asignan al talento una connotación "casi mágica" (un don que se posee o no), en nuestra opinión el talento se puede representar como la conjunción de los tres elementos mencionados: conocimientos, competencias y motivación (ver figura en la página siguiente).

Las personas tienen motivación para diferentes cosas; unas en relación con el trabajo y otras en relación con actividades diversas. También podremos encontrar

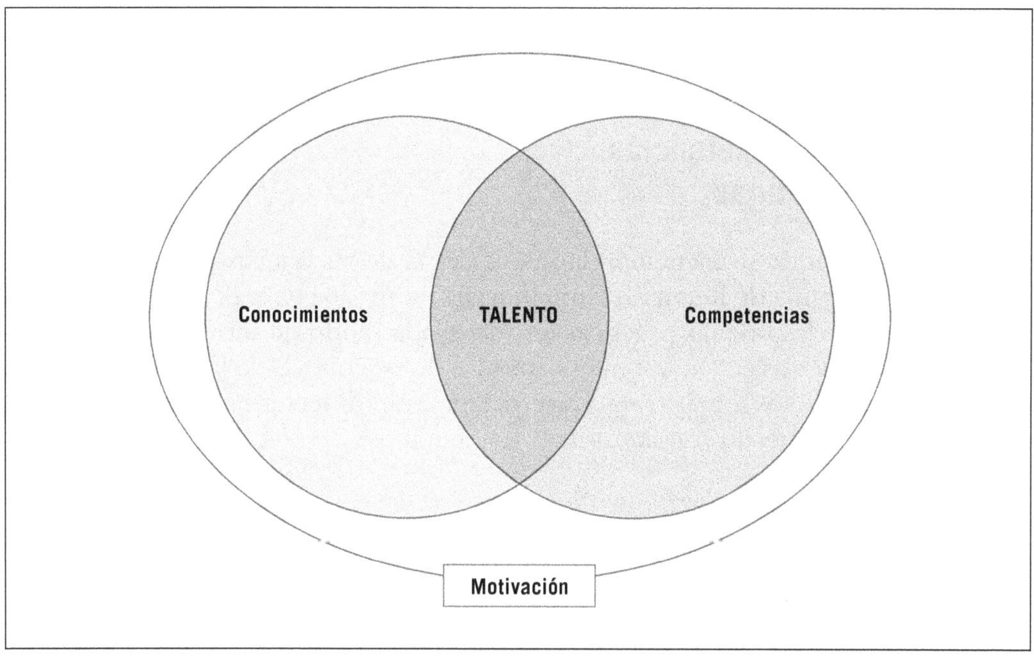

personas con motivaciones compartidas que, si bien tienen gran interés por asuntos y temáticas extralaborales, poseen un adecuado caudal de motivación en su trabajo[7].

Por último, una reflexión sobre la ubicación de una persona en un puesto de trabajo y su relación con la motivación: si una persona se siente "bien" o, eventualmente, "no tan bien" con las tareas que realiza, este será un factor que incidirá de manera directa sobre su mayor o menor motivación en relación con su trabajo.

Un diagnóstico sobre la adecuación persona-puesto[8] no representa un mero trabajo administrativo, sino que, muy por el contrario, es un procedimiento de tipo *ganar-ganar*, positivo para todos. Ubicar en cada puesto a la persona que tiene las mejores capacidades para llevar adelante las tareas respectivas es bueno para la

7 Al lector interesado se le sugiere leer la obra *Conciliar vida profesional y personal;* Ediciones Granica, Buenos Aires, 2010 y 2016, y *12 pasos para conciliar vida profesional y personal;* Ediciones Granica, Buenos Aires, 2013.

8 *Adecuación persona-puesto. Diagnóstico.* Conjunto de evaluaciones necesarias para determinar la relación que se establece entre los conocimientos, la experiencia y las competencias que un puesto requiere, y los del ocupante de esa posición. Para la determinación de la *adecuación persona-puesto* deberán primero establecerse los requisitos del puesto y luego habrá que evaluar a su ocupante, considerando como mínimo tres elementos: conocimientos, experiencia, competencias. Fuente: *Diccionario de términos de Recursos Humano;* Ediciones Granica, Buenos Aires, 2010.

organización, y –es importante destacarlo– también para la persona que se desempañará en dicho puesto. Esta ecuación incrementa la motivación.

Selección por competencias. Las buenas prácticas

Al inicio del capítulo se mencionó la importancia de las buenas prácticas en relación con la disciplina de Recursos Humanos, de un modo general. Aquí se hará una breve mención a las buenas prácticas en *selección*, a modo de introducción, ya que luego serán expuestas en los restantes capítulos de esta obra. A lo largo de este libro, sobre cada uno de los temas tratados se presentarán al lector las buenas prácticas relacionadas, de acuerdo con las últimas tendencias.

Atracción, selección e incorporación de personas

Uno de los subsistemas de Recursos Humanos es *Atracción, selección e incorporación de personas.* Comprende un proceso organizativo que se inicia con la necesidad de cubrir una posición y el respectivo perfil de búsqueda, para continuar con la

Atracción, selección e incorporación de personas. Subsistemas de Recursos Humanos

atracción y luego la selección, y finalizar con la incorporación de personas a la organización. Incluye la *inducción,* etapa puente entre el momento que la persona inicia la relación laboral y cuando se hace efectivamente cargo de su puesto de trabajo. Usualmente se divide en dos partes: 1) Inducción a la organización. 2) Inducción al puesto.

La atracción de las personas adecuadas, una buena selección, de tipo profesional y aplicando las pruebas más convenientes en cada caso, así como un adecuado proceso de incorporación, son acciones que definirán un buen inicio de la relación laboral de un buen empleado. La elección sobre cuáles son las pruebas más convenientes dependerá de cada caso en particular. El responsable de conducir el proceso de selección deberá determinarlo según lo que considere más conveniente.

Social media[9] y el subsistema de *Atracción, selección e incorporación de personas*

Como decíamos en la Presentación, los conceptos básicos en selección de personas no se han modificado en los últimos tiempos, pero sí –y sustancialmente– las formas, las vías de comunicación, los soportes en los cuales se encuentran los datos, la manera de interactuar entre las personas y, por ende, los comportamientos relacionados. Por todas estas razones se hizo necesario escribir un nuevo libro sobre *selección de personas.*

Los *social media*[10] tienen una amplia utilización en selección de personas a través de la atracción 2.0, el reclutamiento 2.0 y el *headhunting* 2.0. Se verá este tema con más detalle en el Capítulo 3, *Atracción y reclutamiento.*

Adicionalmente, los social media podrán ser útiles para acceder a información sobre el mercado. Por ejemplo, cuáles son los salarios y beneficios que se ofrecen para determinadas posiciones, y si otras empresas de la región están buscando perfiles similares a los que la organización espera incorporar, entre otras posibilidades.

---

9 Alles, Martha. *Social Media y Recursos Humanos,* Ediciones Granica, Buenos Aires, 2012.

10 *Social media.* Es la combinación de herramientas en la web: blogs, wikis, entre otras. Implica contenidos creados y diseminados por la gente. Se utiliza la denominación en inglés dado que es de uso frecuente y se la menciona en muchas obras sobre, por ejemplo, Recursos Humanos, en diferentes lenguas. Fuente: *Diccionario de términos de Recursos Humanos,* Ediciones Granica, Buenos Aires, 2010.

Complementariamente a un proceso de selección de personas, muchas veces las áreas de Recursos Humanos deben contratar personas por proyectos, por un período limitado de tiempo, profesionales *part time* y otras opciones similares.

En este tipo de casos, se podrá obtener información útil y diversa en blogs, microblogs y wikis. Por ejemplo, Recursos Humanos podrá seguir ciertos blogs y microblogs de profesionales que ofrecen sus servicios o difunden noticias diversas y, cuando sea necesario, estos podrán brindar o bien sus servicios o bien información concreta para contratar personas de manera *part time* o que puedan realizar trabajos transitorios o a término.

Aún no es muy frecuente el reclutamiento de personas en relación de dependencia a través de blogs y microblogs; no obstante, estos medios pueden ser de mucha utilidad frente a la necesidad mencionada en el párrafo anterior: cuando se desee contratar personas por plazos determinados y situaciones similares.

Diferentes términos[11] utilizados en selección de personas

Con frecuencia nos referimos a "selección", "selección de personas", "búsqueda", "reclutamiento" como si fueran sinónimos. No lo son, y aquí se verá no solo su significado, sino también las buenas prácticas relacionadas con cada uno de ellos.

El término *selección / selección de personas* hace referencia al conjunto de procedimientos orientados a evaluar y medir las capacidades de los candidatos a fin de, luego, elegir, sobre la base de criterios preestablecidos (perfil de la búsqueda), a aquellos que presentan mayor posibilidad de adaptarse al puesto disponible y desempeñarse exitosamente en él, de acuerdo con las necesidades de la organización.

Por otra parte, la expresión *selección por competencias* hace referencia a la selección de personas que se realiza a partir de un modelo de competencias establecido por la organización que desea cubrir un puesto de su estructura, y en este caso la definición es: conjunto de procedimientos para evaluar y medir las capacidades de los candidatos –conocimientos, experiencia y competencias–, a fin de, luego, elegir, sobre la base de criterios preestablecidos (perfil de la búsqueda), a aquellos que presentan mayor posibilidad de adaptarse al puesto disponible y desempeñarse exitosamente en él, de acuerdo con las necesidades de la organización.

---

11 Hacia el final de la obra, en el Anexo II, el lector encontrará un Glosario detallado. También podrá consultar el *Diccionario de términos de Recursos Humanos*, Ediciones Granica, Buenos Aires, 2011.

Para la medición específica de competencias se utilizan el *Diccionario de preguntas* y el *Diccionario de comportamientos,* ya mencionados, diseñados a medida del modelo organizacional. En el Capítulo 5 se tratará la cuestión de cómo llevar adelante la entrevista utilizando ambos diccionarios. Otras herramientas pueden ser empleadas para la selección por competencias, como el *Assessment Center Method (ACM).* Nos referiremos a las evaluaciones específicas en el Capítulo 6.

Entre otros términos que usaremos con frecuencia, deseo destacar el concepto "selector", el cual se utiliza para referirse al responsable de un proceso de selección. También es muy interesante tener en cuenta la expresión "competencias dominantes", que solo se utiliza en selección de personas y hace referencia a aquellas competencias que por alguna razón son consideradas más relevantes para ese proceso de selección en particular, y por eso se las tiene en cuenta para la realización de la entrevista.

La entrevista por competencias

La entrevista es fundamental en un proceso de selección, se utilicen o no competencias para llevarlo a cabo. La entrevista, así como una serie de aspectos relacionados con ella, se tratarán en el Capítulo 4. Cuando una organización ha diseñado un modelo de competencias, la entrevista explora las competencias que específicamente están relacionadas con el puesto de trabajo que se desea cubrir, utilizando, como ya se expresara, el *Diccionario de preguntas* y el *Diccionario de comportamientos.* Este tipo de entrevista se verá en detalle en el Capítulo 5.

En una entrevista por competencias, primero se le formulan al entrevistado las preguntas relacionadas con cada competencia a evaluar, utilizando para ello el *Diccionario de preguntas* y teniendo en cuenta el nivel del entrevistado. A partir del relato obtenido como respuesta a las preguntas será posible "observar comportamientos". Estos luego se compararán con los ejemplos definidos en el *Diccionario de comportamientos.* De este modo será posible establecer la relación entre unos y otros para identificar el grado correspondiente a las competencias de la persona entrevistada.

Las entrevistas pueden ser de diferente tipo. La más utilizada es la denominada *entrevista por competencias.* Existe otra, más profunda, que se denomina BEI (por la sigla *behavioral event interview,* o entrevista por incidentes críticos), a la cual nos referiremos en el Capítulo 6.

En cualquiera de las entrevistas mencionadas, la utilización de los diccionarios es semejante, y se expresa en la figura de la página siguiente.

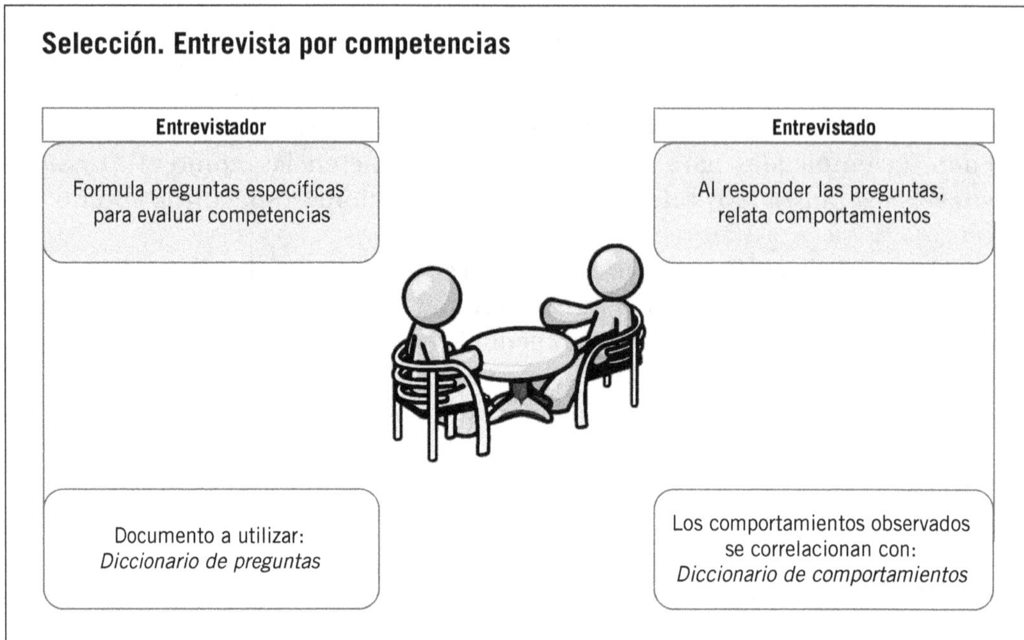

En resumen, en el *Diccionario de preguntas* organizacional usualmente se preparan cuatro preguntas por cada competencia. El selector, en el caso que considere necesario, podrá preparar otras preguntas, adaptadas a las circunstancias y necesidades específicas. La autora ha publicado tres obras que integran *La trilogía*[12], una de ellas es el *Diccionario de preguntas*, que será de utilidad se cuente o no con un modelo diseñado a medida.

Las preguntas pueden ser diseñadas para medir, además de competencias, valores. El esquema sugerido para ello es similar al descrito para la evaluación de competencias.

Mediciones específicas de competencias

Las organizaciones necesitan medir competencias en diferentes momentos y por distintos motivos: en la selección de personas, para evaluar el desempeño, para tomar decisiones frente a la necesidad de un reemplazo, entre otras razones.

12 *Diccionario de competencias. La trilogía. Tomo 1,* Ediciones Granica, Buenos Aires, 2015. *Diccionario de comportamientos. La trilogía. Tomo 2,* Ediciones Granica, Buenos Aires, 2015. *Diccionario de preguntas. La trilogía. Tomo 3,* Ediciones Granica, Buenos Aires, 2015.

Para medir el desempeño nuestra propuesta es la *Evaluación vertical*, que combina objetivos y competencias. También la medición de competencias está considerada en los distintos programas para el desarrollo de las personas que ya integran la organización, como se expone en la obra *Construyendo talento.*

En cuanto a herramientas específicas para medir competencias, podemos citar dos[13] como las más utilizadas: las *Fichas de evaluación*[14], en sus dos variantes, que tienen aplicación, especialmente en relación con las evaluaciones de desempeño y los *assessment* –término de uso generalizado que designa al método denominado *Assessment Center Method* (ACM)–.

Dado que la aplicación de *assessment* tiene una amplia difusión en selección de personas, será especialmente considerado. Para resultar eficaz, un *Assessment Center Method* (ACM) debe ser diseñado a medida de cada organización y los casos deben ser:

- Situacionales, es decir, relacionados con la tarea actual o futura del evaluado.
- Específicamente vinculados con el modelo de competencias, es decir, tomando en cuenta las competencias del modelo de la organización y diseñados específicamente para medir en particular los comportamientos referidos a ellas.

La técnica de *assessment* es muy conocida por su utilización en procesos de selección. Sin embargo, se aplican en muchas otras situaciones, siendo una herramienta muy valiosa.

Adicionalmente, es importante destacar que un *assessment* diseñado a medida puede ser utilizado también para medir valores; su alcance dependerá de dicho diseño. Se retoma esta temática en el Capítulo 6.

Gestión por competencias y su aplicación en los distintos subsistemas de Recursos Humanos

Esta obra, en su totalidad, está referida a la selección de personas, y abarca de manera amplia todos los aspectos relacionados. No obstante, en este capítulo, donde

---

13 Alles, Martha. *Las 50 herramientas de Recursos Humanos que todo profesional debe conocer.* Ediciones Granica, Buenos Aires, 2016.

14 *Fichas de evaluación.* Documento de medición de comportamientos/conocimientos, estructurado y basado en el modelo de competencias/valores/conocimientos de la organización. También existe otra herramienta similar, que se denomina *Ficha de evaluación reducida.* Ver las herramientas N° 27 y 28 de la obra *Las 50 herramientas de Recursos Humanos que todo profesional debe conocer,* Ediciones Granica, Buenos Aires, 2016.

se están analizando ciertos temas de manera introductoria, creo importante resaltar que la implantación de un modelo de competencias, como ya se expresara en párrafos previos, se relaciona con todos los temas de Recursos Humanos, a través de los denominados subsistemas.

A continuación se hará una breve referencia a algunos aspectos de importancia, además de la selección de personas, en relación con la Gestión por competencias.

Desempeño por competencias. Medición de competencias

El desempeño es uno de los aspectos fundamentales una vez que los colaboradores ya forman parte de la organización. Para evaluar el desempeño por competencias se utiliza uno de los documentos ya mencionados, el *Diccionario de comportamientos.*

Para medir el desempeño por competencias pueden utilizarse diversas herramientas[15]:

- Evaluación vertical.
- Evaluación de 360 grados.
- Evaluación de 180 grados.
- Diagnósticos circulares.
- Fichas de evaluación, aplicables a mediciones específicas o como apoyo a las cuatro anteriores.

Para la evaluación de desempeño se sugiere la denominada *evaluación vertical,* en la cual usualmente se combinan objetivos y competencias[16].

---

15 Alles, Martha. *Las 50 herramientas de Recursos Humanos que todo profesional debe conocer.* Obra citada.

16 Evaluación vertical (del desempeño). Medición del desempeño realizada por el jefe o superior, que se complementa con la autoevaluación del propio colaborador y la revisión del nivel superior al jefe directo ("jefe del jefe").
Proceso organizacional estructurado que tiene un doble propósito: 1) se utiliza para medir el desempeño de los colaboradores (usualmente se combinan objetivos y competencias) y, al mismo tiempo, 2) es un derecho del colaborador a recibir retroalimentación sobre cómo está haciendo las cosas (desempeño).
La denominación de "vertical" hace referencia a los actores más usuales del proceso: el jefe directo, el colaborador (autoevaluación), y una mirada adicional, como es la del "jefe del jefe" (en nuestra metodología denominamos a ese aspecto *la tercera firma*). Fuente: *Diccionario de términos de Recursos Humanos.* Ediciones Granica, Buenos Aires, 2011.

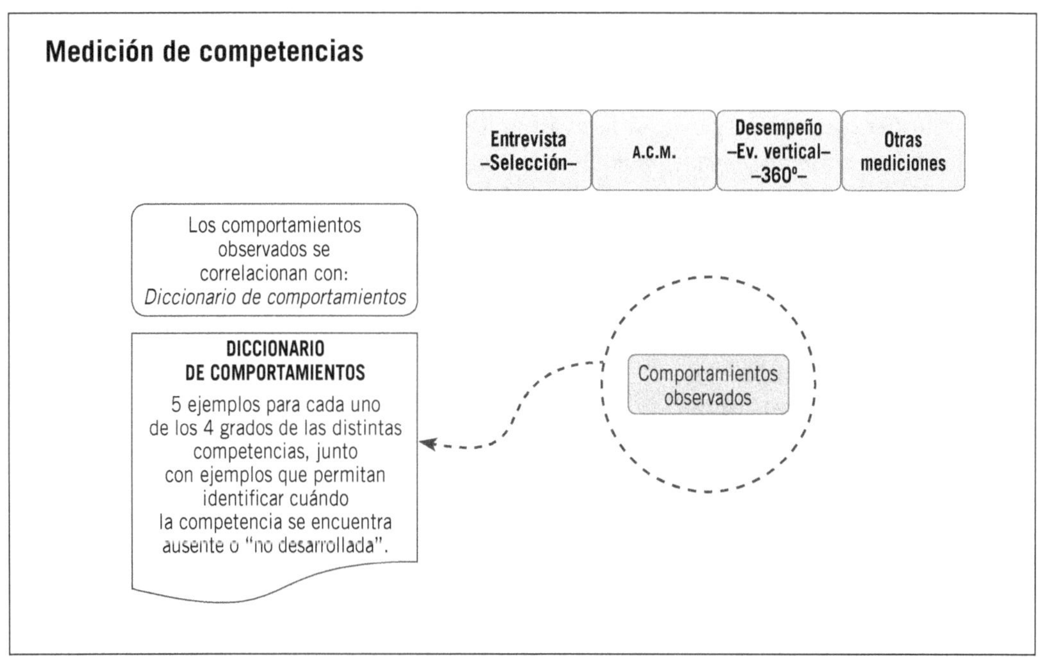

El análisis y la medición de las competencias de una persona, en las diferentes situaciones en que esto deba llevarse a cabo, se realiza del siguiente modo:

En el gráfico precedente se mencionan las principales herramientas utilizadas para la medición de competencias: *entrevista* (en selección), *ACM* (se utiliza en selección y otras circunstancias), *evaluación vertical* para evaluar el desempeño. También es posible utilizar otras mediciones, algunas ya mencionadas. En cualquiera de ellas, el evaluador observará comportamientos. Luego, los comportamientos observados deben ser relacionados con las competencias asignadas al puesto de trabajo (competencia y grado requerido).

La evaluación se realiza de manera diferente, según corresponda. En una entrevista –esto se verá más ampliamente en el Capítulo 5– los comportamientos se observan en el relato del entrevistado. En un ACM los comportamientos podrán ser vistos durante la evaluación, por observación directa del evaluador; y en la evaluación del desempeño, por la observación en el día a día, realizada por su jefe/superior. Algo similar ocurre en las evaluaciones múltiples al utilizar una evaluación de 360 grados.

Las evaluaciones de 360 grados (así como las de 180 grados) evalúan competencias con vistas a su desarrollo. En una evaluación de 360 grados una serie de evaluadores observan el desempeño de una persona. Del mismo modo sucede en la evaluación de 180 grados y en los diagnósticos circulares.

En las diferentes evaluaciones mencionadas se observan comportamientos, y posteriormente estos se relacionan con los descritos en el *Diccionario de comportamientos*.

Es importante señalar que, si la evaluación de 360 grados no se diseña sobre la base del *Diccionario de comportamientos* de la empresa en cuestión, no estará evaluando a los ejecutivos u otros funcionarios sobre la base del modelo organizacional y, desde ya, no medirá su desempeño en relación con aquello definido como necesario para alcanzar la estrategia de dicha organización.

Desarrollo de personas. Desarrollo de competencias. Formación en competencias

El desarrollo de personas es una temática amplia y se relaciona con dos de los subsistemas de Recursos Humanos: *Desarrollo y planes de sucesión*, y *Formación*.

El *Diccionario de comportamientos* posee múltiples usos. Será de gran utilidad en la relación jefe-colaborador. También podrá ser utilizado para la realización de múltiples actividades, tanto de desarrollo como de formación.

Como se explicó en páginas previas, en el momento de implantar el modelo es necesario difundirlo, darlo a conocer, y, además, enseñar de qué manera debe utilizarse, en especial el mencionado *Diccionario de comportamientos*.

Una vez que se hayan medido las competencias de los distintos integrantes de la organización, se habrá determinado la existencia de brechas entre el nivel de competencias de cada colaborador y lo requerido por su puesto de trabajo. A partir de esa información se deberán realizar acciones de desarrollo de competencias.

Las organizaciones deben diseñar con precisión sus planes de formación, y considerar, entre otras actividades, el desarrollo de competencias a través de métodos específicos, como, por ejemplo, *Codesarrollo*[17].

Adicionalmente, se definirán programas internos de desarrollo para las personas que integran la organización. En función de las capacidades de las personas, es decir, a partir de un *mapa de talentos*, es posible diseñar *rutas internas* para el crecimiento de ese talento dentro de la organización, contemplando desde las capacidades de las personas hasta sus proyectos personales. Los diferentes programas organizacionales, tratados en la obra *Construyendo talento*[18], se muestran en el gráfico siguiente.

17 Alles, Martha. *Codesarrollo. Una nueva forma de aprendizaje.* Obra citada.
18 Alles, Martha. *Construyendo talento.* Obra citada.

Fuente: *Construyendo talento*. Ediciones Granica, Buenos Aires, 2016.

Los diferentes programas organizacionales incluidos dentro de lo que se ha denominado *Mapa y ruta de talentos* consideran en su diseño: conocimientos, competencias y experiencia.

¿Quién puede ser un buen selector?

Hemos definido –en párrafos previos– al selector como el responsable de un proceso de selección. ¿Quién puede asumir ese rol en el ámbito de una organización? La formación universitaria de los especialistas en Recursos Humanos es diversa y varía entre los diversos países. Si bien la disciplina se encuentra dentro de las Ciencias de la Administración, las profesiones de quienes se suman a ella difieren. Con frecuencia es posible encontrar a cargo de las áreas de Selección a graduados en psicología, también administradores de empresas o ingenieros. En algunos países, la carrea de Psicología ofrece a sus futuros graduados distintas opciones de especialización, una de ellas, con enfoque en lo laboral.

En cuanto al proceso de selección, más allá de la carrera universitaria importará –además– la experiencia y destreza necesarias para manejar dicho proceso en todas sus etapas, desde la capacidad para hacer una buena recolección de información en el momento de definir el perfil, hasta la elección de las fuentes de reclutamiento más adecuadas y, desde ya, llevar adelante la entrevista (un aspecto clave).

La entrevista es uno de los métodos más difundidos en la selección de personas; casi no se verifican procesos de selección en los que los participantes no intervengan en al menos una entrevista. No obstante, no siempre los resultados son los esperados. La entrevista por competencias, que se verá en el Capítulo 5, tiene el propósito de mejorar los resultados de los procesos de selección y disminuir tanto la rotación como la inadecuada selección de personal, al incorporar empleados que luego no alcancen el desempeño deseado.

Un aspecto a tener en cuenta en las entrevistas en general y en especial en las entrevistas por competencias, es la interrelación entre el entrevistado y el entrevistador (ver gráfico en la página siguiente). Debe existir algún tipo de correlación de nivel y experiencia entre uno y otro. Por ejemplo, no es imaginable que un joven con poca experiencia pueda entrevistar a un postulante al cargo de gerente general. Si bien puede tener una buena base teórica (que es imprescindible), deberá estar acompañada por su propia experiencia gerencial y profesional.

Las entrevistas en general y la entrevista por competencias en particular requieren, por parte del entrevistador, no solo capacidad de análisis sino también agilidad para identificar comportamientos a partir del relato de hechos o situaciones que deben ser identificados y extraídos de la conversación con el postulante. Un cierto conocimiento del sector de actividad donde el postulante se desempeñará, de lo que el entrevistado hace, de los distintos niveles de las organizaciones, de los roles que se juegan dentro de la organización, son imprescindibles para el análisis y comprensión de lo que el entrevistado dice.

En muchas organizaciones los entrevistadores del área de Recursos Humanos cuentan para las entrevistas con cuestionarios prediseñados (entrevista estructurada[19]), que son de mucha utilidad. Sin embargo, un entrevistador con poca experiencia, aunque cuente con esta valiosa herramienta, en principio no siempre sabrá cómo insertar en la entrevista las distintas preguntas y, en segundo lugar, no podrá luego relacionar o interpretar las respuestas y de qué modo se relacionan con los comportamientos que interesa identificar.

La columna derecha del gráfico de la página siguiente presenta los aspectos que usualmente son considerados respecto de un entrevistado, y en la parte izquierda se listan los aspectos que corresponden al entrevistador/selector.

19 Alles, Martha. *Las 50 herramientas de Recursos Humanos que todo profesional debe conocer.* Obra citada.

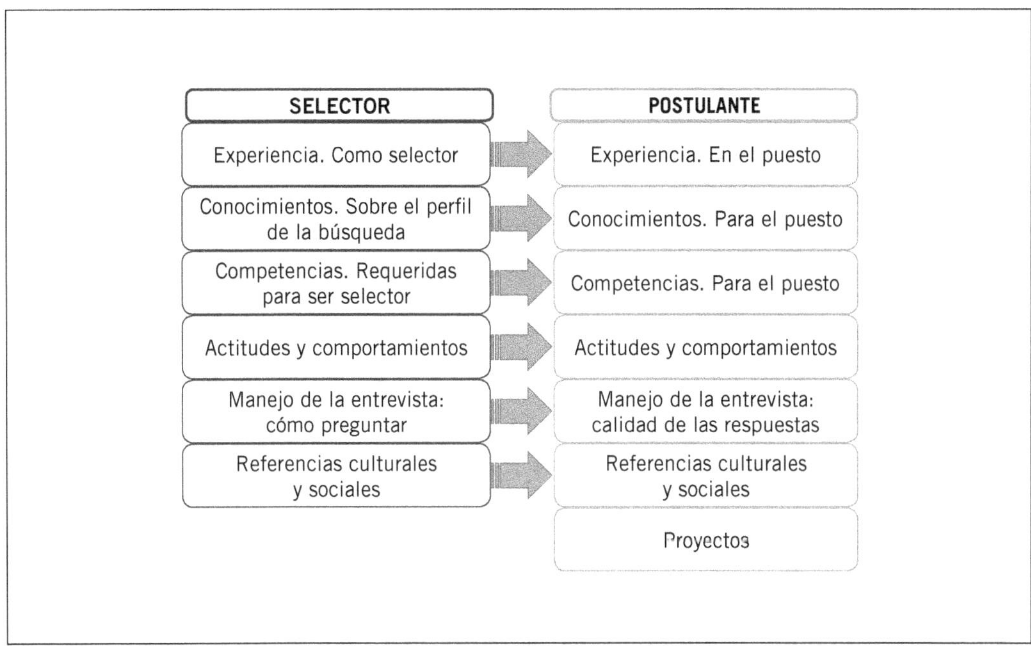

Como se desprende del gráfico, hay que tener en cuenta las competencias del entrevistador y en segundo término, pero en primer lugar de importancia, las referencias culturales y sociales. Deben tener algún tipo de correspondencia. Las referencias culturales y sociales no deben entenderse en relación con las clases sociales, sino como parte de la experiencia profesional. Para entrevistar a un alto ejecutivo será muy útil haberlo sido en algún momento, además de saber entrevistar y tener otros conocimientos que resultarán necesarios para llevar adelante un exitoso proceso de selección.

Una correcta interrelación entre los conceptos aquí mencionados permitirá alcanzar el resultado esperado en una entrevista.

Por otra parte, un profesional de Recursos Humanos y/o un selector deberán poseer formación en la disciplina junto con un enfoque generalista en administración[20], más allá de la carrera universitaria que hayan cursado.

20 *Administración.* El término hace referencia a la dirección de una organización, lo cual implica organizar y planificar las actividades de esta para alcanzar un objetivo determinado.
Administración, Ciencia de la. Es una ciencia social que se ocupa de la planificación, organización, dirección y control de los recursos humanos, financieros, materiales, tecnológicos, etc. que la organización necesita para alcanzar sus objetivos (visión, misión y estrategia). La disciplina Recursos Humanos forma parte de la Ciencia de la Administración.
Fuente: *Diccionario de términos de Recursos Humanos.* Ediciones Granica, Buenos Aires, 2011.

Para la mayoría de los procesos de selección se requiere un enfoque multidisciplinario, por lo cual es difícil que una carrera brinde todo lo necesario para llevar adelante las diversas etapas de dicho proceso. Los buenos selectores, en general, complementan su formación académica con otros estudios, ya sean formales o a través de lecturas.

Los selectores que trabajen en una organización deberán conocerla exhaustivamente, así como los negocios de cada una de las áreas que la integran.

Los selectores que trabajen en consultoría deberán desarrollar una gran capacidad de búsqueda de información, para conocer con cierta profundidad el negocio de sus clientes.

20 pasos para seleccionar personas

Para llevar a cabo la selección de personas es necesario seguir una serie de pasos, que se describen a continuación.

Se trata de un difícil equilibrio para, por un lado, no llevar a cabo un proceso extremadamente largo que agote a las partes involucradas y, por el otro, no omitir un paso relevante que pueda implicar que se tome una decisión incorrecta. Este adecuado equilibrio implica cierto *arte* que se adquiere, básicamente, con la experiencia. Un aspecto clave será no atenerse a esquemas rígidos; por el contrario, en ocasiones será necesario flexibilizar alguna etapa en pos de un resultado positivo para todos.

Los pasos comienzan con la detección de la necesidad de cubrir una vacante y la decisión de llevar a cabo el proceso necesario para hacerlo, y finalizan con la instancia de admisión del candidato y su posterior inducción, una vez que ya forma parte de la organización (ver figura en la página siguiente).

Paso 1. Necesidad de cubrir una vacante. Será el futuro jefe quien defina la necesidad de cubrir una puesto de trabajo determinado. La decisión de cubrir esa posición, o no, podrá estar dentro de su nivel de autoridad o requerir la intervención de un nivel superior.

Paso 2. Solicitud de personal. Las organizaciones usualmente cuentan con un procedimiento establecido para esta instancia. En cualquier caso, será el futuro jefe (o el jefe del jefe, según corresponda) quien comunicará al responsable adecuado la solicitud para cubrir la vacante.

Paso 3. Revisión del descriptivo de puesto. Si la organización cuenta con *descriptivos de puestos,* se deberá partir de este documento, revisarlo con el futuro jefe y tomar notas complementarias en el paso siguiente.

Paso 4. Recolectar información sobre el perfil. Si se cuenta con el descriptivo de puesto de la vacante a cubrir se tomarán notas adicionales junto con el análisis del cargo a cubrir en función de toda la información disponible. En el caso de no contar con el documento denominado *descriptivo de puesto,* será necesario recolectar toda la información que permita elaborar el *perfil de la búsqueda.*

Paso 5. Análisis de eventuales candidatos internos. En ocasiones, dentro del mismo sector se podrá encontrar a personas que responden al perfil del puesto y que podrían ocupar la vacante. Para el análisis de estas situaciones se sugiere el diseño de una herramienta y/o procedimiento específico para la realización de *promociones internas* (ver Capítulo 9). El término "promociones" no implica necesariamente acceder a una posición de mayor nivel, sino que también se incluyen bajo este concepto las transferencias *laterales* o al mismo nivel.

Paso 6. Decisión: búsqueda *interna, externa o mixta.* Para el reclutamiento interno se puede implementar el método de *job posting* o autopostulación, realizar búsquedas externas utilizando fuentes de reclutamiento diversas o, si bien no es lo más frecuente, realizar un proceso mixto, combinando una búsqueda interna con una externa.

Paso 7. Elección de fuentes de reclutamiento. Desde los caminos más tradicionales (como la publicación de anuncios y la consulta de bases de datos), hasta reclutamiento 2.0 y la contratación del servicio de consultoras especializadas.

Paso 8. Recepción de antecedentes. Según las fuentes de reclutamiento elegidas, se recibirán antecedentes de personas interesadas en participar en el proceso de selección.

Paso 9. Primeros filtros. Implica lectura de antecedentes, curriculum vitae (CV) y/o aplicación de filtros en el caso de búsquedas a través de Internet o la intranet. El objetivo de esta etapa es identificar a los candidatos que se ajusten más al perfil de la búsqueda, optimizando tiempo y costos en las etapas siguientes. En este paso deben considerarse las distintas herramientas factibles de ser aplicadas según el perfil de la búsqueda. Ejemplo: cuestionarios de preselección, preguntas específicas sobre conocimientos y características del puesto que la persona ocupa en la actualidad, administrables a distancia u online, entre otros recursos.

Paso 10: Entrevistas. La cantidad de entrevistas y su tipo dependerán del tipo de posición a cubrir. Los objetivos de las entrevistas son diversos, desde conocer al candidato hasta la presentación al postulante del puesto que se desea cubrir, análisis y evaluación de la historia laboral para determinar si los conocimientos y competencias del postulante se relacionan (y en qué grado) con el perfil buscado, y análisis de las motivaciones de la persona entrevistada en relación con la búsqueda.

Paso 11. Evaluaciones específicas. Además de las entrevistas mencionadas en el paso 10, con frecuencia se realizan otras evaluaciones. Entre las más frecuentes se encuentran las evaluaciones técnicas específicas. No se realizan en todos los casos, muchas veces el futuro jefe formula algunas preguntas en el transcurso de su entrevista para despejar aspectos vinculados a conocimientos específicos. En ocasiones, podrá ser necesaria una evaluación adicional o más profunda, por parte de un especialista. También son usuales las evaluaciones psicológicas, que tienen como propósito evaluar actitudes, personalidad y potencial de desarrollo, entre otros aspectos. Y si bien no es de uso frecuente, podría administrarse una entrevista BEI (*Behavioral Event Interview* o entrevista por incidentes críticos). Por último, una herramienta muy utilizada en selección son los *Assessment Center Method* (ACM), un método que se explica en el capítulo respectivo. En particular los ACM podrán ubicarse en este paso (número 11) o, en ocasiones, aplicarse antes de las entrevistas mencionadas en el paso 10.

Paso 12. Formación de candidaturas. Mediante el análisis de la información recolectada en todos los pasos previos y de acuerdo con los resultados de las distintas evaluaciones realizadas se deberán identificar los mejores postulantes en relación con el perfil requerido, considerando los aspectos económicos del puesto a cubrir y las pretensiones de los postulantes.

Paso 13. Informe sobre finalistas. La información debe ser completa, ordenada, sencilla y fácil de comprender por el futuro jefe, generando expectativas razonables con relación a los finalistas elegidos.

Paso 14. Presentación de finalistas al futuro jefe. Incluye apoyo en la coordinación de entrevistas y en cualquier otro aspecto relacionado en el cual el futuro jefe podría llegar a necesitar ayuda.

Paso 15. Selección del finalista. El rol del selector o responsable de Recursos Humanos incluye, también, asesorar al futuro jefe en el momento en que este deba tomar la decisión final y definir la contratación de uno de los postulantes. Implica, además, estar siempre atentos al grado de satisfacción en relación con la búsqueda en sí y sobre el desarrollo en general del proceso de selección.

Paso 16: Negociación. Será ideal que la negociación de las condiciones de contratación las realice el futuro jefe. Si no es la persona con mayor capacidad/autoridad para ello, la negociación y oferta puede estar a cargo del jefe del jefe y/o el responsable de Recursos Humanos.

Paso 17: Oferta por escrito. Esta modalidad no es de uso frecuente en muchos países, pero consideramos que es una buena práctica. Las organizaciones que las realizan lo hacen a todos los niveles.

Paso 18: Comunicación a los postulantes que quedaron fuera del proceso. Se sugiere realizar este paso una vez que la persona seleccionada ha ingresado a la organización.

Paso 19. Proceso de admisión. Cada organización determina los aspectos a considerar según los distintos niveles organizacionales cumpliendo, en todos los casos, los aspectos legales relacionados.

Paso 20. Inducción. La inducción se divide conceptualmente en dos partes: a la organización y al puesto. Usualmente, la primera de ellas está a cargo del área de Recursos Humanos y la segunda es responsabilidad del jefe directo del nuevo integrante.

Los veinte pasos mencionados requieren diferentes tiempos y recursos; unos se abren en *subpasos*, otros no. Sin embargo, todos son importantes y forman parte de las buenas prácticas en selección de personas.

Síntesis del capítulo

- Las "buenas prácticas en Recursos Humanos" describen métodos de trabajo que las empresas han implantado y que se consideran "deseables", es decir, que sería bueno implementar o adoptar en aquellas organizaciones que no lo han hecho aún. Las buenas prácticas no implican conceptos de tipo teórico, sino que describen los métodos de trabajo que representan la mejor manera de hacer las cosas en lo que respecta a un determinado tema o aspecto de la organización: *métodos de trabajo reales llevados a la práctica por organizaciones reales.*
- La disciplina de Recursos Humanos requiere de herramientas sencillas, eficientes y eficaces en relación con todos sus subsistemas. La mayoría de los asuntos relacionados con las personas que integran una organización son asumidos por los jefes directos de los colaboradores, que tienen, además, una serie de funciones y responsabilidades específicas.
- La Gestión por competencias es considerada, en la actualidad, dentro de las buenas prácticas organizacionales. El término "competencia" hace referencia a las características de personalidad, devenidas en comportamientos, que generan un desempeño exitoso en un puesto de trabajo.
- Un modelo de competencias es un conjunto de procesos relacionados con las personas que integran la organización, y tienen como propósito alinearlas en pos de los objetivos organizacionales o empresariales.
- El programa de difusión del modelo de competencias implica una serie de acciones tendientes a que la organización en su conjunto conozca el modelo de competencias adoptado y comprenda cabalmente su aplicación en los distintos subsistemas de RRHH.
- El denominado *mapa del modelo de competencias* es un documento organizacional que facilita la comprensión del modelo de competencias al explicar la interrelación de las distintas competencias que lo componen. No existe una única forma de confeccionar un mapa del modelo. No obstante, entre otra información usualmente contiene: competencias que se controlan entre sí; relación entre competencias; competencias que potencian a otras.
- El término "talento" hace referencia al conjunto de competencias y conocimientos que se poseen. Una persona puede contar con conocimientos y tener desarrolladas competencias que van más allá de lo requerido por su puesto de trabajo. En el ámbito de las organizaciones, se considera el talen-

to en relación con un puesto, sea este el actual –el que la persona ocupa– o uno futuro, que se espera que la persona asuma más adelante.

- *Atracción, selección e incorporación de personas* es uno de los subsistemas de Recursos Humanos, el cual se pone en funcionamiento a partir de la necesidad de cubrir una posición y el respectivo perfil de búsqueda, para continuar con la atracción y luego la selección, y finalizar con la incorporación de personas a la organización. Incluye la *inducción.*
- Los *social media* tienen una amplia utilización en selección de personas a través de *atracción 2.0, reclutamiento 2.0* y *headhunting 2.0.*
- Gestión por competencias se aplica en todos los subsistemas de Recursos Humanos, con especial incumbencia tanto en los Descriptivos de puestos, como en Selección, Desempeño, Formación y Desarrollo, a través de los diferentes programas internos para el desarrollo del talento organizacional.
- ¿Quién puede ser un buen selector? La formación universitaria de los especialistas en Recursos Humanos es diversa y varía según los países. Con frecuencia es posible encontrar a cargo de las áreas de Selección a graduados en psicología, así como también administradores de empresas o ingenieros. Más allá de la carrera universitaria de la persona que revista en el área, deberá contar con la experiencia necesaria para manejar un proceso de selección en todas sus etapas, y tanto la capacidad para hacer una buena recolección de información en el momento de definir el perfil, como la de elegir las fuentes de reclutamiento más adecuadas y, desde ya, llevar adelante las entrevistas de selección (un aspecto clave).

PARA PROFESORES

Para cada uno de los capítulos de esta obra hemos preparado:

- Casos prácticos y/o ejercicios para una mejor comprensión de los temas tratados.
- Material de apoyo para el dictado de clases.

Los profesores que hayan adoptado esta obra para sus cursos tanto de grado como de posgrado pueden solicitar de manera gratuita las obras:

- *Selección por competencias. CASOS*
- *Selección por competencias. CLASES*

Únicamente disponibles en formato digital, en nuestro sitio: **www.marthaalles.com**, en la exclusiva *Sala de profesores*, o bien escribiendo a: **profesores@marthaalles.com**

PARA TODOS LOS LECTORES

Se encuentra disponible en formato digital un Anexo donde se ha realizado un análisis detallado de libros y subsistemas que complementa las temáticas abordadas en esta obra.

Capítulo **2**

Planificación. Definición del perfil

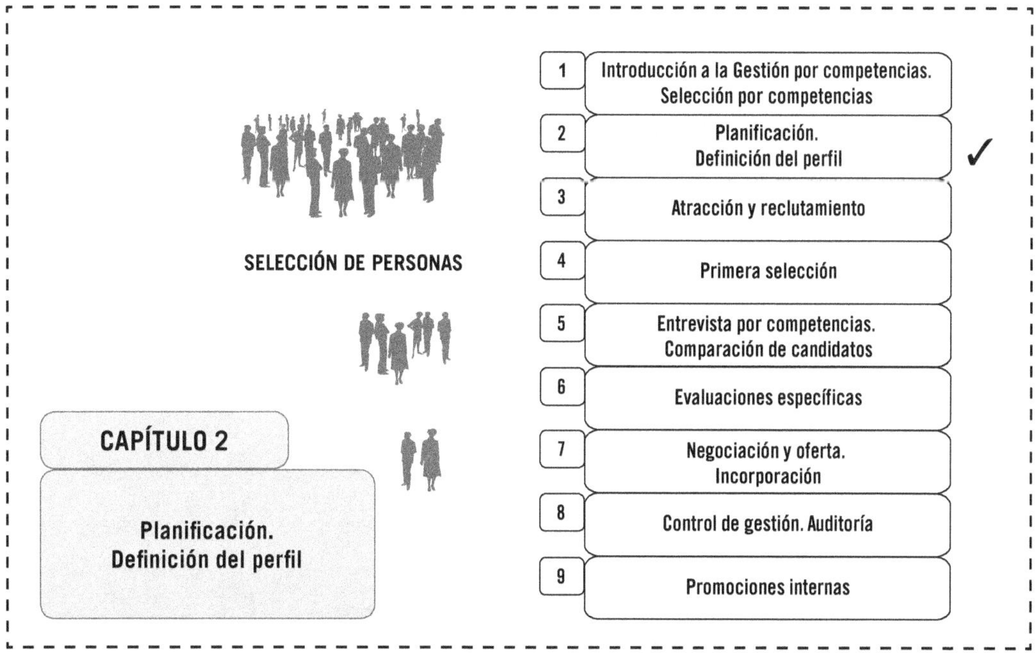

En este capítulo se verán los siguientes temas:

- Antes de la planificación
- Descriptivo del puesto y Gestión por competencias
- Asignación de competencias a puestos. Estructura de puestos
- Estructura de puestos
- Planificación de un proceso de selección
- Definición del perfil
- Los aspectos económicos como parte del perfil de la búsqueda
- Perfil de la búsqueda *versus* perfil del postulante. Compatibilidad
- Planificación de un proceso de selección. Ejemplos

Antes de la planificación

En el Capítulo 1 se han identificado *20 pasos para seleccionar personas*. De dichos pasos, en este capítulo se verán los destacados en el gráfico al pie.

Algunos de los pasos identificados en el gráfico precedente son de relevancia, pero no requieren una explicación detallada. Los hemos identificado como parte del proceso porque deberían ser considerados en un procedimiento para que, luego, sea factible llevar a cabo la auditoria, tema tratado en el Capítulo 8.

Una organización deberá identificar los procedimientos a seguir cuando surja la necesidad de cubrir una o varias vacantes, y definir los niveles de autorización necesarios para avanzar en el proceso de selección.

Paso 1. Necesidad de cubrir una vacante

En casi todos los casos, será el futuro jefe quien definirá la necesidad de cubrir una vacante. Sin embargo, la decisión podrá estar dentro de su nivel de autoridad o requerir de un nivel superior.

Paso 2. Solicitud de personal

Las organizaciones usualmente cuentan con un procedimiento establecido para la solicitud de personal; por ejemplo, será el futuro jefe (o el jefe del jefe, según corresponda) quien comunicará al responsable adecuado la solicitud para cubrir la vacante.

Paso 3. Revisión del descriptivo de puesto

Una vez aprobada la "solicitud de vacante" (o el nombre que a esta instancia le sea asignado en cada caso), si la organización cuenta con descriptivos de puestos, el responsable del proceso de selección utilizará este documento y en una reunión con el futuro jefe analizará lo allí consignado.

Paso 4. Recolectar información sobre el perfil

En la mencionada reunión u otra forma de comunicación directa con el futuro jefe –como ya se mencionara–, si cuenta con el descriptivo del puesto de la vacante a cubrir, se tomarán notas adicionales junto con el análisis del cargo a cubrir en función de toda la información disponible. Con las notas complementarias y el descriptivo de puestos, se elabora el *perfil de la búsqueda*. En el caso de no contar con la mencionada documentación, será necesario recolectar toda la información necesaria para elaborar el perfil.

Paso 5. Análisis de eventuales candidatos internos

Continuando con los pasos que se realizan antes de la planificación propiamente dicha, habrá que dar otros antes de tomar algunas decisiones. En ocasiones, dentro del mismo sector podrán encontrarse personas que responden al perfil del puesto y que podrían ocupar la vacante. Para el análisis de estas situaciones se sugiere el diseño de una herramienta y/o procedimiento específico denominado *Promociones internas* (ver Capítulo 9).

El término "promoción" no implica necesariamente acceder a una posición de mayor nivel. Por extensión también se incluyen bajo este término las transferencias laterales o al mismo nivel.

Paso 6. Decisión: búsqueda interna/externa/mixta

Por último, queda pendiente aún tomar otra decisión: si la búsqueda será interna o externa. La primera variante será más frecuente en organizaciones de gran tamaño.

Para el reclutamiento interno se puede implementar *job posting* o autopostulación. Para realizar búsquedas externas se podrán utilizar fuentes de reclutamiento diversas y, si bien no es lo más frecuente, realizar un proceso mixto, combinando una búsqueda interna con una externa.

Descriptivo del puesto y Gestión por competencias

Uno de los primeros temas a considerar antes de planear un proceso de selección será definir el perfil de la búsqueda. Para ello, serán necesarios los *descriptivos de puestos* junto con la *asignación de competencias a puestos* y la *estructura de puestos.* Con frecuencia, estos documentos no están actualizados, lo cual dificulta cualquier proceso de selección y/o trae aparejado, como una consecuencia no deseable, que las organizaciones no los consideren al realizar sus procesos de búsqueda y reclutamiento. Esto último es un error.

A continuación se expondrán las buenas prácticas en relación con los tres aspectos mencionados. Al analizar los distintos temas se hará –cuando corresponda– la disquisición de cómo se debe proceder en cada caso según si se cuenta o no con los documentos aquí mencionados.

En resumen, será posible encontrar las siguientes situaciones –en términos generales– en organizaciones que no cuenten con este tipo de documentación, otras que la posean, aunque desactualizada, y, por último, que tengan la documentación completa, lo cual será la opción deseable o a alcanzar.

Descriptivo del puesto. Buenas prácticas

El descriptivo de un puesto es el documento interno donde se consignan las principales responsabilidades y tareas de ese puesto de trabajo específico. Adicionalmente se registran los requisitos necesarios para desempeñarlo con éxito: conocimientos, experiencia y competencias.

El documento denominado *descriptivo de puestos* constituye la base de los restantes subsistemas de Recursos Humanos.

Sobre la base del descriptivo de puestos se selecciona a los nuevos colaboradores, se evalúa el desempeño y se remunera a los colaboradores que integran la organización, se cuida la equidad interna y externa en estos aspectos, se diseñan las actividades de formación y, por último, se consideran los distintos programas para el desarrollo de personas que se implementen.

En estas aplicaciones radica la importancia de contar con descriptivos de puestos confiables y en línea con la estrategia organizacional. En resumen, el descriptivo de puestos se relaciona con todos los subsistemas de Recursos Humanos.

La información del descriptivo de puestos se plasma en un formulario para cada posición. La forma en que deben incluirse los datos más relevantes se expone en la figura al pie.

Este documento está descrito como la herramienta N° 10 de la obra *Las 50 herramientas de Recursos Humanos que todo profesional debe conocer.* Por otra parte, la *asignación de competencias* se relaciona con la herramienta N° 2 y se explicará a continuación.

Algunas definiciones de términos mencionados y de relevancia para la temática de esta obra, en su conjunto:

Capacidades. El término incluye conocimientos, competencias y experiencia.

Competencia –según la definición ya expuesta– hace referencia a las características de personalidad, devenidas en comportamientos, que generan un desempeño exitoso en un puesto de trabajo (definición de Martha Alles).

Conocimiento. Conjunto de saberes ordenados sobre un tema en particular, materia o disciplina.

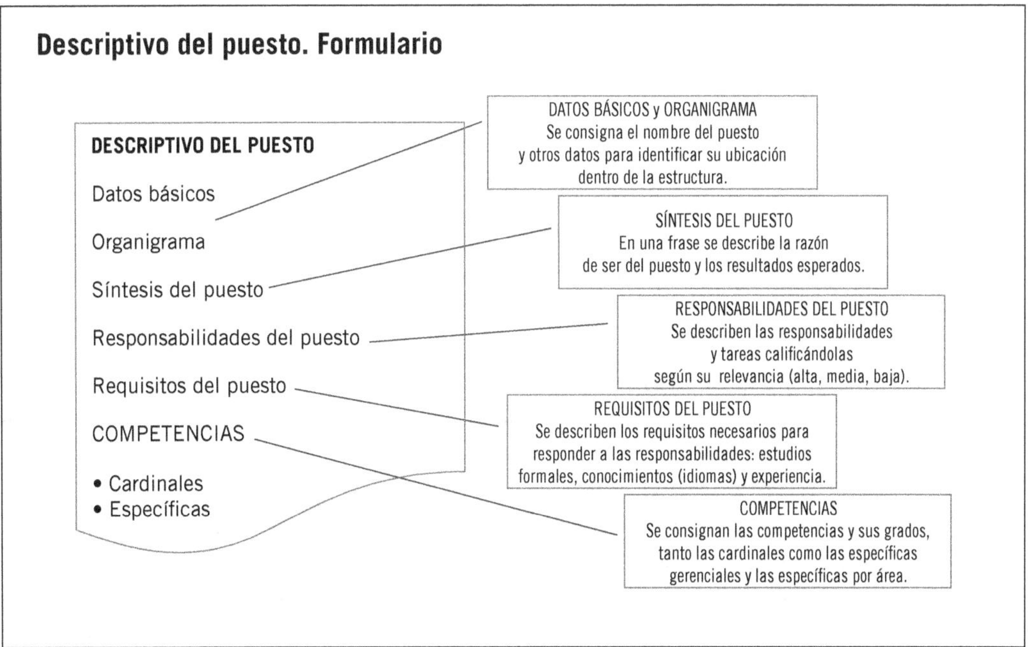

Los conocimientos también son denominados por otros autores como "competencias técnicas", expresión que no aconsejamos dado que puede crear confusión, en especial entre los no expertos en Recursos Humanos.

Experiencia. Práctica prolongada de una actividad (laboral, deportiva, etc.) que permite incorporar nuevos conocimientos e incrementar la eficacia en la aplicación de los conocimientos y las competencias existentes, todo lo cual redunda en la optimización de los resultados de dicha actividad.
La experiencia –junto con los conocimientos y las competencias requeridas– debe ser considerada frente a las diferentes situaciones que impliquen la toma de decisiones en relación con el futuro de un colaborador, tanto en un proceso de selección interna o externa como en los diferentes programas internos para el desarrollo del talento organizacional.

Asignación de competencias a puestos. Estructura de puestos

La *asignación de competencias a puestos* forma parte del documento descrito más arriba, *descriptivo de puestos*. No obstante, dadas sus particularidades e importancia, la trataremos por separado. Así como ha sucedido con otros aspectos de nuestra disciplina, la asignación de competencias a puestos ha mutado a lo largo de los años en cuanto a la forma de llevarla a cabo y, muy especialmente, en lo relativo a su presentación en un formato o documento.

La modalidad que aquí expondremos es la más utilizada. Adicionalmente es la más sencilla y gráfica, lo cual facilita la tarea tanto de especialistas en Recursos Humanos como de responsables de otras áreas y colaboradores en general.

Asignación de competencias a puestos (o cargos). Buenas prácticas

Como decíamos, la asignación de competencias a puestos forma parte de los descriptivos de puestos de la organización, pero usualmente se realizan en momentos diferentes: primero se describe el puesto y se confecciona el ya mencionado documento (descriptivo de puestos) y, luego, una vez que este documento ha sido aprobado, según corresponda, se le adiciona la asignación de competencias.

Dicha asignación de competencias a puestos se lleva a cabo a través de un procedimiento interno por el cual se asignan competencias (junto con sus grados) a los distintos puestos de trabajo. Luego, la asignación se refleja en un documento interno donde se indica, para los distintos puestos de trabajo, las competencias requeridas junto con los grados, en que estas son requeridas.

Para que la asignación de competencias sea posible, primero se debe diseñar un modelo de competencias. En todos los casos, la asignación de competencias a puestos deberá realizarse sobre la base del contenido del descriptivo del puesto, en especial considerando las principales responsabilidades y tareas que corresponden a ese puesto en particular y, además, sobre la base del contenido de las competencias y sus grados.

Como ya se explicó, las competencias que conforman un modelo son de distinto tipo. Las competencias cardinales son aplicables a todos los integrantes de la organización, no así las específicas, que solo se relacionan con algún colectivo y se subdividen en: competencias específicas gerenciales y competencias específicas por área.

Todas las competencias se abren en cuatro grados, como se expone en la figura siguiente[1], y cada uno de estos se define con una frase explicativa concreta del significado y alcance de dicha competencia y grado.

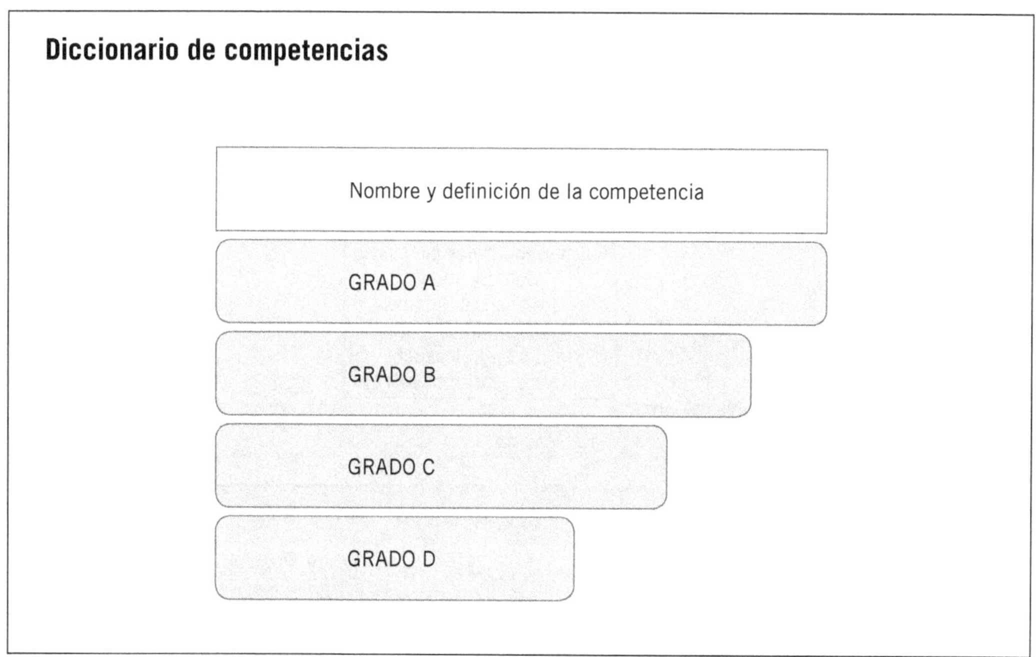

1 El lector podrá encontrar ejemplos de competencias en *Diccionario de competencias. La trilogía. Tomo 1;* Ediciones Granica, Buenos Aires, 2015.

En resumen, la asignación representa un concepto bien conocido por todos: para cumplir con las diferentes responsabilidades y tareas que el descriptivo de puestos plantea será necesario contar con ciertas competencias y, a su vez, que estas se evidencien en determinados grados.

Por lo tanto, para realizar la asignación se relacionan las mencionadas responsabilidades y tareas que el ocupante de dicho puesto deberá llevar a cabo con las capacidades necesarias para tal fin, descritas en el diccionario de competencias. La idea se expresa en la figura al pie.

Finalmente el resultado se registrará como se expone en la figura de la página siguiente.

En grandes organizaciones, la asignación de competencias se realiza por grupos de puestos (o cargos), para lo cual se recomienda elaborar, primero, un documento denominado *Estructura de puestos*. En estos casos, la asignación de competencias se hará relacionando las competencias del modelo con dicha estructura de puestos.

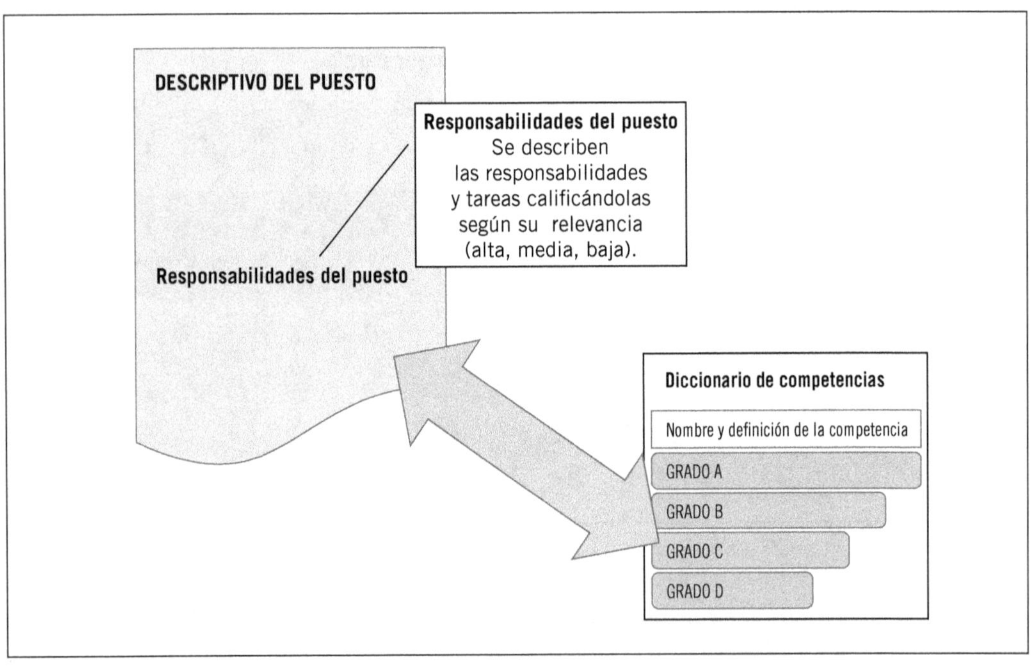

Competencias asignadas a un puesto

ÁREA DE RECURSOS HUMANOS

PUESTO: GERENTE DE RRHH

Competencias cardinales	A	B	C	D
Compromiso con la rentabilidad	X			
Responsabilidad personal	X			
Competencias específicas gerenciales				
Conducción de personas		X		
Competencias específicas del área de RRHH				
Capacidad de planificación y organización		X		
Credibilidad técnica	X			
Orientación al cliente interno y externo	X			

Nota: Solo se consignan 6 competencias para la presentación del tema en el gráfico.

Estructura de puestos

El término "estructura", cuando es utilizado en relación con las organizaciones, hace referencia al orden y a la distribución de funciones en el interior de cada una de ellas. Existen diferentes estilos de estructura: piramidales, horizontales, circulares, en red, entre otros.

La "estructura de puestos" se plasma en un documento interno donde se reflejan los diferentes niveles organizacionales junto con las principales responsabilidades y los requisitos para ocuparlos.

Cuando se describe la organización y sus puestos en un documento como el descrito, este podrá ser la base para la asignación de competencias a puestos.

En la figura superior de la página siguiente, un ejemplo de estructura de puestos según la Metodología MAI.[2]

La estructura de puestos refleja los niveles del organigrama organizacional. La idea se expresa en la figura inferior de la página siguiente.

Este término se relaciona con la herramienta N° 23 descrita en la obra *Las 50 herramientas de Recursos Humanos que todo profesional debe conocer.*

2 MAI: Martha Alles International.

Estructura de puestos

NIVEL		
RESPONSABILIDADES		POSICIONES
NIVEL DE PLANIFICACIÓN	PERÍODO DE IMPACTO	NIVEL DE REPORTE
CONOCIMIENTO	SOLUCIÓN DE PROBLEMAS	AUTORIDAD

SE DISEÑA UNA ESTRUCTURA DE PUESTOS PARA TODA LA ORGANIZACIÓN

Estructura de puestos en relación con el organigrama

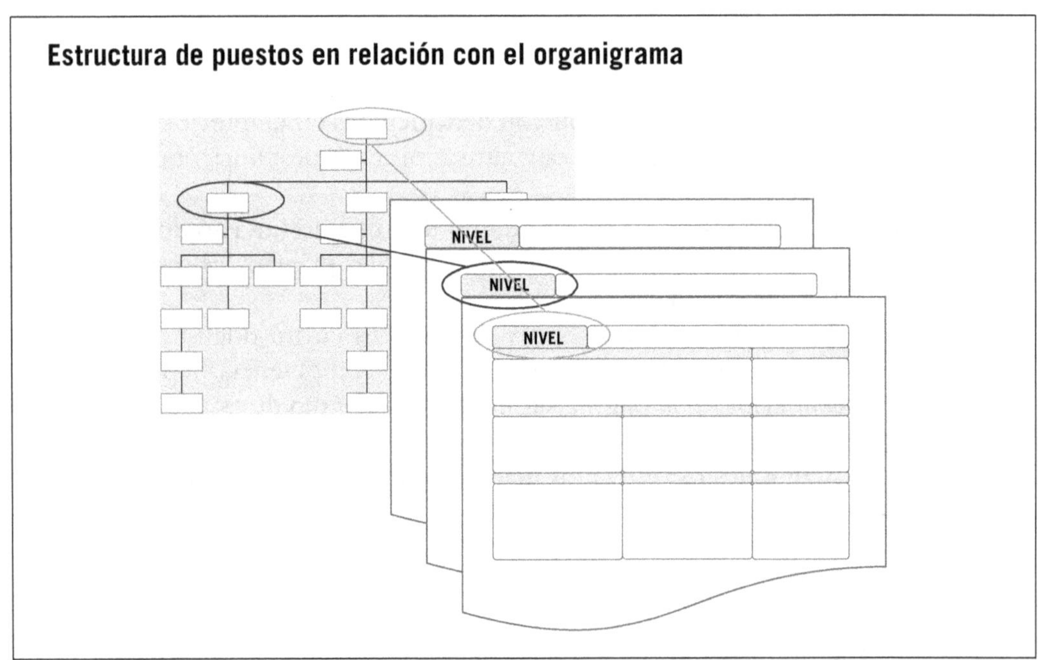

Como decíamos al inicio, muchas organizaciones no tienen la información aquí descrita o bien esta no se encuentra actualizada. En el Capítulo 1 hemos hecho referencia a las buenas prácticas, tanto en Gestión por competencias como en Selección. Disponer de un adecuado diseño de los distintos subsistemas de RRHH se cuenta dentro de las buenas prácticas, en este caso, de la disciplina Recursos Humanos.

Planificación de un proceso de selección

Al inicio del capítulo nos referimos a algunos pasos previos a la planificación del proceso de selección. Según desde qué momento se parta para su análisis, esos pasos podrán ser incluidos o no. Usualmente se consideran en la planificación los pasos concretos a llevar a cabo para cubrir la vacante. En esta sección se hará mención a un enfoque más conceptual y a uno más práctico. Ambos son posibles y, de un modo u otro, son considerados en un proceso de selección.

Las organizaciones utilizan diferentes denominaciones para designar las acciones sistemáticas y los procedimientos específicos destinados a cubrir una vacante; una frecuente es "búsqueda de personal".

Para realizar la planificación del proceso de selección se deberá determinar cómo se realizará dicha búsqueda. Opciones:

Búsqueda externa: acciones y procedimientos específicos tendientes a cubrir una vacante con postulaciones de personas ajenas a la organización.

Búsqueda interna: acciones y procedimientos específicos tendientes a cubrir una vacante con un integrante de la propia organización.

Utilizaremos de manera indistinta los términos planeación o planeamiento. El planeamiento es la acción y efecto de confeccionar un plan de acción en relación con un determinado tema.

En el ámbito de las organizaciones el planeamiento implica la consideración de todos los elementos necesarios para que un determinado proyecto, función, área, unidad de negocios o la empresa en su conjunto alcance un objetivo determinado.

En nuestra disciplina se debe distinguir entre la planificación de los Recursos Humanos[3] de la organización con la de alguna de sus funciones en particular. Aquí

3 *Planificación de Recursos Humanos.* La planificación del capital humano de una empresa es una de las responsabilidades del área de Recursos Humanos. Dicha planificación es uno de los aspectos a ser considerados dentro de la planificación económico-financiera de la organización en su conjunto.

nos referiremos a la mejor forma de realizar el planeamiento de un conjunto de tareas del área para llevar a cabo la selección de personas. También este concepto se confunde con uno de tipo macroeconómico, como la *planeación o planificación del empleo*[4].

Planificación de una búsqueda/selección

Las organizaciones están conformadas por un conjunto de personas, cada una de las cuales posee sus conocimientos y competencias. Si esta información está debidamente registrada se podrá contar con un *inventario*[5] referido a estas características.

En algunos casos, la planificación podrá incluir varias posiciones. Siempre se partirá de la demanda, es decir, del perfil de la búsqueda (o perfiles, si se trata de procesos de selección múltiple).

Para satisfacer la demanda se realizan diversas acciones, bajo la palabra aglutinadora de "aprovisionamiento": se podrá promover candidatos internos, realizar búsquedas internas, o bien salir al mercado y realizar un reclutamiento externo. Por lo tanto, el aprovisionamiento podrá ser tanto interno como externo. El aprovisionamiento externo (en el mercado laboral) está basado en personas que trabajan en otras organizaciones o que eventualmente se encuentran sin empleo, y que pueden interesarse en la/s posición/ciones a cubrir. Estos potenciales nuevos colaboradores podrán estar o no al alcance de la organización requirente en cuanto a los ofrecimientos económicos que se realicen.

De este análisis surge un "pronóstico" sobre la posibilidad de satisfacer la demanda. Si el pronóstico no es positivo, es decir, si con ninguno de los caminos posibles para el aprovisionamiento –externos e internos– se puede satisfacer la demanda, se deberá, eventualmente, redefinirla.

Para llevarla adelante deberá considerarse la estrategia organizacional junto con los objetivos generales de corto, mediano y largo plazo. En función de estos aspectos, se deben analizar, en colaboradores de todos los niveles, las capacidades necesarias para alcanzarlos: conocimientos, experiencia y competencias. Fuente: *Diccionario de términos de Recursos Humanos*, Ediciones Granica, 2011.

4 La expresión "planificación del empleo" podría ser considerada desde una perspectiva macroeconómica, en cuyo caso se trataría de uno los elementos a considerar dentro de las políticas del gobierno central de un país. Fuente: *Diccionario de términos de Recursos Humanos*, Ediciones Granica, 2011.

5 El lector encontrará mayor información sobre el planeamiento de los Recursos Humanos y el inventario de Recursos Humanos en la obra *Dirección estratégica de Recursos Humanos. Tomo 1. Nueva Edición;* Ediciones Granica, Buenos Aires, 2015.

Esta relación o influencia se denomina "interacción del aprovisionamiento con la demanda".

Una forma de modificar los términos de la demanda podrá ser, por ejemplo, analizar con el futuro jefe/cliente interno la viabilidad de considerar otras opciones para cubrir la posición.

La descripción anterior se expone en la figura al pie.

Llevando el análisis conceptual de la figura precedente a aspectos concretos a tener en cuenta en la planificación, se podrían identificar los siguientes pasos a seguir para *atraer, seleccionar e incorporar* una o varias personas para cubrir uno o varios puestos en el ámbito de una organización, los cuales deberán ser identificados y analizados antes de comenzar el proceso.

Una búsqueda debe ser planeada en todos sus detalles, determinando en cada caso tiempos y costos involucrados:

- Definición del perfil.
- Fuentes de reclutamiento.
- Recepción y evaluación de antecedentes.
- Entrevistas.

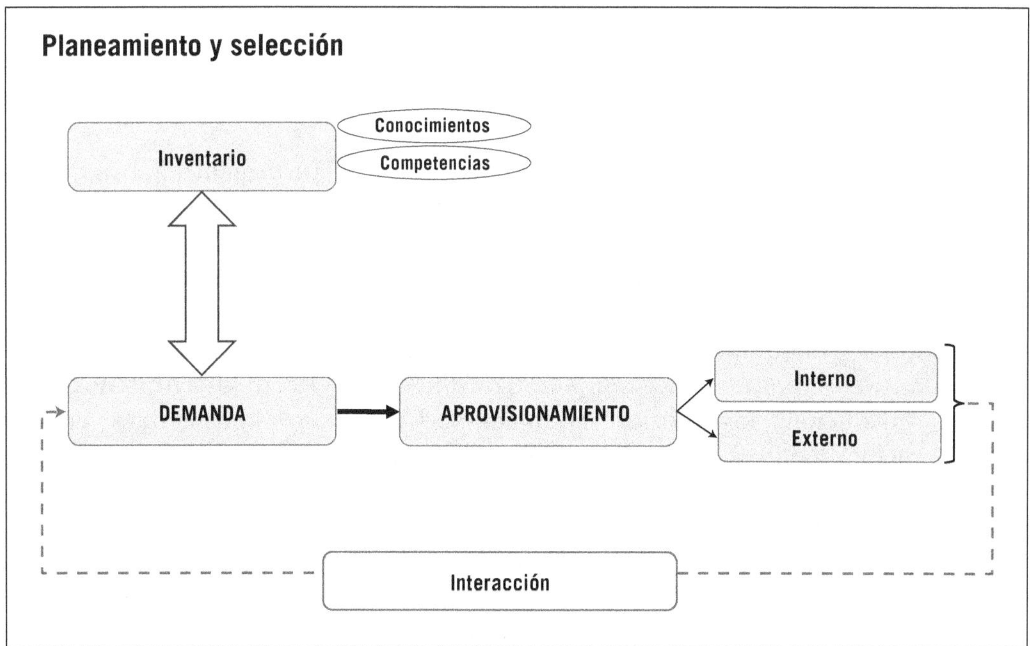

- Evaluaciones específicas.
- Armado de la carpeta de finalistas.
- Selección del finalista.
- Negociación y oferta.
- Incorporación.
- Inducción.

En los capítulos siguientes se verá de manera detallada la mayoría de los temas mencionados, desde reclutamiento y entrevistas, hasta negociación y oferta, solo por mencionar los más importantes. Sin embargo, en el momento de la planificación se deberán tener en cuenta las diferencias para decidir cuáles pasos y subpasos habrá que llevar a cabo en cada caso. A continuación, algunos breves comentarios sobre los ítems mencionados.

Todo proceso de selección comienza por la *definición del perfil.* Este punto se verá en este mismo capítulo y será la base de todos los pasos siguientes. Como ya se expresara, cuando es posible el perfil se elabora a partir del *descriptivo de puestos* y su respectiva *asignación de competencias y grados.*

Una vez definido el perfil, se realiza el *reclutamiento,* término que se utiliza para designar el conjunto de procedimientos destinados a atraer e identificar a candidatos potencialmente calificados y capaces para ocupar el puesto vacante, a fin de seleccionar a alguno/s de ellos para que reciba/n el ofrecimiento de empleo. Para el reclutamiento se deberán elegir las fuentes más adecuadas, tanto internas como externas.

En cuanto al reclutamiento, para llevar a cabo el planeamiento habrá que tener en cuenta las diferentes opciones que, de considerarse adecuadas, podrán ser utilizadas de manera conjunta y combinada. Por ejemplo, reclutamiento al estilo tradicional, publicando un anuncio en un periódico u otros medios. O reclutamiento 1.0, es decir, a través de procedimientos para atraer e identificar candidatos utilizando las posibilidades de la Web 1.0 (ejemplos: sitios o páginas web organizacionales, web laborales y los sitios de consultoras de Recursos Humanos). Por último, y en adición a los anteriores, también podrá utilizarse –y cada día se emplea más– el reclutamiento a través de la Web 2.0 (*social media*). En este último caso se denomina *reclutamiento 2.0.* Se verán sus características y diferencias con mayor detalle en el Capítulo 3.

En ocasiones, el reclutamiento se hace a través de *headhunting,* método basado en la realización de una investigación acerca de los mejores profesionales del mercado que ocupan puestos similares al que se desea cubrir, a los que luego se contacta para ofrecerles participar en el proceso de selección. También existe el *headhunting 2.0,* el cual se realiza a través de los *social media* (Web 2.0).

Por último, a todo lo anterior podría sumarse el denominado "programa de referidos". Este es un programa mediante el cual los colaboradores –de la propia organización– presentan candidatos que ellos consideran interesantes, por sus capacidades, ya sea en relación con una búsqueda concreta o no.

Como parte del planeamiento se fijan fechas para la recepción y evaluación de antecedentes. La etapa de evaluación a su vez se divide en dos, primera selección (Capítulo 4) y selección propiamente dicha (capítulos 5 y 6).

Para estas instancias será preciso definir la cantidad y el tipo de entrevistas a realizar, así como si se efectuarán evaluaciones específicas (y cuáles).

Para completar la planificación, se estimarán fechas y, eventualmente, algunas precisiones adicionales sobre la presentación de finalistas (armado de la carpeta de finalistas), y una vez elegido el candidato final, la negociación y oferta.

Al finalizar el proceso de selección, los pasos pendientes serán los trámites de incorporación y la inducción.

Pasos del proceso de selección a cargo del área de Recursos Humanos

En las organizaciones que cuentan con un área de Recursos Humanos, una vez que se tomó la decisión de cubrir una vacante, algunos de los *20 pasos para seleccionar personas* serán responsabilidad del sector. La idea se expresa en la figura de la página siguiente.

En algunas circunstancias, los pasos podrán ser realizados en forma conjunta con el futuro jefe/cliente interno.

Si en la organización no existe un área específica dedicada a la selección y el manejo de los recursos humanos, es posible que la selección de personas y las tareas relacionadas sean llevadas a cabo por una o varias personas del área donde se ha producido dicha vacante.

A partir del gráfico precedente se puede analizar que los pasos 1, 2 y 15 son, sin duda, responsabilidad del futuro jefe/cliente interno.

Respecto de la negociación (paso 16), cada organización podrá definir una política determinada. Usualmente es una responsabilidad compartida, con participación activa del futuro jefe/cliente interno.

En otros pasos, como el número 6, la decisión será tomada por el futuro jefe/cliente interno con información suministrada por el responsable de Recursos Humanos.

Respecto del paso 7, si bien la elección de fuentes de reclutamiento es una tarea a cargo del responsable del proceso de selección, en la aprobación de costos de cierta envergadura podrá intervenir el futuro jefe/cliente interno.

En resumen, si bien la responsabilidad por la ejecución de las tareas puede recaer en el área de Recursos Humanos, las decisiones respectivas son –en general– responsabilidad del futuro jefe/cliente interno, y la mayoría de las veces dichas decisiones serán tomadas sobre la base de información provista por el responsable del proceso de selección y/o el área de Recursos Humanos.

Para planificar los pasos a cargo del área de Recursos Humanos: 4 etapas

Para comprender mejor las tareas a cargo del selector y la utilización de herramientas en cada caso, los *20 pasos para seleccionar personas* se pueden dividir en cuatro grandes categorías:

1. Atracción.
2. Preselección.
3. Selección.
4. Decisión.

El criterio a seguir es sencillo y se relaciona con el tipo de tarea a realizar. Como se muestra en el gráfico al pie, luego de la atracción, en la primera selección o preselección se deben realizar acciones que permitan evaluar la mayor cantidad posible de ítems del perfil buscado. Uno de los sugeridos para esta etapa son los *conocimientos.*

Luego, en una instancia posterior (denominada selección), tendrá lugar la *evaluación de competencias.* A medida que se supere cada etapa, la cantidad de postulantes será menor. Es decir, habrá una mayor cantidad de postulaciones en la primera parte y, luego de las evaluaciones aplicadas en la *primera selección* (Capítulo 4), el número de postulantes en carrera se reducirá, hasta alcanzar un número muy acotado en las instancias finales del proceso. La pirámide de fondo que se utiliza en las dos figuras siguientes (y en otras en este libro) representa la cantidad de personas involucradas en las distintas etapas: mayor número en la base de la pirámide (primeras etapas), y una menor cantidad a medida que se va avanzando en el proceso de selección.

Las cuatro etapas mencionadas más arriba se relacionan con los *20 pasos para seleccionar personas* de la forma que se expone en la figura de la página siguiente.

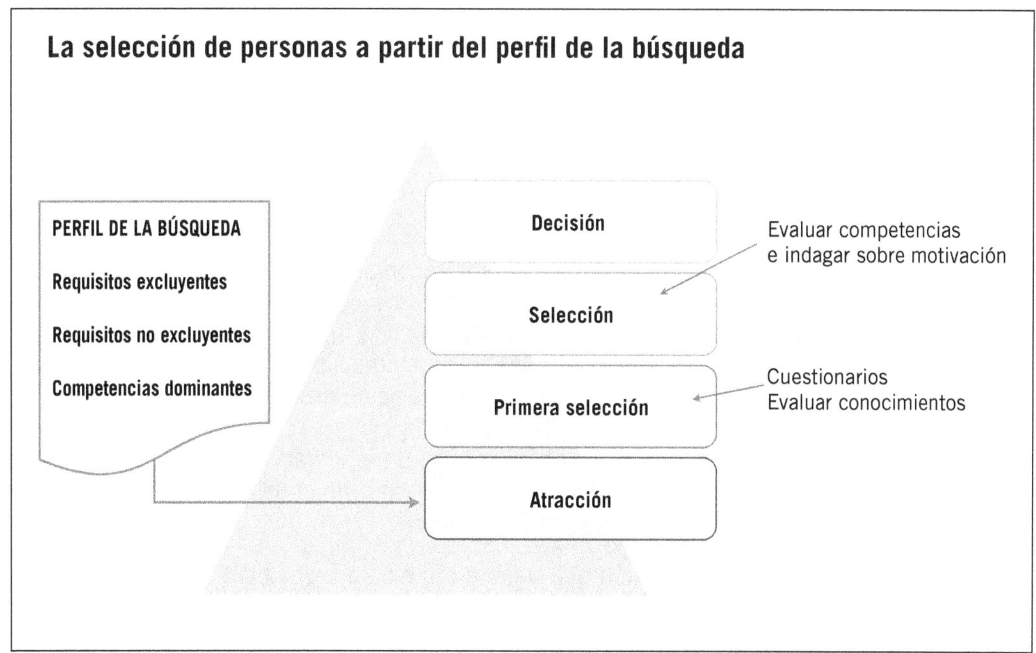

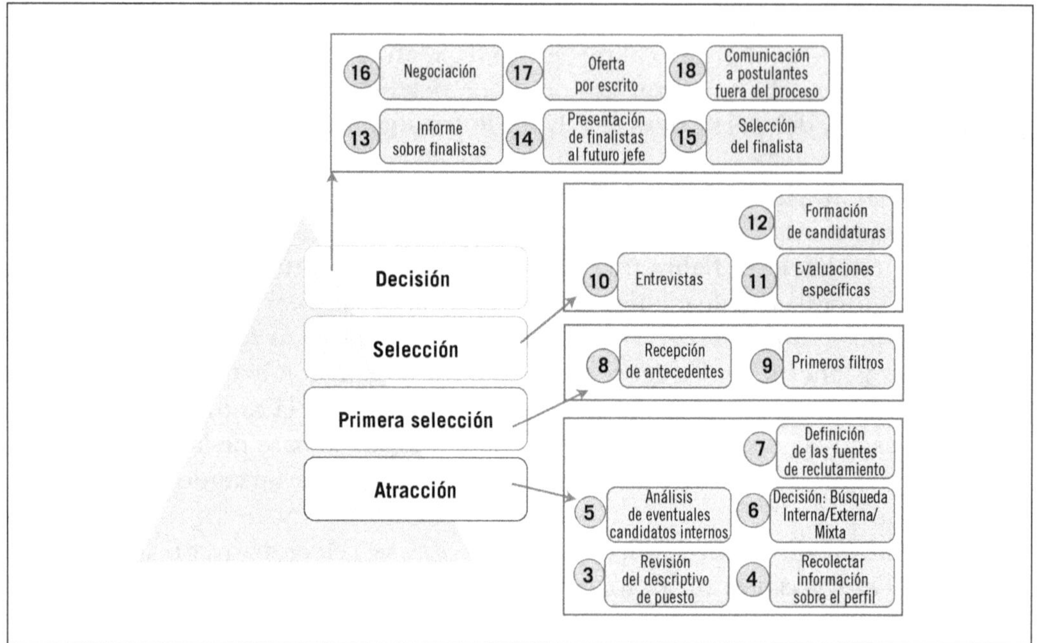

Definición del perfil

A continuación repasaremos algunos conceptos y comentarios que es útil tener en cuenta antes de seguir avanzando, tanto en la definición del perfil como en el planeamiento de un proceso de selección.

Empleado. Empleador. Emplear

Empleado. Persona que trabaja para otra persona u organización.
Si bien las condiciones son similares en los distintos países o regiones, en todos los casos debe considerarse el marco legal vigente en cada lugar. Se verá más adelante en este mismo capítulo la importancia de tener en claro cuál será la relación contractual del nuevo colaborador. Si bien lo más frecuente es la relación de dependencia, existen otras figuras según la normativa vigente en cada país o región.
El término "empleado" no implica nivel jerárquico; un empleado puede ser una persona que realiza tareas de baja responsabilidad o, en el extremo opuesto, un gerente general o CEO. El término indica un tipo de relación laboral.

Empleador. Persona u organización que tiene a otras a su cargo bajo el régimen de relación de dependencia. Esto implica asumir una serie de responsabilidades y obligaciones respecto de dichas personas.

Sobre el empleador, podría darse alguna situación especial, por ejemplo que la convocatoria la realice una empresa y la relación contractual se formalice con otra. En ese caso, haremos un comentario similar al realizado para el ítem anterior. El responsable de la selección deberá conocer esta información.
Por último, mencionaré el término "emplear", que significa dar empleo a otra persona encargándole una actividad o asignándole un puesto.

Futuro jefe. Cliente interno. Colaborador

A lo largo de la obra se hará mención al futuro jefe o cliente interno. Veamos los significados tanto de cliente como de cliente externo e interno.

Cliente. Persona que utiliza los servicios de un profesional o empresa.

Cliente externo. Organizaciones o personas que adquieren los productos o servicios del sujeto de referencia. Por extensión se utiliza para designar a aquellos que reciben un determinado servicio brindado por una ONG, una entidad de bien público de cualquier tipo, un organismo del Estado, etc.

Cliente interno. Áreas o personas de la misma organización que interactúan con la propia; puede ser en rol de cliente interno estrictamente dicho, recibiendo un producto o servicio, o bien ser un proveedor.

Más arriba se hizo mención al término "empleado", que en muchos ámbitos ha sido reemplazado por otras denominaciones. Una de ellas, que en lo personal me gusta utilizar, es *colaborador*, concepto que podríamos definir como *persona que coopera con otra*. También se utiliza para denominar a las personas que trabajan bajo la conducción de otra/s.

Para finalizar esta sección dedicada a términos a tener en cuenta, deseo destacar los dos que se exponen a continuación.

Jefe. Persona que tiene a otras a su cargo dentro de una estructura jerárquica. Los jefes pueden tener niveles muy diversos, desde el número 1 de la organización hasta otro con pocos colaboradores a su cargo.
La palabra "jefe" implica un concepto referido a todos aquellos que tienen personas a su cargo, sin importar su nivel jerárquico. El número 1 de la organización es jefe al igual que otros que reportan a él y también tienen personas a su cargo. Del mismo modo, es jefe aquel que posee una pequeña empresa en la que trabajan personas, familiares o no, y también es jefe el director de una película o de una orquesta, ballet o equipo deportivo.

Jefe del jefe. Expresión que se utiliza para denominar a los superiores (jefes) de personas que, a su vez, tienen a su cargo colaboradores, es decir, que también son jefes.

Perfil y selección de personas

El término "perfil" aquí utilizado hace referencia al conjunto de características particulares que permiten realizar una descripción de alguien o algo. En nuestra disciplina, se trata del perfil de un puesto, una persona, etcétera.

La *definición del perfil* implica la acción por la cual se definen todas las características que una persona debe tener para ser seleccionada como nuevo colaborador en un puesto de trabajo específico. Usualmente se definen requisitos excluyentes, no excluyentes y competencias requeridas para la posición.

En obras previas, y como producto de la experiencia profesional, definimos un concepto interesante, el "antiperfil". De acuerdo a la definición dada en el *Diccionario de términos de Recursos Humanos,* antiperfil hace referencia a la descripción de alguien o algo sin detallar sus características particulares. Lo más usual es que se brinde un ejemplo en lugar de delinear el perfil que se desea definir.

El término se utiliza, con frecuencia, en selección de personas, para describir la situación en la cual un futuro jefe define el perfil de la búsqueda diciendo que desea seleccionar una persona *igual (u opuesta) a XX.* Cuando esto ocurre, debe solicitarse que se realice una descripción conceptual sobre las capacidades de la persona en cuestión y cómo estas se relacionan con el puesto de trabajo. Las buenas prácticas indican que un perfil debe ser definido de manera despersonalizada, describiendo las capacidades necesarias para desempeñar un puesto de trabajo.

El *perfil de la búsqueda* es el conjunto de capacidades requeridas para un puesto de trabajo, y es necesario para realizar la selección de su futuro ocupante. Puede incluir, además de capacidades, factores adicionales.

Cómo recolectar información sobre el perfil

Como se comentara al inicio, el *descriptivo del puesto* será el documento base para la recolección de información destinada a elaborar el perfil de la búsqueda.

Las primeras preguntas que el selector formulará al futuro jefe/cliente interno serán para confirmar los datos allí consignados. Eventualmente, se analizarán diferencias y/o aspectos especiales que deban considerarse.

En el caso de no contar con descriptivos de puestos, se deberá realizar una recolección completa de información.

El selector/especialista de Recursos Humanos, responsable del proceso de selección, deberá estar familiarizado con el puesto y sus características. Adicionalmente, será conveniente conocer el mercado y la factibilidad/dificultad de encontrar el perfil buscado.

Aspectos claves para definir el perfil, antes de comenzar un proceso de selección:

1. *Tareas y responsabilidades.* Una síntesis de lo más relevante.
2. *Educación y experiencia previa.* En este punto será de gran importancia diferenciar aquello que es imprescindible de lo que no lo es. Con frecuencia, en las primeras etapas de recolección del perfil se define una serie de requisitos que luego no se consideran imprescindibles. Por lo cual este es el momento de distinguir lo esencial de lo que no lo es.
3. *Competencias / personalidad.* Cuando se ha definido un *modelo de competencias*, recolectar esta información es sencillo, solo deberá consultarse la *asignación de competencias a puestos.* En caso de no contar con un modelo, en todos los casos este aspecto deberá ser considerado.
4. *La ubicación del puesto en el organigrama y otros aspectos relacionados.* Por ejemplo: horario, en especial si no se trata de los más usuales; ambiente o lugar de trabajo y ubicación geográfica, en especial si existiese alguna característica que *a priori* se pudiera identificar como poco atractiva o favorable; determinar si la posición requiere viajar, y la frecuencia y extensión de dichos viajes.
5. *Remuneración.* En ciertas organizaciones existen pautas claramente definidas sobre rangos salariales, usualmente establecidos entre un valor "x" y un valor "y". En estos casos, se deberá definir en qué segmento dentro del rango se desea ubicar la posición a cubrir. Usualmente dichos rangos se encuentran abiertos en cuatro niveles, por lo cual se podría ubicar la remuneración en el primer cuartil, el segundo, etc. En el caso de elegir un nivel de remuneración en el cuartil más próximo al nivel superior, se tendrá, por un lado, mayor facilidad para encontrar posibles candidatos y, por otro, el nuevo colaborador estará ingresando muy cerca del límite superior, pudiendo presentarse algún problema en el corto plazo en cuanto a las posibilidades de progreso en la escala. Si, por el contrario, se lo ubica en el primer cuartil, muy cerca del límite inferior, será posible que queden fuera del proceso de selección candidatos interesantes. Son decisiones que, usualmente, están a cargo del futuro jefe junto con el responsable de Recursos Humanos. Si la organización no posee estructuras salariales definidas, se podrá relacionar la nueva posición con otros puestos para fijar su rango salarial.
6. *Oportunidades de progresar / planes de carrera.* Siempre será una buena idea conocer sobre las posibilidades de crecimiento del futuro colaborador dentro

de la organización. Según las organizaciones y el tipo de puestos, podrán existir planes concretos al respecto. En otros casos, puede no contarse con información precisa sobre el particular. Ayudará mucho en la evaluación de los distintos postulantes tener información sobre este aspecto.

En resumen, el perfil debe contemplar:

- Principales tareas bajo la responsabilidad de la persona que ocupe el puesto a cubrir. Grado de importancia y frecuencia de las mismas.
- Posiciones que supervisará y principales responsabilidades de cada una.
- Grado de autonomía de las personas que le reportarán.
- Grado de autoridad que se le concederá a la persona que ocupará el puesto a cubrir.
- Capacidades necesarias para desempeñar el puesto (incluye conocimientos, experiencia y competencias o características de personalidad).
- Ambiente de trabajo, máquinas y softwares que deba manejar y su grado de complejidad.

El rol del futuro jefe/cliente interno en la definición del perfil

En un proceso de selección el futuro jefe del nuevo colaborador tiene un rol fundamental, desde el primer momento, al tomar la decisión de incorporar un nuevo colaborador, al definir el perfil y, durante todo el proceso, al estar atento a las dudas del selector y, sobre el final, al tomar la decisión acerca de quién contratar. En ocasiones, el futuro jefe toma las decisiones mencionadas bajo la supervisión directa de un superior. Dependerá de cada caso y situación.

El área de Recursos Humanos deberá actuar, en todo momento, como consultor/asesor respecto de las otras áreas de la organización y estas serán, de ese modo, sus clientes internos. Este concepto no solo se aplica a Recursos Humanos, es un enfoque que aplica a otras áreas que brindan servicios dentro de la empresa, por ejemplo, Sistemas e Informática, Mantenimiento de oficinas o cualquier otra destinada a brindar servicios internos.

Es muy importante señalar la importancia de descubrir/determinar las reales necesidades del futuro jefe en relación con el puesto a cubrir, en especial cuando no se cuenta con descriptivos de puestos. En ocasiones, el futuro jefe/cliente interno no expresa con las palabras adecuadas sus necesidades, y por eso será parte del rol del responsable del proceso de selección inquirir al respecto de modo tal de comprender adecuadamente dichas necesidades.

Adicionalmente, no hay que *sobrevalorar* ni *subvaluar* lo que se requiere. El futuro jefe/cliente interno, de buena fe, puede tener una idea equivocada de lo que necesita, o simplemente no encontrar la mejor manera de expresarlo.

En resumen, en todos los casos será fundamental, desde el área de Recursos Humanos, realizar las preguntas adecuadas para confirmar las características del perfil de la búsqueda.

Resultado esperado: perfil de la búsqueda

La elaboración del perfil de la búsqueda es, en general, una responsabilidad de la persona que llevará a cabo el proceso de selección, con sus etapas de *reclutamiento* y *selección*. Si esa tarea está a cargo del área de Recursos Humanos, debe participar, en todos los casos, el cliente interno, futuro jefe del nuevo colaborador.

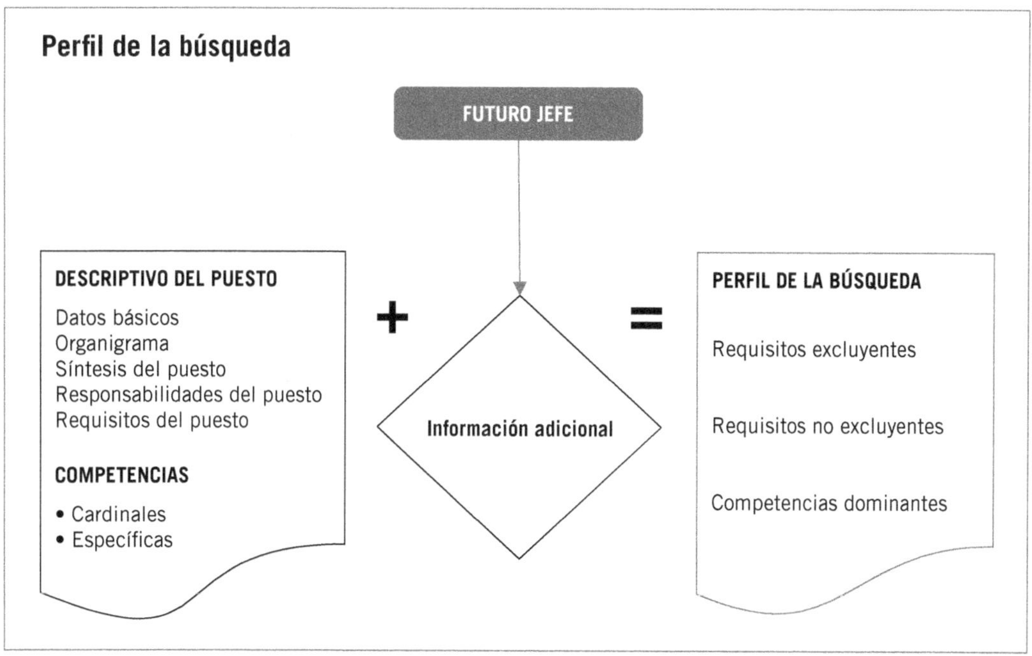

Si el *descriptivo del puesto* está actualizado, se partirá de ese documento interno. Luego, y en función de los requisitos planteados por el mencionado futuro jefe, se definirán aspectos adicionales a tener en cuenta.

La idea se expresa en la figura de la página anterior, donde puede apreciarse que en la elaboración del perfil se tienen en cuenta los requisitos excluyentes y no excluyentes, así como la determinación de las competencias dominantes.

Requisitos excluyentes. Requisitos no excluyentes

Uno de los principales objetivos de la entrevista con el futuro jefe/cliente interno –para definir el perfil de la búsqueda– será definir de manera indubitable cuáles requisitos son excluyentes o imprescindibles y cuáles no.

En ocasiones, los futuros jefes/clientes internos no son claros al respecto, y en otras oportunidades no son sinceros. La adecuada definición del perfil de la búsqueda será el factor clave para el éxito del proceso de selección y, luego, para el buen desempeño del nuevo colaborador. Este aspecto, que muchas veces se considera un mero tecnicismo, tendrá consecuencia en indicadores de rotación, de retención del talento y otras preocupaciones de los líderes en la actualidad.

Adicionalmente, el responsable del proceso de selección deberá estar atento a situaciones que se presentan con alguna frecuencia: aspectos que podrían considerarse como discriminatorios disfrazados como requisitos de un puesto de trabajo.

Ya sea que se está analizando el perfil de la búsqueda con un descriptivo del puesto o sin él, en cualquiera de los casos son importantes los siguientes conceptos:

Requisitos del puesto. Conjunto de características o condiciones necesarias para desempeñar un puesto específico con eficacia, que serán tomadas en cuenta tanto para seleccionar personas como para evaluar su desempeño.
Los requisitos del puesto se pueden diferenciar en:

- Requisitos excluyentes o imprescindibles.
- Requisitos no excluyentes o deseables.

Requisitos excluyentes. Conjunto de características imprescindibles para desempeñar un determinado puesto con eficacia, que serán tomadas en cuenta –especialmente– en los procesos de selección de nuevos colaboradores. Implica que si una persona no las posee, no será considerada para cubrir esa posición.

Requisitos no excluyentes. Conjunto de características deseables, pero no imprescindibles, para desempeñar un determinado puesto con eficacia. Implica que si la persona no las posee, podrá de todos modos ser considerada y, eventualmente, elegida para cubrir la posición en cuestión.

Junto con los requisitos excluyentes y no excluyentes, deberá analizarse el siguiente concepto:

> **Competencia dominante.** Este concepto, que se utiliza en selección de personas, hace referencia a aquellas competencias que por alguna razón son consideradas más relevantes para ese proceso de selección en particular y se utilizan para planear la entrevista.
> Se recomienda determinar en cada caso y con el futuro jefe (cliente interno desde la perspectiva del área de Recursos Humanos) cuáles son las competencias dominantes.

La claridad acerca de todo lo aquí mencionado marcará la diferencia entre un proceso de selección efectivo y otro que no lo será. Además, repercutirá en otros aspectos, como los costos involucrados en el proceso de selección. Una buena definición inicial redundará en un trabajo mejor realizado e implicará menores costos.

Los aspectos económicos como parte del perfil de la búsqueda

Como ya se mencionara, desde el inicio de un proceso de selección su responsable deberá tener en claro todos los aspectos involucrados. Los aspectos económicos podrán constituir, en algunos casos, una barrera o restricción que no se pueda modificar, por lo cual todos aquellos postulantes ubicados fuera de ese rango quedarán excluidos del proceso.

Diferentes tipos de vínculo legal

El vínculo legal entre el futuro colaborador y la organización puede presentar diferencias de un país a otro, e incluso dentro de un mismo país, entre una jurisdicción y otra. Más allá del régimen de contratación que se desee o deba utilizar (no se analizarán aquí las diferentes posibilidades existentes), es importante conocer el tema antes del inicio del proceso de selección.

Durante las distintas etapas del proceso de selección los participantes deberán estar informados con claridad sobre el tipo de posición a la cual se están postulando y cuáles serán las condiciones de contratación.

Los aspectos económicos

Los aspectos económicos serán importantes en el proceso de selección e integran, como otra información a tener en cuenta, el perfil de la búsqueda. Por lo tanto, este será otro elemento clave a determinar antes del inicio del proceso de selección.

Usualmente, la remuneración se fija en un rango, con valores mínimos y máximos. El selector y/o responsable del área de Recursos Humanos deberá, de algún modo, asesorar a su cliente interno o externo, según corresponda, sobre el salario o remuneración previsto para el puesto en cuestión. Dicho asesoramiento incluirá el análisis acerca de la factibilidad (o no) de encontrar dicho perfil en el mercado.

Del mismo modo, el selector deberá asesorar al respecto cuando la selección a realizar se relacione con una nueva posición dentro de la organización. En estos casos, con frecuencia, se encara en forma inadecuada la comparación interna, *se supone que el puesto nuevo es como tal o cual,* y luego el mercado indica otra cosa.

Ante puestos nuevos, se podría realizar una encuesta salarial para conocer la remuneración de la posición en el mercado. Si no se cuenta con presupuesto para realizar una encuesta de mercado, se podrá hacer alguna averiguación informal preguntando a colegas sobre el particular.

Algunos conceptos a tener en cuenta:

Rango de remuneraciones. Valor comprendido entre dos extremos –"x" e "y"– que expresan el nivel mínimo y máximo o superior correspondiente a un determinado estrato o a una categoría de colaboradores.
Este valor puede estar compuesto, además del salario, por otros conceptos o beneficios, tanto monetarios como de otra índole, los cuales –en su conjunto– componen la remuneración de una persona

Una vez que se asignó un valor a cada puesto, por ejemplo, a través de la *puntuación de puestos*[6], será posible formar grupos de puestos y asignar a cada uno un nivel o rango de remuneración.

6 Se denomina "puntuación de puestos" a una manera de valorar las posiciones de la organización a través de asignar un cierto puntaje a determinados factores definidos previamente. De este modo es posible llegar a un valor numérico total por cada puesto, con el propósito de poder compararlos tanto internamente –los distintos puestos entre sí– como externamente, con el mercado. Esto último solo será posible si las otras compañías utilizan valores similares para la realización de la mencionada puntuación. Fuente. *Diccionario de términos de Recursos Humanos,* Ediciones Granica, Buenos Aires, 2011.

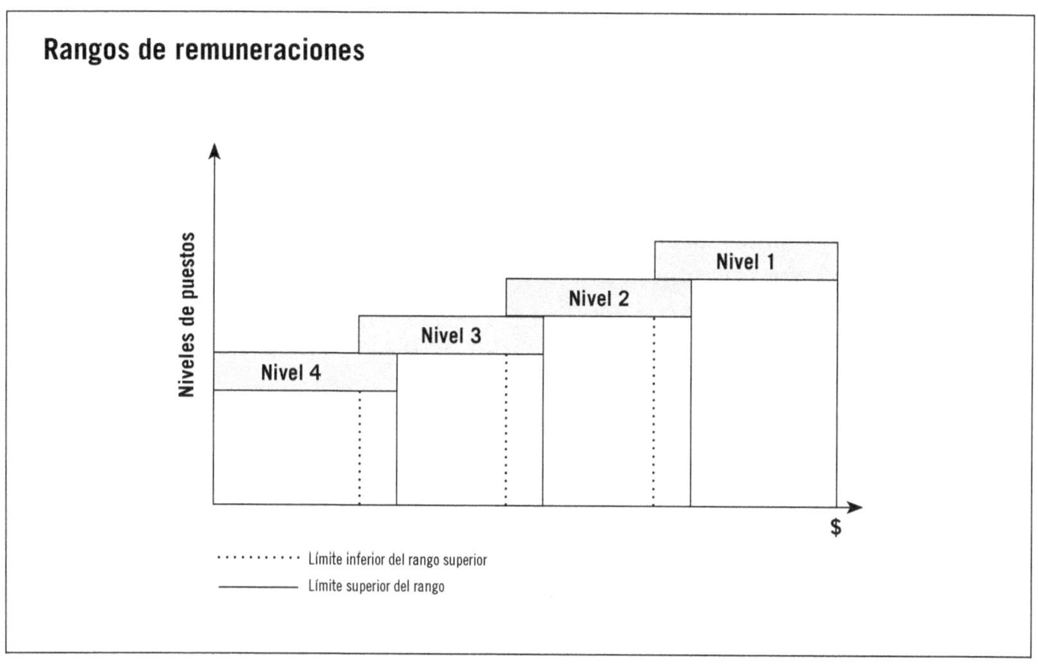

Cada rango o categoría tiene un nivel inferior (de remuneración) y un nivel superior, los cuales pueden superponerse con los de otras categorías; por ejemplo, un empleado que se encuentre en el extremo superior de su rango puede tener una compensación igual o superior a la de una persona que trabaje en un rango superior pero se encuentre ubicada en el nivel inferior del mismo. La idea se expresa en el gráfico precedente.

La superposición descrita más arriba podría ocasionar, eventualmente, situaciones conflictivas, por lo cual las escalas y los rangos de remuneraciones deberán, en todos los casos, ser utilizados con mucho criterio.

Perfil de la búsqueda *versus* perfil del postulante. Compatibilidad

Para la realización del proceso de selección se necesita definir el perfil de la búsqueda, aspecto tratado en este capítulo. Luego, se realizará el reclutamiento, la recepción de candidaturas y las distintas instancias de evaluación de postulantes. Estos pasos se verán en los capítulos 4, 5 y 6.

A partir de esta información se podrá definir para cada postulante un perfil, aquí denominado "perfil del postulante". Esta expresión se utiliza para designar al conjunto de capacidades de una persona, incluyendo sus estudios formales, conocimientos, competencias y experiencia, así como su motivación tanto en relación con su carrera como para el cambio laboral.

El selector responsable del proceso comparará los perfiles de los distintos postulantes con los distintos ítems que componen el perfil de la búsqueda. La idea se expresa en la figura ubicada al pie de página.

Siempre que resulta posible, los selectores con experiencia, en el momento de definir el perfil, tratan de obtener del futuro jefe/cliente interno el grado mínimo de compatibilidad posible. No se modifica la clasificación de requisitos en excluyentes y no excluyentes. Es una información que se obtiene para ser utilizada en esta instancia del proceso, y solo si fuese necesario.

La compatibilidad entre perfiles es la concordancia entre lo requerido en el *perfil de la búsqueda* y las capacidades de los distintos postulantes (*perfil del postulante*).

Como decíamos al inicio de esta sección, una buena práctica será definir, antes de iniciar el proceso de selección, cuál será la concordancia necesaria entre ambos perfiles junto con el mínimo aceptable de desfase.

Para explicar el concepto me valdré de un ejemplo: *concordancia requerida del 80%* (el número es solo un ejemplo). Más allá de definir un indicador numérico, en todos los casos será muy importante precisar qué implica ese valor.

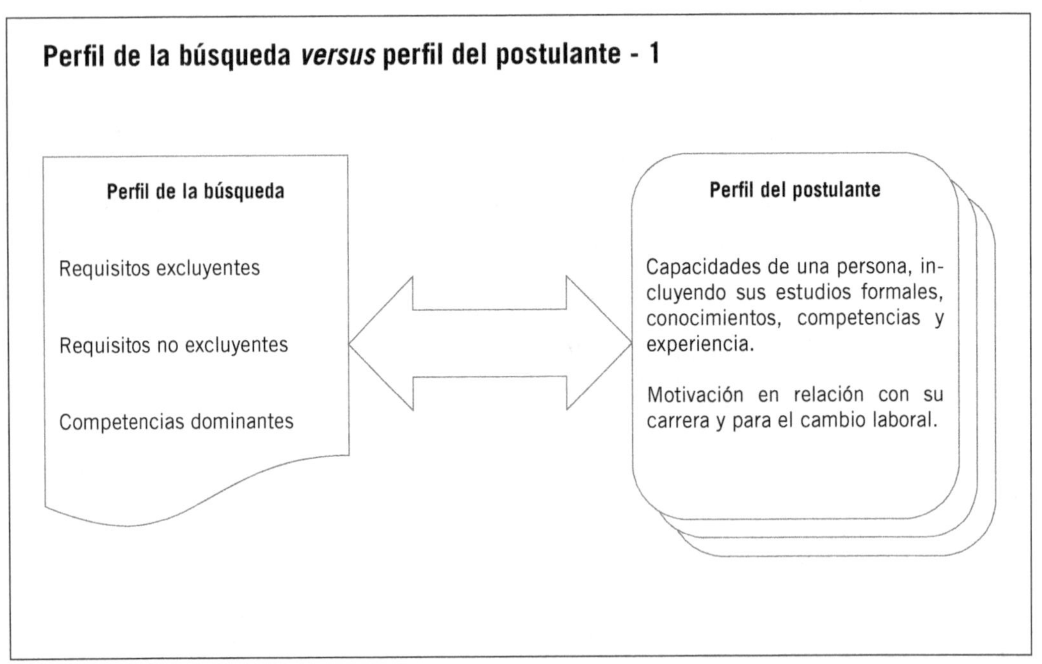

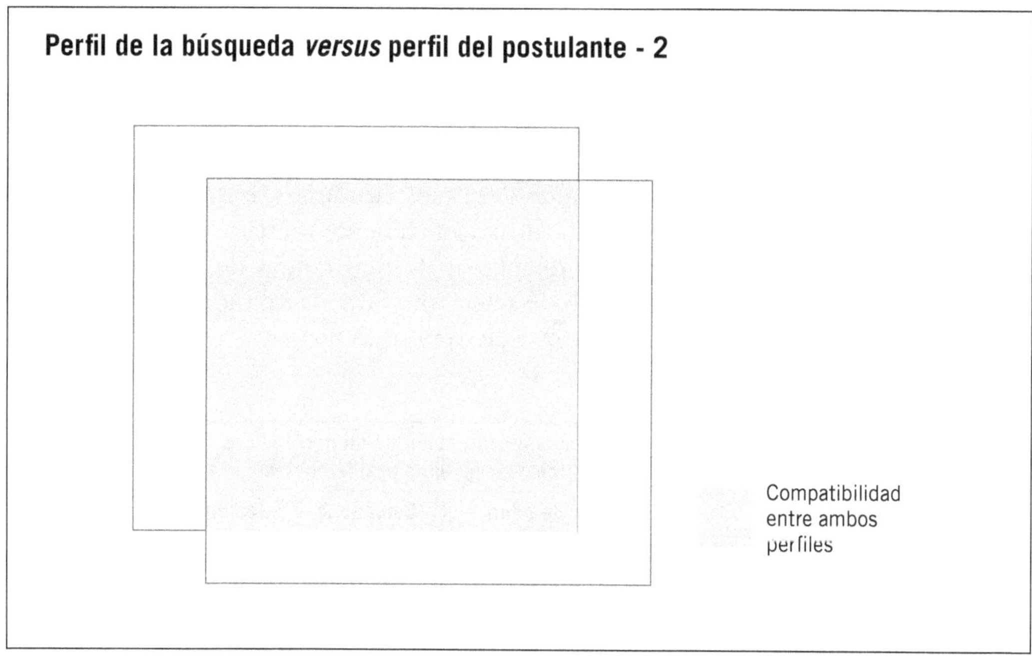

Continuando con un ejemplo: en un perfil de búsqueda que ha definido como requisito excluyente un título universitario, se podría determinar que si una vez que se reciben las postulaciones no se dispone de candidatos que cubran todos los requisitos excluyentes del perfil, se aceptarán postulaciones de personas que se encuentren cursando el último año de la carrera.

Planificación de un proceso de selección. Ejemplos

La planificación de un proceso de selección podrá ser diferente de otras y sus características dependerán, en cierta medida, de cada situación. Para la preparación de esta obra se han identificado *20 pasos* para la realización de un proceso de selección; cada uno de ellos podrá tener una extensión mayor o menor, según las circunstancias. Los diversos pasos han sido considerados para construir los ejemplos que se expondrán a continuación. Para el primer caso se ha elegido la selección de un perfil junior y en el segundo, un nivel gerencial. En ambos ejemplos la planificación mostrará los pasos a seguir, luego de la definición del perfil de la búsqueda.

El primer aspecto a tener en cuenta serán los requisitos excluyentes y no excluyentes, tanto en conocimientos como en experiencia, para diseñar los cuestionarios que se aplican al inicio. Luego, considerando el perfil de la búsqueda, se definirán las entrevistas y evaluaciones a realizar.

En los dos esquemas de planificación se muestran los principales pasos de un proceso de selección a cargo del área de Recursos Humanos, hasta llegar a la presentación de la carpeta de finalistas al futuro jefe/cliente interno.

En la planificación se han incluido plazos de realización de cada una de las diferentes tareas o partes del proceso de selección. Son solo a modo ilustrativo, en unos casos los tiempos serán más cortos y en otros más largos.

Planificación de un proceso de selección de un perfil junior para integrar un programa de jóvenes profesionales[7]

Pasos		Semana 1	Semana 2	Semana 3	Semana 4
1, 2, 3, 4 Desde la necesidad de cubrir una posición hasta recolectar la información sobre el perfil		No incluidos en la presente planificación			
5, 6 Análisis sobre eventuales candidatos internos y decisión de realizar una búsqueda interna/externa					
7 Definición de las fuentes de reclutamiento	Publicar la búsqueda en el sitio web de la organización / intranet (según corresponda)				
	Publicar anuncios en otras fuentes (webs laborales, redes sociales, periódicos)				
	Headhunting 2.0				
8 Recepción de candidaturas					

7 Los programa de jóvenes profesionales han sido tratados por la autora en la obra *Construyendo talento*, Ediciones Granica, Buenos Aires, 2016.

Planificación de un proceso de selección de un perfil junior para integrar un programa de jóvenes profesionales[7]					
Pasos		**Semana 1**	**Semana 2**	**Semana 3**	**Semana 4**
9 Preselección de candidaturas	Análisis de antecedentes				
	Cuestionarios de preselección				
	Cuestionarios de preentrevista				
	Examen de conocimientos				
10, 11 Entrevista grupal y ACM					
10, 11 Entrevista por competencias[8]					
11 Evaluación psicológica					
12, 13, 14 Formación de candidaturas, confección de informes y presentación al futuro jefe/ cliente interno					
15, 16, 17 Selección del finalista, negociación y oferta por escrito		No incluidos en la presente planificación			
18 Comunicación a los postulantes		No incluido en la presente planificación			
19, 20 Proceso de admisión e inducción		No incluidos en la presente planificación			

8 La obra *Elija al mejor,* nueva edición 2016, ofrece explicaciones detalladas sobre la entrevista. En el Capítulo 2. *Antes de la entrevista. Cómo planearla,* se presenta un esquema detallado y sugerencias para planear una entrevista (en general) y, especialmente, la entrevista por competencias.

Planificación de un proceso de selección de un nivel gerencial

Pasos		Semana 1	Semana 2	Semana 3	Semana 4
1, 2, 3, 4 Desde la necesidad de cubrir una posición hasta recolectar la información sobre el perfil		No incluidos en la presente planificación			
5, 6 Análisis sobre eventuales candidatos internos y decisión de realizar una búsqueda interna/externa					
7 Definición de las fuentes de reclutamiento	Publicar la búsqueda en el sitio web de la organización/ intranet (según corresponda)				
	Publicar anuncios en otras fuentes (webs laborales, redes sociales, periódicos				
	Headhunting 2.0				
8 Recepción de candidaturas					
9 Preselección de candidaturas	Análisis de antecedentes				
	Cuestionarios de preentrevista				
10 Entrevista por competencias[9]					
11 Evaluación psicológica Otra evaluación específica					
12, 13, 14 Formación de candidaturas, confección de informes y presentación al futuro jefe/ cliente interno					

9 La obra *Elija al mejor,* nueva edición 2016, ofrece explicaciones detalladas sobre la *entrevista.* En el Capítulo 2, *Antes de la entrevista. Cómo planearla,* se presenta un esquema detallado y sugerencias para planear una entrevista (en general) y, especialmente, la entrevista por competencias.

Planificación de un proceso de selección de un nivel gerencial				
Pasos	**Semana 1**	**Semana 2**	**Semana 3**	**Semana 4**
15, 16, 17 Selección del finalista, negociación y oferta por escrito	No incluidos en la presente planificación			
18 Comunicación a los postulantes	No incluido en la presente planificación			
19, 20 Proceso de admisión e inducción	No incluidos en la presente planificación			

Varios aspectos son clave para el éxito de un proceso de selección; uno de ellos es la planificación. Usualmente los futuros jefes solicitan precisión respecto de cuándo podrán contar con el nuevo colaborador. Sin embargo, para alcanzar los plazos deseados, el futuro jefe deberá disponer de tiempo para entrevistas, para responder consultas, etc. La planificación será de utilidad para todos los involucrados.

Por último, hay que recordar que el buen selector deberá cuidar el equilibrio entre hacer muchos pasos e instancias de evaluación para minimizar los riesgos y hacer menos para acortar los plazos, lo cual se logra con la adecuada planificación de cada proceso.

Síntesis del capítulo

- El *descriptivo del puesto* es el documento interno donde se consignan las principales responsabilidades y tareas de cada puesto de trabajo. Adicionalmente se registran los requisitos necesarios para desempeñarlo con éxito: conocimientos, experiencia y competencias. Sobre la base del descriptivo de puestos se selecciona a los nuevos colaboradores, se evalúa el desempeño y se remunera a los colaboradores que integran la organización, se cuida la equidad interna y externa en estos aspectos, se diseñan las actividades de formación y, por último, se consideran los distintos programas que se implementan para el desarrollo de personas.
- *Competencia* hace referencia a las características de personalidad, devenidas en comportamientos, que generan un desempeño exitoso en un puesto de trabajo (definición de Martha Alles).
- *Conocimiento.* Conjunto de saberes ordenados sobre un tema en particular, materia o disciplina.
- *Experiencia.* Práctica prolongada de una actividad (laboral, deportiva, etc.) que permite incorporar nuevos conocimientos e incrementar la

eficacia en la aplicación de los conocimientos y las competencias existentes, todo lo cual redunda en la optimización de los resultados de dicha actividad.

- La *asignación de competencias a puestos* forma parte de los descriptivos de puestos de la organización e implica un procedimiento interno por el cual se asignan competencias junto con sus grados a los distintos puestos de trabajo.
- La *estructura de puestos* se plasma en un documento interno en el cual se exponen los diferentes niveles organizacionales junto con las principales responsabilidades y los requisitos para ocuparlos.
- Una búsqueda debe ser planeada en todos sus detalles, determinando en cada caso tiempos y costos involucrados. Para simplificar la planificación, los pasos se pueden agrupar en cuatro grandes categorías: Atracción, Preselección, Selección, Decisión.
- *Perfil de la búsqueda:* conjunto de capacidades requeridas para un puesto de trabajo, necesario para realizar la selección de su futuro ocupante. Puede incluir, además, factores adicionales.
- La elaboración del *perfil de la búsqueda* es, en general, una responsabilidad de la persona que llevará a cabo el proceso de selección, con sus etapas de reclutamiento y selección. Si esa tarea está a cargo del área de Recursos Humanos, debe participar, en todos los casos, el futuro jefe del nuevo colaborador (cliente interno).
- *Requisitos excluyentes:* conjunto de características imprescindibles para desempeñar un determinado puesto con eficacia, que serán tomadas en cuenta –especialmente– en los procesos de selección de nuevos colaboradores. Implica que si una persona no las posee, no será considerada para cubrir esa posición.
- *Requisitos no excluyentes:* conjunto de características deseables, pero no imprescindibles, para desempeñar un determinado puesto con eficacia. Implica que si la persona no las posee, podrá de todos modos ser considerada y, eventualmente, elegida para cubrir la posición en cuestión.
- *Competencia dominante:* este concepto, que se utiliza en selección de personas, hace referencia a aquellas competencias que por alguna razón son consideradas más relevantes para ese proceso de selección en particular y se utilizan para planear la entrevista.

- La expresión "perfil del postulante" se utiliza para designar el conjunto de capacidades de una persona, incluyendo sus estudios formales, conocimientos, competencias y experiencia, así como su motivación tanto en relación con su carrera como para el cambio laboral.
- La planificación de un proceso de selección puede variar según la situación. Para la preparación de esta obra se han identificado 20 pasos para la realización de un proceso de selección, cada uno de los cuales podrá tener una extensión mayor o menor, también según las necesidades que se planteen. El primer aspecto a tener en cuenta serán los requisitos excluyentes y no excluyentes, tanto en conocimientos como experiencia, para diseñar los cuestionarios que se aplican al inicio. Luego, considerando el perfil de la búsqueda, se definirán las entrevistas y evaluaciones a realizar, hasta llegar a la presentación de la carpeta de finalistas al futuro jefe/cliente interno.

PARA PROFESORES

Para cada uno de los capítulos de esta obra hemos preparado:

→ Casos prácticos y/o ejercicios para una mejor comprensión de los temas tratados.
→ Material de apoyo para el dictado de clases.

Los profesores que hayan adoptado esta obra para sus cursos tanto de grado como de posgrado pueden solicitar de manera gratuita las obras:

- *Selección por competencias. CASOS*
- *Selección por competencias. CLASES*

Únicamente disponibles en formato digital, en nuestro sitio: **www.marthaalles.com**, en la exclusiva *Sala de profesores*, o bien escribiendo a: **profesores@marthaalles.com**

PARA TODOS LOS LECTORES

Se encuentra disponible en formato digital un Anexo donde se ha realizado un análisis detallado de libros y subsistemas que complementa las temáticas abordadas en esta obra.

Capítulo **3**

Atracción y reclutamiento

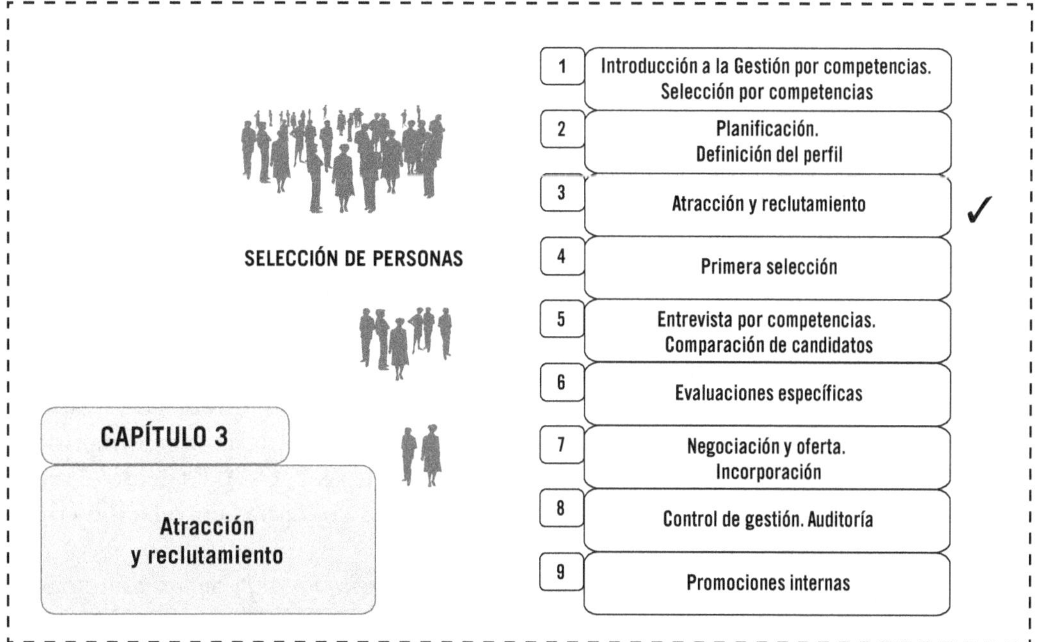

En este capítulo se verán los siguientes temas:

- Atracción y reclutamiento. Ayer y hoy
- Del reclutamiento al reclutamiento 1.0
- Atracción, selección e incorporación de personas en el contexto actual
- Conectividad e inmediatez
- Atracción y atracción 2.0
- Reclutamiento 2.0
- Información en la red *versus* antecedentes laborales
- *Headhunting* y *headhunting* 2.0

Atracción y reclutamiento. Ayer y hoy

La atracción y el reclutamiento de posibles postulantes no es un tema nuevo. Sin embargo, a lo largo de los años ha cambiado la manera de llevar a cabo ambas acciones; aunque algunas actividades no han observado cambios en la forma de realizarse, otras se llevan a cabo de un modo nuevo.

Hasta hace unas pocas décadas, las empresas basaban su capacidad de atracción en aspectos tales como el edificio de la organización, las campañas institucionales, entre otros. En los últimos años, quizá sin desatender los aspectos ya señalados, se sumaron nuevos elementos, como alcanzar una marca empleadora[1] que sea valorada.

Atracción es un concepto amplio, se relaciona con la organización en su conjunto e implica acciones constantes y sostenidas en el tiempo, para conseguir prestigio externo altamente positivo a fin de que, en el momento en que se desee cubrir una vacante y se realicen acciones de reclutamiento, las personas se sientan motivadas, deseen pertenecer a esa organización y respondan a la convocatoria.

El reclutamiento se realiza cuando una necesidad concreta se presenta, cuando se debe cubrir una o varias vacantes, y se desarrolla a través de acciones variadas, por ejemplo, anuncios en diversos medios y/o convocatorias directas.

El reclutamiento se resolverá de mejor manera cuando el prestigio organizacional sea favorable.

En el gráfico superior de la página siguiente, la atracción se representa de manera amplia y abarcativa, por involucrar acciones de mayor dimensión (espacio sombreado), y dentro de ella se realizan acciones menores (de menor dimensión) y específicas (reclutamiento para cubrir el puesto XX-1, XX-2, etc.). Es decir, el reclutamiento es puntual, dirigido a obtener postulaciones concretas en relación con el perfil de una búsqueda determinada.

En el Capítulo 1 se han identificado *20 pasos para seleccionar personas*. La temática de este capítulo se corresponde con uno de ellos, *Elección de fuentes de reclutamiento (Paso 7)*. Este paso implica desde el reclutamiento a través de anuncios en periódicos y revistas, y la utilización de bases de datos, tanto propias como de terceros (webs laborales), hasta el reclutamiento 2.0 y, también, la contratación de consultoras (ver gráfico inferior de la página siguiente).

1 Marca empleadora. Lograr esta "marca" implica construir una imagen positiva en el mercado, conseguir una reputación como buen empleador tanto para los colaboradores actuales como para los futuros. Implica proponer y llevar a cabo una serie de acciones tendientes a lograr una percepción, por parte del mercado, altamente positiva como ámbito laboral, de manera que las personas deseen trabajar en la organización. Sin embargo, esta imagen positiva no debe basarse solo en consignas publicitarias sino que, por el contrario, debe estar construida sobre la base de acciones concretas en materia de Recursos Humanos.

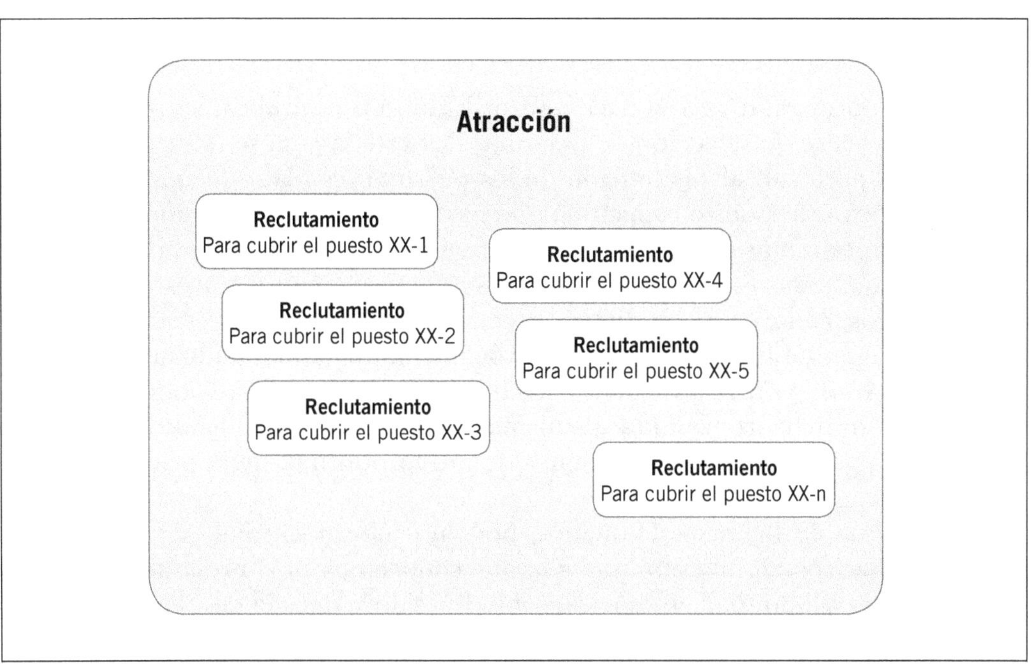
Atracción
Reclutamiento
Para cubrir el puesto XX-1
Reclutamiento
Para cubrir el puesto XX-2
Reclutamiento
Para cubrir el puesto XX-3
Reclutamiento
Para cubrir el puesto XX-4
Reclutamiento
Para cubrir el puesto XX-5
Reclutamiento
Para cubrir el puesto XX-n

20 pasos para seleccionar personas
1 Necesidad de cubrir una vacante
2 Solicitud de personal
3 Revisión del descriptivo de puesto
4 Recolectar información sobre el perfil
5 Análisis sobre eventuales candidatos internos
6 Decisión: búsqueda interna, externa o mixta
7 Elección de fuentes de reclutamiento
8 Recepción de antecedentes
9 Primeros filtros
10 Entrevistas
11 Evaluaciones específicas
12 Formación de candidaturas
13 Informe sobre finalistas
14 Presentación de finalistas al futuro jefe
15 Selección del finalista
16 Negociación
17 Oferta por escrito
18 Comunicación a postulantes fuera del proceso
19 Proceso de admisión
20 Inducción

Selección de personas. Un poco de historia

El término "atracción", en la acepción utilizada en esta obra, se refiere a una etapa del proceso de selección de personas durante la cual se realizan una serie de acciones para captar la atención de los postulantes más adecuados, pero no en relación con un puesto específico que se desea cubrir en un momento dado, sino de un modo más general. El reclutamiento propiamente dicho es parte de la atracción. Cuando las búsquedas solo se comunicaban a través de anuncios en periódicos, contar con un diseño adecuado para publicitar vacantes era parte de la imagen de la organización convocante y, por ende, de la atracción que ejercía. Los límites entre atracción y reclutamiento, en ese caso, podrían parecer difusos. El anuncio representa al mismo tiempo los dos conceptos, atracción en términos generales y reclutamiento de modo puntual, de la posición que se desea cubrir.

En materia de Recursos Humanos, podemos ubicar el inicio de la forma de hacer las cosas con alguna similitud a lo que conocemos en el presente luego de la Segunda Guerra Mundial, en especial sobre fines de la década de 1940 y principios de los años cincuenta.

En cuanto a la temática de esta obra, selección de personas, en mi país, Argentina, las buenas prácticas en la materia se pueden identificar a partir de la década de 1960, y en algunos países de Latinoamérica un poco después. Antes de esos años, solo podrían recordarse acciones aisladas o casos específicos susceptibles de considerarse, también, como buenas prácticas.

La referencia temporal la efectúo con relación a buenas prácticas ampliamente difundidas, es decir, cuando dichas buenas prácticas fueron de aplicación en un número relevante de organizaciones.

Por muchos años, los anuncios en periódicos constituyeron la fuente de reclutamiento más utilizada. La atracción a través de este medio se basaba, fundamentalmente, en la estrategia de comunicación institucional y en el valor de la marca comercial junto con el prestigio organizacional. En la atracción, el prestigio organizacional actúa por doble vía: de la institución contratante del futuro colaborador y/o de la consultora a cargo del proceso de selección. Estos aspectos siguen siendo importantes, pero en la atracción se han incorporado con fuerza otros elementos, que se verán a continuación.

No es propósito de este trabajo realizar un análisis histórico; sin embargo, se harán algunas referencias para darles, a algunos temas, un contexto. Del mismo modo, tampoco mi trabajo tiene como foco presentar predicciones sobre el futuro, pero se harán –también– algunas referencias al respecto, para darles un marco completo a los temas aquí tratados.

Reclutamiento. Diferentes fuentes de acceso al mercado

Para comenzar, y si bien es un concepto bastante conocido, creo importante recordar que *reclutamiento* no es lo mismo que *selección.*

En el reclutamiento se atrae a posibles candidatos según el perfil de la búsqueda y luego, en una segunda etapa, se elige a aquellos que se considera más adecuados tras aplicárseles diversas mediciones de capacidades. A continuación, dos definiciones relevantes.

Reclutamiento. Es un conjunto de procedimientos para atraer e identificar a candidatos potencialmente calificados y capaces para ocupar el puesto ofrecido, a fin de seleccionar a alguno/s de ellos para que reciba/n el ofrecimiento de empleo.

Selección. Conjunto de procedimientos para evaluar y medir las capacidades de los candidatos a fin de, luego, elegir, sobre la base de criterios preestablecidos (perfil de la búsqueda), a aquellos que presentan mayor posibilidad de adaptarse al puesto disponible, de acuerdo con las necesidades de la organización.

El reclutamiento puede ser interno –es decir, atraer personas dentro de la misma organización– o bien externo –atraer personas de fuera de la organización–. A continuación las definiciones correspondientes a ambos conceptos.

Reclutamiento externo. Es la forma más frecuente de realizar un reclutamiento e implica la difusión en el mercado de los perfiles buscados, usualmente a través de anuncios, en periódicos o Internet, junto con otras fuentes de posibles candidatos. Dentro del reclutamiento externo se debe considerar, también, los programas de referidos[2].

Reclutamiento interno. Cuando el reclutamiento se realiza dentro de la propia organización se denomina *reclutamiento interno.* En ese caso se utilizan anuncios, por ejemplo, a través de la intranet, con el propósito de generar la autopostulación.

También se pueden diferenciar los distintos tipos de reclutamiento según la utilización de las tecnologías y por la forma de convocar a las personas a participar:

2 Programa de referidos. Programa mediante el cual los colaboradores de la propia organización presentan candidatos que ellos consideran interesantes, por sus capacidades, ya sea en relación con una búsqueda concreta o no. También se los conoce por su denominación en inglés, *Referral Program.*

Reclutamiento 1.0. Conjunto de procedimientos para atraer e identificar a candidatos potencialmente calificados y capaces utilizando las posibilidades de la Web 1.0.[3] Usualmente se utilizan los sitios o páginas web organizacionales en los cuales se ofrecen diferentes posiciones vacantes, además de las webs laborales y los sitios de consultoras de Recursos Humanos.

Reclutamiento 2.0. Conjunto de procedimientos para atraer e identificar a candidatos potencialmente calificados y capaces utilizando las posibilidades de la Web 2.0[4] a través de diferentes acciones.

En todos los casos, las acciones propuestas tienden a identificar a posibles candidatos para ocupar el puesto ofrecido, a fin de seleccionar a alguno/s de ellos para que reciba/n el ofrecimiento de empleo.

Según se explicara al inicio del capítulo, la atracción es una actividad constante y el reclutamiento, puntual, cuando una necesidad surge. Según el tipo de reclutamiento y las circunstancias, se elegirán las fuentes más adecuadas. La idea se expresa en el gráfico de la página siguiente.

3 Web 1.0. La expresión hace referencia a la primera generación de Internet, basada en sitios, páginas web y portales. Esta denominación surge a partir de la creación de la "Web 2.0". La característica principal de la primera generación web es que, en ella, la edición de contenidos está solo en manos de los creadores de los sitios, páginas, portales, en tanto que los restantes usuarios son solo lectores de dichos contenidos.

4 La expresión Web 2.0 hace referencia a una segunda generación de Internet, basada en comunidades de usuarios y una gama especial de servicios web, como redes sociales, blogs, microblogs, wikis, entre otros, que fomentan la colaboración y el intercambio ágil de información entre los usuarios.

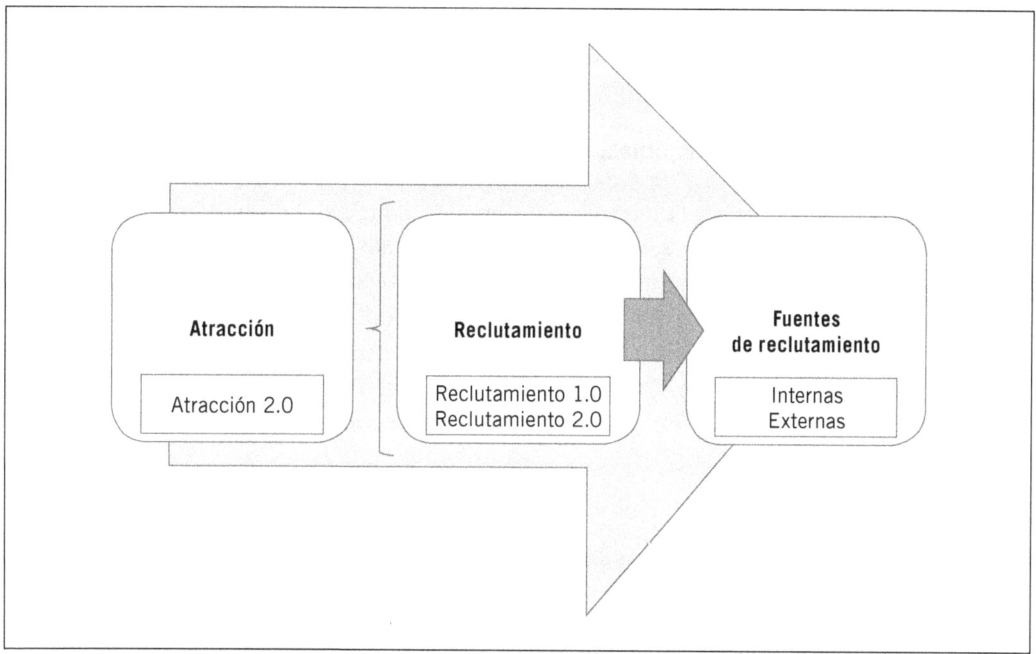

Las fuentes de reclutamiento

La expresión "fuentes de reclutamiento" hace referencia a las opciones disponibles para obtener postulaciones en relación con el perfil de una búsqueda. Las fuentes de reclutamiento pueden ser internas o externas.

- Fuentes de reclutamiento internas: autopostulación (*job posting*), promociones internas.
- Fuentes de reclutamiento externas: anuncios, consultoras de personal, entre otras.

La elección de las fuentes es un arte del cual depende, en buena medida, el éxito del proceso de selección en su conjunto.

Otra forma de referirse a las fuentes de reclutamiento es la expresión "canales de acceso al mercado laboral".

Algunas definiciones.

Fuentes de reclutamiento externas. Conjunto de opciones disponibles en el mercado para obtener postulaciones.

Por ejemplo: bases de datos (en el área de RRHH, con antecedentes recibidos con anterioridad o participantes en selecciones anteriores), anuncios en periódicos e Internet, consultoras de Recursos Humanos, entre otras posibilidades.

Fuentes de reclutamiento internas. Conjunto de opciones disponibles dentro del ámbito de la propia organización para obtener postulaciones.
Por ejemplo: anuncios en la intranet para obtener autopostulaciones, base de datos de colaboradores (que puedan ser transferidos a otros puestos), entre otras posibilidades.

Las fuentes de reclutamiento son diversas; pueden ser internas o externas y, además, su elección puede diferir según el tipo de búsqueda a realizar y los usos y costumbres de cada lugar y organización. En la figura siguiente se enumeran algunas de las posibles fuentes de reclutamiento, tanto internas como externas.

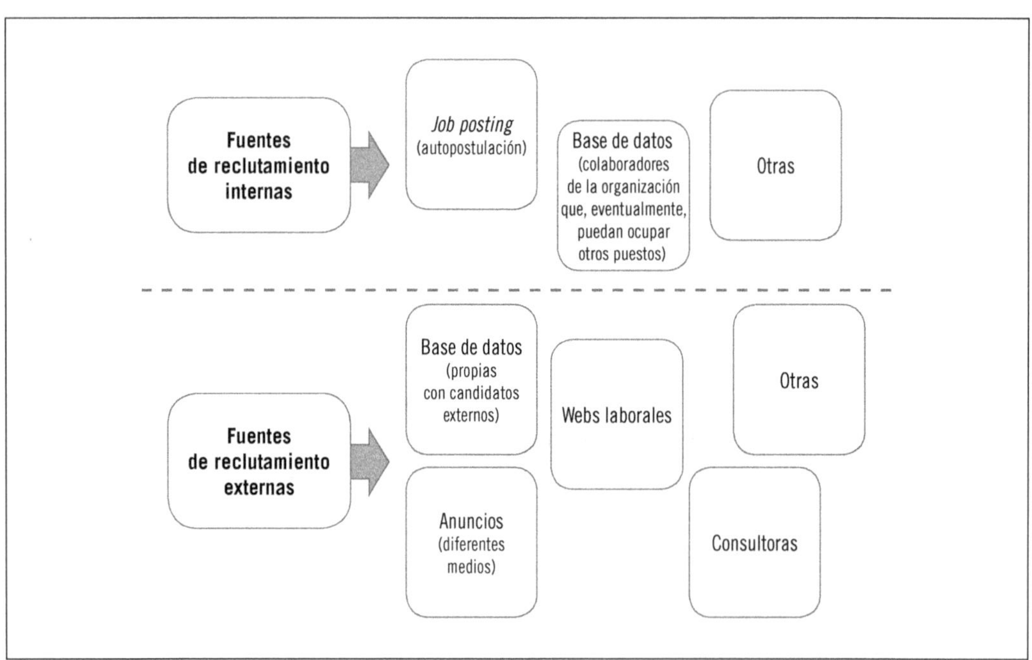

Job posting – autopostulación

Entre las fuentes de reclutamiento internas se debe destacar la autopostulación (*job posting*)[5], práctica organizacional mediante la cual una persona puede postularse a búsquedas internas que la organización publicita en su intranet o sus carteleras. Usualmente se definen requisitos para participar, además de los inherentes al puesto en sí mismo. En todos los casos, es ideal que la organización fije políticas respecto de las modalidades de autopromoción, y que sean conocidas por todos los colaboradores.

La autopostulación o *job posting* es una práctica organizacional muy interesante, pero para que su implementación sea eficaz deben quedar muy en claro las reglas del juego: debe basarse en procedimientos transparentes que generen confianza en toda la organización.

Job posting es una fuente de reclutamiento interna que se realiza a partir de la publicación de un anuncio en la intranet de la organización o en una cartelera donde usualmente se publican novedades de diferente tipo que incluyan esta posibilidad. Una vez que se obtuvieron los candidatos, luego se procederá a realizar un proceso de selección siguiendo los diferentes pasos que se verán en esta obra, similares a los que se llevan a cabo con candidatos externos.

Las bases de datos

El término "base de datos" hace referencia al conjunto de datos almacenados con algún criterio definido de agrupamiento. Una base de datos no implica, necesariamente, la utilización de ordenadores, aunque su uso está directamente vinculado.

En relación con el tema que nos ocupa, la selección de personas, las bases de datos podrán formar parte de los métodos de trabajo de una organización y/o de una consultora que ofrezca este servicio a sus clientes. Adicionalmente, también son bases de datos las denominadas *webs laborales*, que ofrecen tanto servicios de base de datos propiamente dichos como la publicación de anuncios; y, de más reciente difusión, ciertas redes sociales de tipo profesional-laboral.

Según la base de datos consultada, se puede disponer de un motor de búsqueda y/o herramientas que permitan la aplicación de filtros.

El término "motor de búsqueda" se refiere a la herramienta que permite buscar archivos o referencias almacenados en sitios web, blogs y otras aplicaciones multimedia en Internet.

5 Autopostulación es la herramienta N° 5 descrita en la obra *Las 50 herramientas de Recursos Humanos que todo profesional debe conocer*. Obra citada.

Las búsquedas se llevan a cabo a través de *palabras clave*, de allí que emplear con eficacia un motor de búsqueda requiere de ciertas habilidades específicas, una de las cuales será la de utilizar la/s palabra/s clave adecuada/s para encontrar la información buscada en un plazo breve.

El anuncio. Su importancia y aplicación práctica

El anuncio es una fuente de reclutamiento, entre muchas otras. Hasta no hace muchos años, la principal. No obstante, más allá de que la publicación de anuncios no sea tan frecuente, su análisis y tratamiento en esta obra son de suma importancia.

Al decir la palabra "anuncio" se piensa inmediatamente en periódicos, semanarios, revistas. En pleno siglo XXI, otros medios captaron la atención del anunciante de ofertas de empleo: Internet.

También hasta no hace muchos años, Internet –en relación con selección de personas– era utilizada tanto por las webs laborales como por sitios de organizaciones y consultoras. En el presente, se deben adicionar los *social media*. Nos referiremos especialmente a ellos al tratar la temática de reclutamiento en sus diferentes opciones.

La redacción de un anuncio es un buen ejercicio, aunque el mismo –luego– no sea publicado. Permite analizar en detalle algunos aspectos, antes de comunicarse con el mercado, cualquiera sea la fuente de reclutamiento que finalmente se utilice.

La comunicación de una búsqueda laboral deberá ser directa y clara, recordando que la misma refleja de un modo u otro la imagen organizacional.

La elección de la/s vía/s de comunicación, tanto se opte por un anuncio en un periódico como otra alternativa totalmente diferente, por ejemplo la búsqueda a través de Twitter, deberá realizarse en función de los receptores buscados. Es decir, hay que investigar qué medios utilizan los posibles postulantes de la posición a cubrir y utilizarlos para publicar el anuncio.

El término "anuncio" hace referencia al espacio, usualmente en un periódico, en el cual se comunica a la comunidad una vacante que se desea cubrir.

Si se publicara un anuncio de empleo en un periódico, semanario o revista, debería contener la siguiente información:

- Definir la organización. A veces esto no es posible, por razones de confidencialidad. En los casos en que el anuncio sea publicado por una consultora, sin identificar el cliente, se informará sobre el tipo de empresa que ofrece el puesto.

- Describir la posición, las responsabilidades y otras características según corresponda. Por ejemplo: lugar de trabajo cuando se trate de un sitio alejado, frecuencia de viajes si fuese pertinente, etcétera.

- Definir requisitos excluyentes y no excluyentes. La persona que lee el anuncio deberá deducir sin ningún lugar a dudas aquellos aspectos del perfil sin los cuales un eventual postulante no será tenido en cuenta.
- Competencias dominantes. Indicar en el anuncio las competencias requeridas para el puesto. En nuestra opinión es importante hacerlo. La mayoría de los anuncios no mencionan las competencias necesarias.
- Informar sobre qué se ofrece, ventajas de postularse, etc., según corresponda. Por ejemplo, desarrollo de carrera o bien aspectos relacionados con la contratación.
- Informar cómo postularse.

Esta información básica que se ha descrito para la redacción de un anuncio también será el tipo de información a considerar cuando se desee publicar una búsqueda en cualquier otro medio, incluso *tweets* de hasta 140 caracteres.

Adicionalmente, el ejercicio de escribir un anuncio es bueno incluso cuando el método a utilizar sea *headhunting*. Permite al selector resumir en pocas líneas el perfil buscado. Será de gran ayuda en todo el proceso posterior.

Headhunting es más que una fuente de reclutamiento

Por muchos años se asoció el *headhunting* con un servicio de consultoría. Y esto era correcto. Sin embargo, el método se fue extendiendo y asumiendo otros formatos. Por lo tanto, en el presente, bajo el mismo término se pueden encontrar procesos de selección que se resuelven a través de *headhunting* genuino y otros que, si bien utilizan dicha denominación, no lo son en su esencia. A continuación una breve descripción.

Headhunting es un método de selección de personas basado en la realización de una investigación acerca de los mejores profesionales del mercado que ocupan puestos similares al que se desea cubrir en la organización que lleva a cabo la búsqueda. Esta investigación usualmente se realiza entre las compañías que tienen un estilo de gestión similar a la demandante. El método incluye el posterior llamado a los candidatos detectados, para ofrecerles participar en un proceso de selección. No se convoca a personas que buscan trabajo sino que se les ofrece una posición a aquellos que ya tienen empleo y que, en principio, no desean cambiarlo por otro.

En este libro se utilizará la denominación en inglés de *headhunting* dado que es de uso frecuente y así se menciona esta actividad en muchas obras sobre, por ejemplo, Recursos Humanos y selección, en diferentes lenguas. A su vez se denomina *headhunter* al consultor que realiza búsquedas de personal utilizando esta metodología. En España y otros países se utilizan con frecuencia los términos "caza de talentos" y "cazadores de talentos". Algunos también emplean la traducción literal de "cazadores de cabezas".

A partir de la amplia difusión de las redes sociales, surge el *headhunting 2.0*, para denominar un método similar al anterior que se realiza utilizando las redes sociales.

> ***Headhunting* 2.0.** Método de selección de personas que se realiza con tecnologías de la Web Social (Web 2.0). El proceso se basa en una investigación sobre los mejores profesionales del mercado, que ocupan puestos similares al que se desea cubrir en la organización que lleva a cabo la búsqueda, la cual usualmente se focaliza en aquellas compañías que tienen un estilo de gestión similar a la propia.

Se retomarán estos temas más adelante en este mismo capítulo.

La elección de las fuentes de reclutamiento según la búsqueda a realizar

La elección del mejor camino para atraer a los candidatos que se desea convocar y no masivamente a cualquier tipo de postulantes, es un arte que implica conocer muy bien el mercado y, especialmente, analizar e inferir el mejor medio para llegar a dichos candidatos (los que realmente se quiere convocar y no otros).

En la actualidad, las personas en general están expuestas a recibir múltiples comunicaciones y mensajes, no siempre deseados. Además, no todas las personas utilizan los mismos medios de comunicación, ni los usan con la misma frecuencia. Por otra parte, se debe tener presente que no es cierta la afirmación que indica que las personas, por pertenecer a una generación determinada, utilizan más un medio de comunicación que otros.

El selector deberá utilizar una mezcla de fuentes de reclutamiento que, a priori, lo ponga en contacto con el mercado al cual desea llegar con su mensaje. En algunos casos se sugiere comenzar por un grupo de fuentes e ir incorporando otras, cuando el resultado no llega a ser el esperado.

La utilización de fuentes de reclutamiento, en la actualidad, se ve facilitada por la tecnología, que permite combinarlas en mayor medida y a menor costo. Además, en la mayoría de los casos los resultados son casi inmediatos.

Del reclutamiento al reclutamiento 1.0

Como se expresara al inicio del capítulo, no es mi propósito escribir acerca de la historia de las buenas prácticas de Recursos Humanos y/o la selección de personas. No obstante, creo interesante, en especial para el lector joven, recordar cómo cambió la forma de trabajo en los últimos 30/40 años.

Hasta hace unas pocas décadas, tanto el reclutamiento como la selección eran tareas totalmente manuales y que se realizaban sobre la base de información "en papel".

Las empresas publicaban anuncios en periódicos, los postulantes preparaban sus *curriculum vitae* (CV) en papel junto con sus respectivas cartas de presentación, y la lectura de ambos documentos se realizaba sobre dicho soporte.

Con la proliferación de los ordenadores personales y otras variantes de menor tamaño y costo, desde fines de la década de 1980 y principios de los años noventa las empresas y consultoras pudieron acceder más fácilmente a sus propias bases de datos.

Estas bases de datos fueron un avance espectacular. Por ejemplo, era posible la aplicación de filtros en la búsqueda. Si bien fue un paso importante, el costo del mantenimiento de dichos bancos de postulantes era demasiado elevado, dado que los poseedores de las bases de datos debían primero obtener la información y, luego, ingresar y actualizar los antecedentes allí guardados. Pocas empresas y consultoras contaban con un buen servicio en este aspecto.

En la empresa de consultoría que dirigía en aquellos años llegamos a tener varios colaboradores, y en doble turno, para llevar a cabo esta tarea que, de todos modos, nunca lograba tener absolutamente al día la información de la base de datos de postulantes: una tarea titánica imposible de cumplir a pleno.

Reclutamiento 1.0

Sobre fines de los años noventa y comienzo de los 2000, las bases de datos con postulantes se transformaron drásticamente con el advenimiento de Internet. El ingreso de datos de postulantes y su mantenimiento pasó de ser responsabilidad de la empresa o consultora propietaria de la base de datos, a ser tarea del postulante interesado en ser considerado frente a eventuales búsquedas.

Al mismo tiempo, surge un nuevo servicio, disponible para empresas y consultoras: las webs laborales.[6]

6 Webs laborales: sitios o páginas de Internet que ofrecen servicios de intermediación entre empleadores y postulantes. Los interesados en encontrar un empleo ingresan allí sus datos personales (que ellos mismos deberán mantener actualizados), para ser "encontrados" por futuros empleadores. Adicionalmente los empleadores publican allí sus ofertas de empleo.

Lo descrito en los últimos párrafos se conoce, también, como *reclutamiento 1.0*, es decir, aquel que se realiza tanto en la base de datos propia –en el caso de contar con ella–, la cual se construye a partir del ingreso de información de los postulantes en los sitios organizacionales (empresas, consultoras, etc.), como mediante la utilización de las webs laborales.

Reclutamiento 1.0 *versus* reclutamiento

Se utiliza la denominación *reclutamiento 1.0* para aquel que se lleva a cabo utilizando Internet en su "versión" 1.0. Si bien muchos utilizan esta denominación para todo reclutamiento que no utilice Web 2.0, en mi opinión esto es inadecuado, ya que creo importante separar las diferentes variantes de reclutamiento, ubicando cada una en una secuencia: reclutamiento, reclutamiento 1.0, reclutamiento 2.0. En la actualidad –y posiblemente continúe así por unos cuantos años más– se utiliza una combinación de las tres variantes mencionadas.

Precisando la clasificación expuesta en el párrafo anterior, es importante destacar, a modo de ejemplo, que cuando se publica un anuncio en un periódico donde se indica a los interesados que las postulaciones deben ser enviadas a una dirección de correo electrónico, este tipo de atracción de personas no puede incluirse en el reclutamiento 1.0. En estos casos, se utiliza un reclutamiento al estilo tradicional, solo que en lugar de correo postal (sobre y *curriculum vitae* en papel), se reciben postulaciones a través de una dirección de correo electrónico.

Si se analiza la forma de trabajar en empresas y consultoras, se podría mencionar que en muchos casos se reciben currículum como adjuntos a un correo electrónico que, con frecuencia, son leídos rápidamente en la pantalla para luego ser impresos y, a partir de esta versión "en papel", se procede a su análisis y posterior selección. Lo descrito implica "reclutamiento" sin ningún aditamento.

En el reclutamiento 1.0 las personas ingresan sus datos personales en determinados sitios (de la organización o de consultoras) y también en las denominadas webs laborales, ya sea porque un determinado anuncio llamó su atención o bien para ser allí "encontrados" por futuros empleadores.

Las webs laborales ofrecen otros servicios a sus usuarios (postulantes); por ejemplo, les informan de la existencia de búsquedas relacionadas con su perfil para interesarlos en una eventual postulación. Este aviso a los posibles interesados se realiza a través del envío de un correo electrónico, eventualmente otro tipo de mensajes a través de aplicaciones tecnológicas.

Qué se busca en un reclutamiento

Es importante tener en cuenta que tanto en un reclutamiento realizado "a mano" –como el que se describió más arriba–, como en uno realizado utilizando Internet –o reclutamiento 1.0– o en la versión más actual, el reclutamiento 2.0, siempre se busca cubrir un puesto de trabajo de manera satisfactoria. Solo cambia el soporte, el medio por el cual se realiza el reclutamiento; el objetivo central es el mismo: se espera encontrar al candidato adecuado para una determinada posición.

Por lo tanto, es importante recordar el siguiente concepto, expuesto con mayor detalle en el Capítulo 2:

> **Perfil de la búsqueda.** Conjunto de capacidades requeridas para un puesto de trabajo, necesario para realizar la selección de su futuro ocupante. Puede incluir, además, factores adicionales.

La elaboración del perfil de la búsqueda es, en general, una responsabilidad de la persona que llevará a cabo el proceso de selección, con sus etapas de reclutamiento y selección. Si esa tarea está a cargo del área de Recursos Humanos, deberá participar, en todos los casos, el cliente interno, futuro jefe del nuevo colaborador.

Si el descriptivo de puestos está actualizado, se partirá de ese documento interno. Luego, y en función de los requisitos planteados por el mencionado futuro jefe, se definirán aspectos adicionales a tener en cuenta, integrando así el perfil de la búsqueda mencionado.

A quién se atrae / quién se postula, en cualquier tipo de reclutamiento

Como se comentó en el punto anterior, es importante tener en cuenta que, en todos los casos, *se atrae. A posteriori*, dicha atracción implica que la persona que fue "atraída" *se postula*. Dicha persona poseerá ciertas características que luego serán evaluadas en el proceso de selección. Así como se puede definir un perfil de la búsqueda, cada persona tiene su propio perfil como postulante.

Además, en torno a una persona existe un conjunto de información; usualmente, para referirse a ella se utilizan los términos "antecedentes" y, por extensión, "curriculum vitae".

A continuación se incluyen algunas definiciones que serán útiles para lograr una mejor comprensión de los temas a tratar más adelante.

Currículum cronológico descendente. Modelo de currículum en el cual se detallan los distintos trabajos indicando organización, puesto, tareas y responsabilidades, comenzando por el empleo actual o último hasta el primer empleo. Es el más utilizado en la actualidad.

***Curriculum vitae* – Hoja de vida – Résumé.** Presentación ordenada de la información laboral de una persona.

Perfil del postulante. Conjunto de capacidades de una persona, incluyendo sus estudios formales, conocimientos, competencias y experiencia, así como su motivación tanto en relación con su carrera como para el cambio laboral.

El reclutamiento dentro del proceso de selección de personas

Para una mejor distribución de las tareas a cargo del selector y la respectiva utilización de herramientas, la selección de personas –a partir del perfil de la búsqueda– se ha dividido en cuatro grandes categorías (Capítulo 2):

1. Atracción
2. Preselección
3. Selección
4. Decisión

A lo largo de este libro se verá cada categoría con mayor detalle. A continuación haremos una breve descripción de ellas (ver gráfico en la página siguiente).

Como se expone en la figura siguiente, la atracción se realiza sobre la base del perfil de la búsqueda. Luego de la atracción, en la primera selección –o preselección– se deben realizar acciones que permitan evaluar la mayor cantidad posible de ítems del perfil buscado; uno de los sugeridos para considerar en esta etapa son los conocimientos.

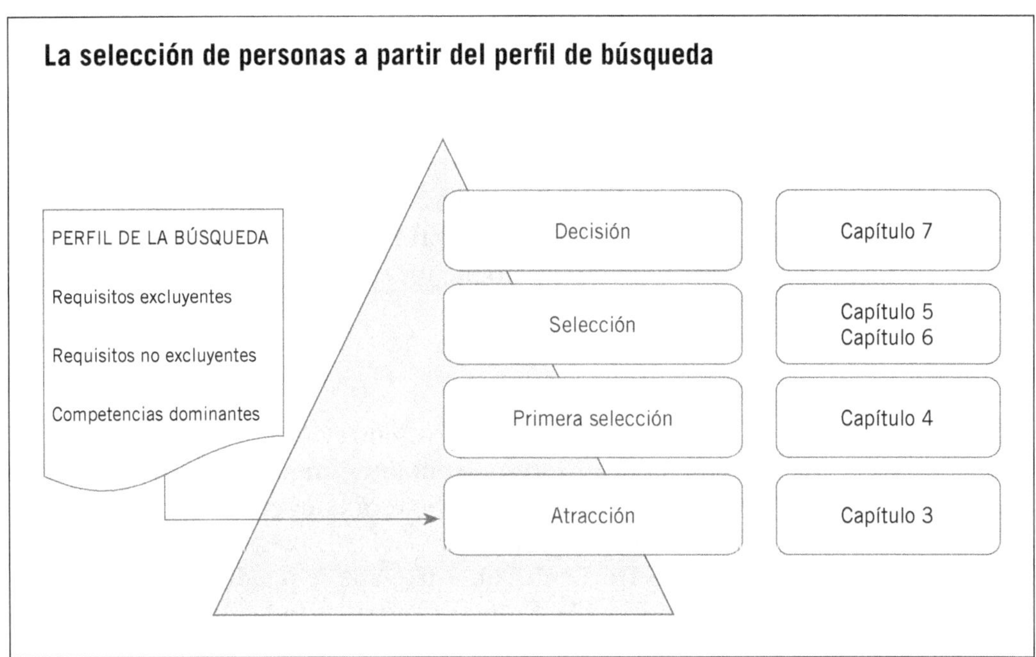

Atracción

En párrafos anteriores se expuso una definición de este concepto. En esta etapa se incluye el reclutamiento, el cual podrá ser interno, externo o de ambos tipos a la vez, y se definen las fuentes de reclutamiento en función de la o las posiciones que se desee cubrir. Estas fuentes pueden ser, por ejemplo: bases de datos propias con candidatos externos, webs laborales, periódicos, revistas especializadas, radio, televisión, consultoras, agencias de empleo, ferias de empleo, etcétera.

Cuando la atracción y el reclutamiento están bien hechos, esta circunstancia define la diferencia entre tener muchas postulaciones que no aplican y contar con un número menor de buenos candidatos.

El responsable de la búsqueda deberá ser un experto sobre los mejores caminos o vías para encontrar los postulantes que la empresa necesita.

Primera selección

Como su nombre indica, en esta etapa se llevan a cabo una serie de acciones para excluir de manera temprana a aquellos postulantes que, según sus características, no integrarán la carpeta de finalistas.

En función del tipo de posición a cubrir, se pueden administrar cuestionarios complementarios a los antecedentes, exámenes de conocimientos, pruebas sobre valores personales y administración de cuestionarios con preguntas diversas, entre otras buenas prácticas. Este tema se verá con mayor detalle en el Capítulo 4.

Luego, en una instancia posterior, se realizará la evaluación de competencias, en la etapa denominada *selección*. La cantidad de postulantes será menor en cada etapa sucesiva. Mayor cantidad de postulaciones en la primera parte y, luego de las evaluaciones aplicadas en la *preselección*, un número menor en las instancias finales.

Selección

En esta etapa se administran una serie de pasos, entrevistas y otras evaluaciones más profundas, las cuales se aplican sobre postulantes que han pasado satisfactoriamente la etapa denominada *primera selección*. Se verá este tema con mayor detalle en el Capítulo 4.

Entre las herramientas más frecuentes en esta etapa se pueden mencionar: Entrevista por competencias (Capítulo 5), Entrevista estructurada, Assessment Center Method y otras evaluaciones específicas (Capítulo 6).

El responsable de la búsqueda presentará a su cliente interno una carpeta con los finalistas. Del mismo modo actuará el consultor externo respecto de su cliente.

Decisión

La decisión está a cargo del futuro jefe, el cual –de acuerdo a las buenas prácticas– deberá ser formado en selección de personas.

La comparación entre diferentes candidaturas se expone en el Capítulo 5, para luego tratar los aspectos finales de un proceso de selección en el Capítulo 7.

Atracción, selección e incorporación de personas en el contexto actual

Las organizaciones, dentro de las buenas prácticas, implementan los subsistemas de Recursos Humanos, uno de los cuales es *Atracción, selección e incorporación de personas*.

En este subsistema, se parte de la necesidad de cubrir una posición y del respectivo perfil de la búsqueda, para continuar con la atracción, luego la selección y finalmente la incorporación de personas a la organización. Incluye la *inducción* de cada nuevo colaborador a su puesto.

La atracción de las personas adecuadas, una buena selección, de tipo profesional y aplicando las pruebas más convenientes en cada caso, así como un adecuado proceso de incorporación, son acciones que definirán un buen inicio de la relación laboral de un buen empleado. La elección sobre cuáles son las pruebas más convenientes dependerá de cada caso en particular. El responsable de conducir el proceso de selección deberá determinarlas según lo que se considere más conveniente.

Atraer personas consiste en realizar acciones planeadas y sistemáticas con el propósito de lograr que algunas personas, con ciertas características deseadas, se interesen en las diferentes ofertas laborales de la organización.

Un proceso de selección, de cualquier tipo, comienza por la atracción. Para ello las organizaciones utilizan diferentes medios, entre otros se puede mencionar la publicación de anuncios en periódicos, como ya mencionamos en párrafos previos.

En la Web 2.0 se puede realizar una atracción análoga a la descrita más arriba, como por ejemplo publicar anuncios y, además, aprovechar las ventajas de las redes sociales de manera más global. A esta "atracción ampliada" se la denominará *atracción 2.0.*

La manera en que se utilizan las fuentes de reclutamiento es un aspecto fundamental de la atracción y selección, será la base del éxito de un proceso de selección. En todas las épocas, la elección de la o las fuentes de reclutamiento fue un factor clave para el proceso de selección en su conjunto y, por decirlo de algún modo, siempre se consideró una suerte de "arte" que maneja, con mayor o menor solvencia, el selector. Por ejemplo, si el responsable del proceso de selección equivoca el medio en el cual se publicita un anuncio (en cualquiera de sus variantes actuales), será posible que obtenga muchas postulaciones pero no las adecuadas.

Estos principios básicos aplican, también, a la utilización de la Web 2.0. Por ejemplo, si se utiliza esta vía y las personas a las cuales se desea llegar no son sus usuarios más frecuentes, puede ser un camino equivocado. Si, por el contrario, se desea atraer especialmente a usuarios de Web 2.0, quizá no sea pertinente la publicación de un anuncio en medios tradicionales, como un periódico.

No obstante, en la actualidad se utilizan diversas fuentes de manera combinada y simultánea, por ejemplo: un anuncio en un periódico, otro en una web laboral y acciones en redes sociales.

El reclutamiento y la selección de personas a través de *social media* pueden ser vistos y analizados desde diferentes perspectivas. Algunas de las posibilidades son:

- Como una "fuente de reclutamiento".
- Como un medio nuevo para establecer conexión con eventuales futuros colaboradores.

Analizaré a continuación ambas opciones, con sus respectivos alcances.

Considerar los social media una fuente de reclutamiento me parece que es un enfoque totalmente adecuado. Difundir vía Twitter una vacante a cubrir o publicar un anuncio de búsqueda en Facebook son formas de utilizar las redes sociales como una fuente válida de reclutamiento.

Sin embargo, es posible comunicarse con el mercado a través de las redes sociales de otras formas –además de las mencionadas en el párrafo anterior–, desde hacerlo con el propósito de construir o reforzar una marca, tanto de un producto, una empresa o lo que se denomina "marca empleadora" (*employer branding*), hasta participar en grupos de debate como una forma de generar nuevos contactos. Por supuesto, siempre será posible, además de todo lo anterior, publicar un anuncio on line, es decir, utilizar las redes sociales como fuente de reclutamiento.

Con los métodos más tradicionales de selección de personas, incluso algunos relativamente recientes, derivados de la utilización de la Web 1.0, se podía obtener información que, en todos los casos, luego debía ser corroborada.

Esto no ha cambiado. Si, por ejemplo, se debe seleccionar un responsable de costos, se evaluarán sus conocimientos y experiencia, a través de un examen y/o analizando su experiencia en una entrevista. Ambas mediciones o evaluaciones se realizan al estilo tradicional.

Sin embargo, el uso de las redes sociales permitirá otros análisis adicionales: por ejemplo, conocer acerca del comportamiento de una persona en la red. Este nuevo concepto se conoce como "huellas digitales" y me referiré a él más adelante.

El comportamiento de una persona en las redes sociales es, al igual que otros comportamientos que pueden evidenciarse en cualquier otro ámbito, una forma de expresar ante otros quién es. Por otra parte, los social media constituyen, además, un ambiente que permite reclutar a personas con ciertas características específicas.

Por lo tanto, los social media, además de una fuente de reclutamiento, son un indicador de comportamientos. En social media se puede conocer profundamente a una persona. Todos nosotros evidenciamos comportamientos a través de nuestra participación en las redes sociales, tanto por lo que se hace y dice como por lo que no se hace y no se expresa.

Visto desde una mirada convencional, se podría decir en una primera instancia que publicar un anuncio en una red social es muy similar a hacerlo, por ejemplo, en una web laboral. Sin embargo, es al mismo tiempo diferente.

Si bien la publicación de anuncios en Internet fue un cambio relevante, solo se llegaba a personas que tenían acceso a la web y sabían utilizarla. Las herramientas sociales plantean retos y circunstancias diferentes.

En resumen, el responsable de una búsqueda recurrirá a todos los caminos posibles para alcanzar su objetivo. Siempre ha sido así y este criterio no tiene relación directa con la tecnología. En un caso el selector podrá publicar anuncios y, al mismo tiempo, utilizar las redes sociales. En otra circunstancia, solo buscar a través de las redes sociales. En una tercera opción, totalmente diferente a las anteriores, puede decidir publicar la vacante en la vidriera de una tienda.

Las nuevas formas de comunicación y de relacionamiento conforman un nuevo medio en el cual interactuar, y estos cambios afectan todas las relaciones, también las laborales, y modifica, hasta un alcance aún no claramente definido, la forma de trabajar de los especialistas en Recursos Humanos.

Conectividad e inmediatez

La conectividad es un concepto con doble significación. Por un lado, comprende aquellos dispositivos necesarios para alcanzarla y, por otro, el comportamiento de cada persona que interviene. Aun con los dispositivos necesarios se puede o no estar conectado con otras personas, es decir, establecer relaciones y comunicación, incluso con personas no conocidas previamente.

El concepto de conectividad implica, en todos los casos, potencialidad, es decir, se posee la *capacidad de estar conectado* a través de un dispositivo que así lo permita (teléfono inteligente, ordenador, tablet) y de la participación en determinados ámbitos, por ejemplo habiendo creado previamente un perfil en una red social.

Por lo tanto, la conectividad nos plantea poseer una capacidad de hacer "algo", en este caso, de establecer conexión con otras personas. Dicha conectividad o capacidad de estar conectado no implica una real comunicación con otros. Solo determina la potencialidad de hacerlo. Los social media también ofrecen la posibilidad de que dicho contacto sea inmediato, es decir, que el mensaje emitido llegue de manera instantánea al conjunto de posibles receptores.

En relación con la temática de esta obra, la selección de personas, la capacidad de que dichas personas estén conectadas a la red en todo momento, en todo lugar, presenta la posibilidad de una comunicación mayor, de una llegada de los mensajes de manera directa y más rápida, recordando que el mensaje no será, necesariamente, una oferta de empleo. Las acciones a realizar podrán ser diversas: comunicar ofertas de empleo o brindar información sobre la organización, entre otras posibilidades.

La recepción de mensajes y la eventual respuesta a cualquier estímulo serán también en cualquier momento y lugar.

En la conectividad, o capacidad de estar conectados, se pueden distinguir grados, desde personas que están conectadas en todo momento hasta otras que lo están solo durante algún período a lo largo del día (o de la semana). La tendencia es ampliamente creciente, por lo cual cada vez más personas de todas las edades pasan de un grado bajo de conectividad a uno mayor.

La conectividad permanente tiene, considerando la temática que nos ocupa, sus pros y sus contras. Los pros están fácilmente a la vista: es posible llegar al mercado de postulantes de una manera rápida y directa. Entre los aspectos negativos se podría destacar la cantidad de información disponible, en el marco de la cual se corre el riesgo de que la noticia que se quiere divulgar no llegue a ser vista por el interesado, es decir, que la información llegue entre otro gran cúmulo de contenidos y sea pasada por alto.

Información disponible y selección de personas

Uno de los primeros aspectos que hay que tener en cuenta antes de analizar en profundidad otros temas de este capítulo es que en la web existe un conjunto de información disponible que puede ser utilizada, por ejemplo, para la temática que nos ocupa: reclutamiento y selección.

No debe pensarse que la palabra "utilizar" con relación a la información disponible implica una connotación negativa. Todo lo contrario. La red existe, se ha multiplicado por un sinnúmero de razones que están fuera del tema tratado en esta obra. Por lo tanto, los social media son una realidad insoslayable que primero debe ser analizada y luego, sobre la base de criterios definidos, incorporada a los distintos métodos de trabajo organizacionales.

Una de las buenas prácticas en materia de utilización de los social media es la selección externa de personas a través de las nuevas tecnologías de comunicación social.

Por otra parte, debe tenerse en cuenta que la aparición del reclutamiento a través de la Web 2.0 ha modificado el comportamiento de los buscadores de empleo, los cuales esperan "ser encontrados" por los selectores y, usualmente, participan activamente en diferentes redes, con este propósito.

Algunos especialistas sostienen que las redes sociales ofrecen la oportunidad de buscar información sobre postulantes más allá de lo que ellos hayan consignado en sus *curriculum vitae*, que envían con el propósito de participar en diferentes procesos de selección. Esto es parcialmente cierto, que esta información esté disponible o no depende de la forma en que cada persona maneje su participación en dichas redes sociales.

Frente a esta afirmación, muchos se preguntan si es ético que los selectores visiten las redes sociales buscando información sobre las personas que se postulan. Este cuestionamiento se formula en relación con aquellas redes sociales que son consideradas "personales", como Facebook. Casi como una contradicción, al mismo tiempo, estos analistas de las nuevas tecnologías no consideran inapropiado que la búsqueda de información se realice en las redes sociales que se consideran profesionales, como LinkedIn. Este tipo de posiciones me parece que son inconducentes y carentes de interés. El buen criterio y el sentido común definirán el mejor camino a seguir, según la situación. Más adelante, en este mismo capítulo, se hará referencia a cómo las personas participan en las redes sociales al tratar lo referido al "perfil en la web" y, también, a los "aspectos éticos en la utilización de información disponible en las redes sociales".

Por último, y antes de continuar con el análisis más detallado de los temas del presente capítulo, es importante relacionar el reclutamiento utilizando herramientas sociales con el tipo de búsqueda que se lleva a cabo. Dicho reclutamiento será más efectivo cuando el perfil buscado se oriente a potenciales usuarios de social media. Este último comentario debe leerse sin prejuicios. El uso de las nuevas tecnologías no tiene una relación directa con la edad sino con las competencias del individuo en cuestión.

Atracción y atracción 2.0

En selección de personas muchas veces se utilizan como sinónimos las palabras atracción y reclutamiento. Quizá los que así lo hacen no estén totalmente equivocados. Como se mencionara, la atracción es una acción constante y el reclutamiento es una acción puntual que incluye, de un modo u otro, alguna cuota de atracción.

Si bien esta diferencia conceptual fue, es y será constante, se produce una diferencia adicional entre ambos conceptos a partir de los social media. Antes de la aparición de las redes sociales muchas de las acciones que hemos caracterizado como "atracción" podían llevarse a cabo por otros motivos, por ejemplo, para lograr una imagen positiva a fin de alcanzar mejor los objetivos organizacionales. Y estoy de acuerdo. Sin embargo, la atracción, en la era de las redes sociales, podría agregar un matiz diferenciador relevante.

Como se expresara, la atracción se realiza con un enfoque amplio, con el propósito de establecer una relación entre partes que pueden coincidir en algunos intereses o puntos de vista y, a partir de estas coincidencias, estas personas –en algún momento– podrían llegar a interesarse en formar parte de la organización.

La denominación *atracción 2.0* hace referencia al conjunto de acciones que se realizan a través de las redes sociales, con el propósito de captar la atención de personas –eventualmente, futuros postulantes.[7]

Los social media ofrecen una serie de variantes que pueden ser utilizadas con este fin. Las posibilidades son múltiples, aquí solo se hará referencia a algún caso puntual. Del mismo modo, solo se mencionan ejemplos de buenas prácticas; no se hará referencia a todas las posibles.

> **Atracción 1.0.** Conjunto de acciones que se realizan a través de la Web 1.0, con el propósito de atraer a los postulantes más adecuados, en relación con los puestos que se desea cubrir.

> **Atracción 2.0.** Conjunto de acciones que se realizan utilizando tecnologías sociales, con el propósito de atraer a los postulantes más adecuados, en relación con los puestos que se desea cubrir.

La idea de conjunto que desea transmitir el gráfico que sigue es que la atracción se compone de todos los elementos allí mencionados, más otros. En la parte superior se mencionan algunos factores clásicos, como edificio, marcas y productos y/o

7 Para los interesados en la *atracción 2.0* sugerimos la lectura de la obra *Social media y Recursos Humanos*, Ediciones Granica, Buenos Aires, 2014, en la que encontrará un mayor detalle de este y otros temas relacionados con las redes sociales.

servicios, anuncios institucionales en medios diversos, etc. En el centro, hemos ubicado tanto el sitio organizacional como anuncios en otros sitios de Internet, como las webs laborales, periódicos digitales, portales de noticias, etcétera (*atracción 1.0*). Por último, en la parte inferior de la figura hemos mencionado tres de las redes sociales más difundidas al momento, Facebook, Twitter, LinkedIn (*atracción 2.0*). En cada una de las secciones se podrán adicionar otras opciones.

Al momento de escribir esta obra, las organizaciones interesadas en realizar atracción utilizan una combinación de acciones, como se expone en el gráfico precedente.

Desde la perspectiva del responsable de Recursos Humanos, será posible realizar acciones conjuntas con otras áreas de la organización, como Mercadeo o Marketing y Relaciones Institucionales o Imagen Corporativa, y crear ciertos perfiles institucionales en la web con el propósito de atraer tanto a posibles usuarios / clientes como potenciales colaboradores, además de construir imagen y marca corporativa. En este caso, la atracción implica un concepto amplio.

Uno de los aspectos que se tienen en cuenta a la hora de atraer personas es el concepto de marca e imagen de la organización. Para atraer clientes es importante la marca e imagen de los productos y servicios que se ofrecen. Para atraer futuros colaboradores, se identifican otros conceptos de marca: marca empleadora y marca Recursos Humanos.

La marca empleadora, que también se denomina con la expresión inglesa *employer branding*, es un tema de preocupación entre los especialistas de Recursos Humanos. Este concepto, muy interesante por cierto, se construye sobre la base de una serie de acciones que no necesariamente tienen relación con los procedimientos de selección de personas, o al menos su conexión no es de manera directa, y, sin embargo, su resultado afecta el reclutamiento.

Los social media ofrecen un ambiente ideal para trabajar en esta dirección, creando, mejorando o intensificando, según corresponda, la imagen de la empresa en la comunidad.

Contar con una buena imagen empleadora siempre es bueno para la organización y, en particular, para la atracción y el reclutamiento. Por estos motivos es que se propone realizar acciones conjuntas entre varias áreas o sectores de la empresa en el momento de analizar –y luego llevar a cabo– la participación organizacional en social media.

Estas opciones quizá no son aplicables en todo tipo de organización, pero, desde ya, son muy indicadas para empresas grandes, preocupadas especialmente por la atracción permanente de nuevos colaboradores.

Como ya se ha mencionado, la atracción de personas no es un tema nuevo. Las organizaciones han "atraído" a futuros colaboradores con múltiples elementos a lo largo de la historia. Por ejemplo, para una entidad bancaria un edificio sólido era una buena imagen para atraer tanto posibles inversores como futuros empleados. Los elementos o factores relevantes han ido variando al través del tiempo.

En la tabla siguiente se presenta la evolución de la atracción de personas junto con la utilización de las distintas aplicaciones tecnológicas utilizadas. Las de aparición más reciente se suman a las precedentes.

Sobre la izquierda se identifican tres niveles, por orden de aparición: *Atracción, Atracción en la Web 1.0, Atracción 2.0.* Es importante destacar que los distintos elementos mencionados pueden combinarse, sin desecharse ninguna opción. Ejemplo: una empresa puede considerar como relevantes la imagen institucional, los anuncios en periódicos, radio y televisión, y sumarle a todo lo anterior presencia en las redes sociales.

	Principales elementos	Comentarios
Atracción	• Imagen institucional. • Anuncios en periódicos, radio, televisión, etc. • Los productos/servicios. Cuando los productos y/o servicios son muy populares, de algún modo esta situación ejerce atracción sobre los posibles postulantes (la perspectiva de trabajar en una empresa conocida).	La imagen institucional es muy importante y deviene de un sinnúmero de factores. La atracción se basa en una imagen (más o menos) fuerte / poderosa que se transmite desde la marca, el edificio, anuncios institucionales, etc. La publicación de estos anuncios se realiza considerando al receptor del mensaje.
Atracción en la Web 1.0	• Sitio organizacional. • Anuncios en webs laborales.	A lo anterior se suma la participación en la web con un sitio organizacional, en el cual se pueden publicitar posiciones ofrecidas, junto con la utilización de las web laborales como una fuente adicional de reclutamiento.
Atracción 2.0	• Presencia organizacional en las redes sociales que incluya una mirada desde esta óptica (atracción). • Detección de posibles candidatos en las redes sociales que, luego, facilitará las acciones de reclutamiento.	A todo lo anterior se suma la participación de la organización en redes sociales a través de la creación de perfiles organizacionales junto con una participación activa de difusión (concepto de marca empleadora).

La tabla anterior debe analizarse como la representación de una evolución y, además, de un uso combinado y creciente de la atracción por múltiples vías.

Como ya se expresara, en la atracción no debe dejarse fuera ninguna opción que se considere pertinente en relación con los perfiles buscados, en especial si la organización requiere con frecuencia perfiles escasos en el mercado y otras situaciones similares.

La *atracción 2.0* propiamente dicha tiene una aplicación mayor en grandes empresas, en especial cuando se desea generar nuevos contactos y un flujo constante de posibles postulantes; sin embargo, se recomienda su análisis y consideración en empresas de todo tipo y tamaño.

En muchos casos, la "atracción" implica atraer amigos/contactos de la organización que luego, en algún momento, podrán estar interesados en una posibilidad laboral. En estos casos, el propósito será generar contactos sin un motivo específico. Luego estos podrán ser, eventualmente, reclutados y participar en un proceso de selección.

Reclutamiento 2.0

Como se mencionara, en el reclutamiento se atrae a posibles candidatos según el perfil de la búsqueda y luego, en una segunda etapa, se elige a aquellos que se considera más adecuados luego de la evaluación de sus capacidades de acuerdo a lo requerido (por el perfil de la búsqueda). Los social media son una herramienta muy interesante para realizar reclutamiento.

El reclutamiento podrá llevarse a cabo a través de varios estilos o formatos, aplicados en conjunto o solo alguno de ellos. En la figura al pie se expone esta idea. Ya nos hemos referido, en páginas previas, al *reclutamiento* y *reclutamiento 1.0.*

En cuanto a la parte derecha del gráfico –*reclutamiento 2.0* y *headhunting 2.0*–, se utiliza la denominación "2.0" para hacer referencia a una serie de cambios relevantes generados por la irrupción de los social media, en este caso, afectando el reclutamiento. Más adelante, también trataremos el *headhunting 2.0.*

Sobre el particular, creo importante señalar que los especialistas predicen que en unos pocos años –quizá en el año 2020, o poco más– el reclutamiento tendrá lugar en su totalidad en un ambiente 2.0.

El reclutamiento 2.0 puede realizarse utilizando todas las opciones posibles y diferentes que ofrecen los social media; por lo tanto, invito al lector a leer esta sección

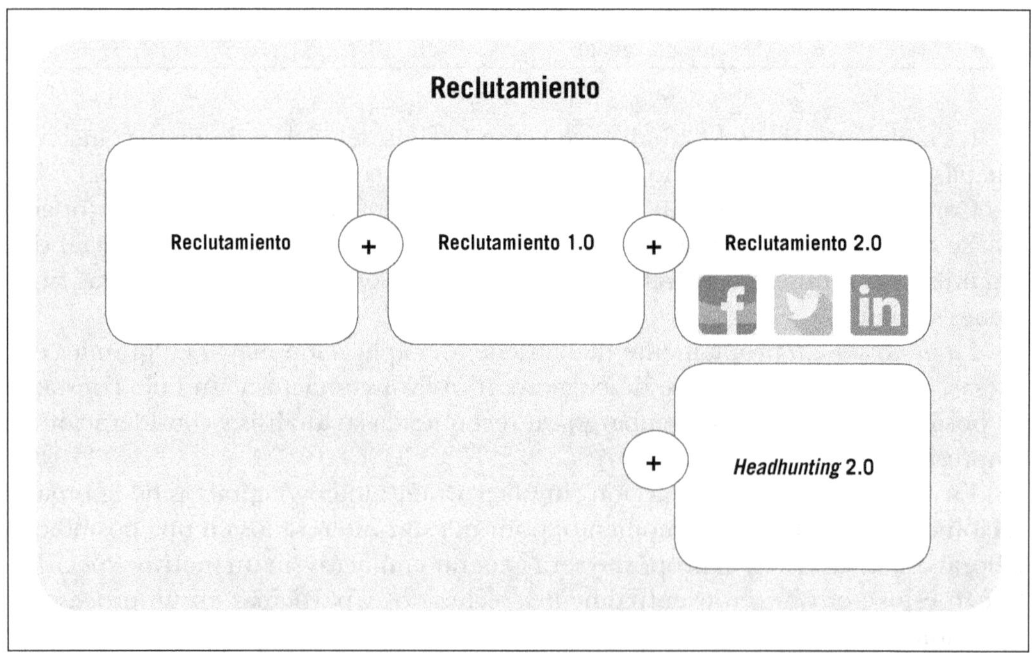

de manera creativa, dado que se mencionarán algunas opciones y caminos, pero no todos los posibles.

El reclutamiento incluye la atracción de personas; sin embargo, y dada su importancia dentro de este enfoque, he tratado por separado y en párrafos anteriores la atracción en sí misma, utilizando los social media (*atracción 2.0*). En social media es posible atraer personas sin un propósito inmediato específico, al crear desde la empresa o el reclutador vínculos con usuarios de redes sociales para estar conectados con ellos pensando en el día en que sea necesario realizar un reclutamiento concreto, cuando realmente se necesite incorporar un nuevo colaborador.

Muchas personas confunden las distintas etapas de un proceso de selección y otras le asignan a la tecnología un rol que no le corresponde. Utilizar las nuevas herramientas tecnológicas ofrece una nueva forma de ver y hacer las cosas. Sin embargo, una parte del proceso de selección será siempre presencial. La idea se expresa en el gráfico al pie.

Como puede apreciarse, en la figura precedente se ha dividido la pirámide –que ya se ha expuesto con anterioridad– en dos partes. En la parte inferior será factible utilizar aplicaciones tecnológicas, sin embargo, en la parte superior podrá hacerse solo en ciertas circunstancias.

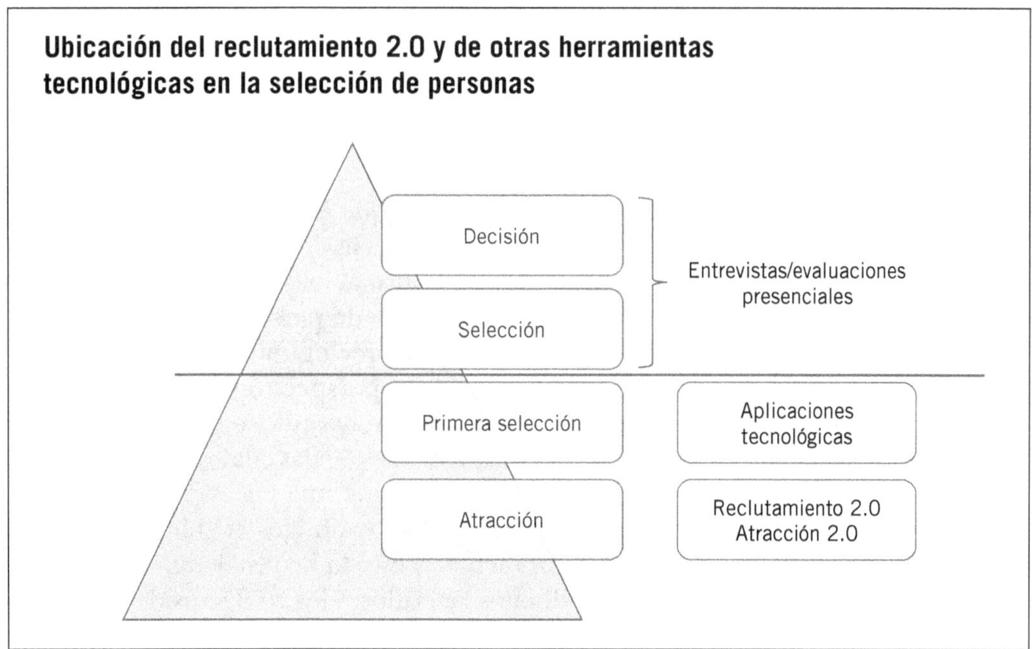

Los social media son una herramienta muy valiosa en algunas etapas y de menor aplicación en otras. En ocasiones, las entrevistas on line son de gran ayuda, en especial cuando se debe entrevistar a personas radicadas en lugares distantes a la ciudad donde se está realizando el proceso de selección. Las restantes instancias (en la etapa de selección) será conveniente que se realicen de manera presencial.

Continuando con el análisis del gráfico, en la parte superior se ubican las etapas presenciales de un proceso de selección, tales como la entrevista por competencias y otras evaluaciones específicas. A modo de ejemplo, algunas de las herramientas que podrían ser utilizadas en ambas:

- Atracción y primera selección: atracción 2.0, reclutamiento 2.0, bases de datos y aplicación de filtros, cuestionarios de preselección (de diverso tipo), cuestionarios de preentrevista, ciertas pruebas de conocimientos, preentrevistas telefónicas o a través de Skype, WhatsApp, Facebook –algunas de estas últimas variantes incluso permiten la videoconferencia–, entre otras opciones. Las aplicaciones de este tipo cambian con frecuencia, ofreciendo nuevas variantes a sus usuarios.
- Selección: Entrevista por competencias, Entrevista estructurada, Assessment Center Method, evaluaciones psicológicas, otros exámenes adicionales a los mencionados en el punto anterior. Los nombrados son los más utilizados. En cuanto a la utilización de aplicaciones tecnológicas en esta instancia, en ocasiones y cuando sea necesario será factible realizar entrevistas por competencias a través de Skype, WhatsApp, Facebook u otras plataformas similares. Algunas de estas variantes, como hemos dicho, incluyen la posibilidad de establecer videoconferencias.

Muchos sostienen, y comparto esta apreciación, que el comportamiento de una persona en las redes sociales permite evaluar una serie de aspectos. Sin embargo, esta evaluación es parcial y no brinda toda la información necesaria que permita tomar una decisión fiable en materia de contratación de personas.

A continuación se complementará el análisis del reclutamiento 2.0. Como ya se expresara, este se puede hacer utilizando diferentes perspectivas, caminos o vías.

El reclutador/selector (empresa o firma consultora, según corresponda en cada caso) puede formar parte de una o varias redes sociales, en las cuales ha ido ganando contactos a lo largo del tiempo. En el momento en que una necesidad de personal surge, podrá enviarle un mensaje a todos sus "contactos/amigos/seguidores" en cada una de las redes sociales en las cuales interactúa. A esto lo hemos denominado atracción 2.0. También podrá solicitar candidatos referidos a los contactos de la red. En cualquiera de estos dos casos, las postulaciones serán luego analizadas por el selector.

Otra forma, que llamaremos *headhunting 2.0* y se verá con detalle en las páginas siguientes, consiste en rastrear posibles candidatos dentro de las redes sociales, sobre la base de ciertos parámetros específicos, y solo a las personas que cumplan con esos lineamientos, proponerles participar del proceso de selección para la posición disponible.

La gran ventaja de ser un verdadero *reclutador 2.0* es que, cuando surge la necesidad, tiene la posibilidad de conectar a las personas adecuadas de forma casi inmediata, sin necesidad de iniciar un proceso de búsqueda en ese momento.

En este tipo de atracción –y posterior reclutamiento– el reclutador/selector describe la posición, la empresa, el puesto, la posibilidad de un nuevo trabajo, la oportunidad ofrecida. Es decir, su rol se aproxima al del vendedor de un producto que señala las bondades de lo que ofrece.

¿Cómo hacerlo? Por ejemplo, una empresa o consultora diseña un espacio en Facebook (u otra red social) y allí los "amigos" o "fans" podrán conocer acerca de las oportunidades ofrecidas, tanto si son de interés para ellos mismos como si desean recomendarlas a sus propios amigos. Es decir, la información consignada podrá ser de interés del lector, o bien, dentro de la cultura colaborativa que proponen las redes sociales, el lector se sentirá motivado a compartir dicha información con otros contactos. Aquí radica la fuerza exponencial del reclutamiento 2.0.

En la actualidad, muchas personas ya tienen su perfil en la web. Por lo tanto será esta la mejor forma de comunicarse con ellas, es decir, el reclutamiento a través de social media, partiendo de ese supuesto: que las personas ya han publicado su perfil en Internet, con fines y propósitos diversos.

Perfil en la web

Las personas, usualmente, poseen un perfil en la web, sean o no posibles candidatos. Si bien no "todas" las personas poseen un perfil en Internet, cada día son más quienes participan de algún modo en los social media, y serán estas personas el foco de las acciones aquí descritas como *reclutamiento 2.0.*

Conceptualmente, el perfil en la web es una versión –en otro soporte o formato– del *curriculum vitae / résumé /* hoja de vida de la persona. La idea se expresa en la figura siguiente. Usualmente, se recomienda a los individuos que antes de publicar su perfil en la web elaboren un currículum y luego vuelquen o copien la información al formato digital, según la red social y/o web laboral elegida/s, etcétera.

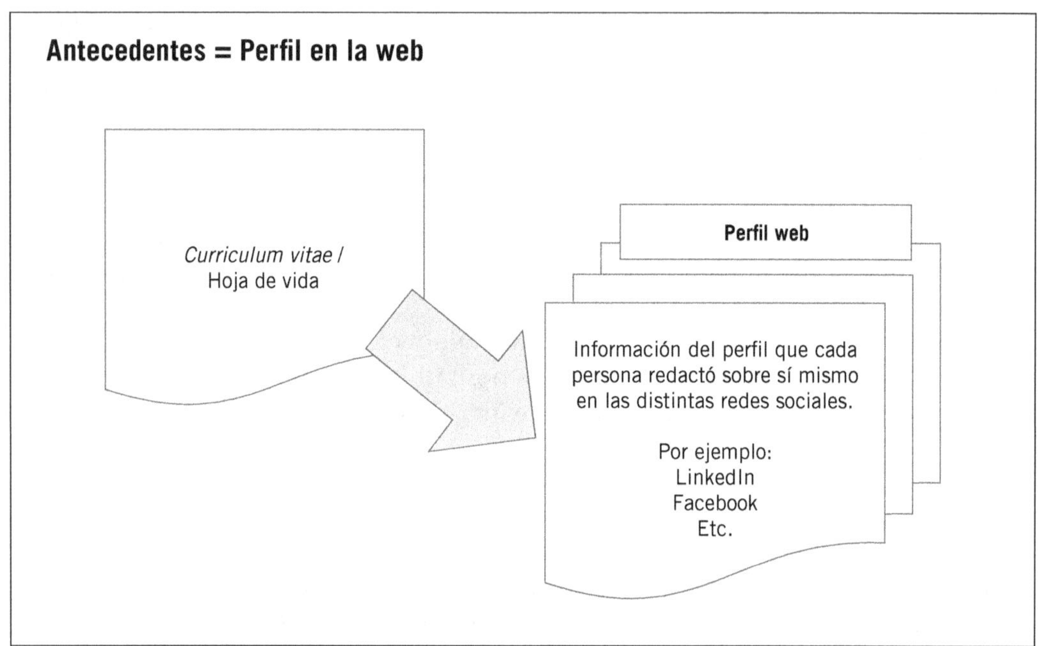

Los perfiles publicados en la web son de diverso tipo. En algunas redes sociales, como por ejemplo Facebook, las personas usualmente publican poca información útil para hacer reclutamiento, e incluso utilizan nombres ficticios, aunque no necesariamente con el propósito de ocultar su identidad; por ejemplo, adoptan un nombre de fantasía que puede ser conocido por un grupo selecto de amigos, o una abreviación de su verdadero nombre, entre otras variantes.

La información más frecuente en este tipo de red social es: sexo, fecha de nacimiento, situación sentimental. Incluso, con frecuencia, la foto del perfil no es la propia, o bien es una figura abstracta o de fantasía.

En contraposición, en la red social LinkedIn las personas publican sus datos reales, incluyen información laboral completa y, en algunos casos, esta es complementada con recomendaciones de colegas y antiguos jefes.

Por lo tanto, LinkedIn u otra red social con un enfoque similar será el ambiente más apropiado para las aplicaciones de tipo organizacional –como, por ejemplo, el reclutamiento de personas–.

Al contactar a una persona a través de LinkedIn es posible conocer acerca de su historia profesional y, además, obtener información sobre sus conocimientos, competencias, proyectos personales y preferencias. En ocasiones, referencias laborales o de tipo profesional. Si bien buena parte de esta información deberá luego ser validada en el proceso de selección, brinda en una primera instancia datos abundantes sobre el eventual candidato.

Es conveniente elegir la red social más adecuada al tipo de búsqueda que se está realizando. Volviendo a los ejemplos utilizados, se podría analizar si es más conveniente Facebook o LinkedIn, o ambas de manera combinada. Además, hay que tener en cuenta que existen y/o podrán existir otras redes sociales, y sobre esa base cada empresa o consultor deberá analizar qué medio es el más conveniente en cada caso. Todos los días pueden nacer nuevas redes o ganar / perder importancia las actuales. La mención a redes específicas debe considerarse solo un ejemplo en la lectura de esta obra.

Perfil en la web. Información individual proporcionada por uno mismo en una red social de Internet. Dicho perfil incluye, usualmente, una foto o imagen, e información básica.

Respecto de los perfiles en la web debe tenerse en cuenta que, en el contexto actual, muchas personas los definen con el propósito, consciente o no, de ser "encontrados" por futuros empleadores.

Candidatos activos. Candidatos pasivos

En el mercado de postulantes, será posible encontrar personas que activamente buscan trabajo, ya sea porque no lo tienen o bien, estando empleados, desean firmemente realizar un cambio, por motivos diversos. En la actualidad y con los social media, se verifica la misma situación. Estas personas se denominan *candidatos activos*. Es decir, están *activamente* interesados en cambiar de posición.

Los candidatos activos usualmente dejan sus datos en LinkedIn u otras redes de las consideradas "profesionales".

No obstante, en estas mismas redes sociales han creado su perfil personas que no necesariamente están en la búsqueda activa de nuevos horizontes. A estos individuos se los denomina *candidatos pasivos*.

La comunicación de una posición abierta al mercado por parte de una empresa o una firma consultora puede generar interés tanto en candidatos activos como pasivos. Sin embargo, será muy importante para el selector reconocer a unos y otros. Un hábil selector los identifica inmediatamente; pero cuando esta característica no es tan clara, siempre será pertinente formular preguntas que permitan detectar la situación en que la persona se encuentra con relación a un eventual cambio laboral.

¿Por qué la importancia de esta distinción? Los candidatos activos están motivados para el cambio laboral. En cambio los candidatos pasivos, si bien pueden poseer perfiles muy interesantes, al no estar buscando un cambio laboral pueden desinteresarse en la mitad del proceso, participar del proceso pero luego no aceptar la propuesta (si se produce), o bien poseer pretensiones para el cambio más altas que lo razonable.

No obstante lo dicho en el párrafo anterior, se debe tener en cuenta que si bien las redes sociales son muy poderosas para reclutar candidatos activos, son, al mismo tiempo, herramientas aún más poderosas para encontrar candidatos pasivos, y quizá entre estos pueda estar la persona que se está buscando.

Otro aspecto a tener en cuenta es que los candidatos pasivos usualmente no dejan sus antecedentes en las denominadas web laborales y/o consultoras de RRHH. No obstante, como las redes sociales plantean otros objetivos, dichos candidatos pasivos quizá hayan ingresado sus antecedentes en Facebook, LinkedIn u alguna otra de estas redes por muy diversos motivos, no vinculados a la búsqueda laboral.

Utilizando un avanzado motor de búsqueda, los reclutadores pueden aplicar criterios específicos como: trabajos anteriores, experiencia, manejo previo de personal, proyectos, educación, nivel, lugar de residencia, algunas competencias específicas y experiencia, entre otros criterios, según sea el perfil buscado. Se retomará este tema más adelante, bajo el apartado *headhunter 2.0.*

Adicionalmente, los reclutadores con cierta habilidad podrán encontrar en las redes sociales muy buenos candidatos entre los "amigos de sus amigos", lo cual extiende de una manera fabulosa su propia red de contactos.

Preocupación sobre la veracidad de los datos en el reclutamiento 2.0

Uno de los cuestionamientos que se hace al reclutamiento 2.0 es que la información en las redes sociales –dicen– no es confiable, que las personas pueden distorsionar sus datos y que es más fácil alterar allí la identidad. Esto es parcialmente cierto, puede darse o no, y no es privativo de la herramienta utilizada. Históricamente han existido personas que dicen la verdad y otras que no. He conocido personas que incluían información no veraz en sus antecedentes e, incluso, que utilizaban nombres falsos. Por lo cual que la información brindada sea *veraz / no veraz* tiene que ver con la condición humana, no con las herramientas sociales.

Todo selector sabe que en cualquiera de las opciones que se utilice para llevar a cabo el reclutamiento, siempre se deberán comprobar los antecedentes y medir los conocimientos y competencias, tanto si llevó a cabo un reclutamiento al estilo tradicional como si se utilizó el reclutamiento1.0, o el proceso se llevó a cabo mediante reclutamiento 2.0.

Las herramientas sociales de la web ofrecen una comunicación diferente con el mercado, que comprende desde el acceso a la información hasta las vías de comunicación propiamente dichas, pero no reemplazan las mediciones y verificaciones necesarias previas a la incorporación de un nuevo colaborador.

La participación en las redes sociales implica comportamientos que se realizan "en público", similares a los de cualquiera de nosotros un día caminando por un mall/shopping, un cine o en una exposición, ya sea de tipo profesional o de otra índole. Estos tipos de comportamientos realizados en público pueden ser observados o no por otras personas, pero no son de tipo privado como las acciones que se realizan a puerta cerrada, en el ámbito íntimo del hogar.

Cuando una persona, y solo por dar un ejemplo, decide publicar en YouTube un video, ya sea de su vida privada o laboral, lo hace con el propósito de que otras personas lo vean. Lo expone a un público indeterminado; unos podrán ser sus amigos y otros simples espectadores que de casualidad o no encuentran lo allí publicado.

En resumen, cada uno de nosotros, con su accionar, sin pensarlo quizá, va dejando sus huellas digitales en la red, del mismo modo que va dejando sus huellas dactilares en lugares diversos.

Como ya se comentara, el reclutamiento no es un tema nuevo. Se ha realizado utilizando distintos elementos a través de los años, desde anuncios en periódicos hasta una simple comunicación en la puerta de un negocio. El reclutamiento incluye elementos típicos de la atracción, dado que implica atraer personas. No cualquier persona, sino aquella que potencialmente será adecuada para el o los puestos que se desee cubrir. La atracción por sí sola puede ser amplia. El reclutamiento atrae de manera más dirigida.

El reclutamiento ha modificado su formato, adicionando las nuevas tecnologías a medida que estas fueron surgiendo, en las distintas épocas. A continuación se presenta una tabla, partiendo del reclutamiento, continuando con el reclutamiento 1.0, llegando, por último, al más reciente, el reclutamiento 2.0.

Cada cambio de denominación implicó el aditamento de distintas aplicaciones tecnológicas.

	Principales elementos	Comentarios
Reclutamiento	• Anuncios de oferta de búsquedas en periódicos, radio, televisión, etc. • Utilización de su propia base de datos. • Procesamiento manual de postulaciones recibidas: *curriculum vitae* y carta de presentación, ambos en papel.	En este primer apartado se incluye al reclutamiento que ha experimentado los cambios propios de los nuevos tiempos, pero que se lleva a cabo de manera similar a como se realizaba antes de la era de Internet. Lo hemos denominado "tradicional" dado que aún se realiza.
Reclutamiento 1.0	A lo anterior se suma: • Anuncios en el sitio organizacional. • Sitios organizacionales en los cuales los interesados pueden dejar sus antecedentes. • Utilización de la base de datos producto del punto anterior. • Publicación de anuncios en periódicos y recepción de postulaciones a través de correo electrónico: *curriculum vitae* y carta de presentación, ambos como adjuntos en un e-mail. • Webs laborales: anuncios y búsqueda en la base de datos.	A partir de la difusión masiva de Internet las empresas y consultoras aplican ambas formas de reclutamiento, la denominada 1.0 junto con la descrita anteriormente (reclutamiento al estilo "tradicional").
Reclutamiento 2.0	• La presencia organizacional en las redes sociales (atracción 2.0) facilita el reclutamiento 2.0. • Difusión de vacantes a través de redes sociales. • Búsqueda de perfiles acordes a lo buscado en las redes sociales (*headhunting* 2.0). • Servicios de búsqueda ofrecidos por las redes sociales.	En la actualidad –y quizá sea del mismo modo por un tiempo bastante prolongado– las empresas y firmas consultoras manejan en simultáneo los tres tipos de reclutamiento. Por ende, cuando hay que resolver una búsqueda, usualmente se apela a todas las opciones disponibles.

En resumen, el reclutamiento de personas a través del tiempo se fue modificando al ir sumando acciones o caminos a seguir, según la evolución de la tecnología y los usos y costumbres sociales.

Como se expresara, con frecuencia el reclutamiento se realiza combinando diferentes opciones, según el tipo de posición a cubrir y las circunstancias de cada caso. La idea se expresa en la figura siguiente, donde se han supuesto tres variantes/ejemplos.

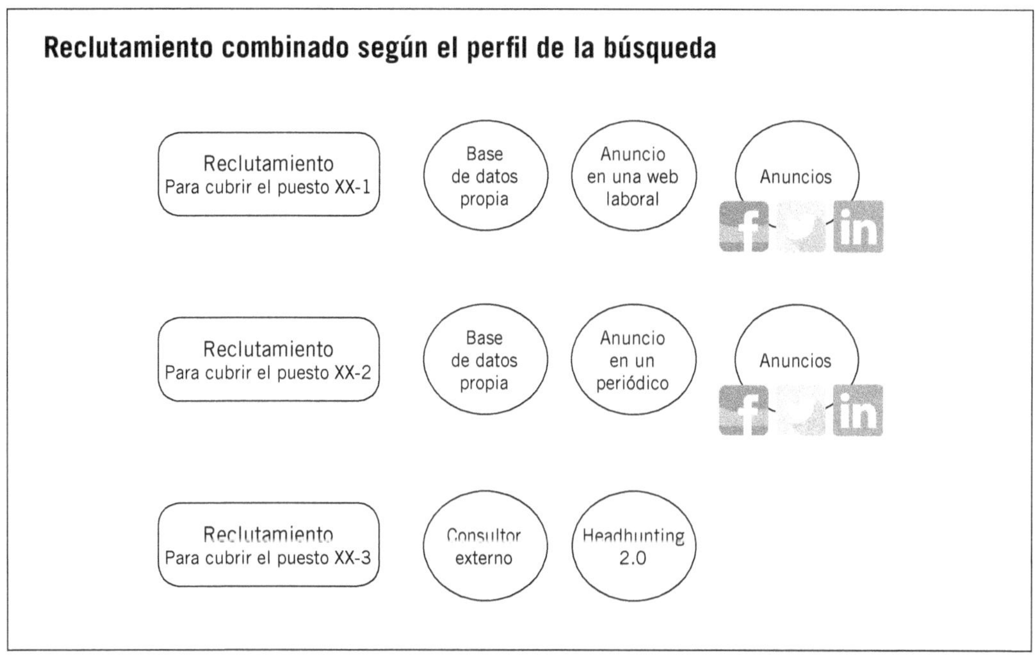

En el primero de los supuestos (reclutamiento para cubrir el puesto XX-1) se indica la utilización de la base de datos de la organización con candidatos externos, la publicación de un anuncio en una web laboral y, por último, anuncios o mensajes publicitando la búsqueda en las redes sociales (Facebook, Twitter, LinkedIn).

En el segundo (reclutamiento para cubrir el puesto XX-2), también se utiliza la base de datos de la organización, el anuncio se publica en un periódico y, además, en las redes sociales.

En el tercer ejemplo (reclutamiento para cubrir el puesto XX-3), se ha elegido un camino diferente: contratar una consultora que realizará *headhunting* 2.0, utilizando las redes sociales, como se verá más adelante.

Las combinaciones posibles son múltiples y, con frecuencia, se utiliza más de una fuente de reclutamiento, como se expresa en la figura precedente. El responsable del proceso de selección analizará el mejor camino a seguir.

Información en la red *versus* antecedentes laborales

Como ya se expresara en páginas anteriores, en la actualidad coexisten diferentes medios tanto de reclutamiento como de recepción de postulaciones. Las organizaciones publicitan sus ofertas laborales en periódicos, las webs laborales y las redes sociales, de manera simultánea. En consecuencia, las postulaciones se reciben a través de un *curriculum vitae*, antecedentes incorporados a una base de datos o a través del perfil en la web (en redes sociales). Respectivamente: reclutamiento, reclutamiento 1.0 y reclutamiento 2.0.

Ahora bien, a pesar de lo antedicho –la coexistencia de medios diversos–, la mayoría de las personas establece una separación, consciente o no, entre la preparación del *curriculum vitae* y la participación en las redes sociales.

Esta idea ampliamente difundida es compartida por reclutadores y postulantes. Por esta razón, es posible leer a diario supuestos cuestionamientos éticos respecto de la utilización de las redes sociales, por ejemplo, en relación con el tema de esta obra, la selección de personas.

Más allá de que, como en cualquier otro ámbito, es posible la utilización no ética de herramientas diversas, sean sociales o no, el reclutamiento en social media debe ser analizado de manera integral. Una persona es siempre una persona, no pueden ser dos o varias, más allá de que, en alguna situación específica, pueda llegar a asumir un avatar[8].

Si una persona confecciona sus antecedentes –*curriculum vitae*, hoja de vida, *résumé*– con cierta información sobre su historia académica y profesional, se supone que dicha información será la misma o similar a la publicada por esa misma persona en su perfil en la web. Este primer análisis surge solo desde el sentido común; por citar un ejemplo ilustrativo de tipo personal: estudié en la Universidad de Buenos Aires, por lo tanto, no parece lógico informar en una red social que lo hice en otra casa de altos estudios.

La información de tipo profesional se encuentra, con mayor frecuencia, en redes como LinkedIn. Sin embargo, existen otras opciones. Ejemplo: videocurrículum, publicado usualmente en YouTube e incluso en sitios o blog personales. Esta nueva tendencia está en franco crecimiento.

En cualquiera de las variantes, y utilizando el mero sentido común, debería existir congruencia entre los datos incorporados en las distintas opciones mencionadas

8 Avatar: representación gráfica de una persona en un ambiente virtual como si se tratase de una "segunda vida". Esta representación puede ser consistente con la realidad actual o bien tratarse de un agradable y mítico alter ego.

anteriormente. Si bien en una de las opciones, cualquiera de ellas, se puede adoptar un estilo y en otras, uno diferente, los datos básicos deberían ser consistentes. Desde la mirada de un reclutador, cualquier inconsistencia de información siempre debe interpretarse como una *alarma o alerta rojo*, y siempre deberá ser investigada.

Desde la experiencia práctica –he realizado selección de personal por más de 30 años–, comparto con el lector la principal regla de oro que todo selector debe seguir: explorar las inconsistencias observadas, ya sea en la lectura de antecedentes o durante las entrevistas u otras evaluaciones, hasta despejar la más mínima duda. Así lo hacen habitualmente la mayoría de los expertos en selección.

Si bien en la actualidad muchos postulan la conveniencia de tomar solo en cuenta los antecedentes publicados en las redes sociales –lo cual implicaría el reemplazo de los antecedentes personales (*curriculum vitae*) por los perfiles en la web–, bajo argumentos valederos, como por ejemplo que los antecedentes en las redes sociales suelen estar más actualizados que los CV que envían los postulantes, verificar esta situación no hablaría bien del buscador de empleo, en especial si es él quien se postula a través del envío de sus antecedentes.

Otro argumento, continuando con los que están a favor del uso exclusivo de los antecedentes expuestos en las redes sociales, es que estas son más veraces, dado que los postulantes, cuando preparan sus CV, tienden a adaptar sus antecedentes a la búsqueda en la cual participan y esto no ocurriría con los datos consignados en las redes sociales, a las cuales sienten como "propias" y, de ese modo, reflejan de manera más ajustada la realidad. En relación con este argumento, si en algún caso un selector detectara este tipo de situación, en que un postulante acomoda la información de acuerdo a un perfil de búsqueda, faltando a la verdad u ocultando parte de ella, dicho selector se encontraría frente a una *alerta roja*, dado que el comportamiento de ese postulante no sería ético.

Los comportamientos no éticos de los postulantes, por sutiles o aparentemente poco relevantes[9] que sean, en un proceso de selección pronostican comportamientos no éticos en un futuro[10], y quizá en esa oportunidad (futura) no se trate de un pequeño "detalle", como algunos pueden considerar el ejemplo aquí expuesto.

9 La autora ha definido un concepto relacionado: microcomportamientos. Estos predicen de alguna manera comportamientos futuros de mayor relevancia, por lo cual siempre debe ser considerados, en especial en la selección de personas.

10 La autora ha desarrollado un *Manual para detectar valores personales en selección*, cuyo propósito es la detección temprana de comportamientos no deseados, antes que una persona sea incorporada a la organización. Ver *Las 50 herramientas de Recursos Humanos que todo profesional debe conocer* (Ediciones Granica, Buenos Aires, 2016).

Aspectos éticos en la utilización de información disponible en las redes sociales

En el párrafo anterior me referí a la ética o falta de ella en las postulaciones. Sin embargo, el mayor debate ético se está dando en la actualidad con relación a la utilización de las redes sociales como fuente informativa acerca de una persona, desde la mirada de la organización.

En algunos ámbitos se discurre, sobre la base de la ética profesional del selector o de la empresa que desea cubrir una vacante, la pertinencia de la utilización de las redes sociales como fuente de información a ser consultada en la selección de personas. Curiosamente, en el debate planteado pareciera que en unos casos está mejor visto que en otros, según el tipo de red social.

Por otra parte, cuando el tema se analiza desde la perspectiva del buscador de empleos se explica, con mucho detalle, la mejor forma de exponer sus datos en la web de modo de ser "encontrado" por los eventuales reclutadores.

A simple vista surge una enorme contradicción. Desde una perspectiva está mal y desde otra, se explica cómo lograrlo. En mi opinión, y en la de muchos otros, el aspecto a considerar es que si una persona publica información en la red es porque desea que esta sea vista por otros, por lo cual leer información publicada allí no se asemeja a una violación de la intimidad de ningún tipo, ni a *haber entrado en un hogar y leído sin permiso el diario íntimo de la persona que allí habita*, como he leído en alguna parte.

En resumen, la mirada "curiosa" que un selector realiza sobre información que el usuario decidió compartir, es decir, hacer pública, no implica falta de ética, sino solo la utilización de la información volcada en la web, que está disponible para ese selector o para cualquier otro que decida incursionar en las redes sociales.

En este punto es importante señalar que, desde la mirada del usuario y a modo de ejemplo, muchas de las personas que publican sus antecedentes en LinkedIn lo hacen con el propósito de ser "descubiertas" profesionalmente. Muchos de los que allí han publicado sus antecedentes solicitan "recomendaciones" de antiguos profesores o jefes, con el fin de brindar una imagen favorable de sí mismos.

Sobre la base de un relevamiento realizado se ha podido determinar que el principal motivo de participación de las personas en redes sociales profesionales, como LinkedIn, es la necesidad "de estar en la red", en especial para estar "ubicables" y, eventualmente, ser "encontrados". Esto implica publicar los antecedentes de una manera menos expuesta que hacerlo, por ejemplo, en una web laboral, con la esperanza –quizá inconsciente– de "ser descubiertos", de encontrar una oferta excepcional y otras circunstancias similares.

Publicación de anuncios que pueden atraer a candidatos activos (y pasivos también)

Una empresa o un consultor podrá publicar anuncios en las redes sociales donde previamente haya definido un perfil; estos anuncios serán vistos, en primera instancia, por los contactos / seguidores que la empresa o consultora posea. En una segunda instancia, y esta es la verdadera fuerza de las redes sociales, sus contactos/seguidores podrán direccionarlos, a su vez, a sus propios contactos/seguidores y así sucesivamente.

Igualmente se podrá buscar a personas con ciertas características, según sus intereses y/o necesidades, a fin de iniciar un contacto. Dicha búsqueda la podrá realizar por nombre de la persona, título, empresa, tipo de especialidad, etc.

Adicionalmente, LinkedIn ofrece un servicio pago, donde se podrá buscar entre todos sus usuarios, por título, empresa o palabras clave dentro de los miembros de la red social. A través de este servicio la búsqueda se realiza no solo entre "los contactos" (de quien realiza la búsqueda), sino que incluye a otras personas que hayan definido su perfil en dicha red social.

Asimismo, LinkedIn ofrece otras aplicaciones para la administración de diversas ofertas publicadas en la red social; por ejemplo, anuncios con ofertas que están visibles para el visitante de la red social bajo la leyenda "Empleos que podrían interesarte".

Publicar un anuncio en las redes sociales

La opción de publicar un anuncio en las redes sociales tiene alguna similitud a la explicada en párrafos anteriores sobre *reclutamiento 1.0,* utilizando, por ejemplo, las webs laborales.

Sin embargo, existe una diferencia relevante. Dada la forma de comunicación en las redes sociales, la publicación de un anuncio permite la opción de "compartir". Cuando el internauta opta por esta función (compartir), el anuncio se replica en su propio perfil, e inmediatamente es visto por todos sus amigos/contactos.

Por lo tanto, al publicar anuncios en las redes sociales se llega a candidatos activos, es decir, aquellos que están buscando activamente un nuevo empleo o bien lo suficientemente inquietos o curiosos para observar qué pasa en el mercado. Al mismo tiempo, la comunicación llega a personas que no están buscando trabajo o no están inquietas al respecto como para estar mirando anuncios.

Por lo tanto, por esta vía quizá el selector contacte a personas que pueden no estar contestando anuncios, que pueden no estar vivamente interesadas en conocer sobre nuevas oportunidades y, sin embargo, esta oportunidad en particular, por algún motivo, genera su interés.

Criterios de búsqueda

La búsqueda de posibles candidatos a través de social media debe realizarse, como en cualquier otro caso, en función del perfil de la búsqueda, concepto expuesto en apartados anteriores.

Ya se han mencionado, también, los aspectos éticos involucrados. En mi opinión, los reclutadores, en cuanto personas, utilizarán las redes sociales con los mismos criterios éticos con los cuales se desempeñan en otros ámbitos y que, a su vez, han manejado en relación con las tecnologías anteriores.

Un selector debería manejarse siempre sobre la base de principios éticos, dado que lo que tiene entre manos es muy delicado: personas que ponen en juego sus carreras y sus perspectivas profesionales. Este principio no se circunscribe a las redes sociales, es mucho más amplio y se relaciona con todos los aspectos de la gestión de un selector de personas organizacional, un consultor de Recursos Humanos, un *headhunter* o cualquier otra figura relacionada con la función de selección.

Con este encuadre ético se deberán definir los criterios de búsqueda. Entre ellos se pueden mencionar: trabajos anteriores, experiencia, manejo previo de personal, proyectos, educación, nivel, lugar de residencia, algunas competencias específicas y experiencia, entre otros aspectos relevantes, según el perfil buscado.

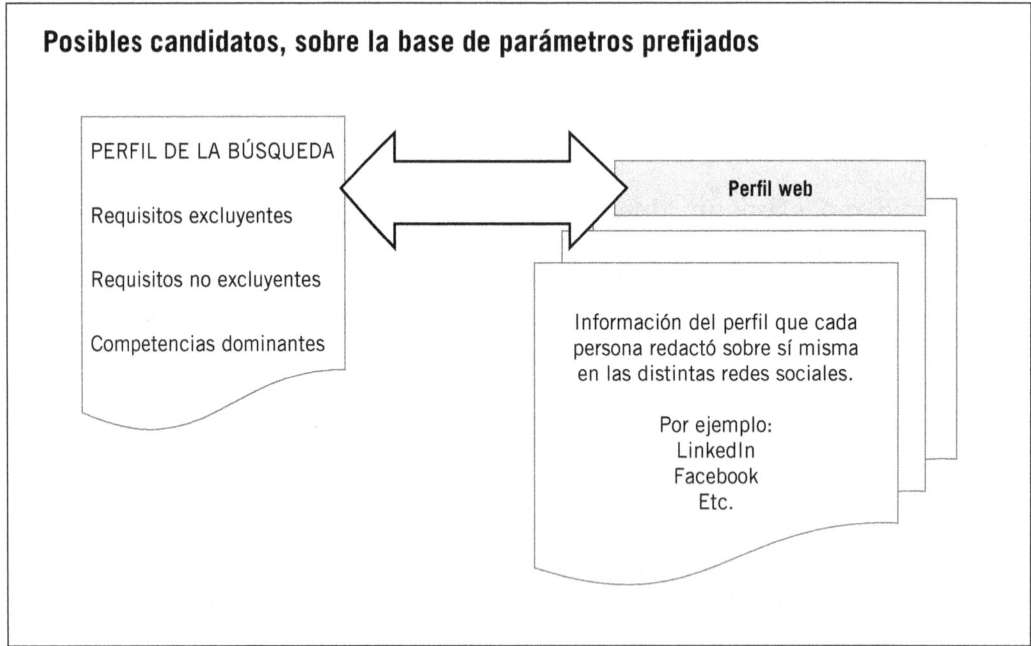

Analizando la figura precedente, podemos decir que el selector o responsable de la búsqueda tendrá definida una serie de requisitos de acuerdo al perfil de la búsqueda. Estos requisitos usualmente se clasifican en excluyentes, aquellos que será indispensable que el futuro colaborador posea, y no excluyentes, es decir, aquellos que sería favorable que el colaborador poseyera, pero cuya falta no implicaría automáticamente dejar de ser considerado para ocupar la posición en cuestión.

Por otra parte, en las redes sociales se cuenta con los perfiles que cada persona ha decidido publicar en ellas: el perfil web.

En este punto es importante recordar que con frecuencia los perfiles en algunas redes sociales, como Facebook, son incompletos para los fines de una selección de personas, siendo otros más completos o de tipo profesional, como en el caso de los volcados en LinkedIn. Esta misma diferenciación se puede realizar en relación con otras redes sociales no mencionadas en esta obra.

En todos los casos, los datos referidos por el posible candidato deberán ser corroborados durante el proceso de selección, a través de las dos etapas ya indicadas: primera selección y selección, más una subetapa adicional que se realiza al final del proceso de selección: la confirmación de información previa al ingreso.

Retomando el tema de los criterios para buscar en las redes sociales y en relación con el perfil de la búsqueda, siempre será una buena sugerencia utilizar como criterios de búsqueda los requisitos excluyentes, explicados en párrafos anteriores.

Veamos un ejemplo, en el cual una empresa debe realizar la selección de un contador público con las siguientes características:

- Contador Público Certificado (CPC)
- Edad de 30 a 35 años.
- Experiencia en auditoría externa.
- Que dicha experiencia se haya realizado en estudios profesionales grandes (de más de 500 profesionales).
- Inglés bilingüe.

Headhunting y *Headhunting* 2.0

Los *headhunters* o cazadores de talentos suelen ser uno de los grupos de profesionales que más hacen un culto del secreto de sus métodos de trabajo.

En ocasiones he publicado y mencionado algunos de estos supuestos secretos, que en realidad no son tales, sino buenas prácticas profesionales que se corresponden con un determinado método de trabajo.

En esta ocasión realizaré un paralelo entre la metodología de *headhunting* y una posible aplicación de dicho método en el ámbito de los social media. ¿Cómo conectar esta buena práctica con social media? Llevando a cabo acciones similares, solo que en un ambiente distinto, la Web 2.0.

En párrafos previos ya se han mencionado tanto el término *headhunting* como *headhunting 2.0.* La definición previa señala varios momentos del método descrito. La utilización de social media solo tendría aplicación en la primera parte. Una vez que el consultor define el perfil de la búsqueda, las acciones de identificación de los candidatos se concretarán a través de las tecnologías sociales de la web. Los restantes pasos se llevarán a cabo de la manera habitual.

En muchas ocasiones, un proceso de *headhunting* se inicia a partir de una *short list* (lista corta) proporcionada por el mismo cliente que desea incorporar a un nuevo ejecutivo. Otra circunstancia similar es cuando el cliente no proporciona los nombres de personas concretas, pero brinda opciones de posibles empleadores actuales del futuro colaborador. En ese caso, la mencionada *short list* es de empresas de donde se desearía que proviniese el candidato.

En la forma tradicional de realizar *headhunting*, a partir de esa información el consultor obtenía la manera de comunicarse con las personas en cuestión, utilizando diversas formas, algunas bastante imaginativas por cierto.

En la época actual, con la información disponible en los social media, es posible ubicar en un plazo muy corto y de manera directa al posible candidato. Luego seguirá el "arte" del consultor para seguir el contacto, interesarlo por la nueva posición, sus beneficios, etc., y quizá realizar un primer contacto por videoconferencia.

Retomando el perfil de la búsqueda anterior y solo a modo de ejemplo, imaginemos que el cliente que desea incorporar al nuevo colaborador proporciona nombres de ciertas personas que le podrían interesar o bien un listado de organizaciones donde las personas de su interés se podrían desempeñar actualmente; en ambos casos, la búsqueda se realizará en las redes sociales a partir de esta información. La idea se expresa en la figura de la página siguiente.

Siguiendo con el ejemplo anterior, los parámetros específicos serían los mismos: Contador Público Certificado (CPC), edad de 30 a 35 años, experiencia en auditoría externa en estudios profesionales grandes (de más de 500 profesionales) e inglés bilingüe.

Las personas tienen diferentes posturas frente a las redes sociales. Se debe analizar en cada caso aquella que se ajuste mejor al perfil buscado. Si la posición a cubrir requiere una persona con una cierta aproximación a los social media, la observación de los postulantes para definir la presencia o no de esa característica es similar a la que pueda verificarse con relación a otros comportamientos que, eventualmente, puedan ser observados en otro ámbito de actuación.

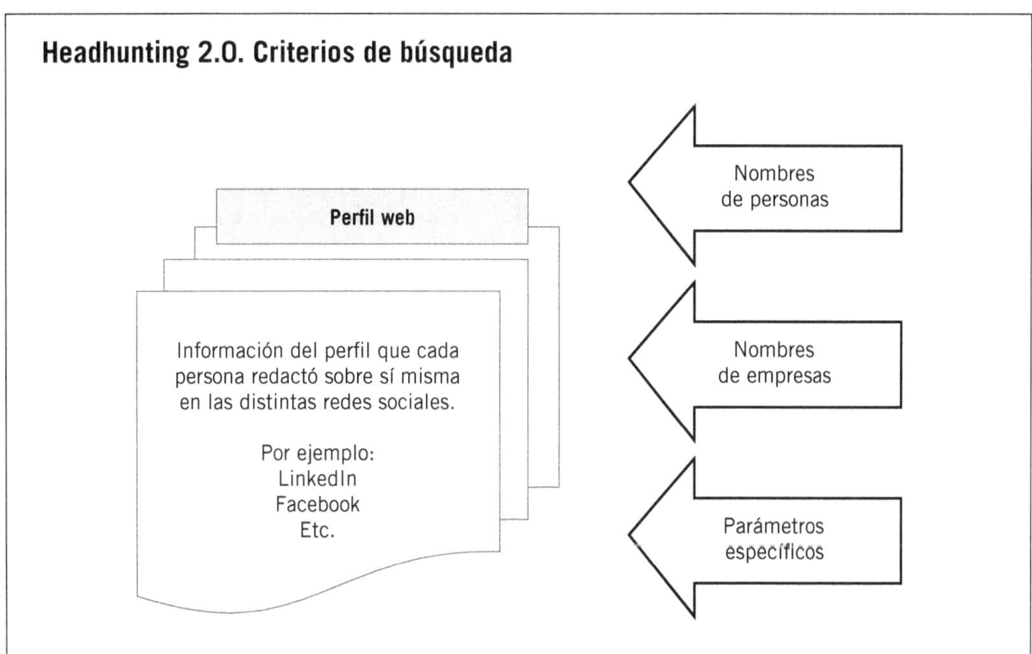

Síntesis del capítulo

- *Atracción* es un concepto amplio, se relaciona con la organización en su conjunto e implica acciones constantes y sostenidas en el tiempo, para conseguir prestigio externo altamente positivo a fin de que, en el momento en que se desee cubrir una vacante y se realicen acciones de reclutamiento, las personas contactadas se sientan motivadas, deseen pertenecer a esa organización y respondan a dicha convocatoria.
- El *reclutamiento* se realiza cuando una necesidad se presenta, cuando se debe cubrir una o varias vacantes por medio de postulantes que son convocados a través de acciones variadas, por ejemplo, anuncios en diversos medios y/o convocatorias directas.
- En el reclutamiento se atrae a posibles candidatos según el perfil de la búsqueda y luego, en una segunda etapa, se elige a aquellos que se considera más adecuados tras aplicárseles diversas mediciones de capacidades.
- *Reclutamiento.* Es un conjunto de procedimientos para atraer e identificar a candidatos potencialmente calificados y capaces para ocupar el puesto

ofrecido, a fin de seleccionar a alguno/s de ellos para que reciba/n el ofrecimiento de empleo.

- *Selección*. Conjunto de procedimientos para evaluar y medir las capacidades de los candidatos a fin de, luego, elegir, sobre la base de criterios preestablecidos (perfil de la búsqueda), a aquellos que presentan mayor posibilidad de adaptarse al puesto disponible, de acuerdo con las necesidades de la organización.
- El reclutamiento puede ser interno –es decir, atraer personas dentro de la misma organización–, o bien externo –convocar a personas ajenas a la organización–.
- *Reclutamiento externo*. Es la forma más frecuente de realizar un reclutamiento, e implica la difusión en el mercado de los perfiles buscados, usualmente a través de anuncios, en periódicos o Internet, junto con otras fuentes de posibles candidatos.
- *Reclutamiento interno*. Cuando el reclutamiento se realiza dentro de la propia organización se denomina *reclutamiento interno*. En ese caso se utilizan anuncios, por ejemplo, a través de la intranet, con el propósito de generar la autopostulación.
- El concepto *fuentes de reclutamiento* hace referencia a las opciones disponibles para obtener postulaciones en relación con el perfil de la búsqueda. Las fuentes de reclutamiento pueden ser internas: autopostulación (*job posting*), promociones internas; o externas: anuncios, consultoras de personal, entre otras.
- La selección de personas a partir del perfil de la búsqueda, para una mejor distribución de las tareas a cargo del selector y la respectiva utilización de herramientas, se ha dividido en cuatro grandes categorías: Atracción, Preselección, Selección, Decisión.
- La conectividad es un concepto doble. Por un lado, comprende aquellos dispositivos necesarios para alcanzarla y, por otro, el comportamiento de cada persona que interviene. Aun con los dispositivos necesarios se puede o no estar conectado con otras personas, es decir, establecer relaciones y comunicación, incluso con personas no conocidas previamente. En la conectividad, o capacidad de estar conectados, se pueden distinguir grados, desde personas que están conectadas en todo momento hasta otras que lo están solo durante algún período a lo largo del día (o de la semana). La tendencia actual al incremento de la conectividad es muy definida.

- *Atracción 1.0.* Conjunto de acciones que se realizan a través de la Web 1.0, con el propósito de atraer a los postulantes más adecuados, en relación con los puestos que se desea cubrir.
- *Atracción 2.0.* Conjunto de acciones que se realizan, utilizando tecnologías sociales, con el propósito de atraer a los postulantes más adecuados, en relación con los puestos que se desea cubrir.
- *Reclutamiento 1.0.* Conjunto de procedimientos para atraer e identificar a candidatos potencialmente calificados y capaces utilizando las posibilidades de la Web 1.0. Usualmente se utilizan los sitios o páginas web organizacionales en los cuales se ofrecen diferentes posiciones vacantes, además de las webs laborales y los sitios de consultoras de Recursos Humanos.
- *Reclutamiento 2.0.* Conjunto de procedimientos para atraer e identificar a candidatos potencialmente calificados y capaces utilizando las posibilidades de la Web 2.0 a través de diferentes acciones.
- *Perfil en la Web.* Información individual proporcionada por uno mismo en una red social de Internet. Dicho perfil incluye, usualmente, una foto o imagen, e información básica.
- *Headhunting 2.0.* Método de selección de personas que se realiza con tecnologías de la Web Social (Web 2.0). El proceso se basa en una investigación sobre los mejores profesionales del mercado, que ocupan puestos similares al que se desea cubrir en la organización que lleva a cabo la búsqueda, la cual usualmente se focaliza en aquellas compañías que tienen un estilo de gestión similar a la propia.

PARA PROFESORES

Para cada uno de los capítulos de esta obra hemos preparado:

- → Casos prácticos y/o ejercicios para una mejor comprensión de los temas tratados.
- → Material de apoyo para el dictado de clases.

Los profesores que hayan adoptado esta obra para sus cursos tanto de grado como de posgrado pueden solicitar de manera gratuita las obras:

- *Selección por competencias. CASOS*
- *Selección por competencias. CLASES*

Únicamente disponibles en formato digital, en nuestro sitio: **www.marthaalles.com**, en la exclusiva *Sala de profesores*, o bien escribiendo a: **profesores@marthaalles.com**

PARA TODOS LOS LECTORES

Se encuentra disponible en formato digital un Anexo donde se ha realizado un análisis detallado de libros y subsistemas que complementa las temáticas abordadas en esta obra.

Capítulo **4**

Primera selección

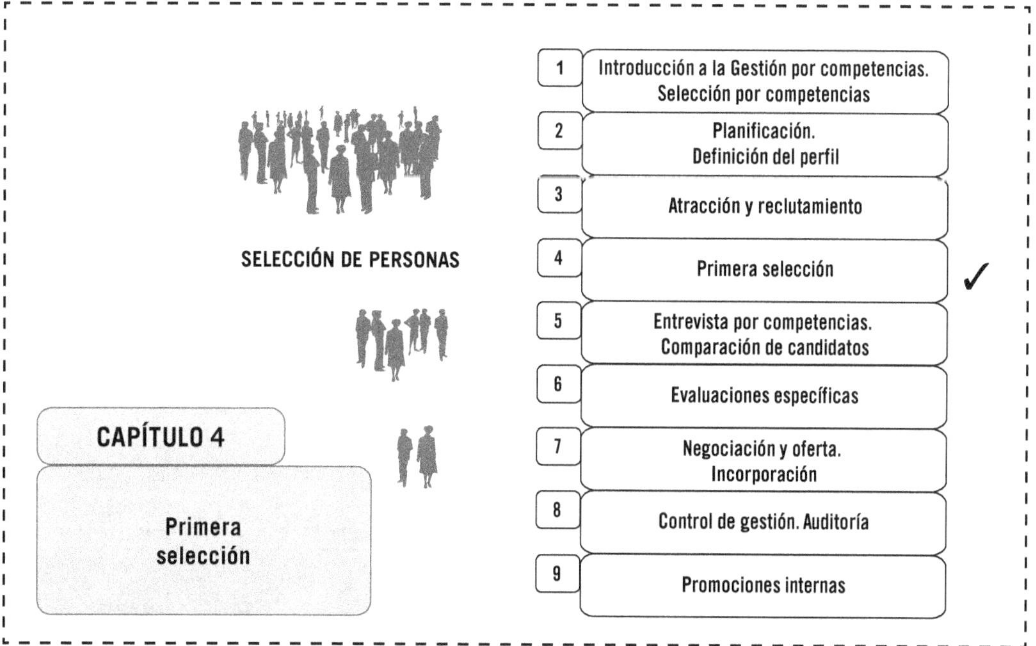

En este capítulo se verán los siguientes temas:

- Preselección o primera selección
- Primera revisión de antecedentes
- Las evaluaciones en la etapa de preselección
- La entrevista
- El rol del entrevistador. Consejos sobre la entrevista
- El rol de las preguntas en un proceso de selección
- El análisis de la motivación en un proceso de selección
- Los postulantes problemáticos. Cómo resolver situaciones difíciles
- Otros tipos de entrevistas utilizadas en selección de personas
- Registro de la entrevista

Preselección o primera selección

En la primera selección se realizan una serie de acciones que se verán, especialmente, en este capítulo. En el Capítulo 1 se han identificado *20 pasos para seleccionar personas*, de los cuales en este se verán los resaltados en el gráfico al pie:

Paso 8. Recepción de antecedentes

Como consecuencia de las acciones realizadas tanto para la atracción como para el reclutamiento propiamente dicho, se recibirán antecedentes de personas interesadas en participar en el proceso de selección.

Paso 9. Primeros filtros

Luego, se analizarán las postulaciones recibidas. La tarea a realizar implica la lectura de antecedentes y los *curriculum vitae* (CV) y/o la aplicación de filtros en el caso de búsquedas a través de Internet o intranet.

El objetivo de esta etapa es identificar a los candidatos que se ajusten más al perfil de la búsqueda, optimizando tiempo y costos. En este paso deben considerarse las distintas herramientas factibles de aplicar según el perfil de la búsqueda. Ejemplo: cuestionarios de preselección, preguntas específicas sobre conocimientos y características del puesto que la persona ocupa en la actualidad, administrables a distancia u on line, entre otros.

Paso 10. Entrevistas

La cantidad de entrevistas y su tipo dependerá del tipo de posición a cubrir.

Los objetivos de las entrevistas son diversos, desde conocer al candidato hasta informar al postulante acerca del puesto que se desea cubrir. Estos objetivos incluyen el análisis y la evaluación de la historia laboral para determinar si los conocimientos y competencias del postulante se relacionan y en qué grado con el perfil buscado, y el análisis de las motivaciones de la persona entrevistada en relación con la búsqueda.

La *entrevista por competencias*, específicamente, se verá en el Capítulo 5.

En el capítulo anterior nos hemos referido a las acciones para atraer y reclutar personas que respondan al perfil de la búsqueda. Si dichas acciones fueron efectivas, las postulaciones recibidas serán las que se necesitan para, tras el proceso de selección, cubrir la posición en cuestión. Entendiendo por *postulaciones* al conjunto de presentaciones de personas que han manifestado su interés en el puesto o cargo.

En dicho capítulo también se presentó un gráfico denominado *La selección de personas a partir del perfil de la búsqueda,* en el cual se exponen las cuatro grandes etapas de un proceso de selección de personas, luego de definido el perfil de la búsqueda. Allí una de las mencionadas etapas es la denominada "primera selección", a lo largo de la cual, como su nombre lo indica se llevan a cabo una serie de acciones para excluir de manera temprana a aquellos postulantes que, por sus características, no integrarán la carpeta de finalistas.

Según el tipo de posición a cubrir, se pueden administrar cuestionarios on line, exámenes de conocimientos, pruebas sobre valores personales y administración de cuestionarios, entre otras buenas prácticas.

Analicemos algunas definiciones antes de continuar.

Preselección. Dentro de un proceso de selección de personas, usualmente se realiza un paso preliminar con el propósito de detectar de manera temprana aspectos de la persona que harán que, más adelante, esta no sea seleccionada como finalista.
Dentro de la preselección se pueden considerar los siguientes pasos: recepción de candidaturas, lectura de antecedentes y/o aplicación de filtros informáticos, análisis de

eventuales candidatos internos, utilización de preentrevista (en sus diferentes variantes, según corresponda), aplicación de alguna evaluación de conocimientos.
Todas las instancias que se llevan a cabo en la preselección se definen según el tipo de búsqueda.

Selección. En esta etapa, a lo descrito en *Preselección* se adicionan los siguientes pasos: entrevistas por competencias, evaluaciones profundas de conocimientos, evaluaciones psicológicas.
La selección culmina con la formación de candidaturas y la carpeta de finalistas. En todo proceso de selección los pasos se definen según el tipo de búsqueda.

Primera selección y social media

Como se expusiera, la primera selección es el primer paso o etapa de un proceso completo de selección de personas. En esta primera instancia se llevan a cabo una serie de acciones para dejar fuera del proceso, de manera temprana, a aquellos postulantes que, de todos modos, no integrarán la carpeta de finalistas. Según el tipo de posición a cubrir, se pueden administrar cuestionarios y test on line para, por ejemplo, evaluar conocimientos, o pruebas sobre valores personales y otros cuestionarios específicos, entre otras buenas prácticas que podrían aplicarse a través de algunas de las tecnologías sociales de la web.

La primera selección no es una consecuencia del desarrollo de la tecnología; siempre fue un paso a realizar. Según la habilidad del selector y su experiencia, las acciones que se realizan en esta parte del proceso pueden permitir acortar tiempos en el proceso de selección, así como los costos relacionados.

A partir de Internet y del uso intensivo del correo electrónico, los especialistas utilizaron los recursos de la web para realizar la primera selección, y así las empresas y consultoras de mayor tamaño incorporaron pasos previos a las entrevistas a través de sus sitios de Internet. Lo descrito en este párrafo se inscribe dentro de la Web 1.0.

Sin embargo, también será posible aplicar instancias correspondientes a la primera selección en el ámbito de la Web 2.0.

Ciertas redes sociales –por ejemplo, LinkedIn– ofrecen posibilidades muy interesantes en este sentido. Al contactar por este medio a un posible candidato es posible conocer acerca de su historia profesional y, además, acceder a información sobre sus conocimientos, competencias, proyectos personales y preferencias. A través de esta red social sería posible, cuando los primeros datos sobre la persona en cuestión son de interés y el individuo, *a priori*, podría estar interesado en participar en un proceso de selección, aplicar algún tipo de ejercicio teórico para averiguar más sobre sus conocimientos, o proponer un caso a resolver, por ejemplo, a fin de analizar su capacidad para resolver problemas o su capacidad estratégica, o bien formularle preguntas adicionales a través de cuestionarios.

Cómo dividir las instancias de evaluación entre la preselección y la selección

En este capítulo se analizan los pasos de un proceso de selección a partir de la lectura de antecedentes hasta la realización de las primeras evaluaciones y entrevistas. En una primera instancia se analizará un mayor número de casos y, luego, estos irán disminuyendo en la medida que se vaya avanzando en dicho proceso. Por esta razón es que a este capítulo lo hemos titulado "Primera selección".

De acuerdo con lo explicado en capítulos previos, especialmente en el Capítulo 1, se realizará una diferenciación entre conocimientos, competencias y experiencia, facilitando de este modo la evaluación de los distintos casos/postulaciones recibidas.

En el mencionado Capítulo 1 se presentó el gráfico que se expone al pie. Allí se muestra la relación existente entre conocimientos y competencias. Si bien los primeros son necesarios y constituyen la base del desempeño de las personas, las competencias serán las que permitirán un desempeño exitoso.

Conocimientos y competencias

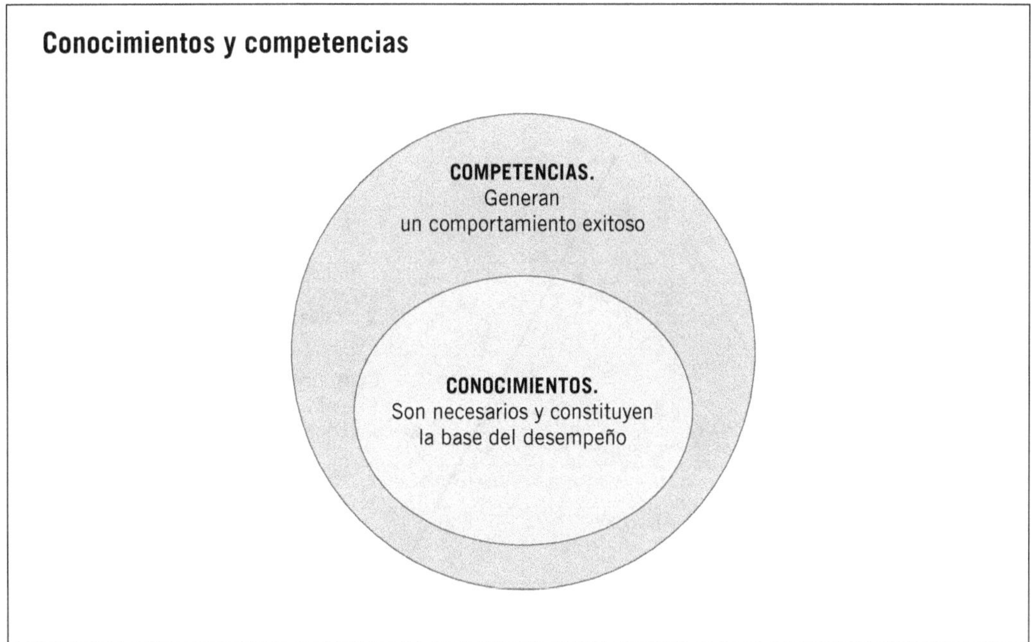

El lector podrá encontrar las definiciones de los términos *conocimientos, competencias* y, también, *experiencia* en el Capítulo 2.

La evaluación y medición de cada uno de estos factores se realizará de manera particular, por lo cual esta diferenciación de conceptos será la base para diseñar y definir los distintos pasos (mediciones, entrevistas, etc.) a realizar en las etapas de preselección y selección. La idea se expresa en la figura al pie.

Otro propósito a cubrir en la etapa de preselección será identificar a aquellos postulantes que cubran los requisitos excluyentes (y, en la medida de lo posible, los no excluyentes). El lector podrá encontrar la definición de estos conceptos en el Capítulo 2.

En resumen, en primer término se realizan todas aquellas acciones que de algún modo podrían considerarse como de aplicación más sencilla –por ejemplo, cuestionarios, evaluar conocimientos y/u otros aspectos concretos– para así determinar si los participantes poseen los requisitos excluyentes. Luego, llevar a cabo entrevistas para evaluar competencias (etapa de selección). De este modo llegarán a esta instancia aquellos postulantes que se encuadren dentro de los requisitos excluyentes y que, *a priori,* cubren los requisitos del perfil de la búsqueda.

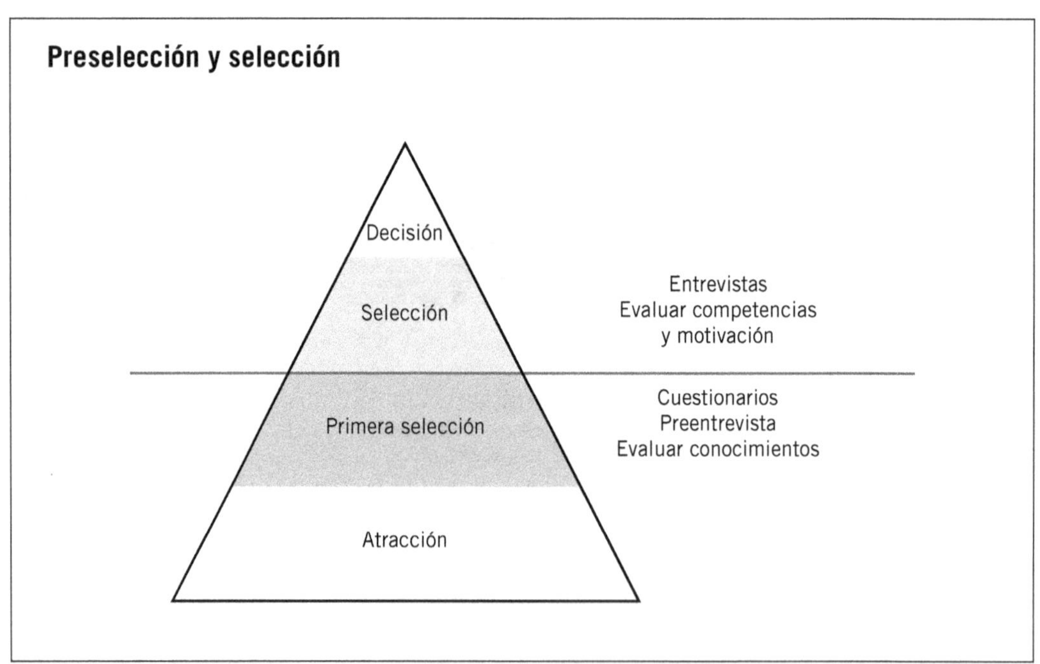

Preselección y selección

Primera revisión de antecedentes

Los antecedentes de una persona se analizan a partir de un *curriculum vitae* (CV) u hoja de vida en cualquiera de sus presentaciones actuales, desde un CV en papel (muy poco frecuente en la actualidad), el CV en formato digital como adjunto de un correo electrónico (o también como adjunto a información en una red social), el CV que surge de un perfil en Internet o de los datos incluidos en una web laboral específica, hasta los *videocurrículum.* En cualquiera de estas y otras variantes, la información refleja la historia y los conocimientos de la persona que confecciona el CV y lo presenta o publica, según corresponda.

El reclutamiento también ha cambiado su formato, como se vio en el Capítulo 3, y, además de todo lo expuesto, aún subsisten las convocatorias bajo la consigna de *presentarse en un día y una hora en determinado lugar.* En cualquiera de las circunstancias, el análisis de antecedentes será similar.

Recepción y calificaciones iniciales

La recepción de candidaturas será por vías diversas, desde correos electrónicos hasta perfiles en la web y/o mensajes en las redes sociales, quizá todas ellas en una misma búsqueda. Es decir, se podrán recibir antecedentes en distinto formato. Una recomendación inicial será agrupar todos los antecedentes en una carpeta, usualmente, en el ordenador del selector. De este modo se simplifica la tarea a realizar y, además, responde a buenas prácticas para el cuidado del medioambiente.

También habrá que recibir, organizar y clasificar las postulaciones espontáneas, que no responden a una búsqueda en especial.

Como ya se expresara, en el contexto actual las postulaciones se reciben a través de diferentes instrumentos, desde CV adjuntos a un correo electrónico hasta links de perfiles publicados en la web. En un caso u otro es importante tener en cuenta el concepto relacionado, más allá de la forma y los nombres que se asignen. A continuación algunas definiciones a tener en cuenta.

***Curriculum vitae* (CV).** Este término hace referencia a la presentación ordenada de la información laboral de una persona.

En diferentes países, la presentación de antecedentes personales y profesionales podrá tener diversas denominaciones. Veamos algunas:

- *Curriculum vitae.* Expresión en latín que se podría traducir como "el curso de la vida". Es ampliamente utilizada a nivel mundial. El término currículum, cuando se deba utilizar en plural, no debe llevar el agregado de "s" final, aunque muchos así lo escriben.

- *Currículum*, a secas. Vale el mismo comentario del punto anterior.
- *CV.* Sigla profusamente utilizada como una abreviatura de *curriculum vitae.*
- *Résumé.* Palabra de la lengua francesa, sumamente utilizada en países donde se habla este idioma y también en los Estados Unidos de América.
- *Hoja de vida.* Denominación en nuestra lengua, utilizada en España y varios países de Latinoamérica.

Se pueden distinguir diferentes tipos de currículum.

- Por su forma de confección. *Currículum combinado. Currículum cronológico. Currículum funcional.*
- Por su finalidad. *Currículum académico. Currículum laboral.*
- Por su extensión. *Currículum modelo americano o currículum americano. Currículum modelo europeo o currículum europeo.*

Más arriba se ha mencionado como otra forma de recibir antecedentes al perfil profesional de una persona publicado en la web (se trató este punto en el Capítulo 3). El término hace referencia a la información individual proporcionada por uno mismo en una red social de Internet. Dicho perfil incluye, usualmente, una foto o imagen, e información básica.

En todos los casos, la revisión de antecedentes se realiza comparándolos con el *perfil de la búsqueda*, denominación que hace referencia al conjunto de capacidades requeridas para un puesto de trabajo, necesario para realizar la selección de su futuro ocupante. Puede incluir, además, factores adicionales. Este concepto ya fue tratado en el Capítulo 2.

En resumen, cualquiera sea la fuente a través de la cual se han obtenido los antecedentes (*curriculum vitae*, perfil en la web o consulta en una base de datos, ya sea propia o las denominadas web laborales), la información se coteja con lo requerido por el perfil de la búsqueda. La idea se expone en la figura de la página siguiente.

Algunos aspectos formales se relacionan con todos los formatos (de los antecedentes) y con todo tipo de posiciones y/o niveles. La manera de presentar la información, el estilo de redacción y la ortografía, así como una extensión extremadamente sintética o desmesurada en la descripción de los datos, son aspectos formales que deben ser considerados, y serán siempre el primer elemento a tomar en cuenta.

Perfil de la búsqueda *versus* antecedentes

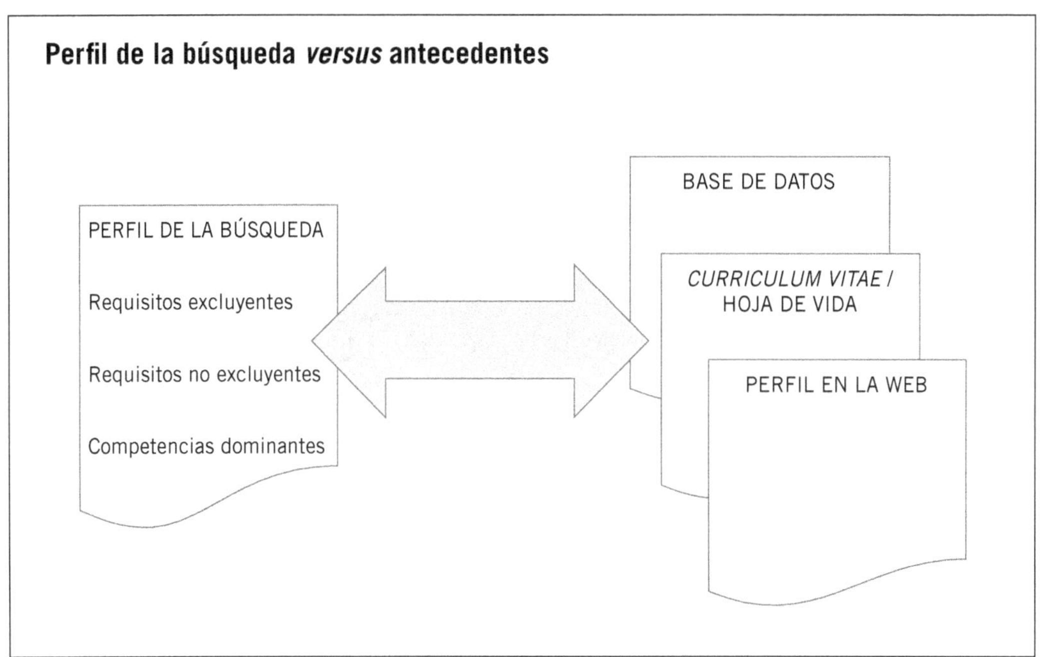

No será factible conocer a una persona solo por sus antecedentes, estudios, experiencia, etc. No obstante, esta información será el punto de partida para un análisis más completo, *a posteriori*.

A partir de los requisitos excluyentes se podrá, rápidamente, clasificar las postulaciones en tres grandes grupos de candidatos: los que "Sí" cumplen dichos requisitos, los que "No" lo hacen, y los que están entre uno y otro grupo, que hemos denominado "Dudosos" (ver gráfico en la página siguiente).

Otro análisis interesante en la revisión de antecedentes implica considerar la coherencia de la historia laboral. Algunos aspectos a tener en cuenta:

- Tipo de empresa y rubro en el que se desempeña. En algunos casos esto podrá ser de relevancia e, incluso, definir la participación o no del postulante en el proceso de selección.
- Continuidad cronológica y lógica en la dirección laboral, considerando en este análisis las circunstancias históricas y socioeconómicas del país/región.
- Rotación y/o movilidad laboral, considerando los aspectos anteriores como parte de dicho análisis.

Los requisitos excluyentes permiten clasificar postulaciones

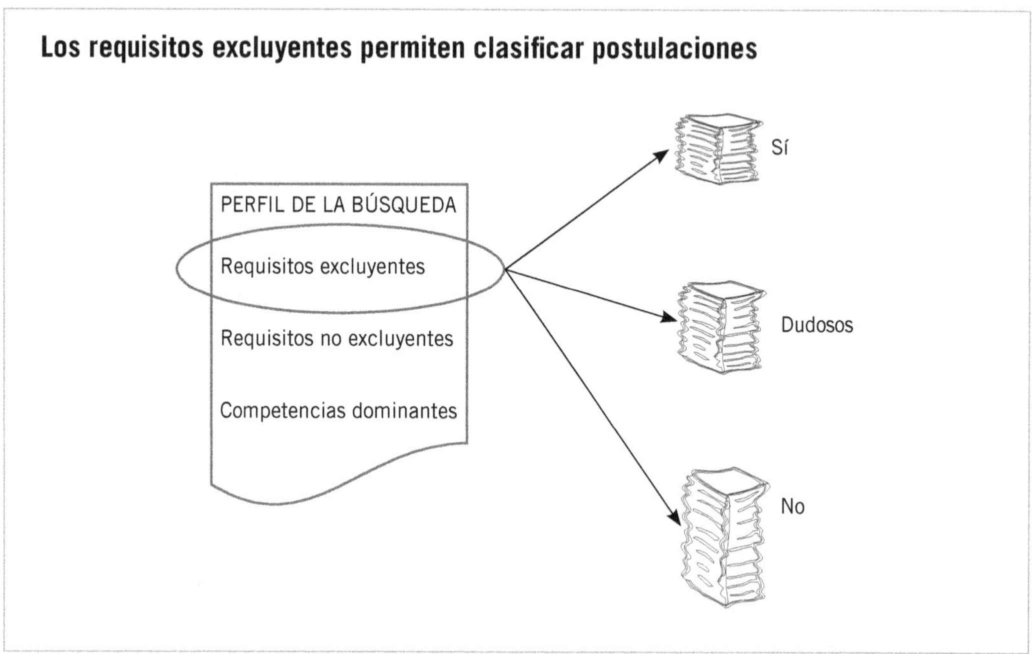

Los aspectos anteriores no deberían ser determinantes pero sí ser considerados para indagar al respecto más adelante, en una entrevista.

Primera revisión de antecedentes, aplicando filtros

Nos hemos referido a las aplicaciones tecnológicas y su relación con la selección de personas en el Capítulo 3, al explicar los conceptos *reclutamiento 1.0* y *reclutamiento 2.0.* También cuando se hizo mención al *headhunting 2.0.*

La revisión de antecedentes en una base de datos, en una web laboral o en una red social, como por ejemplo LinkedIn, seguirá conceptualmente los lineamientos ya mencionados, adaptados a un medio diferente.

La expresión "aplicar filtros" se utiliza para describir la tarea de buscar en una base de datos, en nuestro caso, personas con ciertas características. Por ejemplo:

- Contador/a Público/a (es decir, ambos sexos) que habite en la ciudad de Córdoba, domine idioma inglés y normas del BCRA (Banco Central de la República Argentina).

- Licenciada en Administración o Administradora de Empresas, sexo femenino, que habite en la ciudad de México, domine idioma francés y portugués, y tenga experiencia en Recursos Humanos.
- ...O la combinación que el perfil requiera.

En cualquiera de los casos mencionados, se obtendrá un listado de personas (nombres) que posean los atributos requeridos. A partir de ese momento la lectura de antecedentes –en detalle– se realizará sobre la base de este listado. Por lo cual se ha dejado fuera de análisis a las personas que no cuentan con los requisitos buscados.

Del mismo modo, se pueden analizar los requisitos no excluyentes del perfil, e identificar y agrupar a aquellos postulantes que además de cubrir los requisitos excluyentes cuentan con algunos de los calificados como no excluyentes.

El proceso de citación

El proceso de citación es un aspecto fundamental en cualquier momento del proceso general de selección.

La primera convocatoria al postulante será quizá la más importante, ya que hasta esa instancia la persona no sabe si su caso ha sido tenido en cuenta. Muchos buenos candidatos "se pierden" en un mal proceso de citación.

Después de leer atentamente los antecedentes y de instrumentar algunas de las sugerencias mencionadas en la etapa que hemos denominado *preselección*, se citará a los postulantes a fin de entrevistarlos. Antes de ello se sugiere informarse si la persona ha sido entrevistada con anterioridad para otra búsqueda, por otra persona, etc. De ser así, se podrá obtener mayor información sobre el postulante en cuestión.

Se sugiere no restar importancia al proceso de citación de personas. En ocasiones, la tarea se delega en un asistente. De ser así, este deberá ser capacitado y entrenado para realizarla debidamente.

El proceso de citación deberá ser cuidadoso en cualquier instancia presencial a la cual deba acudir un postulante (entrevista, evaluación individual o grupal, etcétera).

Como surge del gráfico de la página siguiente, será de mucha utilidad definir el medio de comunicación, desde enviar un correo electrónico hasta mensajes directos por vías diversas y llamados telefónicos. La efectividad dependerá de cada caso en particular.

En todos los casos se deberán manejar las citaciones con confidencialidad. Dependiendo del medio utilizado, los recaudos a tomar serán diferentes. Es importante que todas las personas que participen en un proceso de citación tengan en cuenta este aspecto.

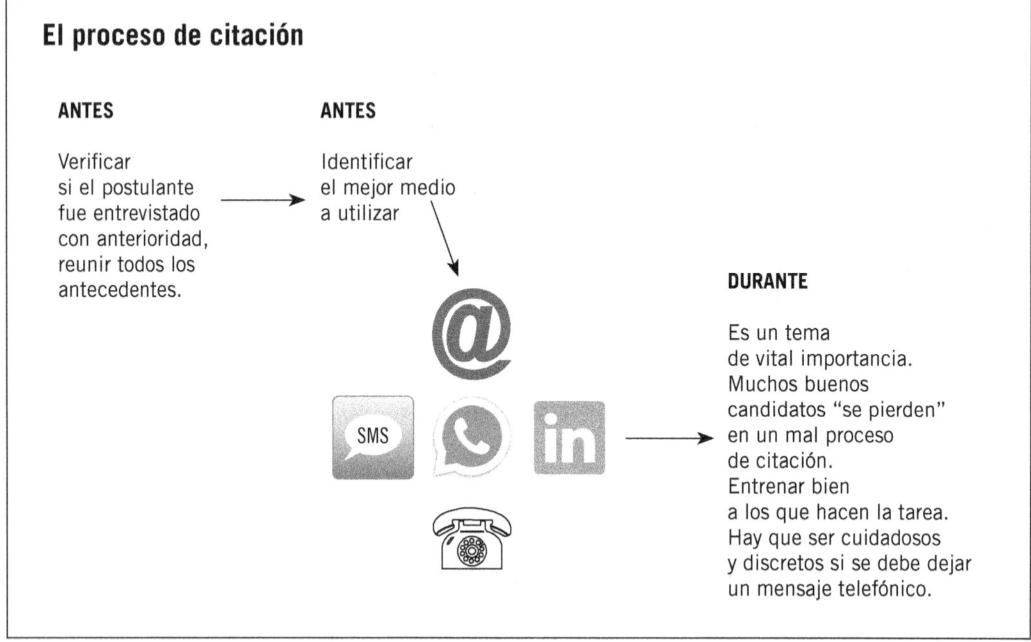

Las evaluaciones en la etapa de preselección

Las evaluaciones en la etapa de preselección se definen en función del nivel y tipo de búsqueda, entre otras circunstancias. No hay una única opción posible. En el Capítulo 3 se hizo mención a las herramientas tecnológicas utilizadas en la atracción y el reclutamiento de personas.

Siempre que sea posible, se sugiere aplicar instancias de evaluación de conocimientos de manera temprana. Luego de los pasos descritos y una vez identificados los candidatos que poseen los requisitos excluyentes, algunas opciones posibles son:

- Evaluaciones a través de Internet.
- Cuestionarios de preselección.
- Cuestionarios de preentrevista.
- Preentrevistas o entrevistas breves. Algunas de estas podrán ser telefónicas.
- Exámenes de conocimientos.

Evaluaciones a través de Internet

Con frecuencia se utilizan diversas evaluaciones impartidas a través de Internet; se trata de pruebas de conocimientos y cuestionarios en variados formatos. En todos los casos se pretende explorar más profundamente sobre conocimientos y experiencias laborales previas y/o otras características personales. Dichas evaluaciones no reemplazan las instancias posteriores de tipo presencial y aportan información previa interesante para conocer mejor al postulante.

Con frecuencia, cuando una persona se muestra interesada por un anuncio e ingresa sus datos incorporándolos directamente a través de Internet en la base de datos de la organización o consultora que ha publicado el anuncio, se le pide, adicionalmente, que responda otros cuestionarios complementarios, como alguno de los mencionados.

Cuestionarios de preselección

Un cuestionario es un documento estructurado con preguntas que obedece a un propósito definido. En selección de personas, podremos encontrar, entre otros, los que veremos en este capítulo.

Los *cuestionarios de preselección* conforman una herramienta para incorporar, junto a los datos básicos del perfil de los postulantes, diversos tipos de información acerca de sus preferencias respecto de diferentes tareas y características de los puestos de trabajo. Las preguntas del cuestionario, así como los parámetros fijados para las respuestas que pueden elegir los postulantes, contemplan la distinción entre preguntas para niveles iniciales, niveles con experiencia en la conducción de personas y niveles profesionales, entre otras categorías.

Los cuestionarios de preselección se diseñan a medida de cada organización y deben ser revisados periódicamente para garantizar que respondan a las necesidades actuales.

Cuestionarios de preentrevista

Antes de una entrevista es posible obtener información adicional al currículum/perfil en la web u otra vía por la cual el postulante presentó sus antecedentes. Incluso en el caso de que se hayan utilizado los cuestionarios de preselección mencionados en el punto anterior. La información de los antecedentes, en cualquiera de sus formatos, los mencionados u otros, podrá ser complementada mediante acciones realizadas por el selector o responsable de un proceso de selección a través de indagaciones previas (a la entrevista).

Los *cuestionarios de preentrevista*, como su nombre lo indica, son documentos estructurados con preguntas y, de alguna manera, constituyen una herramienta similar a los cuestionarios de preselección ya mencionados. Sin embargo, presentan características específicas y tienen otro propósito o finalidad. Usualmente, se diseñan para cada búsqueda (o tipo de búsqueda, según corresponda), y se envían a postulantes que *a priori* cumplen con los requisitos del puesto con el fin de obtener información complementaria a los antecedentes, según el perfil de la búsqueda.

Por ejemplo: años de experiencia en algún puesto en particular, cantidad y tipo de personas a cargo, niveles de responsabilidad, nivel de reporte, detalles sobre algún conocimiento específico (normas de algún tipo, un software, etc.), entre otros datos de interés. También se puede preguntar sobre preferencias de algún tipo, lo cual dependerá de cada caso en particular.

Con los cuestionarios de preentrevista se complementa la información de cada postulante. Adicionalmente, al formularse a todos los participantes de un proceso de selección las mismas preguntas, la información obtenida estará relacionada con los mismos ítems, lo cual facilita la comparación y evaluación de cada uno de los participantes.

En los mencionados cuestionarios de preentrevista se solicita –además– información referida a, por ejemplo, disponibilidad para comenzar a trabajar y aspectos económicos relacionados.

También pueden hacerse otras preguntas, si fuese pertinente, referidas, por ejemplo, a la disponibilidad para un traslado o para realizar viajes frecuentes, según lo que requiera la posición a cubrir.

Preentrevista

Las denominadas "preentrevistas" o también "entrevistas breves" son, como su nombre lo indica, entrevistas de poca duración, consistente en encuentros enfocados a despejar los datos objetivos de la posición a cubrir. Los ejemplos de preguntas para el cuestionario de preentrevista son de aplicación en este caso, ya que la preentrevista tiene el mismo propósito.

Como se dijo, se utiliza la preselección para confirmar y/o despejar dudas en relación con la mayor cantidad posible de información, referida a la posición a cubrir, haciendo especial foco en los requisitos excluyentes.

En resumen, la preentrevista es una entrevista breve u otro procedimiento interno que tiene lugar como paso previo a una entrevista de selección.

Entre las opciones para esta instancia se pueden mencionar, entre otras:

- Entrevista breve (presencial).
- Entrevista telefónica. También podrá ser vía Skype u otra herramienta similar, que permita incluso la realización de videoconferencias.
- Cuestionario detallado administrado por medio de correo electrónico, que se vio en párrafos previos y que hemos denominado "cuestionarios de preentrevista". Estos reemplazan a la preentrevista o entrevista breve presencial.

La *preentrevista* procura brindar mayor información sobre los antecedentes básicos del postulante: estudios, conocimientos específicos, experiencia, etc.

Exámenes de conocimientos

En todos aquellos casos en que sea factible, por el nivel de la posición a cubrir, serán aconsejables los tests o exámenes de conocimientos. Por ejemplo, para profesionales recién graduados, sobre algún tema relacionado con los estudios realizados y la posición a cubrir. En los casos de empleados de cualquier tipo y según lo requerido, pueden ser exámenes sobre utilitarios de computación, de idioma, etcétera.

En ciertos niveles, en especial en procesos de selección de altos ejecutivos, no siempre será posible administrar exámenes sobre conocimientos, por lo cual se suelen utilizar otras formas de evaluarlos, dentro de la entrevista. Si fuese necesario, los conocimientos podrán ser evaluados más adelante –por ejemplo, mediante una entrevista adicional con un experto–.

En la preselección se pueden incluir preguntas tendientes a determinar el grado y tipo de experiencia en relación con lo requerido y luego, en la entrevista, se podrá formular preguntas específicas para evaluar conocimientos. El mejor camino a seguir dependerá de cada circunstancia en particular.

La entrevista

Preparación para la entrevista. Planificación

Una entrevista, como cualquier otra reunión, deberá ser planificada. Para ello habrá que partir del perfil de la búsqueda (ver Capítulo 2) y compararlo con los antecedentes del candidato a entrevistar, incluyendo la información recolectada durante la preselección.

Se recomienda destinar tiempo suficiente para la entrevista, por lo cual no se deberían coordinar reuniones con postulantes con estrecho margen entre una y otra.

En el momento de la planificación de la entrevista será muy importante detectar temas sobre los cuales se desea indagar, o dudas sobre el candidato que se deseen despejar. Preparar un ambiente apropiado es otra buena sugerencia, para cerciorarse de que el aspirante se encuentre cómodo. También sería ideal realizar la entrevista en una oficina con un escritorio y sillas para que puedan sentarse frente a frente. Esta posición facilita la comunicación.

El comportamiento del entrevistador determinará en gran parte el resultado de la entrevista. Si el entrevistado se siente cómodo, la entrevista será más productiva.

Todo entrevistador deberá tener en claro los objetivos de la entrevista, y conocer el perfil buscado en todos sus detalles: la descripción del puesto, los requisitos excluyentes y no excluyentes, la asignación de competencias al puesto y las competencias dominantes, así como los distintos comentarios, opiniones y sugerencias del cliente interno o futuro jefe sobre el particular. Otra buena sugerencia será consultar los documentos organizacionales disponibles: diccionario de competencias, diccionario de preguntas y diccionario de comportamientos, entrevista estructurada, estructura de puestos, solo por mencionar los más importantes.

En cuanto al candidato a entrevistar, el entrevistador debe conocer sus antecedentes y, como ya se mencionara, habrá de contar con la información adicional recolectada hasta el momento, según las distintas opciones y posibilidades que se expusieron en las páginas previas.

Adicionalmente, se sugiere tener especial cuidado acerca de cómo se siente el candidato, sobre todo en circunstancias que puedan ser consideradas como especiales; por ejemplo, cuando el postulante está desempleado, o cuando conoce a otras personas que también participan en el proceso, etcétera.

Si el selector se muestra reposado, expresa interés por el candidato y no permite distracciones ni interrupciones durante la entrevista, lo más probable es que el entrevistado también se sienta bien, tranquilo, más seguro de sí mismo. Un buen entrevistador percibe cómo se está sintiendo el entrevistado durante la entrevista, y procura que el ambiente generado sea el mejor posible.

Por último, se sugiere no formarse una opinión sobre el candidato antes de la entrevista. Es un error partir de un juicio previo, malo o bueno, por referencias de otras personas, excepto si se trata de datos objetivos sobre el postulante en cuestión.

Por ejemplo, si entrevistado y entrevistador cursaron sus estudios en una misma universidad, el entrevistador puede llegar a tener una mirada favorable sobre los graduados de dicha institución, o, por el contrario, si por alguna razón se posee una imagen negativa de una universidad o actividad en particular, la transfiere a una persona que ha egresado de esa casa de estudios o proviene de esa actividad, sin conocer al individuo en cuestión.

Si bien desde una mirada macro podría darse la situación que sea verificable una opinión, positiva o negativa, sobre un conjunto de individuos, por estadísticas u otra información disponible, siempre se deberá analizar a la persona que se está entrevistado prescindiendo de esa opinión de tipo general. La objetividad debe ser la guía a seguir durante todo el proceso.

El término "prejuicios" hace referencia a las opiniones o los juicios previos sobre un determinado tema, usualmente con connotación negativa, y carentes de fundamentación.

En relación con la temática de Recursos Humanos, la existencia de prejuicios representa una tendencia, bastante difundida, por la cual una evaluación se ve afectada, de manera negativa, al considerar aspectos tales como edad, sexo y religión, sin que tengan relación con lo requerido por el puesto de trabajo en cuestión.

Mucho se habla de la primera impresión y su importancia. Nuestra sugerencia será considerarla como parte de la evaluación y sumarla al resultado completo que se obtenga, conformando así una opinión integral sobre el entrevistado. Si bien la apariencia y los primeros contactos son importantes, es un error formarse una opinión solo a partir de unos pocos elementos.

La entrevista en un proceso de selección. Participantes y roles

La entrevista es la herramienta por excelencia en la selección de personas; es uno de los factores que más influencia tienen en la decisión final respecto de la vinculación o no de un candidato al puesto vacante. Veamos algunas definiciones a tener en cuenta:

> **Entrevista.** Es un diálogo que se sostiene con un propósito definido, donde entrevistador y entrevistado cumplen cada uno con un rol específico, estableciéndose entre ambos un canal de comunicación en un marco acotado por el tiempo y el tema a tratar. La palabra, los ademanes, las expresiones y las inflexiones concurren al intercambio de conceptos que constituye la entrevista.
> En la entrevista existen dos roles perfectamente diferenciados: *entrevistador* y *entrevistado.*
>
> **Entrevista de selección.** Entrevista que se realiza con el propósito de elegir a una persona para ocupar un puesto. En ella se comparan las capacidades del candidato (conocimientos, experiencia, competencias) junto con su motivación en relación con el puesto a ocupar.

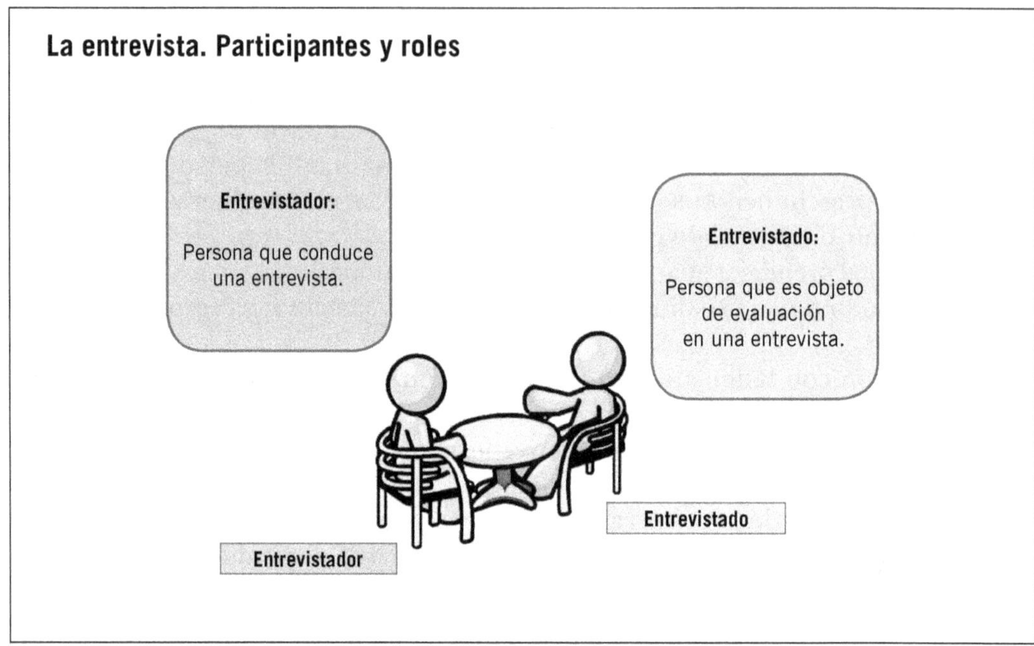

Como se desprende del gráfico precedente, el entrevistado es la persona objeto de evaluación, en una entrevista. En los procesos de selección los entrevistados son, usualmente, denominados *candidatos* o *postulantes,* entre otras variantes. Por otra parte, el entrevistador es la persona que conduce la entrevista.

La entrevista puede ser dentro de un proceso de selección o por otro motivo, por ejemplo, una promoción interna.

En los procesos de selección los entrevistadores, usualmente, son el selector –un profesional del área de Recursos Humanos de la organización– y el futuro jefe o cliente interno. A estos pueden adicionarse como entrevistadores: un consultor externo, el jefe del jefe, pares del nuevo colaborador, etcétera.

Pasos de la entrevista

Una entrevista de selección primero debe ser planificada[1]; de este modo será más sencillo alcanzar los resultados esperados. Luego, durante su desarrollo, se pueden identificar las siguientes partes: *inicio, desarrollo* y *cierre.*

1 La obra *Elija al mejor,* nueva edición 2016, ofrece explicaciones detalladas sobre la entrevista. En el Capítulo 2. *Antes de la entrevista. Cómo planearla,* se presenta un esquema detallado y sugerencias para planear una entrevista (en general) y, especialmente, la entrevista por competencias.

- *Inicio.* El momento inicial de la entrevista es un período breve en el cual el entrevistador "rompe el hielo" de la situación y logra tranquilizar al entrevistado, para que la entrevista se desarrolle de manera adecuada y se obtengan resultados consistentes.
- *Desarrollo.* Se denomina desarrollo de la entrevista a la entrevista en sí. En su transcurso el entrevistador deberá obtener toda la información necesaria para tomar una decisión sobre la futura participación del entrevistado en el proceso de selección. Es durante el "desarrollo" que se explora acerca de las competencias del postulante. Se verá este tema con mayor detalle en el Capítulo 5.
- *Cierre.* El cierre de la entrevista debe ser claro, es decir, el postulante debe recibir información sobre cómo continuará el proceso de selección en el cual está participando.

Una vez finalizada la entrevista, deben registrarse los resultados obtenidos.

Esquema de una entrevista

Sobre la base de las partes mencionadas (inicio, desarrollo y cierre), el esquema de una entrevista se expone en el gráfico de la página siguiente. Las entrevistas podrían realizarse de otro modo, sin embargo, la variante que se explicará en este capítulo es la de uso más frecuente. Sobre otro tipo de entrevistas nos referiremos más adelante.

Como puede apreciarse en la figura de la página siguiente, el entrevistador formula una pregunta inicial, a modo de bienvenida, para luego comenzar de lleno la entrevista con una pregunta abierta (*Cuénteme sobre su historia laboral*). Del lado derecho de la figura, se indica que el entrevistado relata hechos del pasado (comportamientos), en relación con las preguntas formuladas.

En el trascurso del diálogo el entrevistador deberá obtener del entrevistado hechos vividos para evaluar los diferentes aspectos de la historia laboral, tanto la experiencia como, también, conocimientos (por ejemplo, en este último caso, dónde los aplicó).

El entrevistador continúa preguntando para explorar competencias, motivación y, según sea necesario, sobre otros temas. Para, por último, dar un cierre a la entrevista.

En el Capítulo 5 se verá en forma detallada la *entrevista por competencias*, las preguntas para evaluar competencias y cómo interpretar las respuestas obtenidas.

En resumen, el esquema es similar para las distintas entrevistas, en unas se hará foco en algunos temas y otras tendrán un objetivo diferente.

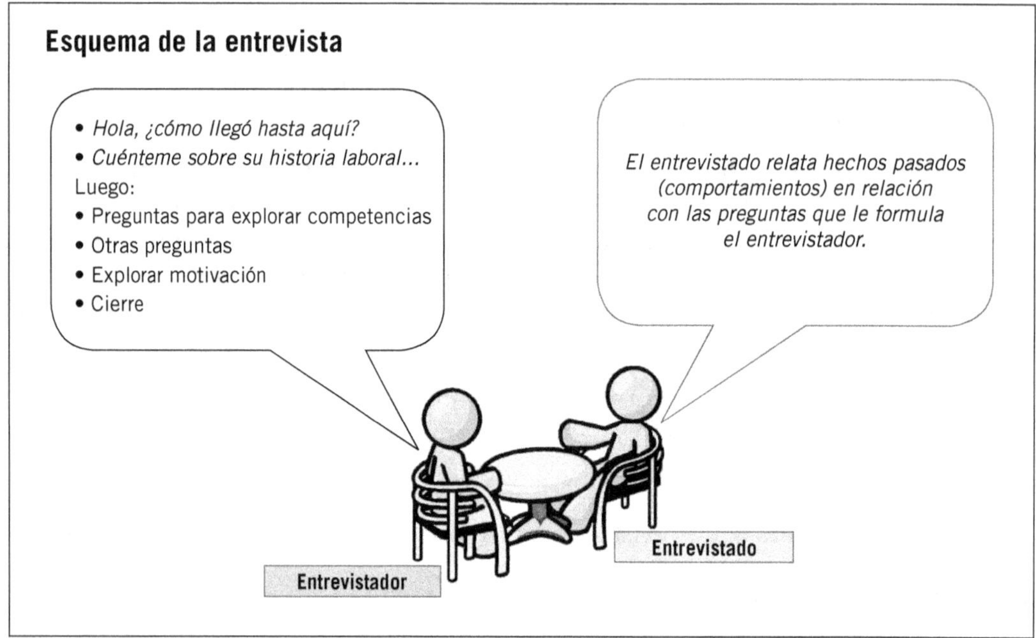

Este esquema podrá ser utilizado tanto por un especialista de Recursos Humanos como por el futuro jefe de la persona que asumirá el puesto.

El rol del entrevistador. Consejos sobre la entrevista

El entrevistador debe facilitar la comunicación

Las personas no solo se comunican con la palabra; no obstante, se sugiere no basarse en el lenguaje corporal u otro aspecto aislado para evaluar a un candidato. En todos los casos, se deberá reunir toda la información posible para realizar una adecuada consideración de la postulación.

El entrevistador debe manifestar su voluntad de ayudar, su interés y su intención de tratar los temas de manera estrictamente confidencial, absteniéndose de formular críticas. Posteriormente, expresará su comprensión acerca de la información recibida y orientará al entrevistado sobre el camino a seguir.

Existen situaciones, problemas, estados de ánimo o deseos que deberán analizarse, aislando cualquier circunstancia que pueda influir en el momento de la entrevista y que no corresponda al comportamiento habitual del entrevistado.

Como ya se expresara, será fundamental rodear a la entrevista de un clima de calidez, confianza y comodidad. El propósito de toda entrevista es conocer al entrevistado. Cuando el postulante se afianza, una vez eliminados los factores iniciales de tensión, se muestra tal cual es. Una oficina ruidosa, con deficiente luz o poco confortable es un factor negativo para el desarrollo de una entrevista, al igual que un entrevistador agresivo, apático o excesivamente distante. Para lograr un buen resultado, será esencial que la actitud del entrevistador sea la adecuada.

Durante la entrevista, el entrevistador deberá tratar de obtener la verdad de los hechos y la mayor cantidad de información posible. En ocasiones, durante el transcurso de una entrevista el entrevistador descubre, en el relato del entrevistado, que este ha suprimido hechos, ideas, recuerdos, o que ha contado hechos no reales. Desde ya, es una situación difícil. El entrevistador deberá –en la medida en que la situación lo permita– referirse a los hechos omitidos o dudosos.

El entrevistador debe establecer una cierta distancia en la entrevista –siempre dentro del clima de calidez y confianza que se ha descrito–; es decir, debe evitar comprometerse emotivamente con la situación del entrevistado.

En esta obra se considera la entrevista como un aspecto fundamental en el proceso de selección. En todo proceso de selección, los entrevistadores podrán ser desde especialistas en Recursos Humanos hasta los futuros jefes, y en ocasiones se incluye como entrevistador a algún experto en temas específicos para, especialmente, evaluar conocimientos y experiencia.

Todos ellos, experimentados en selección o no, deberían manejar una entrevista tomando en cuenta una serie de aspectos y recaudos para que sea más efectiva.

A continuación enumeramos aspectos a tener en cuenta por los entrevistadores en cualquier instancia o tipo de entrevista, dentro de un proceso de selección de personas.

- Permitir que la persona entrevistada exponga los hechos referidos a su modo y luego ayudarla a salvar las omisiones y/o brindar un mayor grado de detalle. El entrevistador procurará ajustarse al tema central; de lo contrario, el entrevistado puede sentir desinterés.
- Evitar las posturas dogmáticas, se debe tratar de no polemizar.
- Mostrar sinceridad y franqueza en lugar de astucia y sagacidad. Estas últimas actitudes pueden ser inconducentes, sobre todo si el entrevistado recurre a las mismas armas. Brindar a la persona entrevistada la oportunidad de expresarse.
- A veces, no son convenientes las preguntas muy categóricas que solo admiten un sí o un no, ya que el entrevistado puede querer expresar matices y enriquecer su respuesta (o explicarla).

- Ayudar a la persona entrevistada a percibir su responsabilidad en cuanto a la veracidad de los hechos referidos.
- Brindar al entrevistado información sobre la vacante, según lo que corresponda en cada circunstancia. Muchos entrevistadores creen que lo mejor es comenzar una entrevista suministrando al candidato información sobre el cargo y la compañía. Otros prefieren hacerlo al final.
- Exponer las ventajas que ofrece la compañía en cuanto a remuneración y oportunidades de progresar, según corresponda.
- Permitir al solicitante hacer preguntas.
- Por último, informar sobre los pasos posteriores a la entrevista.

Antes de comenzar con las preguntas es aconsejable apelar a la amabilidad con interrogantes tales como:

¿Le costó trabajo llegar hasta aquí? ¿Encontró dónde estacionar? ¿Cómo estaba el tránsito? ¿Le sirvieron las indicaciones que le dio mi secretaria? ¡Qué hermoso día tenemos hoy! ¿No le parece?

Estos preliminares demandarán generalmente entre 15 y 30 segundos; nunca más de unos pocos minutos. Luego, introducirá al interlocutor en la entrevista, con frases tales como:

Me alegro mucho de que no le haya costado trabajo llegar, porque me gustaría que empezáramos a hablar sobre su historia laboral de los últimos años...

Siento mucho que le haya costado trabajo estacionar. Si le parece, comencemos la entrevista...

Estas expresiones tienden un puente entre una etapa de la entrevista y la siguiente, eliminando el silencio o la vacilación que podrían fácilmente presentarse.

¿Tendría usted la bondad de describir sus actividades en un día típico de trabajo?

Una pregunta absolutamente abierta como esta permitirá que el entrevistado se tranquilice y, a su vez, dará al entrevistador elementos para repreguntar sobre aquello que le interese especialmente.

El entrevistador debería retener mentalmente la respuesta a preguntas importantes hasta que se haya obtenido la información adecuada para cada una de ellas.

Es recomendable comprobar que se ha comprendido el significado de las respuestas, siempre que sea posible y relevante. Una forma posible es repetir con otras palabras algo dicho por el entrevistado y preguntar después si es eso lo que quiso decir.

Algunos consejos adicionales, en especial para entrevistadores noveles:

1. Hablar menos y escuchar más. Muchos entrevistadores hablan demasiado.
2. Tomar notas durante la entrevista. Anotar toda aquella información de tipo objetivo. Recordar que lo que se anote puede ser visto por el entrevistado.
3. Evitar las distracciones. No recibir llamados durante la entrevista y apagar el celular.
4. Prestar atención a toda la información. Muchas veces pueden ser de utilidad pequeños comentarios en apariencia intrascendentes.
5. No proyectar sobre el entrevistado opiniones o situaciones personales.
6. Pensar mientras el otro habla, por ejemplo:
   a) Preparar la pregunta siguiente.
   b) Analizar lo que está diciendo el postulante.
   c) Relacionar lo que el entrevistado dice en un momento dado, con algo que expresó al comienzo de la entrevista.
   d) Revisar discretamente los antecedentes del entrevistado para verificar alguna información.
   e) Observar el lenguaje corporal.
   f) Considerar qué relación guarda la información que brinda el candidato con los requisitos del puesto a cubrir.
7. Observar los cambios súbitos del lenguaje corporal en el entrevistado. Por ejemplo, si el aspirante ha estado sentado muy tranquilo y de pronto empieza a moverse nerviosamente en el asiento cuando se le pregunta por qué dejó su último empleo, eso puede ser un indicio de que algo anda mal, aun cuando inmediatamente brinde una respuesta aceptable.

Estimular al entrevistado para que hable

En ocasiones, los postulantes casi no hablan, o responden las preguntas con monosílabos. En estos casos se deberá lograr que la persona se explaye, generar la confianza necesaria para que brinde las respuestas solicitadas. Es un arte que se deberá ejercitar.

Repetir parte de lo que dijo el entrevistado y hacer resúmenes de lo relatado son algunas de las técnicas posibles de implementar. De algún modo, el entrevistado debe "sentir" que se lo escucha y comprende; un simple "sí" o un gesto pueden, también, ser útiles.

Otra habilidad que el entrevistador debe aprender es la de manejar los silencios. Si en algún momento la explicación sobre un tema parece insuficiente, mantenerse callado, mirando a los ojos a la otra persona, puede ser un indicador y un estímulo para que siga hablando.

Más adelante, en la sección *Los postulantes problemáticos. Cómo resolver situaciones difíciles,* se verán sugerencias sobre cómo actuar en casos que ofrecen al entrevistador un desafío complejo de resolver.

Qué no debe hacer el entrevistador

- Hablar sobre sí mismo.
- Demostrar superioridad por la situación.
- Demostrar acuerdo o desacuerdo con lo que el entrevistado dice.
- Comparar durante la entrevista al candidato con otro entrevistado o con el actual ocupante de la posición a cubrir, de forma expresa o mentalmente; en este último caso el entrevistador se distraerá en relación con la entrevista que está realizando.
- Interrumpir al candidato sin razón; solo hacerlo con un fin específico, si es necesario.
- Usar terminología que el entrevistado pueda no entender.
- Hablar de cosas irrelevantes.

El rol de las preguntas[2] en un proceso de selección

Como ya se expresara, la entrevista es un aspecto fundamental en un proceso de selección. A su vez, la forma de preguntar será un factor determinante en una buena entrevista, que marcará la diferencia entre buenos y malos resultados. La razón: la manera de preguntar puede afectar profundamente las respuestas que se reciban.

2 La autora ha publicado dos obras donde el lector podrá encontrar preguntas para ser utilizadas en la entrevista de selección: *Elija al mejor. Cómo entrevistar por competencias,* Ediciones Granica, nueva edición 2016; y *Diccionario de preguntas. La trilogía. Tomo 3,* Ediciones Granica, Buenos Aires, 2015.

Algunos aspectos a tener en cuenta son, por ejemplo, el uso de los tiempos verbales –presente, pasado, condicional–, si se utilizan artículos definidos o indefinidos, si las preguntas se personalizan o no, etc. Es común que el entrevistador induzca al entrevistado según las expectativas que puso en él o el preconcepto que se formuló –tanto positivo como negativo–, ya sea por referencias o por haber leído sus antecedentes. El entrevistador deberá mantenerse neutral para obtener resultados más veraces. Tampoco será conveniente personalizar de forma tal que el interlocutor se pueda sentir acusado, juzgado o imputado por los hechos ocurridos. El entrevistado debe sentirse libre para relatar a su modo lo que ha vivido.

El éxito de la entrevista dependerá –fundamentalmente– de cómo se pregunta, y de saber escuchar. Para ello es importante:

- Tratar de formular las preguntas de modo que puedan comprenderse fácilmente.
- Efectuar una sola pregunta por vez.
- Evitar que las preguntas condicionen las respuestas.
- No hacer preguntas directas hasta que se tenga la convicción de que la persona entrevistada está dispuesta a brindar, con exactitud, la información deseada.
- Realizar inicialmente preguntas que no induzcan a eludir la respuesta o puedan provocar una actitud negativa del entrevistado.

Veamos algunas definiciones.

Pregunta. Interrogación que se formula a una persona para que responda lo que sabe acerca de un tema o una cuestión, para que revele una opinión, o para que manifieste algún aspecto de su personalidad.

Preguntas en selección. En una entrevista de selección se formulan preguntas a través de las cuales se desea conocer si la persona entrevistada posee las capacidades (conocimientos, experiencia y competencias) que el puesto a ocupar requiere (perfil de la búsqueda).

Como vimos en párrafos anteriores, toda entrevista tiene un inicio, un desarrollo y un cierre, y para comenzar se sugiere realizar las denominadas preguntas "para romper el hielo" y otras abiertas. Estas preguntas suelen tranquilizar al entrevistado y permiten obtener mucha información. Luego deberán formularse todas las preguntas específicas que sean necesarias para completar la información requerida. A continuación, explorar las razones por las cuales la persona se postula, junto con el cierre de la entrevista. Se verán con mayor detalle estas variantes a continuación, y las preguntas específicas para evaluar competencias serán analizadas particularmente en el Capítulo 5.

Variantes de preguntas que pueden ser utilizadas en una entrevista de selección

Las preguntas en selección pueden ser de diferente tipo. Entre las usuales se pueden mencionar:

- Preguntas abiertas.
- Preguntas cerradas.
- Preguntas de sondeo.
- Preguntas hipotéticas.
- Preguntas intencionadas.
- Preguntas para evaluar competencias.

Distintos tipos de preguntas

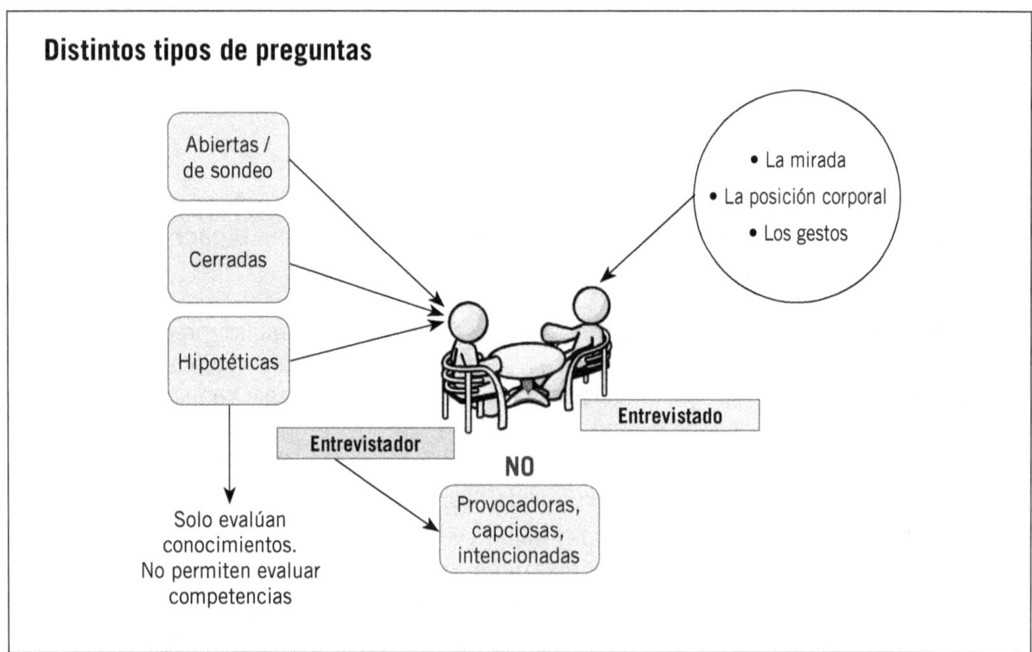

- Preguntas provocadoras.
- Preguntas que sugieren la respuesta esperada.

A continuación se verán distintos tipos de preguntas, además de las mencionadas en la figura precedente, donde se mencionan las más difundidas.

Preguntas abiertas

Son aquellas que permiten que el entrevistado se explaye sobre un tema. Este tipo de preguntas permite –además– obtener mucha información y evaluar otros aspectos del candidato: modalidad de expresión y contacto, utilización del lenguaje, capacidad de síntesis, lógica de la exposición, expresión corporal, etc. Si se trabaja bajo la metodología de Gestión por competencias, también es posible observar comportamientos en el relato ofrecido.

Si el aspirante es muy locuaz y se desvía del foco de la entrevista, el entrevistador puede introducir una frase tal como: "Nos estamos desviando del objetivo de esta reunión, ¿por qué no volvemos a...?", e indicar un aspecto que desea evaluar (conocimientos específicos, experiencia laboral, etc.).

Un ejemplo de pregunta abierta es: *Cuénteme sobre su experiencia... (en su puesto actual).*

Preguntas de sondeo

Preguntas breves y sencillas, que permiten profundizar sobre un relato más extenso, por ejemplo: *¿Por qué? ¿Cuál fue la causa? ¿Qué sucedió después?*, etcétera.

Preguntas cerradas

Son aquellas que generalmente se pueden contestar con una sola palabra; al hacerlas, luego se pueden complementar con otras preguntas según cuál haya sido la respuesta obtenida inicialmente.

Preguntas para evaluar competencias

En una entrevista de selección se deben evaluar las competencias requeridas por el puesto según el modelo de competencias organizacional. Para ello se formulan las preguntas sugeridas en los documentos internos, como pueden ser el *diccionario de preguntas* y la *entrevista estructurada*[3]. Luego se analizan las respuestas del entrevistado, para lo cual se utiliza el *diccionario de comportamientos.*

3 La implementación de las entrevistas como herramientas permitirá que sean utilizadas tanto por el selector como por el futuro jefe. Ver la obra *Las 50 herramientas de Recursos Humanos que todo profesional debe conocer*, específicamente las herramientas número 21 y 22.

Por último, se debe comparar lo observado con los niveles de competencias requeridos según el *descriptivo de puestos* y la *asignación de competencias a puestos.*

Sobre este tipo de preguntas se hará una breve mención en este mismo capítulo al referirnos a los distintos tipos de entrevistas, pero, como ya hemos dicho, serán tratadas con especificidad en el Capítulo 5, junto con la forma adecuada de interpretar las respuestas obtenidas.

Preguntas hipotéticas

A través de una pregunta se le presenta al entrevistado una situación hipotética, un caso, un ejemplo que se relacione con la posición o el trabajo, para que lo resuelva; por ejemplo: *¿Qué haría usted si...?; ¿Cómo manejaría usted...?; ¿Cómo resolvería usted...?*

Este tipo de preguntas son adecuadas para evaluar conocimientos y no lo son para medir competencias.

Preguntas aceptables – Preguntas no aceptables

Estas expresiones hacen referencia a ciertas preguntas que, según las leyes vigentes en materia de discriminación, pueden no estar permitidas en una entrevista de selección. Por extensión, estas expresiones también se utilizan si la organización posee políticas en esa materia y no acepta el uso de determinadas preguntas en sus procesos de selección.

Preguntas personales reñidas con el buen gusto

Se trata de aquellas preguntas que se refieren a la intimidad de la persona entrevistada y que no tienen relación con el perfil de la búsqueda.

En muchos países estas preguntas se consideran discriminatorias y no pueden ser utilizadas en un proceso de selección.

En cualquiera de las dos circunstancias, con leyes sobre discriminación o sin ellas, no se recomienda utilizar este tipo de preguntas.

En el Anexo IV se expondrán, a modo de ejemplo, una serie de preguntas que se corresponden con esta categoría.

Preguntas intencionadas, capciosas

Son aquellas que obligan al entrevistado a escoger entre dos opciones indeseables. No son útiles y tampoco aconsejables.

Preguntas provocadoras

A través de una pregunta inconveniente, sobre la intimidad de la persona o temas análogos, se analiza la reacción del entrevistado.

No se recomienda en ningún caso formular este tipo de preguntas.

Los que proponen su utilización lo hacen bajo el argumento de que la vida actual es agresiva y, por esta razón, se desea evaluar la capacidad de reacción del entrevistado frente a este tipo de circunstancias.

Nuestra sugerencia, en cambio, es utilizar, por ejemplo, las preguntas orientadas a evaluar la competencia *Tolerancia a la presión,* en lugar de formular preguntas provocadoras que no se consideran adecuadas.

Preguntas que sugieren la respuesta esperada

Son aquellas que el entrevistador formula sugiriendo qué se espera que el entrevistado responda; por ejemplo: *Usted se propone completar su carrera universitaria, ¿verdad?*

No se recomiendan en ningún caso. También se denominan *preguntas capciosas.*

Las preguntas y su relación con la *estructura estrella*

La estructura estrella, mencionada por otros autores y especialistas, también conocida como "estructura *star*", combinando términos en español e inglés, hace referencia a una serie de preguntas de apoyo, a utilizar durante una entrevista de selección y/o una entrevista por competencias, y que permiten precisar comportamientos pasados en la persona entrevistada.

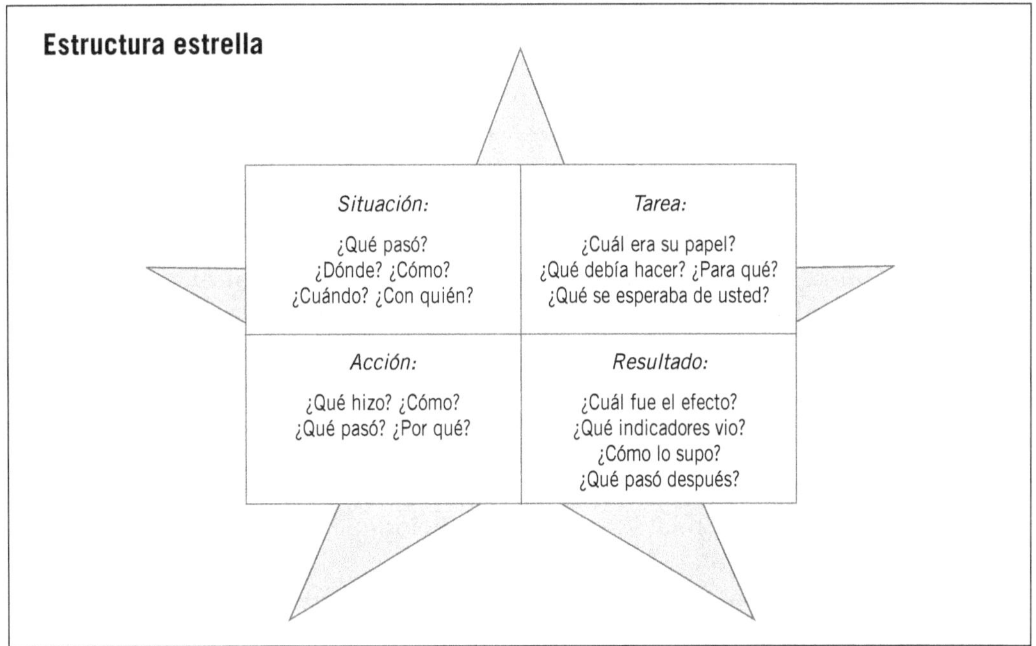

En síntesis, el entrevistador, además de preparar preguntas específicas sobre los temas en los que desee indagar y sobre competencias, como se verá más en detalle en el Capítulo 5, podrá utilizar estas preguntas para reforzar o enfatizar una pregunta previa, como una forma de repreguntar, para conocer más sobre una tarea, o sobre los resultados obtenidos, entre otras posibilidades.

La estructura estrella puede apreciarse en la figura precedente.

El análisis de la motivación en un proceso de selección

En el Capítulo 1 se hizo referencia a la motivación como un factor ampliamente relacionado con el talento. En este capítulo se considerará la motivación con relación a la selección de personas. Además, la motivación tendrá un rol fundamental en el análisis de los temas tratados en el Capítulo 9.

La motivación para el cambio y las pretensiones económicas son dos aspectos diferentes, relacionados entre sí, que deben ser analizados por separado. Con frecuencia, tanto especialistas en Recursos Humanos como futuros jefes confunden el análisis de la motivación para el cambio con las pretensiones económicas de una persona, y no es lo adecuado.

Remuneración y algunos conceptos relacionados

La remuneración es un tema de suma relevancia y debe ser considerado, tanto en el momento de definir el perfil de la búsqueda, como en la entrevista y posteriormente, en las etapas finales del proceso de selección. Será una información necesaria a considerar durante los diferentes pasos.

En ocasiones, el nivel de remuneración puede ser un condicionante en la elección de postulaciones y candidaturas. Posteriormente, la remuneración deberá ser considerada y analizada en el momento del armado de la carpeta de finalistas.

Otro aspecto de importancia a considerar al analizar los aspectos económicos será una adecuada diferenciación de conceptos. Veamos los más importantes.

La *remuneración* es un valor compuesto por la sumatoria del salario mensual o quincenal, según corresponda, y de otros beneficios que recibe el trabajador como retribución por su trabajo.

El término *salario* hace referencia a la paga o remuneración regular que recibe el trabajador. Generalmente es una cifra fija por un período de un mes o una quincena. El término se utiliza, usualmente, para designar el pago a trabajadores en relación de dependencia.

En otras palabras, también podría decirse que el salario es el monto de dinero que la organización abona a un colaborador como retribución por su trabajo.

En ocasiones, en los procesos de selección se toma como parámetro de negociación la remuneración anual. Como se infiere de su denominación, se trata de la remuneración/ salario percibido a lo largo de un año de trabajo.

Otro aspecto de importancia que confunde muchas veces a postulantes y selectores es la correcta diferenciación de los siguientes conceptos.

Remuneración bruta. Salario bruto. Valor nominal de la paga que recibe el colaborador y que se toma de base tanto para el cálculo de las contribuciones fiscales a cargo del empleado como las que debe abonar el empleador.

Remuneración neta. Salario de bolsillo o Salario neto. Importe realmente percibido por el trabajador. El monto surge de restarle al salario bruto o nominal los descuentos e impuestos a cargo del empleado.

Esta clara separación de conceptos deberá ser analizada en el área de Recursos Humanos junto con el futuro jefe de la persona a seleccionar; luego, el entrevistador deberá cerciorarse de qué tipo de aspectos económicos considera el entrevistado, tanto al informar su remuneración actual como la pretendida para la nueva posición.

No obstante la importancia señalada en los párrafos precedentes, en este capítulo se tratará la motivación más allá de los aspectos económicos.

En relación con el tema de esta obra, en adición a los anteriores, se pueden considerar otras definiciones, que se verán a continuación.

Remuneración ofrecida. Monto de dinero que se le ofrece a una persona en relación con un determinado puesto de trabajo. Puede ser complementado con beneficios.
La remuneración puede expresarse por períodos (semanal, quincenal, mensual) o bien como un valor anual. Usualmente la remuneración ofrecida se expresa en valores brutos, es decir, antes de descontar los impuestos a cargo del empleado.

Remuneración pretendida. Monto de dinero que una persona desea percibir en relación con un determinado puesto de trabajo. Puede ser complementado con beneficios.
La remuneración puede expresarse por períodos (semanal, quincenal, mensual) o bien como un valor anual. Usualmente la remuneración pretendida se expresa en valores brutos, es decir, antes de descontar los impuestos a cargo del empleado.

Motivación. Diferentes aspectos que la conforman

El término "motivación" implica la razón, causa o motivo para hacer algo: trabajar, cambiar de empleo, de carrera, etc. El estudio de las motivaciones de las personas es un tema complejo que obedece a múltiples causalidades.

De acuerdo a la temática de esta obra, el análisis que haremos se relacionará con el cambio laboral y la carrera profesional. La motivación para el cambio laboral –tanto frente a un empleo nuevo como a nuevas posibilidades dentro de la propia organización, tema a tratar en el Capítulo 9– puede obedecer a causas diversas y abarca otras razones o motivos más allá de los aspectos económicos, inherentes a toda relación laboral.

En la motivación tiene incidencia tanto la visión de futuro –una meta a alcanzar que cada persona tenga para sí misma– como los proyectos personales y sus propios valores.

Las personas en general, tanto las que buscan un nuevo empleo como cualquier colaborador de una organización, de todos los niveles, poseen proyectos de diferente índole, tanto profesionales como personales. Estos últimos pueden abarcar desde la práctica de hobbies hasta actividades o asuntos familiares o cualquier otro interés[4].

La correspondencia entre valores y objetivos personales puede analizarse desde dos miradas diferentes. Desde la perspectiva de las personas, el primer análisis a realizar será si existe correspondencia entre sus propios valores y objetivos personales y los de la organización. El mismo análisis será posible realizarlo desde la mirada de la organización. En un caso o en otro, la no correspondencia entre estos aspectos será una cuestión más difícil de resolver que eventuales brechas con relación a las capacidades (conocimientos o competencias) de cada persona frente al puesto que ocupa o se prevé que asuma (por ejemplo, como postulante en un proceso de selección, frente a una promoción interna, etc.).

El siguiente gráfico expone las distintas motivaciones de una persona frente a un cambio, tanto dentro de la organización actual como frente a una posibilidad en otra empresa. Analizando la figura desde la parte superior izquierda, una serie de factores inciden o dan impulso a la acción de buscar nuevas oportunidades (cambio laboral), por ejemplo, el entorno laboral y social, la cultura, los jefes y compañeros, las tareas y responsabilidades (actuales y futuras), las posibilidades de crecimiento y otras circunstancias, ya sea a favor o en contra de dicha decisión; a este conjunto

4 La autora trató el tema de los intereses y proyectos personales y su conciliación con la actividad laboral en la obra *Conciliar vida profesional y personal*, Ediciones Granica, Buenos Aires, 2016.

Selección de personas y motivación

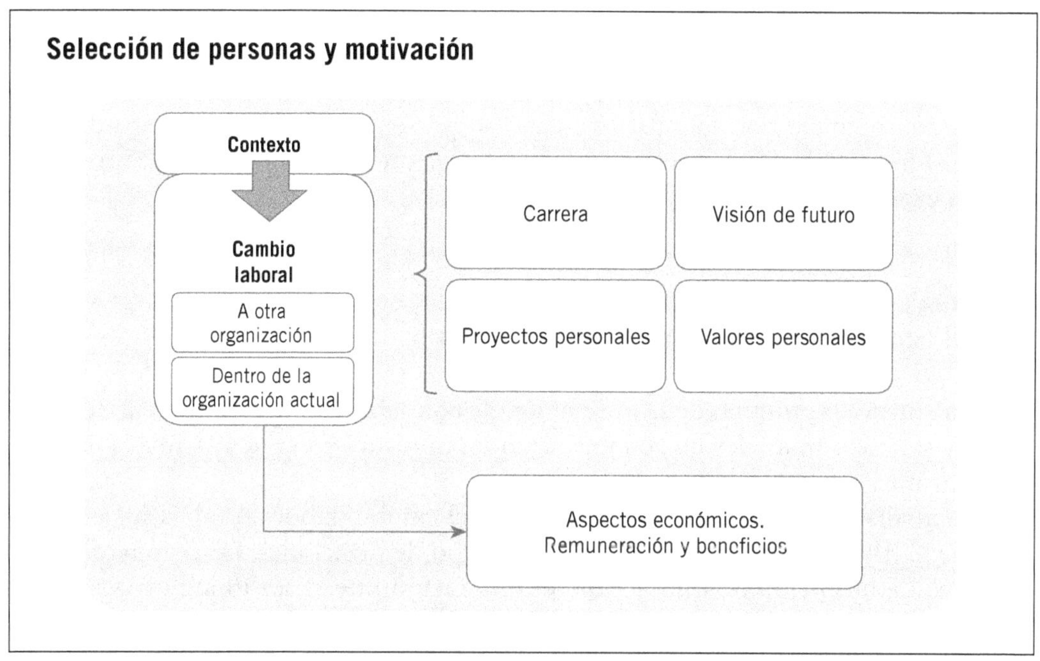

de factores podríamos agruparlos en una sola palabra: *contexto*, en referencia al contexto actual o presente y, eventualmente, futuro.

Como se expresara, y con relación al gráfico en su conjunto, todos poseemos una visión de futuro de nosotros mismos, así como nuestros valores y proyectos. Este conjunto de factores tiene una directa incidencia en la carrera profesional.

Usualmente, el contexto impulsa a tomar la decisión de iniciar una búsqueda de nuevas posibilidades (cambio laboral), en especial cuando ese contexto se percibe negativamente, por razones diversas. Sin embargo, serán los otros factores mencionados –carrera, visión de futuro, proyectos y valores personales– los que incidirán de manera directa en la elección de la opción futura.

En cualquier caso, los aspectos económicos serán considerados y relevantes, tanto la remuneración como los beneficios involucrados. Sin embargo, otros temas tendrán una influencia aún mayor en la motivación de las personas frente a un cambio laboral.

En síntesis, el análisis de la motivación para el cambio laboral –de un futuro colaborador– es un tema complejo. De ser posible, nuestra sugerencia será primero analizar/determinar las correlaciones entre valores y proyectos tanto organizacionales como de la/s persona/s, y luego, en función de un análisis racional, hacer un diagnóstico de las brechas detectadas tomando conciencia de que algunas serán más fáciles de solucionar que otras: será más fácil actuar en relación con las capacidades, y más difícil cuando la divergencia se produzca en torno a valores y/o proyectos.

En consonancia con lo aquí expuesto se presentarán algunas preguntas que tienen el propósito de conocer mejor las motivaciones de una persona en relación con un eventual puesto futuro.

Preguntas para explorar la motivación para el cambio en una entrevista de selección

En una entrevista, además de la evaluación de conocimientos, experiencia y competencias, será de suma relevancia determinar las motivaciones que llevan a la persona a buscar un nuevo empleo.

Un análisis rápido de la motivación para el cambio laboral podría hacer suponer que el dinero es el aspecto clave en este tipo de decisiones, pero generalmente no lo es. La búsqueda de una mayor remuneración puede ser una motivación, sin embargo, no suele ser la única y, además, puede no ser la principal. Debe analizarse caso a caso y no generalizar, y mucho menos deducir que las motivaciones del otro son las propias.

Las preguntas para explorar la motivación son de diferente tipo; por ejemplo, en algunos casos se solicitará una opinión sobre algún aspecto y, en otros, se indagará sobre comportamientos pasados.

Siempre que sea posible, será conveniente obtener comportamientos –también– en las respuestas que se reciba al explorar sobre motivación, realizando preguntas similares a las expuestas más adelante.

En todos los casos, se sugiere tener en cuenta que, cuando se desea que el entrevistado relate comportamientos, deberá formularse cada pregunta de modo tal que comente acerca de cómo actuó en el pasado.

Cuando el entrevistado relata "aquello que haría" (hipotéticamente) no se obtienen comportamientos, dado que una cosa es lo que una persona imagina que haría llegado el caso, y otra lo que realmente hace cuando la situación se presenta.

Las personas tienden a repetir comportamientos, por lo cual conocer cómo se manejó una determinada situación en el pasado permitirá al entrevistador obtener un pronóstico más certero sobre qué hará una persona el día de mañana frente a una situación similar.

A continuación se expondrán preguntas para explorar la motivación. Estos ejemplos se han preparado para entrevistados de niveles intermedios[5].

Las personas que ocupan estos niveles se sienten motivadas por las características del nuevo puesto, las responsabilidades que deben asumir, las perspectivas que ofrece la posición, la posibilidad de manejar negocios y tomar decisiones, el prestigio, la valoración social del cargo, etcétera.

Adicionalmente, debe tenerse en cuenta que la mayoría de los colaboradores de estos niveles cambian de trabajo por otros motivos, por ejemplo, una difícil relación con su jefe directo. Por lo tanto, se debe analizar la motivación considerando todas las opciones y, también, indagar sobre los aspectos económicos, pero sin considerar que estos últimos constituyen –en todos los casos– la principal causa del cambio.

Ejemplos de preguntas para evaluar la motivación para el cambio y con referencia a la posición para la cual se lo evalúa:

Expectativas de desarrollo profesional

- *¿Por qué quiere ingresar a ________________________?*
- *¿Qué posición desearía alcanzar más adelante en ________________________?*
- *¿Qué imagina estar haciendo dentro de tres años?*
- *¿Dónde podría realizar un mejor aporte a nuestra organización?*

Motivaciones para el cambio

- *¿Qué elementos consideraría para un cambio de empleo? ¿En qué orden de importancia?*
- *En caso de tratarse de la respuesta a un anuncio, indague si el entrevistado está seriamente en la búsqueda o si respondió a la convocatoria porque le interesó algo en particular.*
- *¿En cuántas búsquedas está participando? ¿Qué expectativas tiene respecto de ellas?*
- *¿Alguna vez le hicieron una contraoferta (en sus empleos anteriores o el actual) cuando usted presentó la renuncia? ¿Qué lo motivó a cambiar cuando se fue de________________________?*

5 En la obra *Diccionario de preguntas. La trilogía. Tomo 3* podrá encontrar preguntas similares para niveles ejecutivos e iniciales.

Un último comentario sobre las preguntas para indagar sobre la motivación: tanto en relación con el desarrollo como con los motivos del cambio será necesario preguntar y repreguntar. Las respuestas iniciales pueden ser estereotipadas, siempre es mejor no quedarse con la primera respuesta recibida.

Los postulantes problemáticos. Cómo resolver situaciones difíciles

El término *postulante*, utilizado aquí y en otras secciones de esta obra, se utiliza para designar a la persona que aspira a un determinado puesto o cargo. Otras denominaciones: aspirante, candidato, participante.

La expresión "postulantes problemáticos" se utiliza de modo amplio y general para hacer referencia a situaciones especiales, en el marco de una entrevista. Las situaciones que se mencionarán a continuación y otras asimilables podrán presentarse en entrevistas de selección y también en otros tipos de reuniones, por ejemplo, las que se realizan para dar retroalimentación sobre el desempeño, que no se analizan en esta obra.

La mayor parte de los candidatos ansía producir una buena impresión en el entrevistador. Tratan de contestar todas las preguntas de la manera más completa posible, de proyectar un lenguaje corporal positivo y de hacer, a su vez, preguntas apropiadas. Sin embargo, en muchas ocasiones un entrevistador puede encontrarse con situaciones problemáticas durante la entrevista, que se analizarán a continuación. Las más comunes son:

- Postulantes nerviosos.
- Postulantes que hablan demasiado.
- Postulantes agresivos.
- Postulantes emotivos.
- Postulantes dominantes.

En todos los casos, el entrevistador debe mostrarse comprensivo y resolver la situación de la mejor forma posible, dentro de sus posibilidades. Frente a ciertos problemas, una buena salida será ofrecer una nueva entrevista para otro día.

Postulantes agresivos

En ciertas oportunidades los entrevistados demuestran algún grado de hostilidad hacia el entrevistador, puesto de manifiesto, generalmente, a través de leves agresiones.

Las personas desempleadas y las que están pasando un mal momento laboral son las que más incurren en este tipo de comportamientos, y se debe ser comprensivo al respecto. Si la situación es de difícil manejo, una salida amigable puede ser explicarle a la persona que, si no se siente bien, será preferible realizar la entrevista en otro momento en el que se encuentre mejor de ánimo, y coordinar una nueva reunión. El entrevistador debe entender que la agresión no es personal, sino dirigida a su rol de entrevistador.

También puede darse la situación inversa, un tratamiento hostil del entrevistador al entrevistado, pero no será tratado aquí, ya que se está describiendo un posible comportamiento de postulantes y cómo actuar en caso de presentarse una situación de este tipo.

Postulantes dominantes

En ocasiones, los postulantes intentan dirigir la entrevista. Muchas veces solo tratan de esconder sus propios temores o inseguridad. En todos los casos, el entrevistador debe conducir la entrevista. Para ello, una buena sugerencia es comenzar con las preguntas planificadas, ignorando las palabras iniciales del entrevistado.

Postulantes emotivos

Otro de los denominados "problemas" en relación con los postulantes es la emotividad excesiva que algunos manifiestan. Si bien no es frecuente, entrevistar a una persona al borde del llanto es muy difícil. En estas situaciones, el entrevistador debe mantenerse tranquilo y evitar actuar emocionalmente.

Se sugiere ser amable; por ejemplo, ofrecer un vaso de agua o invitar a la persona a esperar fuera de la oficina unos minutos hasta que recobre su serenidad. Al igual que en el caso de los *postulantes nerviosos* o *agresivos*, una opción es coordinar una nueva reunión para otro día.

Postulantes nerviosos

Otra de las situaciones problemáticas frecuentes en relación con los entrevistados se verifica cuando el postulante está más nervioso, estresado o tensionado que lo usual y esperable en una situación de esta clase. Es decir, siempre una entrevista genera algún tipo de tensión, pero lo usual es que sea moderada. El comentario que aquí se ofrece es para aquellos casos en los que se considere un estado de nerviosismo que exceda lo razonable.

Para esas situaciones, una sugerencia es iniciar la entrevista con alguna pregunta sobre el colegio al que el entrevistado asistió, su época de estudios en la universidad, etc. Es decir, sobre algún tema que no se relacione con el objetivo central de la entrevista y que podría distenderlo.

Muchas veces las personas guardan muy buenos recuerdos de sus épocas estudiantiles y remitirse a ellos puede ser útil para aplacar sus nervios.

Postulantes que hablan demasiado

Los entrevistados que *hablan demasiado* suelen constituir uno de los problemas más serios y frecuentes, aun para aquellos entrevistadores con muchos años de experiencia.

Si bien es muy importante que el entrevistado se sienta bien durante la entrevista, el entrevistador de algún modo deberá encauzar, sin ser agresivo, al postulante locuaz en exceso.

Cuando un postulante se explaya sobre temas carentes de interés o no relevantes en el contexto de la entrevista, el entrevistador podría decir una frase como "Volvamos a nuestro tema central" o "¿Por qué no me relata exactamente cuáles eran sus responsabilidades en...?".

Si el entrevistador ya ha obtenido la información relevante, puede finalizar la entrevista con una frase de cierre: "La conversación es muy interesante, ya tengo suficiente información sobre usted; lo llamaremos la semana próxima...".

Si todo lo anterior no da resultado, para concluir la reunión se puede recurrir al lenguaje corporal: acomodar las cosas sobre el escritorio, sacar una tarjeta como para dársela y, por último, ponerse de pie; estas son las medidas a tomar cuando las meras palabras no resultan suficientes.

Otros tipos de entrevistas utilizadas en selección de personas

Me he referido en párrafos anteriores a la preentrevista como una entrevista breve y, más detalladamente, a la entrevista como aspecto fundamental en un proceso de selección. Dentro de las entrevistas pueden diferenciarse algunos tipos y formatos. Cada una de ellas con características específicas.

Algunas de las variantes más conocidas de entrevistas utilizadas para la selección de personas son:

- Entrevista de panel.
- Entrevistas en serie.
- Entrevista estructurada o entrevista dirigida.
- Entrevista grupal.
- Entrevista no dirigida.
- Entrevista por competencias.
- Entrevista por eventos conductuales. También conocida como *entrevista por incidentes críticos* o por su denominación en inglés, *Behavioral Event Interview* (BEI).
- Entrevista situacional.
- Entrevista situacional en base a un caso real.
- Entrevista simulada.

En un proceso de selección las entrevistas se realizan con el propósito de elegir a una persona para ocupar un puesto (aunque puede tratarse de la búsqueda de más de una persona, para ocupar varios puestos). En cada una de las entrevistas, y posteriormente, deberán compararse las capacidades del candidato (conocimientos, experiencia, competencias) junto con su motivación, en relación con el puesto a ocupar.

A continuación, presentamos algunas definiciones acerca de diferentes tipos de entrevista para, de este modo, completar la información sobre algunos aspectos ya analizados en capítulos previos y, además, poner en contexto la entrevista por competencias, a la que nos referiremos en este capítulo y en los siguientes.

Entrevista de panel

La entrevista de panel es aquella en la cual varios entrevistadores evalúan a un candidato o postulante.

En la actualidad no se considera un método adecuado, dado que dificulta la comunicación entre el entrevistador y el entrevistado.

Cuando un candidato deba ser entrevistado por varios entrevistadores, se sugiere implementar entrevistas individuales, en serie. Siempre que sea posible, nuestra sugerencia es no utilizar las entrevistas de panel.

Entrevistas en serie

Se producen las llamadas "entrevistas en serie" cuando un candidato –usualmente finalista en un proceso de selección– es entrevistado secuencialmente por varios entrevistadores.

Cuando una persona deba ser entrevistada por varios funcionarios, este será el método más adecuado.

Entrevista estructurada o entrevista dirigida

La entrevista estructurada está usualmente basada en un conjunto de preguntas e indicaciones previamente definidas para indagar sobre una serie de aspectos determinados.

Los ejemplos más difundidos de la entrevista estructurada, en relación con los subsistemas de Recursos Humanos, son:

- Entrevista estructurada – Selección.
- Entrevista estructurada aplicada a la *descripción de puestos.*

Entrevista estructurada – Selección. Conjunto de preguntas e indicaciones para realizar una entrevista de selección. Usualmente se diseña por niveles y en función del modelo de competencias.

La entrevista estructurada[6] combina preguntas de diferentes tipos, entre ellas, las específicas para evaluar competencias.

6 La entrevista estructurada es la herramienta N° 21 descrita en la obra *Las 50 herramientas de Recursos Humanos que todo profesional debe conocer.* Ediciones Granica, Buenos Aires, 2016.

Dado que los modelos de competencias difieren según la organización, en todos los casos la entrevista estructurada se diseña a medida.

Entrevista grupal

Si bien la entrevista individual es la más frecuente, también se realizan entrevistas grupales. Estas poseen algunos aspectos en común y otros diferentes.

La administración de una entrevista grupal requiere entrevistadores muy experimentados. Las mismas se utilizan –fundamentalmente– en procesos de selección masivos; por ejemplo, búsquedas de jóvenes profesionales. En estos casos la entrevista grupal inicial tiene por objeto informar sobre el programa. También, a través de preguntas adecuadas, se realiza una primera selección de postulantes.

La evaluación de los candidatos podrá ser también de tipo grupal, por ejemplo, en el caso de los *Assessment Center Method* (ACM), que se tratará en el Capítulo 6.

En resumen, la expresión "entrevista grupal" hace referencia a una entrevista en la cual el entrevistador reúne a varios postulantes para formularles preguntas en conjunto. Dichas preguntas podrán ser realizadas a una persona en particular –el entrevistador elige quién debe responder– o bien ser formuladas sin un destinatario específico.

Usualmente esta herramienta se utiliza para evaluar personas de niveles iniciales cuando, frente a una convocatoria, se presentan muchos interesados. Con frecuencia –y es recomendable que así sea– luego de una entrevista grupal se aplican a los preseleccionados otras entrevistas o pruebas adicionales para completar el proceso de selección.

Entrevista no dirigida

En este tipo de entrevistas el entrevistador no sigue una estructura determinada y sobre la base de la conversación detecta aspectos positivos y negativos del postulante.

En general, se recomienda trabajar con un esquema (de entrevista), como se expuso en páginas previas y, previamente, planear la misma. No obstante, en algunos casos, podrá ser de utilidad utilizar la entrevista de manera más libre, sin un planeamiento previo.

Muchos entrevistadores, en especial los que cuentan con mucha experiencia, obtienen resultados altamente satisfactorios utilizando las entrevistas no dirigidas.

Entrevista por competencias

Entrevista estructurada que permite evaluar a un candidato que participa en un proceso de selección considerando, especialmente, sus competencias, a través de preguntas específicas.

La entrevista por competencias[7] puede ser utilizada tanto por un especialista de Recursos Humanos como por el futuro jefe de la persona que asumirá el puesto.

Para que una entrevista por competencias sea eficaz es conveniente realizarla tomando como base tanto el *diccionario de comportamientos* como el *diccionario de preguntas,* ambos confeccionados a medida de la organización, en función de su modelo de competencias. Este tema se verá con mayor detalle en el Capítulo 5.

Entrevista por eventos conductuales o entrevista por incidentes críticos

Entrevista estructurada que evalúa competencias en profundidad explorando los incidentes críticos y los comportamientos de cada persona.

También conocida por su denominación en inglés, *Behavioral Event Interview* (BEI), se verá con mayor detalle en el Capítulo 6.

Entrevista situacional

Entrevista en la cual se le plantea al entrevistado una situación hipotética con el propósito de analizar el modo en que la resuelve. Según su diseño, puede medir conocimientos, valores, etcétera.

Entrevista situacional en base a un caso real

Esta entrevista es similar a la anterior (Entrevista situacional) en la cual se le plantea al entrevistador un caso real, un problema concreto que ha sucedido en relación con la especialidad y el puesto a ocupar por el entrevistado.

---

7 La entrevista por competencias es la herramienta N° 22 descrita en la obra *Las 50 herramientas de Recursos Humanos que todo profesional debe conocer.* Ediciones Granica, Buenos Aires, 2016. La entrevista por competencias también se relaciona con *Diccionario de preguntas. La trilogía. Tomo 3,* Ediciones Granica, Buenos Aires, 2015 y *Diccionario de comportamientos. La trilogía. Tomo 2,* Ediciones Granica, Buenos Aires, 2015.

Entrevista simulada

Las entrevistas simuladas usualmente forman parte de alguna evaluación más completa, por ejemplo, un *assessment* (ACM), tema que se verá en el Capítulo 6. También se utilizan en actividades de formación[8]. No tienen aplicación en procesos de selección.

La entrevista simulada es un ejercicio –que usualmente forma parte de un conjunto de evaluaciones– en el cual dos personas actúan un determinado rol previamente asignado.

Este tipo de ejercicios se utiliza tanto en actividades formativas como para evaluar competencias y/o valores.

Los que participan en ejercicios como el descrito, deben seguir instrucciones preestablecidas para lograr una mayor eficacia.

En la entrevista simulada una de las personas actúa un rol determinado y solo se evalúa al/a los entrevistado/s, candidato/s o postulante/s de un proceso de selección o colaboradores que participan en otro tipo de programas internos de desarrollo que requieran medición de competencias. El rol simulado podrá llevarlo a cabo un especialista de Recursos Humanos u otra persona, lo cual dependerá de las circunstancias y de lo que se considere más apropiado.

Registro de la entrevista

Cierre de la entrevista

Me he referido en párrafos previos al cierre de la entrevista. Darla por terminada en el momento justo es un arte que se aprende con la experiencia.

Antes de finalizar, se sugiere preguntarse si se ha obtenido toda la información necesaria en relación con el perfil buscado.

Los formularios de registro pueden ser de ayuda para no olvidar detalles importantes. Algunas formas de cierre:

- *¿Tiene alguna pregunta?* o *¿Tiene otra pregunta?*, según corresponda.
- *El paso siguiente es...*

Será importante crear un clima de cierre, dar la sensación de que se han cubierto todos los puntos que se pretendía explorar y que la tarea ha sido cumplimentada

8 *Codesarrollo. Una nueva forma de aprendizaje.* Ediciones Granica, Buenos Aires, 2009.

satisfactoriamente; también indicar los próximos pasos del proceso, y comprobar la disponibilidad para próximas entrevistas y que se cuenta con los datos necesarios para localizar al entrevistado.

Cuándo y cómo tomar notas. Registro de la entrevista después de finalizada

Se denomina "registro de la entrevista" a las diferentes notas que sobre ella hace un entrevistador. Es un paso fundamental dentro del proceso de selección.

El registro de la entrevista debe incluir información objetiva sobre el postulante. En materia de competencias, se debe dejar por escrito los comportamientos observados. Si se realiza un registro de la entrevista adecuado, podrá ser consultado más adelante por el mismo entrevistador o por otra persona, de la misma organización.

Las buenas prácticas indican que la organización debe tener fijado un procedimiento de registro; de este modo será posible auditar el proceso en algún momento.

Cuándo y cómo tomar notas es una cuestión delicada, pero, por otra parte, es un aspecto fundamental dentro del proceso de selección. Las notas que se registren durante la entrevista, de un modo u otro, podrán ser vistas por el entrevistado y por lo tanto, deberán ser muy pocas. Luego de finalizada la reunión, las anotaciones deberán complementarse con un registro completo de lo acontecido.

En ningún caso el entrevistador deberá consignar opiniones personales, por ejemplo, "me parece que sería un buen supervisor" o "creo que sería el candidato perfecto para el puesto", o cualquier otra frase similar.

La manera de describir objetivamente a la persona entrevistada será a través del registro de hechos, utilizando frases descriptivas. En resumen, durante la entrevista se anotan aquellos datos que brinda el entrevistado al responder preguntas:

- *Experiencia y conocimientos.*
- *Puesto actual y nombre de la empresa donde se desempeña,* si corresponde. La mayoría de las veces ya se cuenta con esta información. No obstante, siempre se puede obtener información adicional, como niveles de reporte u otros aspectos de interés para la búsqueda en cuestión.
- *Remuneración actual.*
- *Motivación para el cambio y expectativas sobre su carrera laboral.*

Inmediatamente después de finalizada la entrevista, completar los ítems que implican alguna valoración sobre el candidato:

- *Presentación.*
- *Expresión/contacto.*
- *Personalidad.* Si se ha realizado una entrevista por competencias (tema que será tratado en el Capítulo 5) se describirán los comportamientos observados.
- *Conclusión/comentarios finales.* En relación con el perfil requerido. En este punto, el entrevistador podrá incluir sus opiniones, tanto sobre el entrevistado como sobre el grado de correlación entre el perfil de la búsqueda y el perfil del postulante.

Síntesis del capítulo

- Se denomina *primera selección* al paso o a la etapa inicial de un proceso completo de selección de personas. En esa primera instancia se llevan a cabo una serie de acciones para dejar fuera del proceso, de manera temprana, a aquellos postulantes que, de todos modos, no integrarán la carpeta de finalistas.
- La recepción de candidaturas será por vías diversas y en diferentes formatos, desde correos electrónicos hasta perfiles en la web y/o mensajes en las redes sociales, y todas las alternativas pueden darse al mismo tiempo. Es decir, para una misma búsqueda se podrán recibir antecedentes en distinto formato.
- A partir de los requisitos excluyentes se podrá, rápidamente, clasificar las postulaciones en tres grandes grupos de candidatos: los que "Sí" cumplen dichos requisitos, los que "No" lo hacen, y los que están entre uno y otro grupo, que hemos denominado "Dudosos".
- Las evaluaciones en la etapa de preselección se definen en función del nivel y tipo de búsqueda, entre otras circunstancias. No hay una única opción posible. Siempre que sea posible, se sugiere aplicar instancias de evaluación de conocimientos de manera temprana. Una vez identificados los candidatos que poseen los requisitos excluyentes, algunas opciones posibles son: evaluaciones a través de Internet, cuestionarios de preselección, cuestionarios de preentrevista, preentrevistas o entrevistas breves (algunas de las cuales podrán ser telefónicas), exámenes de conocimientos...
- *Entrevista.* Es un diálogo que se sostiene con un propósito definido, donde entrevistador y entrevistado cumplen cada uno con un rol específico, estableciéndose entre ambos un canal de comunicación en un marco acotado

por el tiempo y el tema a tratar. La palabra, los ademanes, las expresiones y las inflexiones concurren al intercambio de conceptos que constituye la entrevista, en la cual existen dos roles perfectamente diferenciados: *entrevistador* y *entrevistado.*

- *Entrevista de selección.* Entrevista que se realiza con el propósito de elegir a una persona para ocupar un puesto. En ella se comparan las capacidades del candidato (conocimientos, experiencia, competencias) junto con su motivación en relación con el puesto a ocupar.
- Una entrevista de selección se desarrolla en etapas; primero debe ser debidamente planeada, y luego se pueden identificar los pasos siguientes: inicio, desarrollo y cierre.
- En una entrevista de selección se formulan preguntas a través de las cuales se busca conocer si la persona entrevistada posee las capacidades (conocimientos, experiencia y competencias) que el puesto a ocupar requiere (perfil de la búsqueda).
- Las preguntas en selección pueden ser de diferente tipo. Entre las usuales se pueden mencionar: preguntas abiertas, preguntas cerradas, preguntas de sondeo, preguntas hipotéticas, preguntas intencionadas, preguntas para evaluar competencias, preguntas provocadoras, preguntas que sugieren la respuesta esperada.
- La motivación para el cambio y las pretensiones económicas son dos aspectos diferentes, relacionados entre sí, que deben ser analizados por separado.
- *Remuneración pretendida.* Monto de dinero que una persona desea percibir en relación con un determinado puesto de trabajo. Puede ser complementado con otros beneficios. La remuneración puede expresarse por períodos (semanal, quincenal, mensual) o bien como un valor anual. Usualmente la remuneración pretendida se expresa en valores brutos, es decir, antes de descontar los impuestos a cargo del empleado.
- La expresión "postulantes problemáticos" se utiliza de modo amplio y general para hacer referencia a situaciones especiales, en el marco de una entrevista. Las más comunes son: postulantes nerviosos, postulantes que hablan demasiado, postulantes agresivos, postulantes emotivos, postulantes dominantes. En todos los casos, el entrevistador debe mostrarse comprensivo y resolver la situación de la mejor forma posible, dentro de sus posibilidades. Frente a ciertos problemas, una buena salida será ofrecer una nueva entrevista para otro día.

- El registro de la entrevista consiste en las diferentes notas que sobre ella hace el entrevistador. Es un recurso fundamental dentro del proceso de selección. El registro de la entrevista debe incluir información objetiva sobre el postulante. Las buenas prácticas indican que la organización debe tener fijado un procedimiento de registro; de este modo será posible auditar el proceso en algún momento.

PARA PROFESORES

Para cada uno de los capítulos de esta obra hemos preparado:

→ Casos prácticos y/o ejercicios para una mejor comprensión de los temas tratados.
→ Material de apoyo para el dictado de clases.

Los profesores que hayan adoptado esta obra para sus cursos tanto de grado como de posgrado pueden solicitar de manera gratuita las obras:

- *Selección por competencias. CASOS*
- *Selección por competencias. CLASES*

Únicamente disponibles en formato digital, en nuestro sitio: **www.marthaalles.com**, en la exclusiva *Sala de profesores*, o bien escribiendo a: **profesores@marthaalles.com**

PARA TODOS LOS LECTORES

Se encuentra disponible en formato digital un Anexo donde se ha realizado un análisis detallado de libros y subsistemas que complementa las temáticas abordadas en esta obra.

Capítulo **5**

Entrevista por competencias. Comparación de candidatos

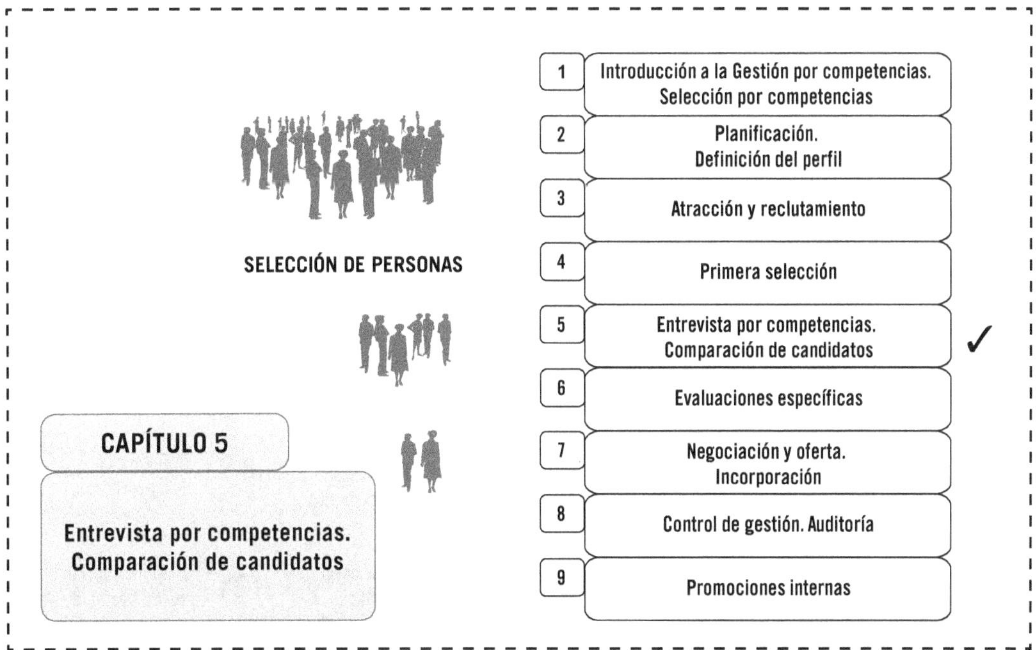

En este capítulo se verán los siguientes temas:

- Selección y elección
- Gestión por competencias. La aplicación práctica de los tres diccionarios en selección de personas y en la entrevista por competencias
- La entrevista en Gestión por competencias
- Cómo utilizar el *Diccionario de preguntas* y el *Diccionario de comportamientos* en la entrevista por competencias
- Cómo observar comportamientos en una entrevista. Ejemplo práctico
- Cómo comparar a los diferentes postulantes en un proceso de selección
- Confirmación de información previa al ingreso (referencias laborales)

Selección y elección

Según la RAE[1] el término *elección* significa, en su primera acepción, "acción y efecto de elegir[2]", y *selección*, también en la primera acepción, hace referencia a la acción y efecto de elegir a una o varias personas entre otras. No es nuestro propósito hacer un juego de palabras. Solo corresponde señalar que en esta obra se analizarán distintas instancias orientadas a realizar de manera adecuada la elección a la cual hacemos referencia en el título, desde evaluaciones profundas hasta comparación de distintas opciones, con un solo propósito: elegir mejor.

Hasta aquí, en capítulos previos, hemos analizado una serie de temas, entre ellos, la entrevista como elemento fundamental en todo proceso de selección (Capítulo 4). En este capítulo se verá una de las entrevistas allí mencionadas, *entrevista por competencias*, que en el contexto actual es considerada el aspecto central en todo proceso de selección y el factor con mayor influencia en la decisión final.

En el Capítulo 1 se han identificado *20 pasos para seleccionar personas*. En este capítulo se verán los siguientes:

1 www.rae.es

2 La entrevista es el momento para elegir al mejor candidato. La autora ha publicado la obra *Elija al mejor*, nueva edición 2016, donde el lector podrá encontrar explicaciones detalladas sobre la entrevista (en general) y, especialmente, acerca de la entrevista por competencias.

Paso 10: Entrevistas

Como ya se comentara, los objetivos de las entrevistas son diversos, desde conocer al candidato hasta la presentación al postulante del puesto que se desea cubrir, junto con realizar las evaluaciones necesarias para determinar si los conocimientos y competencias del postulante se relacionan y en qué grado con el perfil buscado. Las entrevistas también permiten el análisis de las motivaciones de la persona entrevistada en relación con la búsqueda.

Paso 11. Evaluaciones específicas

Además de las entrevistas, con frecuencia se realizan otras evaluaciones, que se verán en el Capítulo 6. Son las más frecuentes: evaluaciones técnicas o de conocimientos, evaluaciones psicológicas y, por último, una herramienta muy utilizada en selección, que es el *Assessment Center Method* (ACM).

Paso 12. Formación de candidaturas

Del análisis de la información recolectada en todos los pasos previos y del resultado de las distintas evaluaciones realizadas se deberá identificar a los mejores postulantes en relación con el perfil requerido, considerando los aspectos económicos del puesto a cubrir y las pretensiones de los postulantes.

Paso 13. Informe sobre finalistas

La información debe ser completa, ordenada, sencilla y fácil de comprender por el futuro jefe, y generar expectativas razonables sobre los finalistas elegidos.

Paso 14: Presentación de finalistas al futuro jefe

Incluye apoyo en la coordinación de las entrevistas y en cualquier otro aspecto relacionado que el futuro jefe podría llegar a necesitar.

Gestión por competencias. La aplicación práctica de los tres diccionarios en selección de personas y en la entrevista por competencias

En la definición del modelo de competencias y para su posterior aplicación práctica se recomienda la elaboración de los siguientes diccionarios, que hemos denominado *La Trilogía: diccionario de competencias, diccionario de comportamientos y diccionario de preguntas*[3]. Cada uno de estos diccionarios cumple un propósito particular y todos ellos se construyen para todas las competencias del modelo de competencias adoptado por la organización.

La organización define, en primera instancia, su *diccionario de competencias,* con base en su misión, visión, valores y estrategia. La utilización de un diccionario estándar de competencias ayuda a acortar los tiempos de armado del modelo.

Las competencias son de diferente tipo: competencias cardinales, específicas gerenciales y específicas por área. Todas las competencias se abren en cuatro grados o niveles y pueden ser cardinales o específicas.

A continuación, algunas definiciones necesarias.

Competencia. Hace referencia a las características de personalidad, devenidas en comportamientos, que generan un desempeño exitoso en un puesto de trabajo.

Competencia cardinal. Competencia aplicable a todos los integrantes de la organización. Las competencias cardinales representan la esencia de la organización y permiten alcanzar su visión.

Competencia específica. Competencia aplicable a colectivos específicos, por ejemplo, un área de la organización o un cierto nivel, como el gerencial.

Comportamiento. Aquello que una persona hace (acción física) o dice (discurso). Sinónimo: conducta.

Diccionario de competencias. Documento interno organizacional en el cual se presentan las competencias definidas en función de la estrategia.

3 Si la organización no cuenta con un modelo de competencias y sus respectivos diccionarios diseñados a medida, para la selección de personas podrá consultar y tomar como guía y referencia los libros de Martha Alles publicados por Ediciones Granica, con títulos similares a estos documentos internos. Estas obras, ya mencionadas, son: *Diccionario de competencias. La trilogía. Tomo 1; Diccionario de comportamientos. La trilogía. Tomo 2,* y *Diccionario de preguntas. La trilogía. Tomo 3.*

Diccionario de comportamientos. Documento interno en el cual se consignan ejemplos de los comportamientos observables asociados o relacionados con las competencias del modelo organizacional.

Diccionario de preguntas. Documento interno de la organización en el cual se consignan ejemplos de preguntas que permiten evaluar las competencias del modelo en una entrevista.

Modelo de competencias. Conjunto de procesos relacionados con las personas que integran la organización y que tienen como propósito alinearlas en pos de los objetivos organizacionales o empresariales.

Valores. Aquellos principios que representan el sentir de la organización, sus objetivos y prioridades estratégicas.

El *Diccionario de competencias*

El modelo de competencias se plasma en un primer documento, el *diccionario de competencias.* Allí cada competencia se define con una frase y se abre en cuatro grados o niveles a los cuales hemos denominado A, B, C y D.

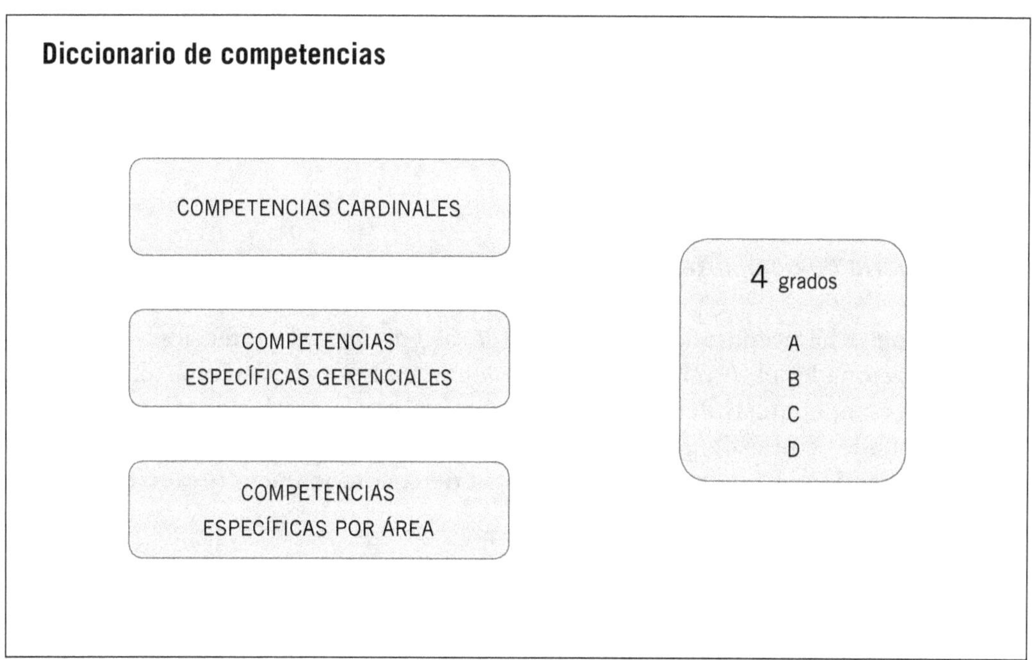

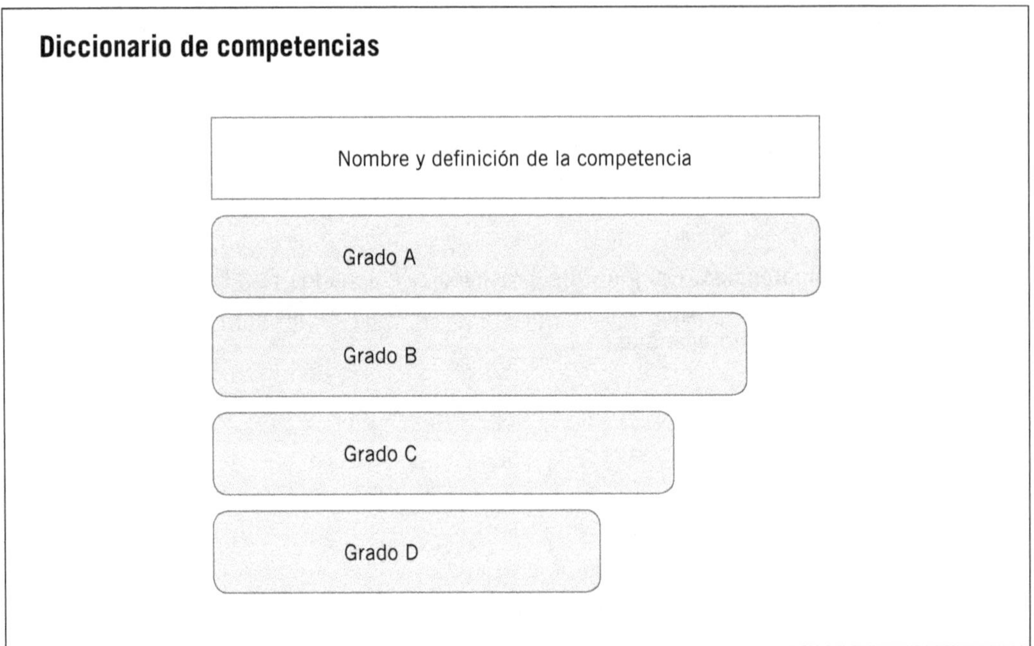

Las competencias que conforman un modelo son de distinto tipo. Las competencias cardinales son aplicables a todos los integrantes de la organización, no así las específicas, que solo se relacionan con algún colectivo particular y se subdividen en: competencias específicas gerenciales y competencias específicas por área.

Todas las competencias se abren en cuatro grados, como se expone en la figura precedente[4].

El *Diccionario de comportamientos*

Una vez que se ha preparado el *diccionario de competencias* se confecciona otro documento relacionado, el *diccionario de comportamientos*. En este diccionario, para cada una de las competencias del modelo se brindan cinco ejemplos de comportamientos relacionados con cada grado de la competencia (A, B, C y D) y cinco ejemplos de comportamientos que reflejan la ausencia de la competencia (grado que hemos denominado "no desarrollado", ND).

4 El lector podrá encontrar ejemplos de competencias en *Diccionario de competencias. La trilogía. Tomo 1*. Ediciones Granica, Buenos Aires, 2015.

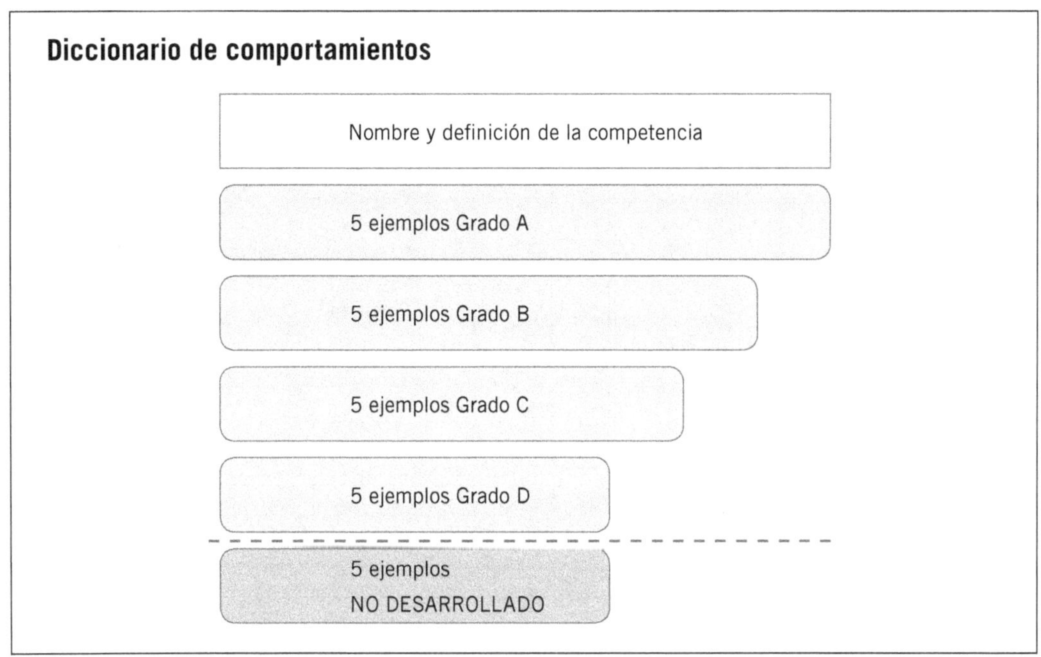

La idea se expone en la figura precedente[5].

El *Diccionario de preguntas*

Sobre la base del *Diccionario de competencias* se confecciona el *diccionario de preguntas,* que se utiliza especialmente en las entrevistas que se realizan en un proceso de selección, tanto en búsquedas internas como externas. Por su simplicidad puede ser empleado tanto por un especialista en Recursos Humanos como por cualquier persona de otra área de la organización que deba entrevistar a un potencial colaborador.

En todos los casos, se elabora en relación con el *diccionario de competencias* organizacional y habitualmente consta de cuatro preguntas para cada competencia del modelo. Las preguntas son ejemplos; el entrevistador podrá utilizar, en el curso de una entrevista, una o dos preguntas según lo que considere necesario.

La idea se expone en la figura siguiente[6].

5 El lector podrá encontrar comportamientos relacionados con competencias en la obra *Diccionario de comportamientos. La trilogía. Tomo 2.* Ediciones Granica, Buenos Aires, 2015.

6 El lector podrá encontrar las preguntas relacionadas con competencias en la obra *Diccionario de preguntas. La trilogía. Tomo 3.* Ediciones Granica, Buenos Aires, 2015.

Diccionario de preguntas

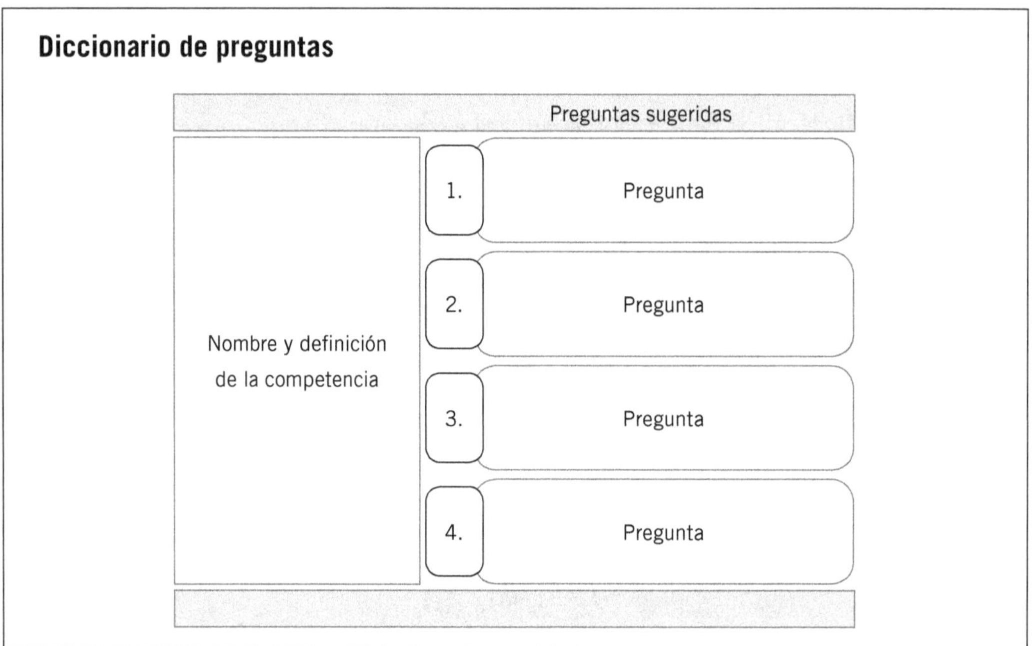

La entrevista en Gestión por competencias

Cuando una organización ha diseñado un modelo de competencias, la entrevista explora las mismas, utilizando para ello dos documentos internos: el *Diccionario de preguntas* y el *Diccionario de comportamientos*. En el Capítulo 1 se ha tratado la Gestión por competencias y, también, la selección por competencias, partiendo de las buenas prácticas en la materia. También se ha mencionado con anterioridad el rol fundamental de la entrevista en un proceso de selección, se utilicen o no competencias en la gestión de los recursos humanos.

La entrevista por competencias es una entrevista estructurada que permite evaluar a un candidato que participa en un proceso de selección considerando, especialmente, sus competencias, a través de preguntas específicas. Retomando lo explicado en el Capítulo 4, en una entrevista se indaga sobre una serie de aspectos y se incluyen, de manera específica, preguntas orientadas a evaluar competencias. La idea se explica en el gráfico de la página siguiente (expuesto en el Capítulo 4).

Como puede apreciarse en la figura siguiente, el entrevistador pregunta sobre la historia laboral, experiencia, conocimientos y otros aspectos del postulante, y además formula preguntas específicas para explorar acerca de las competencias que se desea evaluar. El entrevistador deberá, a lo largo de la entrevista, obtener hechos pasados

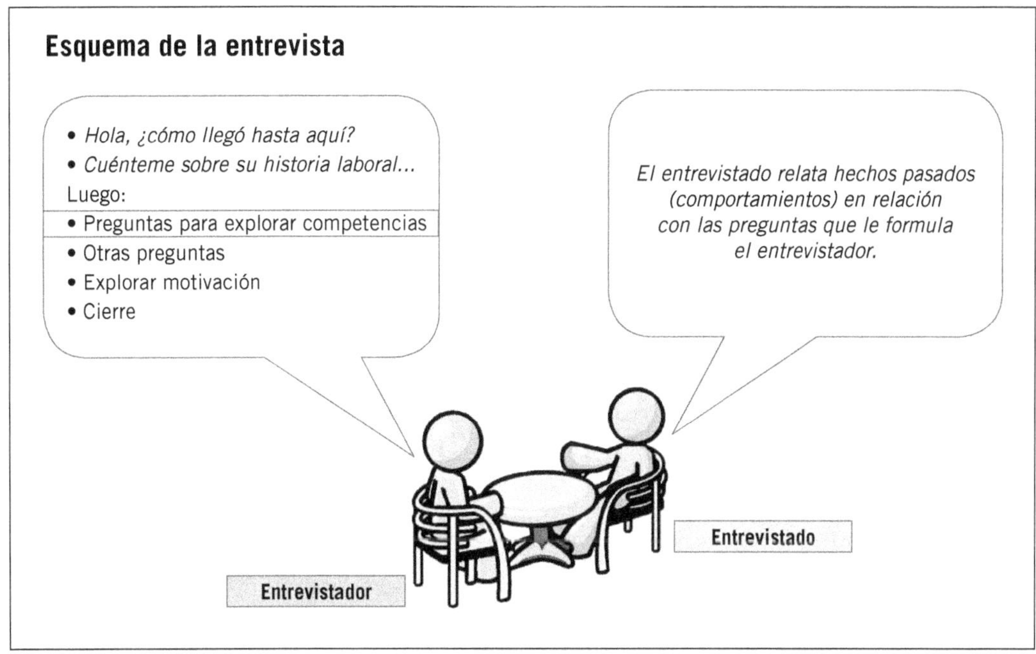

relativos al postulante para evaluar los diferentes aspectos de interés, en especial la experiencia laboral y, también, conocimientos (cómo y dónde los aplicó).

¿Cómo explorar las competencias? Primero se le formulan al entrevistado las preguntas relacionadas con cada competencia a evaluar, utilizando para ello el ya mencionado *Diccionario de preguntas*. A partir del relato obtenido –en respuesta a las preguntas– será posible observar comportamientos. Estos luego se comparan con los ejemplos definidos en el *Diccionario de comportamientos,* y se establece la relación entre unos y otros para identificar el grado correspondiente observado para esa competencia en ese postulante determinado.

Las entrevistas pueden ser de diferente tipo; sin embargo, la más utilizada es la denominada *entrevista por competencias,* que se verá en detalle a continuación. En todo tipo de entrevista se sugiere la utilización de diccionarios como herramientas de apoyo. Los diccionarios pueden ser elaborados a medida de la organización. Pero, en el caso de no contar con ellos, el entrevistador podrá utilizar una versión estándar de estos documentos[7]. La idea se expresa en el gráfico de la página siguiente.

7 En este capítulo se hace referencia a los diccionarios diseñados a medida de la organización. No obstante, el lector podrá consultar y tomar como guía y referencia los libros de Martha Alles publicados por Ediciones Granica, con títulos similares a los de estos documentos internos. Estas obras

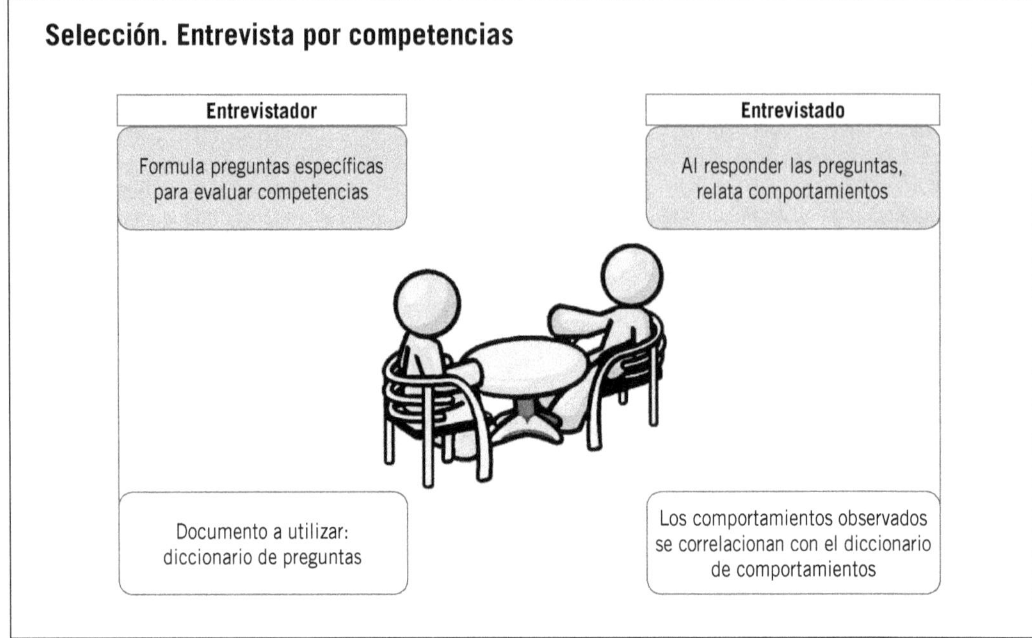

En un *diccionario de preguntas* usualmente se registran cuatro ejemplos de preguntas por cada competencia. Las preguntas no se formulan con relación al grado, sino a la competencia en su conjunto.

Como ya hemos dicho, a partir del relato obtenido como respuesta a las preguntas, será posible observar (en el relato) comportamientos. Estos luego se comparan con los ejemplos definidos en el *diccionario de comportamientos* y se establece la relación entre unos y otros para identificar el grado correspondiente. Una entrevista por competencias, de algún modo, se parece a una entrevista al estilo tradicional a la que se adicionan –a las diversas preguntas que el entrevistador desee formular– algunas preguntas específicas para medir competencias.

Usualmente, en una entrevista por competencias no se evalúan todas las competencias del puesto sino las que se consideran, por algún motivo, de mayor relevancia para esa búsqueda en particular. Allí surge el siguiente concepto a tener en cuenta:

Competencia dominante. Este concepto, que se aplica en selección de personas, hace referencia a aquellas competencias que por alguna razón son consideradas más rele-

---

son: *Diccionario de competencias. La trilogía. Tomo 1; Diccionario de comportamientos. La trilogía. Tomo 2,* y *Diccionario de preguntas. La trilogía. Tomo 3.*

vantes para ese proceso de selección en particular y que, por lo tanto, se utilizan para planear la entrevista.

Se recomienda determinar en cada caso y con el futuro jefe (cliente interno desde la perspectiva del área de Recursos Humanos) cuáles son las competencias dominantes.

En el Capítulo 6 se verá otra entrevista, denominada BEI - *Behavioral Event Interview*, o entrevista por incidentes críticos. Se trata de una entrevista de mayor extensión en la cual, además de evaluar los ya citados incidentes críticos, será posible medir todas las competencias requeridas por el puesto y no circunscribirse solamente a las competencias dominantes.

El análisis del resultado obtenido, en cualquiera de los dos tipos de entrevistas, se realiza como se explica a continuación, en los gráficos subsiguientes.

Antes de la entrevista, en función del perfil de la búsqueda y en función de las competencias requeridas para el puesto que se haya decidido medir, el entrevistador podrá seleccionar preguntas relacionadas en el *diccionario de preguntas*. La idea se expone en la figura al pie.

Durante la entrevista, formulará las preguntas y observará comportamientos en el relato del entrevistado (ver figura superior de la página siguiente).

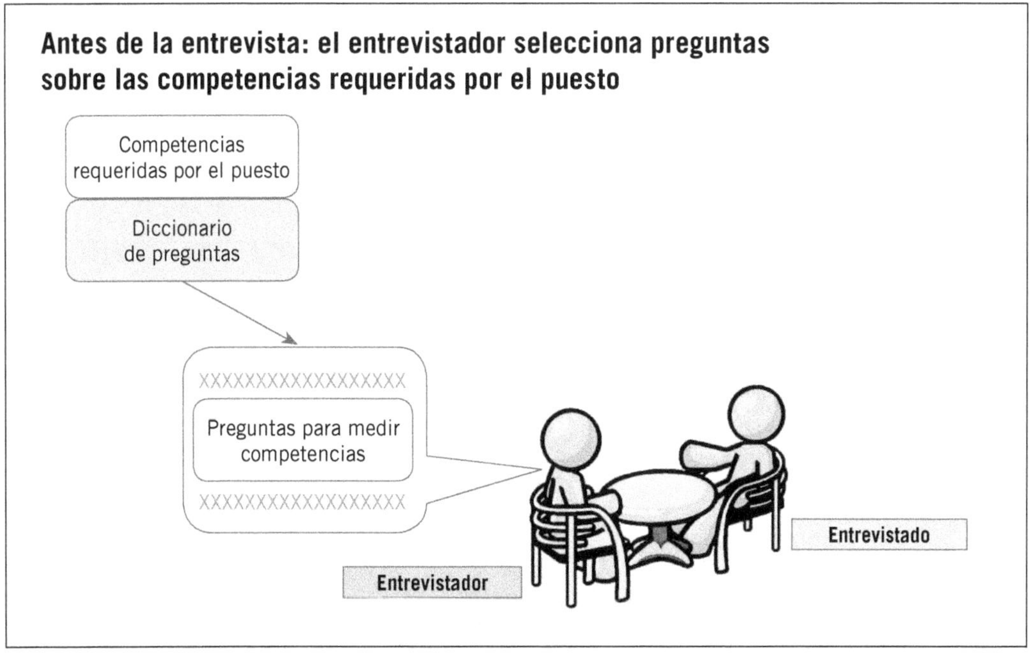

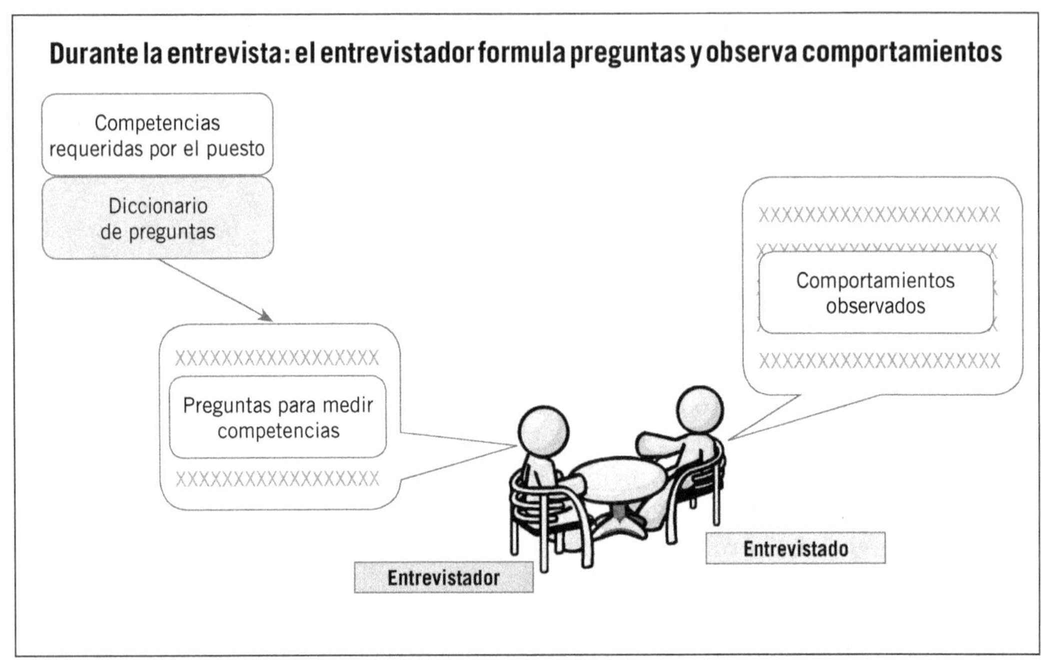
Durante la entrevista: el entrevistador formula preguntas y observa comportamientos
Competencias requeridas por el puesto
Diccionario de preguntas
Preguntas para medir competencias
Comportamientos observados
Entrevistador
Entrevistado

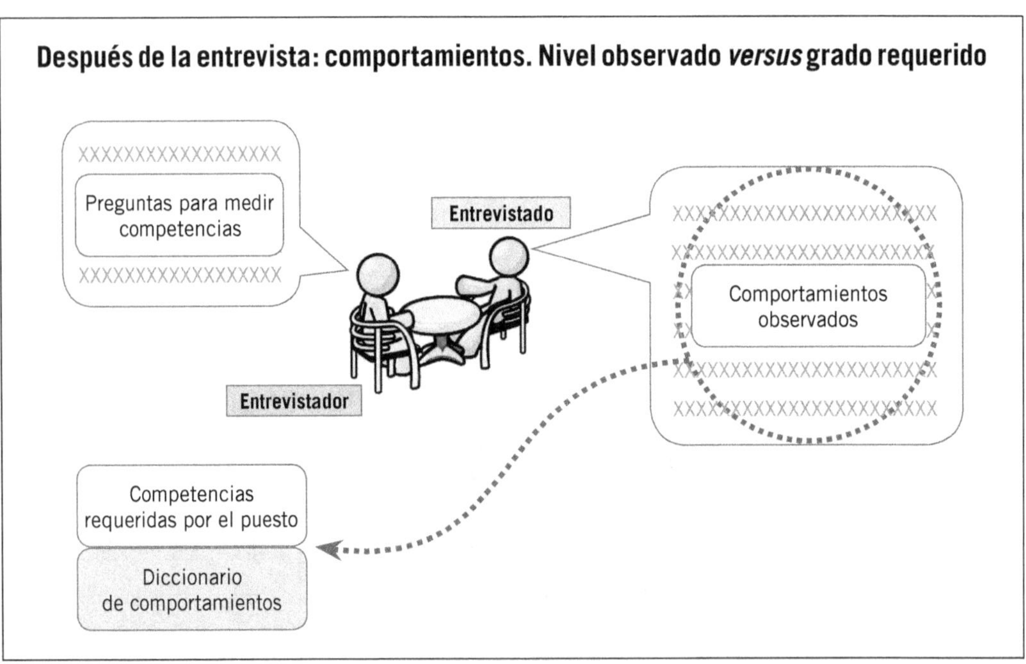
Después de la entrevista: comportamientos. Nivel observado *versus* grado requerido
Preguntas para medir competencias
Entrevistado
Entrevistador
Comportamientos observados
Competencias requeridas por el puesto
Diccionario de comportamientos

Por último, cotejará los comportamientos observados en el relato del entrevistado con el *Diccionario de comportamientos* y así podrá determinar el grado observado en el postulante para cada competencia analizada. Más adelante, en este mismo capítulo, el lector podrá encontrar un ejemplo práctico de esta instancia clave del proceso (ver figura inferior en la página anterior).

En resumen, el entrevistador formulará preguntas que le permitirán evaluar las competencias requeridas por el puesto. Para ello podrá utilizar el *Diccionario de preguntas* de la organización (si se cuenta con ese documento interno) o bien uno de tipo estándar[8]. Adicionalmente, el entrevistador, respetando el estilo, y a partir de estas preguntas, podrá preparar las propias, adaptadas a sus propias circunstancias. También, será posible preparar preguntas para medir valores.

La mencionada *entrevista por competencias*[9] podrá ser realizada tanto por los especialistas en Recursos Humanos como por los futuros jefes de los participantes en un proceso de búsqueda.

Cómo utilizar el *Diccionario de preguntas* y el *Diccionario de comportamientos* en la entrevista por competencias

En una explicación simple y rápida podríamos decir que las posibles respuestas a las preguntas de un diccionario podrán ser encontradas en el *Diccionario de comportamientos*. La idea se expresa en la figura de la página siguiente.

Cuando los diccionarios se confeccionan a medida, reflejando así las necesidades de cada organización, en su puesta en práctica será factible medir las capacidades específicas necesarias para desempeñarse en un determinado puesto de trabajo.

8 El lector podrá ver ejemplos de preguntas en la obra *Diccionario de preguntas. La trilogía. Tomo 3.*

9 La implementación de las entrevistas como herramientas permitirá que sean utilizadas tanto por el selector como por el futuro jefe del potencial colaborador. Ver la obra *Las 50 herramientas de Recursos Humanos que todo profesional debe conocer*, específicamente las herramientas número 21 y 22.

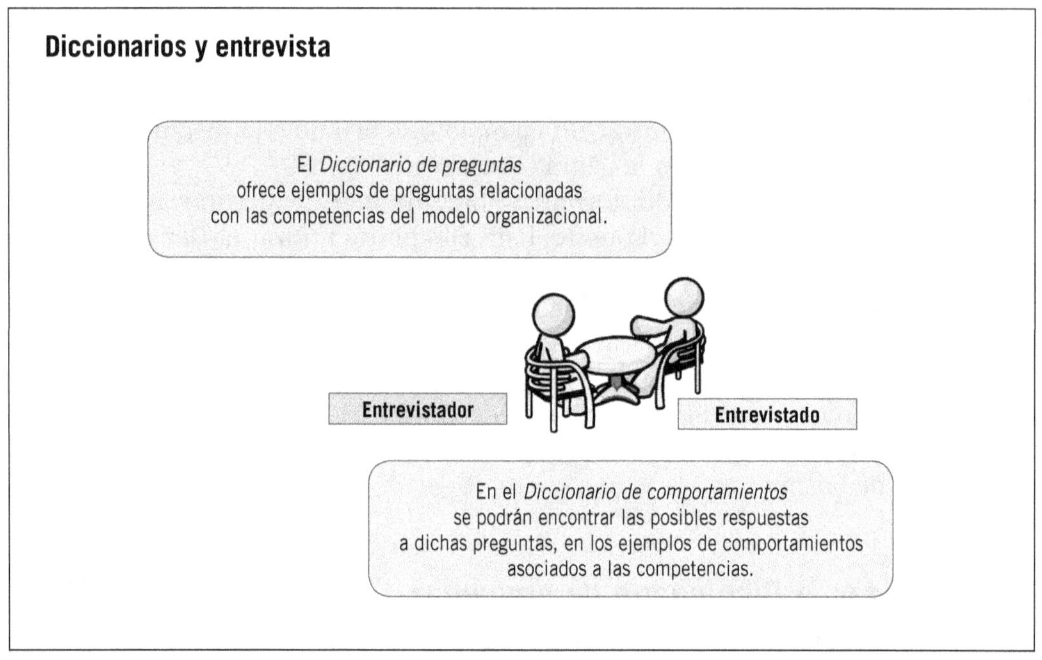

El *Diccionario de comportamientos* y su utilización en selección de personas y en la entrevista por competencias

Una vez finalizada la entrevista, el entrevistador –tanto el especialista en Recursos Humanos como el futuro jefe/cliente interno– deberá analizar las respuestas y los comportamientos vistos en ellas, y compararlos con el *diccionario de comportamientos* organizacional para así determinar el nivel o grado observado de cada competencia.

Para la determinación del nivel o grado detectado, el entrevistador compara las respuestas brindadas por el entrevistado –que representan los comportamientos observados– con los comportamientos descritos en el *diccionario de comportamientos,* y se analiza entre cuáles de ellos hay coincidencia. De este modo es posible determinar el grado que evidencia el entrevistado en cada una de las competencias evaluadas y/u observadas. En el ejemplo práctico que se expone a continuación se podrá apreciar, en detalle, esta forma de análisis.

Con frecuencia, se observan comportamientos de las competencias evaluadas y sobre las cuales se formularon las preguntas y, adicionalmente, se recogen comportamientos de otras competencias.

En resumen, cuando se realiza una adecuada utilización de las preguntas, del relato del entrevistado se obtienen los comportamientos (comportamientos observados), que serán la base para realizar la evaluación de las competencias de esa persona.

Una vez obtenida esta información (comportamientos observados y registrados) se realiza la comparación con el *diccionario de comportamientos* para determinar el grado al que corresponden. Luego, dicho resultado se coteja con lo requerido por el perfil de la búsqueda, para determinar si los niveles de competencias requeridos coinciden con los que la persona ha evidenciado en la/s entrevista/s.

El registro de la entrevista ha sido tratado en el Capítulo 4. A continuación solo se hará al respecto un breve comentario adicional.

Según surge de la figura siguiente, el entrevistador registrará comportamientos observados, no sus opiniones o deducciones; de este modo se logra mayor objetividad en la evaluación, particularmente en la comparación de esas observaciones con los ejemplos del *diccionario de comportamientos.*

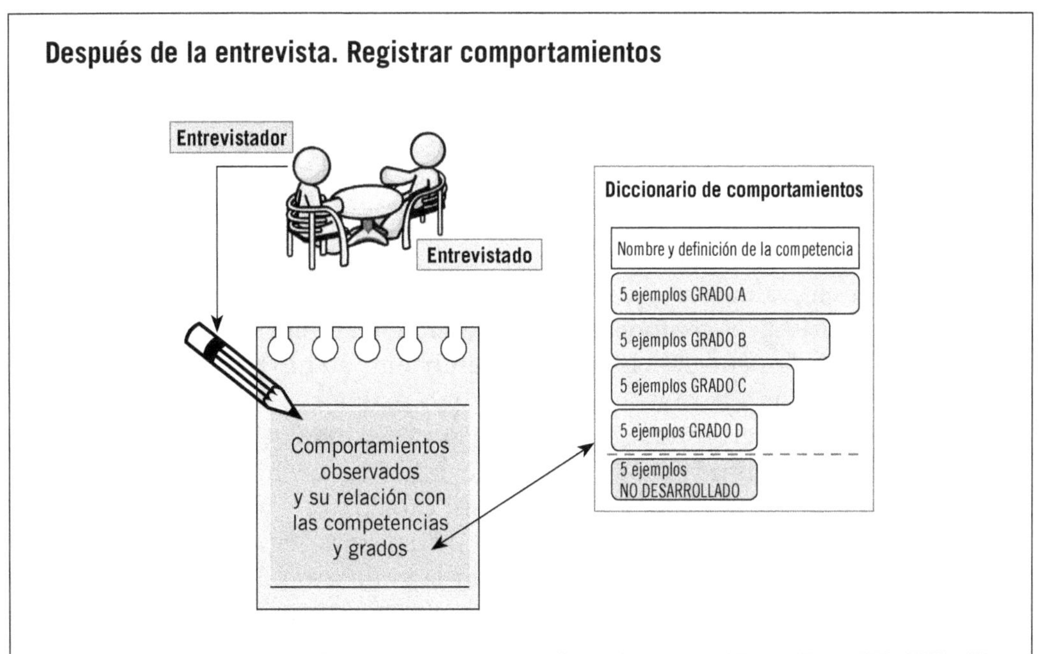

Otros conceptos a tener cuenta

Utilizamos el término *microcomportamientos* para designar a aquellos pequeños comportamientos de la vida cotidiana que, al ser poco relevantes, no son considerados o tomados en cuenta. Sin embargo, podrían llegar a predecir otros comportamientos de mayor significado. Los microcomportamientos, usualmente, son ignorados tanto por quien los manifiesta como por quien –eventualmente– podría llegar a observarlos.

En selección de personas es posible observar microcomportamientos, detalles que no deben ser ignorados. No obstante, creo oportuno señalar que primero se debe aprender a observar comportamientos, para luego hacer foco en los microcomportamientos, y no al revés.

Veamos algunos casos de microcomportamientos observables en una entrevista. En ocasiones, un entrevistado no se adapta a las consignas de la reunión, llega tarde a la entrevista, no asiste y no avisa previamente, responde a las preguntas formuladas refiriéndose a algo diferente a lo que se le preguntó, o con imprecisiones o detalles irrelevantes, y otras acciones no demasiado importantes, aparentemente, que pueden ser adjudicadas a una circunstancia particular: por ejemplo, que el entrevistado estaba ansioso por demostrar sus capacidades o que estaba nervioso. Sin embargo, estas acciones pueden estar anticipando que esta persona, en su puesto de trabajo futuro, tampoco se adaptará a las consignas establecidas por un superior.

Para cerrar esta referencia, deseo enfatizar que no estoy sugiriendo tomar decisiones sobre la base de detalles. Sin embargo, los detalles, los microcomportamientos, deberán ser luces rojas que indiquen que allí hay algo que se debe profundizar.

El término *observable* se utiliza para calificar aquello que se puede ver (observar) con claridad y sin lugar a dudas. El concepto implica, en el observador, prestar atención, es decir, tener la intención de fijar en algo o alguien la atención de modo de fundamentar una evaluación o juicio respecto de lo observado.

En una entrevista, los comportamientos serán observables en el relato del entrevistado, por lo cual el entrevistador deberá estar muy atento para poder discernir cuándo el entrevistado está refiriendo algo que realmente hizo, de una opinión o de un hecho real, pero protagonizado por otra persona; y, por último y lo más frecuente, cuándo el entrevistado mezcla en el relato lo que hizo con lo que *debería haber hecho* y no hizo, por cualquier razón, justificada o no.

Para la evaluación será muy importante poder separar en el relato aquello que realmente el candidato hizo y sobre esto basar la evaluación. Por el contrario, será un error significativo basar la evaluación en opiniones u otras consideraciones similares.

Otras mediciones

En esta obra se está describiendo cómo medir competencias en procesos de selección de personas. Sin embargo, la medición de competencias también puede realizarse en otros momentos y sobre la base de otras herramientas, más allá de las entrevistas.

Entre las herramientas más utilizadas para medir competencias de personas que ya forman parte de la organización podemos citar las *fichas de evaluación*[10].

Otra evaluación muy difundida es la denominada *assessment.* Con esta palabra, de uso generalizado, se hace referencia al denominado *Assessment Center Method* (ACM). Este método tiene aplicaciones diversas, en selección y –también– con relación a otros fines, como establecer la adecuación persona-puesto o detectar necesidades de formación, entre las aplicaciones más frecuentes.

Además de la entrevista que se está describiendo en este capítulo, se puede mencionar otra de mayor extensión, denominada BEI - *Behavioral Event Interview,* o entrevista por incidentes críticos, mediante la cual –como su nombre lo indica– se evalúan incidentes críticos en el historial de la persona evaluada, y que además permite medir todas las competencias requeridas por el puesto.

Las dos últimas evaluaciones mencionadas (ACM y BEI) serán tratadas en el Capítulo 6.

Relación entre comportamientos y competencias

Las competencias definidas como "capacidad para... (hacer una determinada cosa)" no son visibles en sí mismas. La observación solo podrá hacerse a través de sus manifestaciones visibles: los comportamientos. La expresión "relación entre comportamientos y competencias" hace referencia a esta circunstancia. Una persona puede observar en otra –y en sí misma– los comportamientos vinculados a las competencias, no así las competencias propiamente dichas.

Como ya se expusiera, en la Metodología de Gestión por Competencias MAI se hace una diferenciación entre competencias y comportamientos. La idea se expresa en la figura siguiente.

10 Las *fichas de evaluación* son de dos tipos y están explicadas en la obra *Las 50 herramientas de Recursos Humanos que todo profesional debe conocer*, Ediciones Granica, Buenos Aires, 2016.

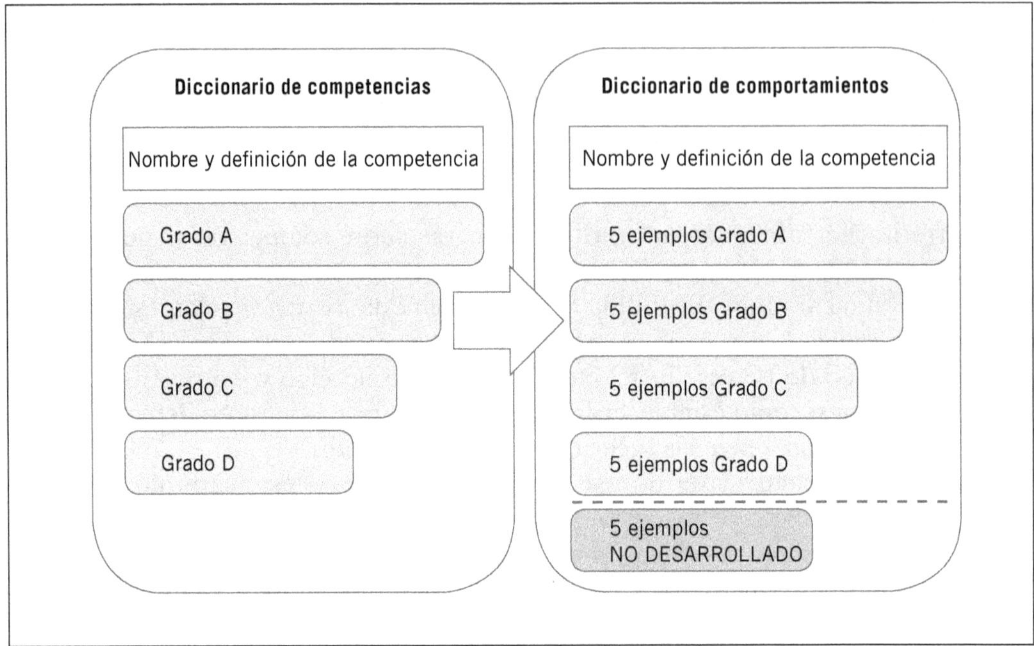

En la enunciación de una competencia y sus grados se expresa la definición teórica de una capacidad, que la organización necesita para alcanzar su estrategia (sección izquierda en la figura precedente). Luego, esa definición de la competencia y sus grados se traduce en ejemplos de comportamientos observables, para facilitar su medición (lado derecho de la figura).

Por ejemplo, la *Capacidad de planificación y organización* se observa en comportamientos; en este caso, cuando una persona logra fijar etapas y prioridades en su trabajo, en la compra de un bien, o en cualquier otra acción que realice.

En resumen, la parte visible de las competencias de una persona serán sus comportamientos. Por lo tanto, serán estos los que se podrán observar y categorizar. Esta idea se expresa en la figura de la página siguiente.

En el ejemplo práctico que se expone a continuación, se utiliza un esquema similar al aquí expuesto[11].

11 Se sugiere al lector ver en detalle las diferencias entre comportamientos y competencias comparando los contenidos, por ejemplo, para un mismo concepto. La idea se expone en el Ejemplo práctico –en este mismo capítulo–, sobre la competencia *Capacidad de planificación y organización*. Las obras recomendadas son: *Diccionario de competencias. La trilogía. Tomo 1* y *Diccionario de comportamientos. La trilogía. Tomo 2.*

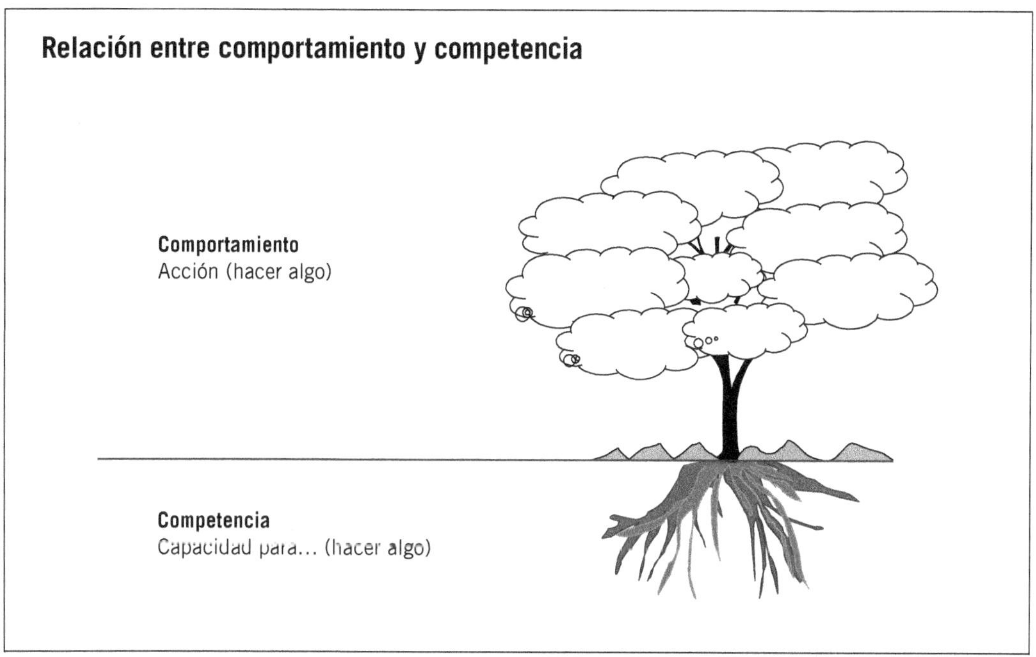

Cómo observar comportamientos en una entrevista. Ejemplo práctico

El ejemplo práctico preparado para esta sección consta de dos partes (Ejemplo práctico –parte 1– y Ejemplo práctico –parte 2–). Para ambas, se ha elegido el área de Recursos Humanos. En el primero de los ejemplos, un perfil de búsqueda para un nivel junior; en el segundo, un nivel gerencial[12]. En ambos casos se formularán preguntas sobre una sola competencia: *Capacidad de planificación y organización*[13].

12 En la obra *Diccionario de preguntas. La trilogía. Tomo 3* el lector encontrará el ejemplo completo donde un entrevistador formula las mismas preguntas a dos imaginarios postulantes para evaluar la misma competencia –en el caso elegido para esa obra, la competencia *Colaboración*–.

13 Definición de la competencia *Capacidad de planificación y organización:* capacidad para determinar eficazmente metas y prioridades de su tarea, área o proyecto, y especificar las etapas, acciones, plazos y recursos requeridos para el logro de los objetivos. Incluye utilizar mecanismos de seguimiento y verificación de los grados de avance de las distintas tareas para mantener el control del proceso y aplicar las medidas correctivas necesarias. (Definición de la competencia según la obra *Diccionario de competencias. La trilogía. Tomo 1.* Ediciones Granica, Buenos Aires, 2015.)

Ejemplo práctico (parte 1)

La primera parte –Ejemplo práctico (parte 1)– ha sido elaborada sobre la base de una posición junior del área de Recursos Humanos. Las competencias del puesto son las que se exponen en el gráfico al pie. Allí solo se consignan seis competencias para el área, a fin de simplificar el esquema. Además, se ha sombreado la competencia *Conducción de personas* dado que por el nivel de la posición la misma no es requerida.

En la entrevista, quien la lleve adelante deberá evaluar todas las competencias requeridas y/o que se haya decidido evaluar. Sin embargo, para simplicidad del ejemplo aquí trabajaremos solo con la competencia *Capacidad de planificación y organización.*

Como este es un ejemplo preparado para ser expuesto en esta obra, tomaré como base las definiciones, apertura en grados y ejemplos de comportamientos de los diccionarios ya mencionados[14].

Como se desprende de la figura, en el perfil de la búsqueda el nivel requerido de la competencia en cuestión es el Grado D. Por lo tanto, en el gráfico de la página siguiente solo se consigna dicho grado.

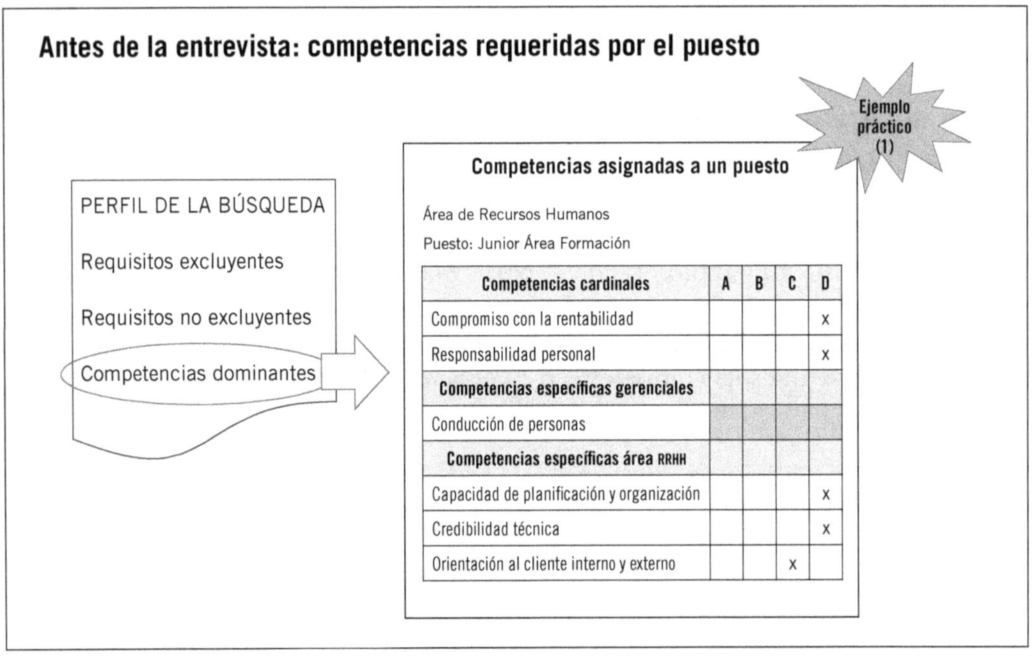

Competencias cardinales	A	B	C	D
Compromiso con la rentabilidad				x
Responsabilidad personal				x
Competencias específicas gerenciales				
Conducción de personas				
Competencias específicas área RRHH				
Capacidad de planificación y organización				x
Credibilidad técnica				x
Orientación al cliente interno y externo			x	

14 *Diccionario de competencias. La trilogía. Tomo 1*, página 168 y *Diccionario de comportamientos. La trilogía. Tomo 2*, páginas 212 y 213.

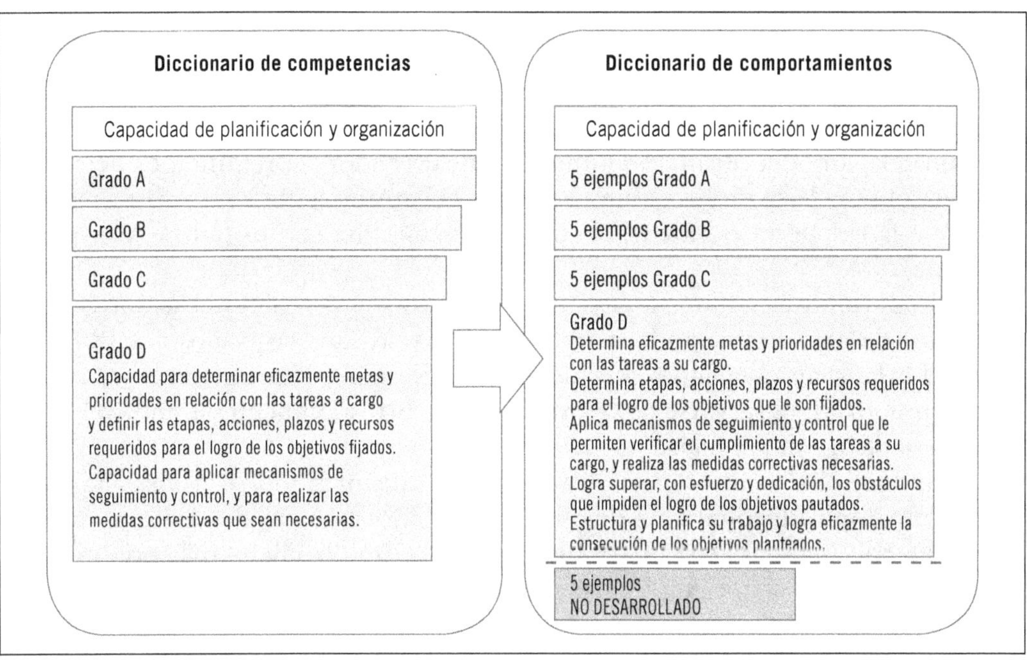

Diccionario de preguntas

Capacidad de planificación y organización

Preguntas sugeridas

1. Cuénteme sobre algún proyecto de cuya implementación usted haya sido responsable. Precise los pasos y tiempos que demandó, si se cumplieron los planes establecidos, cómo realizó la planificación, etcétera.

2. Descríbame alguna implementación realizada en su área o sector que usted haya sido el responsable de llevar adelante, aun cuando no fuese el responsable máximo del proyecto.

3. Cuénteme de alguna situación en la que a usted o a su área/sector le haya tocado implementar algo planeado y diseñado por otro y a usted le hayan asignado el control del proyecto.

4. En su vida personal, ¿planifica aquellos viajes u otras situaciones que implican un desembolso especial de dinero o le insumen tiempo o algún otro recurso escaso? ¿De qué manera lo hace?

Las preguntas relacionadas con esta competencia, según el libro respectivo[15], son las que se detallan en el gráfico inferior de la página anterior.

El entrevistador elige la primera pregunta, la formula en dos tiempos, primero una parte y luego la otra. El entrevistado responde.

Con relación a la misma pregunta, el entrevistador repregunta, es decir, profundiza sobre la base de la respuesta previa, y el entrevistado continúa con su relato. Como la respuesta es extensa, la misma se consigna en dos figuras (ver página siguiente).

Es importante resaltar que, en una entrevista, será posible observar comportamientos de más de un grado; para este caso, podrían ser grados C y D. Siendo un nivel junior, en el ejemplo será poco probable encontrar los niveles más altos. También podrían observarse comportamientos correspondientes a un nivel no desarrollado de la competencia.

Cuando se observen comportamientos de más de un grado, se aconseja formular alguna pregunta adicional a fin de obtener un mayor número de ejemplos y así poder evaluar al candidato con mayor información. Otra opción, para la pregunta elegida, sería solicitar otro ejemplo, si el evaluado participó en otro proyecto, etcétera.

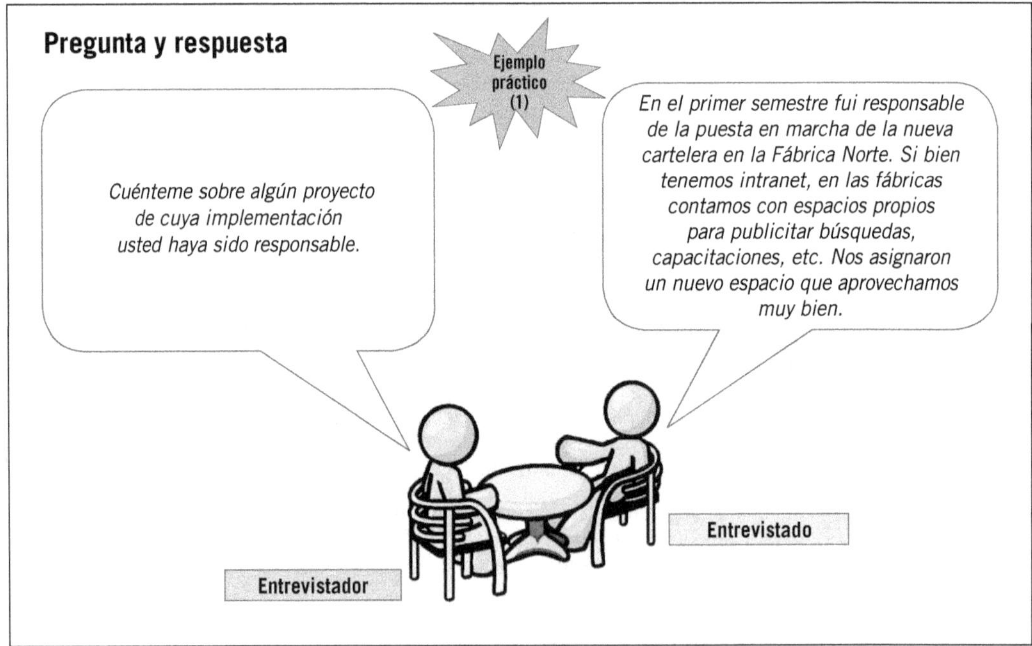

15 *Diccionario de preguntas. La trilogía. Tomo 3*, página 166.

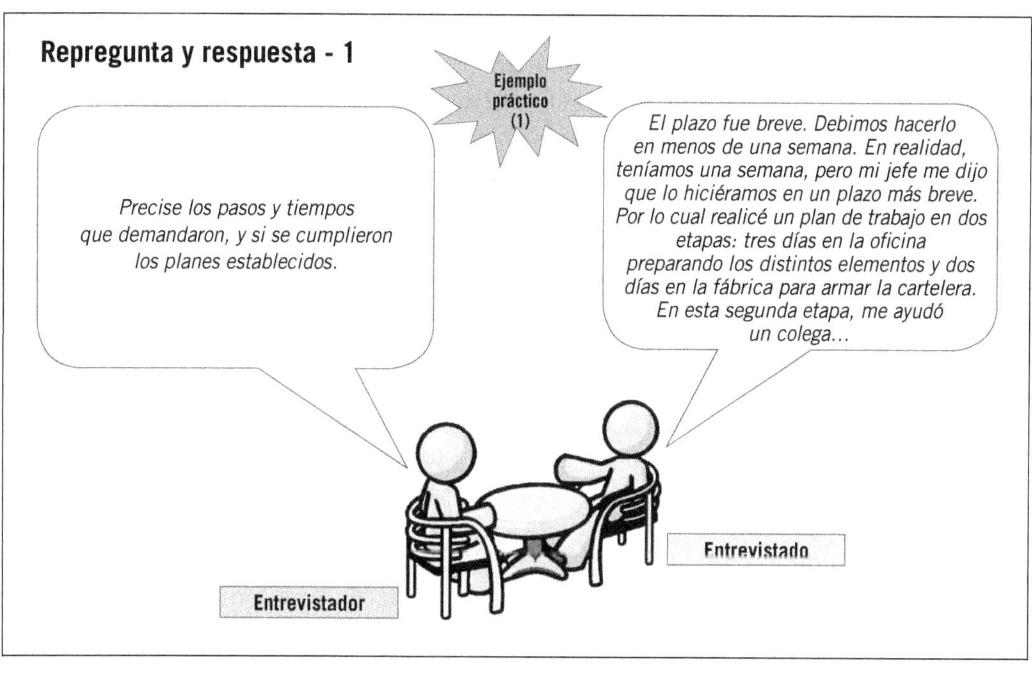
Repregunta y respuesta - 1
Ejemplo práctico (1)
Precise los pasos y tiempos que demandaron, y si se cumplieron los planes establecidos.
El plazo fue breve. Debimos hacerlo en menos de una semana. En realidad, teníamos una semana, pero mi jefe me dijo que lo hiciéramos en un plazo más breve. Por lo cual realicé un plan de trabajo en dos etapas: tres días en la oficina preparando los distintos elementos y dos días en la fábrica para armar la cartelera. En esta segunda etapa, me ayudó un colega...
Entrevistado
Entrevistador

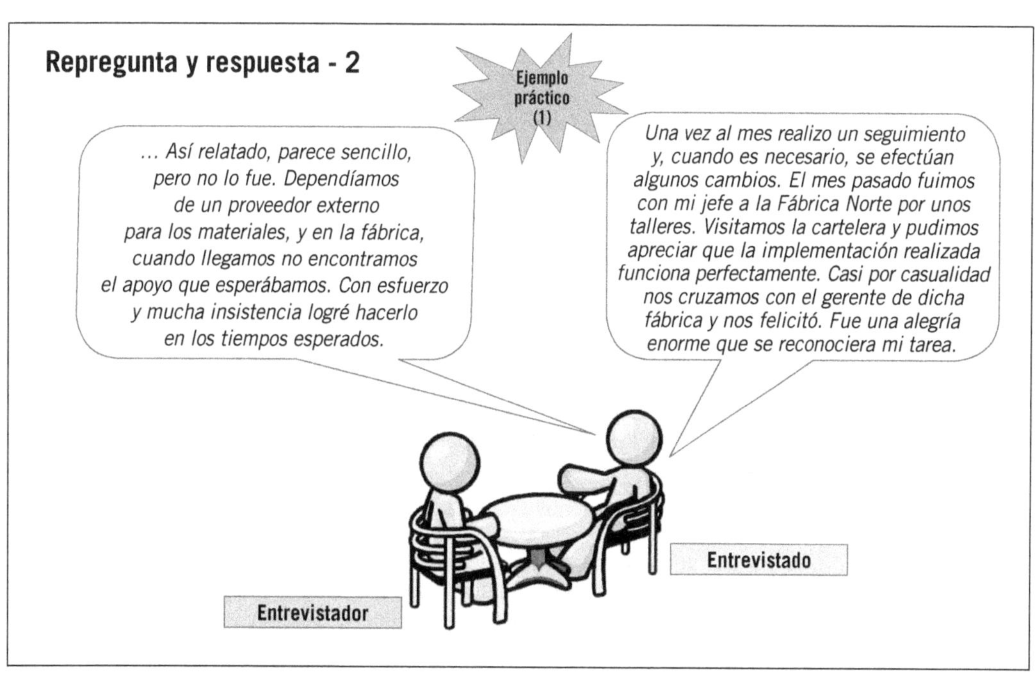
Repregunta y respuesta - 2
Ejemplo práctico (1)
... Así relatado, parece sencillo, pero no lo fue. Dependíamos de un proveedor externo para los materiales, y en la fábrica, cuando llegamos no encontramos el apoyo que esperábamos. Con esfuerzo y mucha insistencia logré hacerlo en los tiempos esperados.
Una vez al mes realizo un seguimiento y, cuando es necesario, se efectúan algunos cambios. El mes pasado fuimos con mi jefe a la Fábrica Norte por unos talleres. Visitamos la cartelera y pudimos apreciar que la implementación realizada funciona perfectamente. Casi por casualidad nos cruzamos con el gerente de dicha fábrica y nos felicitó. Fue una alegría enorme que se reconociera mi tarea.
Entrevistado
Entrevistador

Una vez finalizada la entrevista, el entrevistador, si bien conoce que de acuerdo al perfil de la búsqueda el grado requerido es el D –en el ejemplo que aquí se está desarrollando– y que, dado que se está entrevistando un nivel junior, este será el que probablemente se determine, cotejará las respuestas con todos los ejemplos del *diccionario de comportamientos*, es decir, con los grados A, B, C, D y No desarrollado.

Continuando con el ejemplo, para el análisis de las respuestas se han comparado las frases –que el entrevistado ha manifestado durante la entrevista– con los ejemplos de comportamientos que ofrece el *diccionario* respectivo.

Para una mejor comprensión del ejemplo práctico, se incluye al pie una tabla con las frases del entrevistado, donde se han subrayado los comportamientos detectados. Adicionalmente, a cada frase se le asignó un número para luego utilizar dicho número como referencia en el gráfico de la página siguiente.

En función de las respuestas a la pregunta formulada y su respectiva repregunta, será posible observar, en el relato del entrevistado, comportamientos Grado D de la competencia *Capacidad de planificación y organización.*

En la figura de la página siguiente el lector podrá apreciar la relación de cada una de las frases –a las cuales he asignado un número de orden– con cada uno de los cinco ejemplos de comportamientos Grado D de la referida competencia.

Análisis de las respuestas	
Frase	**Texto en el cual se han subrayado los comportamientos observados**
1	En el primer semestre fui responsable de la puesta en marcha de la nueva cartelera en la Fábrica Norte. Si bien tenemos intranet, en las fábricas contamos con espacios propios para publicitar búsquedas, capacitaciones, etc. Nos asignaron un nuevo espacio que aprovechamos muy bien.
2	El plazo fue breve. Debimos hacerlo en menos de una semana. En realidad, teníamos una semana, pero mi jefe me dijo que lo hiciéramos en un plazo más breve. Por lo cual, realicé un plan de trabajo en dos etapas: tres días en la oficina preparando los distintos elementos y dos días en la fábrica para armar la cartelera. En esta segunda etapa, me ayudó un colega...
3	Así relatado, parece sencillo, pero no lo fue. Dependíamos de un proveedor externo para los materiales, y en la fábrica, cuando llegamos no encontramos el apoyo que esperábamos. Con esfuerzo y mucha insistencia logré hacerlo en los tiempos esperados.
4	Una vez al mes realizo un seguimiento y, cuando es necesario, se efectúan algunos cambios. El mes pasado fuimos con mi jefe a la Fábrica Norte por unos talleres. Visitamos la cartelera y pudimos apreciar que la implementación realizada funciona perfectamente. Casi por casualidad nos cruzamos con el gerente de dicha fábrica y nos felicitó. Fue una alegría enorme que se reconociera mi tarea.

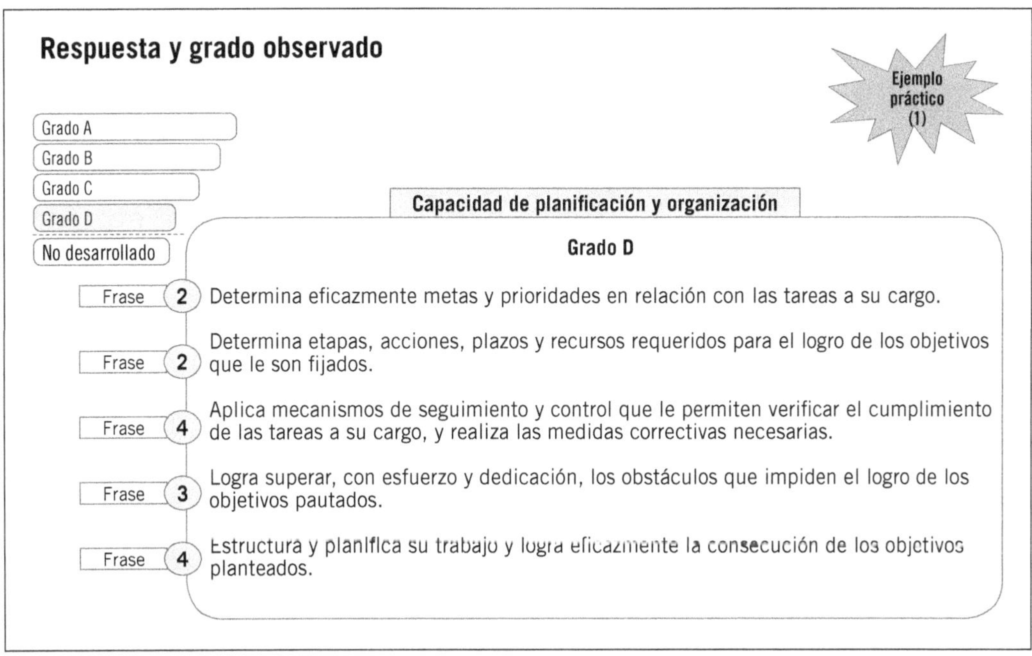

Ejemplo práctico (parte 2)

Como se anticipara en páginas previas, la segunda parte del ejemplo práctico se ha elaborado para una posición gerencial en el área de Recursos Humanos. Las competencias del puesto son las que se exponen en el gráfico de la página siguiente. Se consignan seis para simplificar el esquema. A diferencia del ejemplo anterior, la competencia *Conducción de personas* es requerida para el puesto, en Grado B, dado que se trata de una posición de nivel gerencial.

En la entrevista, quien la lleva adelante deberá evaluar todas las competencias. Para el ejemplo, y como ya se mencionara, he elegido la competencia *Capacidad de planificación y organización.*

Al igual que en el ejemplo anterior, se han tomado como base las definiciones, apertura en grados y ejemplos de comportamientos de los *diccionarios* publicados[16].

Como se desprende de la figura, el nivel requerido para la competencia en cuestión es el Grado B. Por ello, en el gráfico que se expone al pie de la página siguiente solo se consigna dicho grado.

16 *Diccionario de competencias. La trilogía. Tomo 1,* página 168 y *Diccionario de comportamientos. La trilogía. Tomo 2,* páginas 212 y 213.

Antes de la entrevista: competencias requeridas por el puesto

Ejemplo práctico (2)

PERFIL DE LA BÚSQUEDA

Requisitos excluyentes

Requisitos no excluyentes

Competencias dominantes

Competencias asignadas a un puesto

Área de Recursos Humanos

Puesto: Gerente de RRHH

Competencias cardinales	A	B	C	D
Compromiso con la rentabilidad	x			
Responsabilidad personal	x			
Competencias específicas gerenciales				
Conducción de personas		x		
Competencias específicas área RRHH				
Capacidad de planificación y organización		x		
Credibilidad técnica	x			
Orientación al cliente interno y externo	x			

Diccionario de competencias

Capacidad de planificación y organización

Grado A

Grado B
Capacidad para diseñar métodos de trabajo para su área que permitan determinar eficazmente metas y prioridades para sus colaboradores y definir las etapas, acciones, plazos y recursos requeridos para el logro de los objetivos fijados, en general, así como los de cada etapa en particular. Capacidad para diseñar e implementar mecanismos de seguimiento y verificación de los grados de avance de las distintas etapas para mantener el control de los proyectos o procesos y poder, de ese modo, aplicar las medidas correctivas que resulten necesarias.

Grado C

Grado D

Diccionario de comportamientos

Capacidad de planificación y organización

5 ejemplos Grado A

Grado B
Diseña métodos de trabajo para su área que permiten determinar eficazmente metas y prioridades para sus colaboradores.
Define etapas, acciones, plazos y recursos requeridos para el logro de los objetivos fijados para su área de trabajo, en general, así como para cada etapa en particular.
Diseña herramientas de seguimiento y verificación de los grados de avance de las distintas etapas, para mantener el control de los proyectos o procesos de su área de trabajo y de ese modo poder aplicar las medidas correctivas que son necesarias.
Es proactivo y actúa con efectividad en el manejo de problemas o situaciones inesperadas que podrían obstaculizar el logro de las metas pautadas.
Es un referente en materia de planificación y organización para sus colaboradores.

5 ejemplos Grado C

5 ejemplos Grado D

5 ejemplos
No Desarrollado

Las preguntas a utilizar serán las mismas que se expusieron para el Ejemplo práctico (parte 1). Al igual que allí, el entrevistador elige la primera pregunta, y la formula en dos tiempos, primero una parte y luego la otra. El entrevistado responde.

Con relación a la misma pregunta, el entrevistador repregunta, es decir, profundiza sobre la base de la respuesta previa, y el entrevistado continúa con su relato. Como la respuesta es extensa, la misma se consigna en dos figuras (ver página siguiente).

Como ya se comentara, en una entrevista será posible observar comportamientos de más de un grado; podrían ser del nivel buscado, o de uno más alto o más bajo, y también podrán observarse comportamientos correspondientes a un nivel no desarrollado de la competencia.

Cuando se observen comportamientos de más de un grado, se aconseja formular alguna pregunta adicional a fin de obtener un mayor número de ejemplos y así poder evaluar al candidato con mayor información.

Una vez finalizada la entrevista, el entrevistador analizará las respuestas. En el ejemplo que aquí se está desarrollando el nivel requerido es el B; no obstante, cotejará las respuestas con todos los ejemplos del *diccionario de comportamientos*, es decir, con los grados A, B, C, D y No desarrollado.

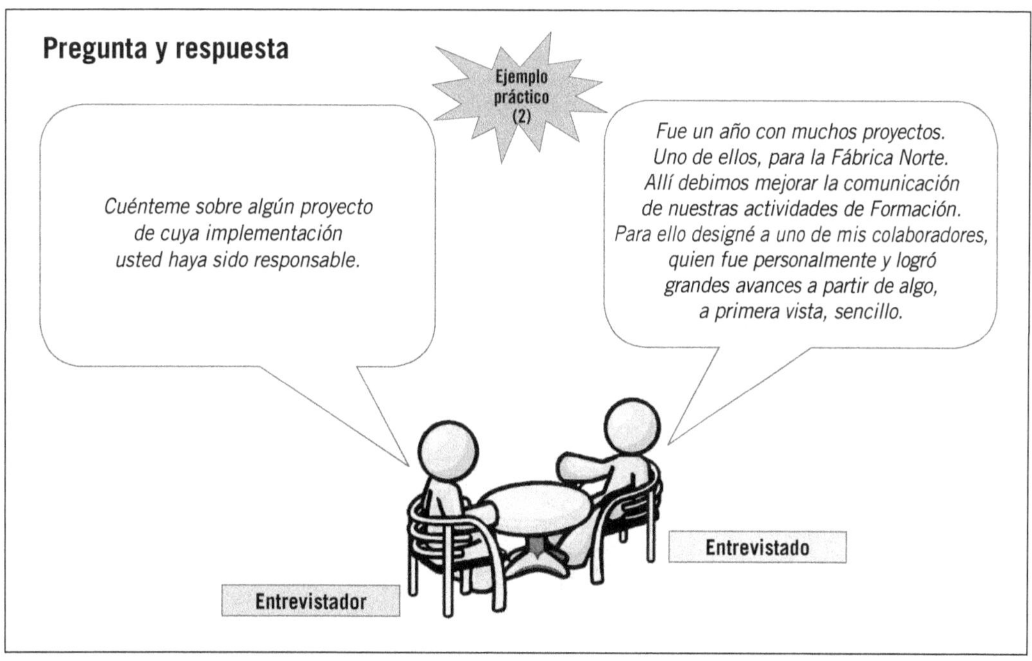

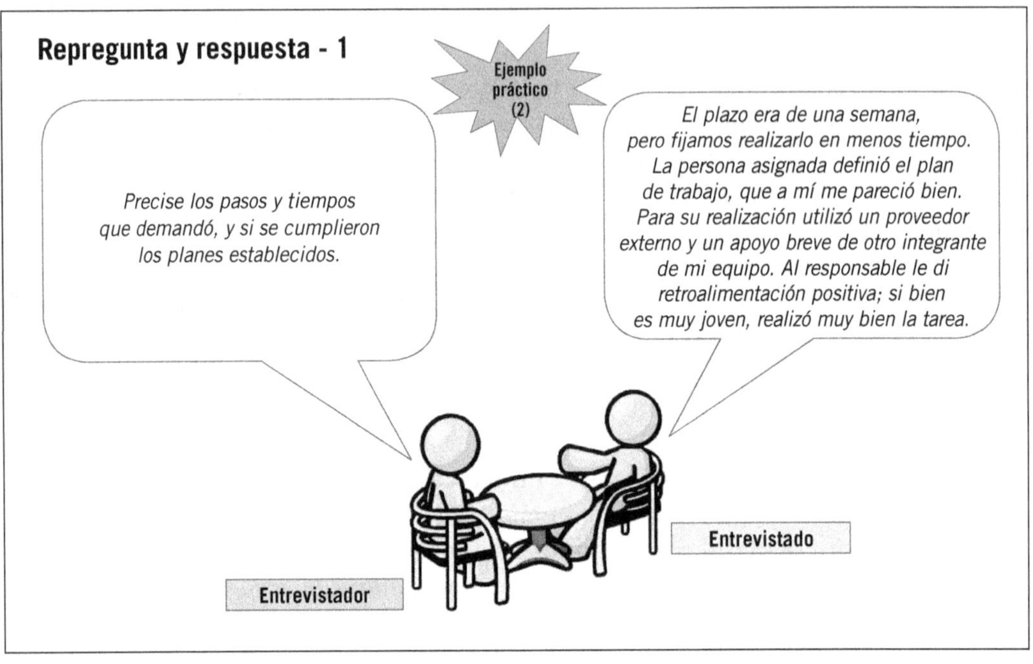
Repregunta y respuesta - 1
Ejemplo práctico (2)
Precise los pasos y tiempos que demandó, y si se cumplieron los planes establecidos.
El plazo era de una semana, pero fijamos realizarlo en menos tiempo. La persona asignada definió el plan de trabajo, que a mí me pareció bien. Para su realización utilizó un proveedor externo y un apoyo breve de otro integrante de mi equipo. Al responsable le di retroalimentación positiva; si bien es muy joven, realizó muy bien la tarea.
Entrevistado
Entrevistador

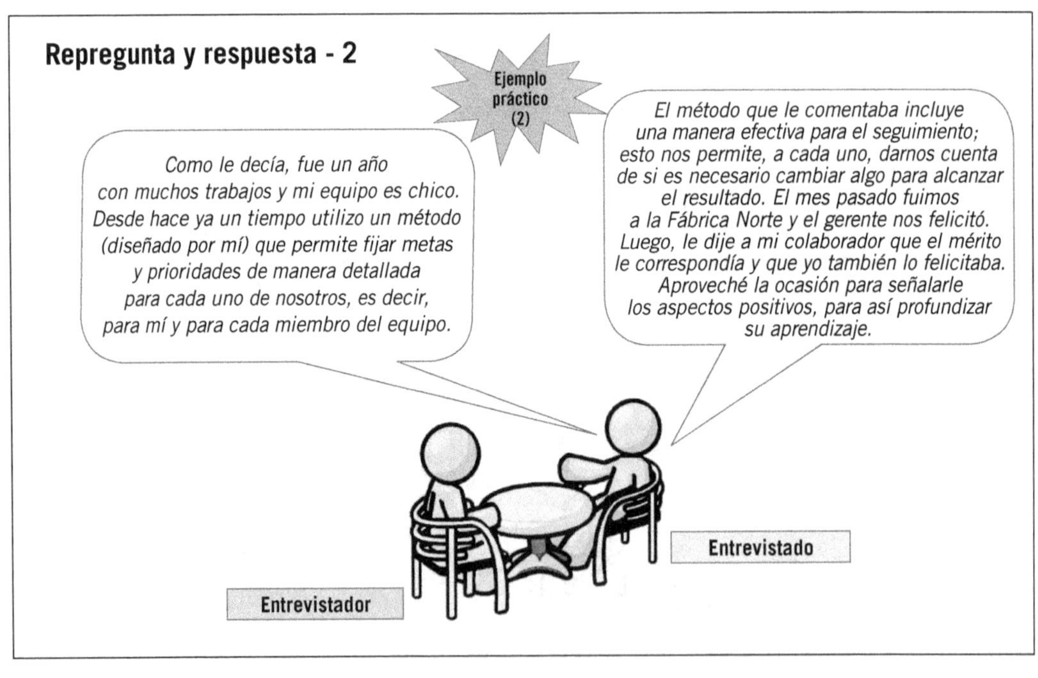
Repregunta y respuesta - 2
Ejemplo práctico (2)
Como le decía, fue un año con muchos trabajos y mi equipo es chico. Desde hace ya un tiempo utilizo un método (diseñado por mí) que permite fijar metas y prioridades de manera detallada para cada uno de nosotros, es decir, para mí y para cada miembro del equipo.
El método que le comentaba incluye una manera efectiva para el seguimiento; esto nos permite, a cada uno, darnos cuenta de si es necesario cambiar algo para alcanzar el resultado. El mes pasado fuimos a la Fábrica Norte y el gerente nos felicitó. Luego, le dije a mi colaborador que el mérito le correspondía y que yo también lo felicitaba. Aproveché la ocasión para señalarle los aspectos positivos, para así profundizar su aprendizaje.
Entrevistado
Entrevistador

Continuando con el ejemplo, para el análisis de las respuestas se han comparado las frases que el entrevistado ha manifestado durante la entrevista con los ejemplos de comportamientos que ofrece el libro *diccionario de comportamientos.*

Para una mejor comprensión se incluye a continuación una tabla donde se han subrayado los comportamientos detectados. Adicionalmente, a cada frase se le asignó un número para luego utilizar dicho número como referencia en el gráfico posterior.

El entrevistador, una vez finalizada la entrevista, al analizarla en su conjunto y de acuerdo con las respuestas obtenidas, decidió compararlas –además– con comportamientos relativos a otras competencias requeridas para el puesto. En este caso, encontró correspondencia con algunos comportamientos de la competencia *Conducción de personas,* y dentro de esta, con el Grado B[17]. Estos comportamientos se exponen en la figura de la página siguiente.

Análisis de las respuestas	
Frase	**Texto en el cual se han subrayado los comportamientos observados**
1	Fue un año con muchos proyectos. Uno de ellos, para la Fábrica Norte. Allí debimos mejorar la comunicación de nuestras actividades de Formación; para ello designé a uno de mis colaboradores, quien fue personalmente y logró grandes avances a partir de algo, a primera vista, sencillo.
2	El plazo era de una semana, pero fijamos realizarlo en menos tiempo. La persona asignada definió el plan de trabajo, que a mí me pareció bien. Para su realización utilizó un proveedor externo y un apoyo breve de otro integrante de mi equipo. Al responsable le di retroalimentación positiva; si bien es muy joven, realizó muy bien la tarea.
3	Como le decía, fue un año con muchos trabajos y mi equipo es chico. Desde hace ya un tiempo, utilizo un método (diseñado por mí) que permite fijar metas y prioridades de manera detallada para cada uno de nosotros, es decir, para mí y para cada miembro del equipo.
4	El método que le comentaba incluye una manera efectiva para el seguimiento; esto nos permite, a cada uno, darnos cuenta de si es necesario cambiar algo para alcanzar el resultado. El mes pasado fuimos a la Fábrica Norte y el gerente nos felicitó. Luego, le dije a mi colaborador que el mérito le correspondía y que yo también lo felicitaba. Aproveché la ocasión para señalarle los aspectos positivos, para así profundizar su aprendizaje.

17 *Diccionario de comportamientos. La trilogía. Tomo 2,* páginas 182 y 183.

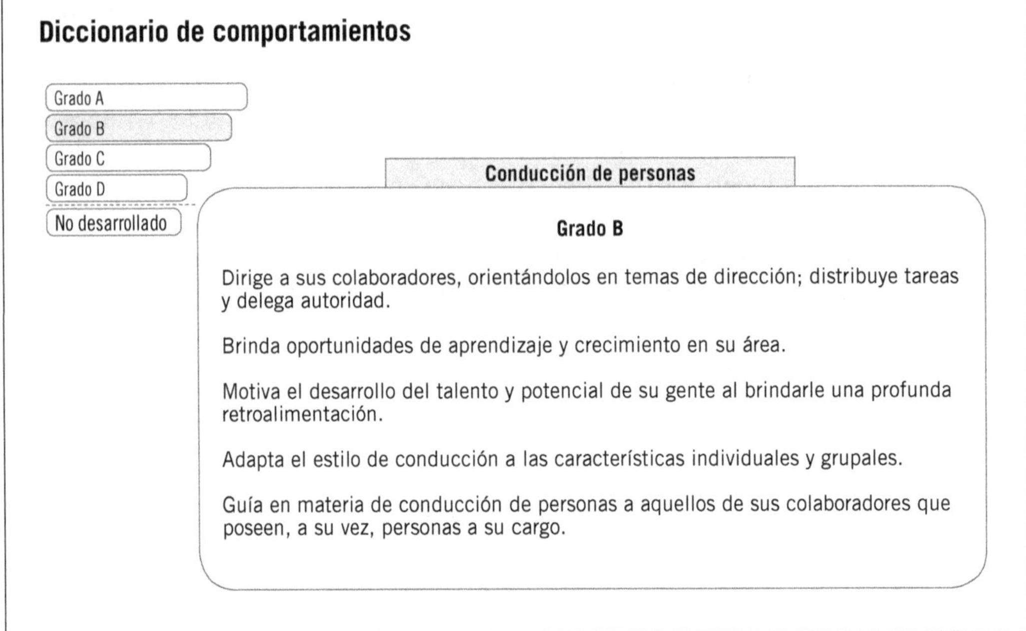
Diccionario de comportamientos

Grado A
Grado B
Grado C
Grado D
No desarrollado

Conducción de personas

Grado B

Dirige a sus colaboradores, orientándolos en temas de dirección; distribuye tareas y delega autoridad.

Brinda oportunidades de aprendizaje y crecimiento en su área.

Motiva el desarrollo del talento y potencial de su gente al brindarle una profunda retroalimentación.

Adapta el estilo de conducción a las características individuales y grupales.

Guía en materia de conducción de personas a aquellos de sus colaboradores que poseen, a su vez, personas a su cargo.

En función de las respuestas a la pregunta formulada y la subsiguiente repregunta, será posible observar, en el relato del entrevistado, comportamientos Grado B de la competencia *Capacidad de planificación y organización*, y también comportamientos Grado B de la competencia *Conducción de personas.*

En las dos figuras de la página siguiente el lector podrá apreciar la relación de cada una de las frases –a las cuales previamente he asignado un número de orden– con los distintos ejemplos de comportamientos Grado B, de cada una de las competencias mencionadas. En ambas figuras se muestra que solo se han observado algunos de los ejemplos de comportamientos que expone el diccionario respectivo.

Como cierre del Ejemplo práctico 2, deseo compartir con el lector que la situación aquí expuesta –que al preguntar sobre una competencia se obtuvieron comportamientos de esa competencia y, además, de otra– es sumamente frecuente.

A lo largo de una entrevista y formulando preguntas sobre, por ejemplo, cuatro competencias dominantes, será posible obtener información válida –comportamientos– sobre otras competencias; muchas veces, de todas las requeridas por el puesto en cuestión.

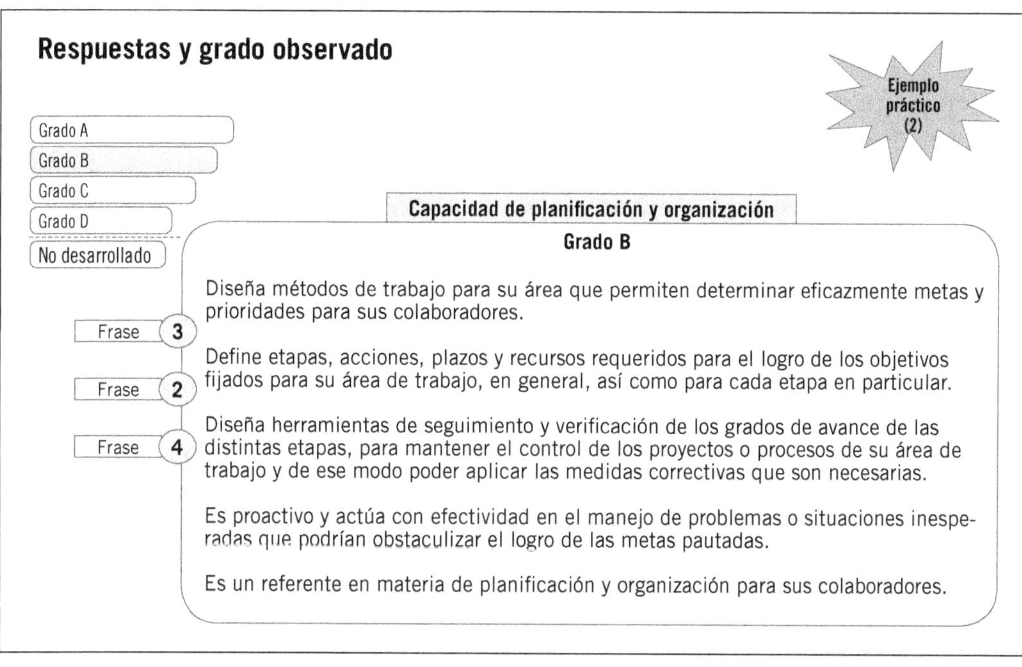
Respuestas y grado observado
Ejemplo práctico (2)
Grado A
Grado B
Grado C
Grado D
No desarrollado
Capacidad de planificación y organización
Grado B
Frase 3
Diseña métodos de trabajo para su área que permiten determinar eficazmente metas y prioridades para sus colaboradores.
Frase 2
Define etapas, acciones, plazos y recursos requeridos para el logro de los objetivos fijados para su área de trabajo, en general, así como para cada etapa en particular.
Frase 4
Diseña herramientas de seguimiento y verificación de los grados de avance de las distintas etapas, para mantener el control de los proyectos o procesos de su área de trabajo y de ese modo poder aplicar las medidas correctivas que son necesarias.
Es proactivo y actúa con efectividad en el manejo de problemas o situaciones inesperadas que podrían obstaculizar el logro de las metas pautadas.
Es un referente en materia de planificación y organización para sus colaboradores.

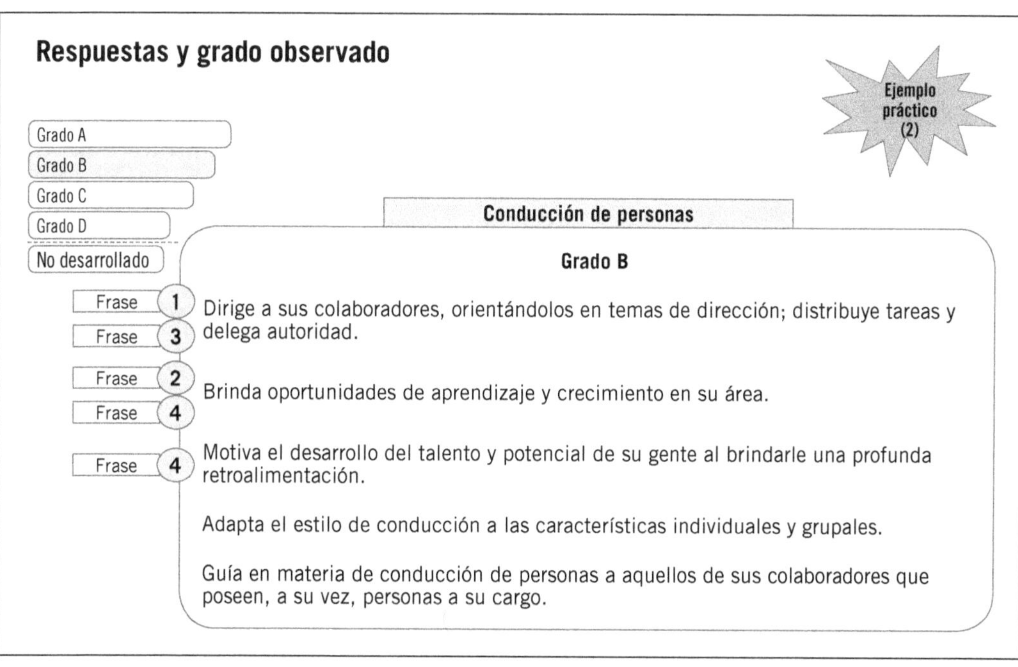
Respuestas y grado observado
Ejemplo práctico (2)
Grado A
Grado B
Grado C
Grado D
No desarrollado
Conducción de personas
Grado B
Frase 1
Frase 3
Dirige a sus colaboradores, orientándolos en temas de dirección; distribuye tareas y delega autoridad.
Frase 2
Frase 4
Brinda oportunidades de aprendizaje y crecimiento en su área.
Frase 4
Motiva el desarrollo del talento y potencial de su gente al brindarle una profunda retroalimentación.
Adapta el estilo de conducción a las características individuales y grupales.
Guía en materia de conducción de personas a aquellos de sus colaboradores que poseen, a su vez, personas a su cargo.

Comentarios sobre el ejemplo práctico planteado

El ejemplo práctico fue diseñado con el propósito de enfatizar algunos conceptos. Al mismo tiempo, para limitar la extensión del ejemplo, he asumido algunas simplificaciones. Por ejemplo, que los comportamientos observados son todos del mismo grado. También, que ambos entrevistados poseían las competencias en el grado requerido, D y B, respectivamente. Por último, entre las limitaciones adoptadas para no excedernos en la extensión, en ambos casos solo se formuló una sola pregunta. Veamos, de todos modos, cómo analizar cada uno de los ejemplos planteados.

En la primera parte del ejemplo se formuló una sola pregunta, y del relato se obtuvieron evidencias de cada uno de los comportamientos considerados en el diccionario. Además, en este ejemplo se está evaluando a un candidato para una posición junior. Si todos los otros requisitos del puesto, incluyendo la observación de comportamientos de las otras competencias, fuesen positivos, seguramente el entrevistador no realizará indagaciones adicionales sobre esta competencia en particular.

En cambio, en el caso número 2, se está evaluando un nivel gerencial y se ha formulado solo una pregunta. Si bien se han observado un número relevante de comportamientos, podría ser insuficiente. El entrevistador debería formular más preguntas o bien, continuando con la misma, solicitar más ejemplos. De ese modo, obtendrá más comportamientos que podrán confirmar o no la observación que se expusiera aquí, simplificada solo para explicar una forma de trabajo.

Por último, otro aspecto a señalar es que se utilizó la misma pregunta en los dos casos del ejemplo. En ocasiones, y según la competencia que se analice, quizá sea necesario adaptar la pregunta si se está entrevistando un nivel junior o un nivel gerencial. En otros casos, no será necesario.

Qué hace falta para hacer bien una entrevista por competencias

En el Capítulo 1 hablamos sobre "quién puede ser un buen selector", en relación con todo el proceso de selección. Aquí haré una mención sobre quién puede ser un buen entrevistador por competencias, tanto especialista en Recursos Humanos como futuro jefe/cliente interno.

Hacer una buena entrevista por competencias es sencillo y complejo a la vez. El entrevistador deberá –primero– estar formado y entrenado en entrevista por competencias. Luego, deberá conocer el modelo de competencias organizacional, es decir, manejar con fluidez los diccionarios de competencias, comportamientos y preguntas.

El entrevistador, durante la entrevista y, muy especialmente, después de esta, deberá analizar la correlación entre la verosimilitud del relato, los comportamientos allí observados y los comportamientos descritos en el *diccionario de comportamientos* organizacional. El análisis a realizar deberá ser conceptual. Difícilmente se podrá hacer una comparación literal entre los dichos del entrevistado y el texto del documento interno (*diccionario de comportamientos*). El entrevistado no usará las mismas palabras. Por lo tanto, de algún modo, el entrevistador deberá "traducir" los contenidos, sin modificar la esencia de los diferentes aspectos expuestos por el entrevistado.

El entrevistador deberá, también, manejar las preguntas y las repreguntas. Estas últimas son de suma utilidad para validar la verosimilitud del relato.

En una primera instancia esto parecerá complejo, pero no lo será si se escucha primero y se realiza la comparación después. Si bien la explicación aquí expuesta puede sugerir que se trata de un proceso difícil y algo mecánico, un entrevistador entrenado, a medida que gana experiencia, lo irá convirtiendo en algo cada vez más natural y fluido, una forma de entrevistar que será parte de sus métodos de trabajo habituales.

Un último comentario para los que aún no dominan este tipo de entrevista. El entrevistador deberá estar muy atento y, llegado el caso, repreguntar, para confirmar que el entrevistado está describiendo algo que él haya hecho, y no solo expresando una opinión o refiriéndose a algo que hizo otra persona. Para ello será de gran utilidad considerar los tiempos verbales que el entrevistado utiliza y el uso del singular o el plural en sus relatos.

La entrevista por competencias podrá ser utilizada por entrevistadores del área de Recursos Humanos y, también, por los futuros jefes. Para emplear esta valiosa herramienta solo hace falta el debido entrenamiento.

Cómo comparar a los diferentes postulantes en un proceso de selección

En el Capítulo 2 se trató un tema que hemos titulado "Perfil de la búsqueda *versus* perfil del postulante. Compatibilidad". Allí vimos que luego del reclutamiento, la recepción de candidaturas y las distintas instancias de evaluación de postulantes, era posible –a partir de esta información– definir para cada postulante un perfil, denominado "perfil del postulante". Esta expresión se utiliza para designar al conjunto de capacidades de la persona, incluyendo sus estudios formales, conocimientos, competencias y experiencia, así como su motivación tanto en relación con su carrera como para el cambio laboral.

El selector responsable del proceso comparará los distintos postulantes con los diversos ítems que componen el perfil de la búsqueda.

Analizar si una persona es adecuada para un puesto implica siempre considerar los requisitos para ocuparlo. Esta afirmación se relaciona con cualquier nivel o puesto dentro de una organización.

Los requisitos siempre serán una mezcla de conocimientos, experiencia, competencias y motivación. Cambiarán los términos de esa mezcla o fórmula, pero los elementos constitutivos siempre deben estar en consideración, en la proporción requerida para cada caso.

Dentro del ámbito de las organizaciones, ya sea una búsqueda interna o externa, una promoción o cualquier otra situación, la comparación del futuro ocupante de un puesto con la posición a cubrir deberá incluir, como mínimo, los siguientes elementos para un correcto análisis: conocimientos (incluye estudios formales), experiencia, competencias y motivación. La idea se expresa en la figura al pie.

En cuanto a la motivación, se deberán incluir en el análisis diversas cuestiones. Desde las económicas hasta otras, que podrán variar según el caso y según corresponda: un jefe muy exigente, muchas horas de trabajo, una mudanza a otra ciudad, un cambio de horario inconveniente, un ambiente de trabajo con ciertas características, factores que pueden ser positivos, negativos o más complejos, y que son percibidos de manera distinta por personas diferentes.

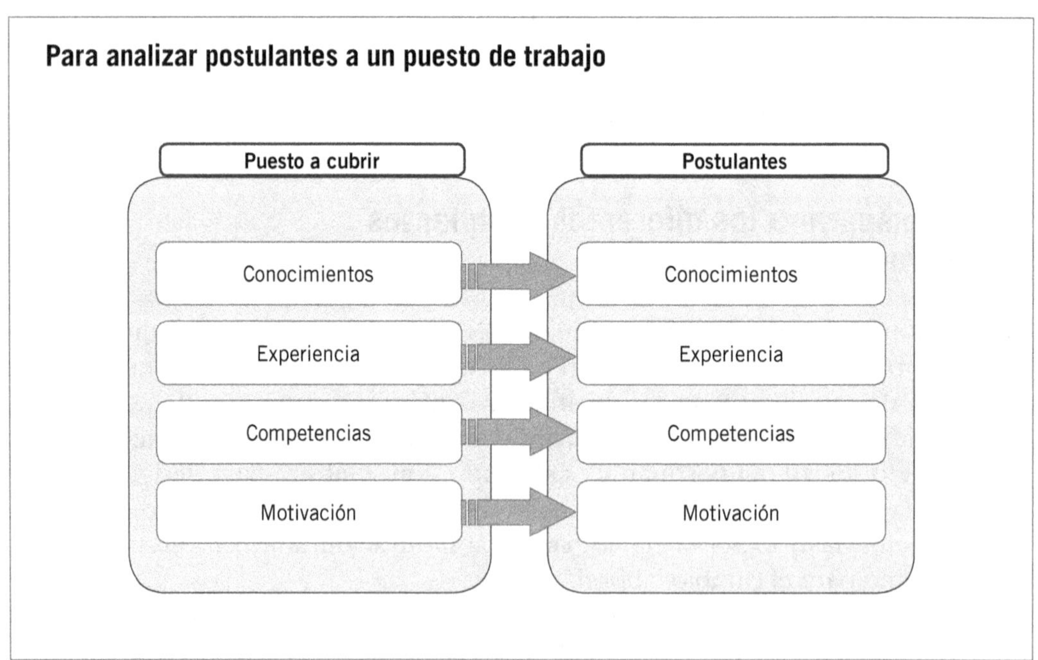

Para analizar postulantes a un puesto de trabajo

También, deberán tomarse en cuenta las motivaciones para el cambio de trabajo y de carrera personal de los postulantes (carrera, proyectos personales, visión de futuro, etc.; ver Capítulo 4) y cotejarlas con las reales posibilidades para el puesto y en la organización.

Comparación de candidatos

En un proceso de selección o en cualquier otra instancia en la que se deba elegir entre dos o más opciones de candidatos a un mismo puesto, se debe cotejar lo requerido por la posición con las capacidades de cada aspirante. En cualquiera de los casos mencionados, también será posible encontrarse con restricciones.

Restricción. Elemento o condición que en caso de no verificarse deja fuera de un proceso de selección a los candidatos o postulantes que no la cumplan. Ejemplos: salario, lugar de residencia (si esto fuese un elemento a tomar en cuenta), y aun otros que, si bien pueden ser considerados como discriminatorios, en algunas organizaciones o circunstancias específicas pueden ser tenidos en cuenta, como el sexo.

Como se mencionara, será muy importante que las restricciones se determinen en el momento de definir el perfil de la búsqueda, de manera que los candidatos que no cumplan con dicho aspecto puedan ser desafectados tempranamente del proceso. No obstante esta sugerencia, de sentido común y en línea con las buenas prácticas, aquí se analizará la comparación considerando todos los ítems que se puedan llegar a presentar en el momento de comparar candidaturas.

Para la toma de decisiones relacionadas con los recursos humanos es posible aplicar técnicas cuantitativas; entre otras, las recomendadas cuando deben tomarse decisiones bajo incertidumbre.

Todas las mediciones realizadas sobre personas pueden inscribirse dentro de la incertidumbre, no solo por la dificultad intrínseca de la medición de personas sino porque, además, en materia de Recursos Humanos se "mide" o evalúa a una persona por lo vivido (el pasado, incluso reciente) para tomar decisiones, en todos los casos, de futuro.

Elegir entre varias opciones. Secuencia sugerida

En el ámbito de las organizaciones y dentro de la disciplina de Recursos Humanos, se debe elegir entre varias opciones en muchas circunstancias –por ejemplo, en selección de personas, tema principal de esta obra, y en promociones internas, que se verá en el Capítulo 9, y también en otras circunstancias, como planes de sucesión y diagramas de reemplazo, por citar dos de las más conocidas–.

Elegir es la acción de optar por una variante en particular sobre la base de criterios específicos. Esta "elección" siempre deberá realizarse comparando tres elementos con las respectivas mediciones de los mismos ítems en cuestión: *conocimientos, experiencia, competencias.* A estos conceptos debe adicionarse la *motivación* del postulante, considerando muy especialmente la correlación entre los proyectos personales y las características del nuevo puesto.

La comparación deberá hacerse para cada una de las personas en particular. La persona cuyas capacidades estén más en línea con los requerimientos de la posición a ocupar será la que tendrá más chances de tener un desempeño exitoso en el puesto.

Primero se deberán identificar las restricciones, mencionadas precedentemente. Es decir, aquellos factores que, por alguna razón, dejarán fuera del análisis a ciertos candidatos. Como ya se comentara, sería ideal haber considerado las restricciones al inicio del proceso de selección para, de ese modo, desafectar a todos aquellos candidatos que, por ejemplo, no posean determinado atributo, estén fuera del rango solicitado en algún factor, etc. Por eso hemos denominado a esta instancia "Momento 0".

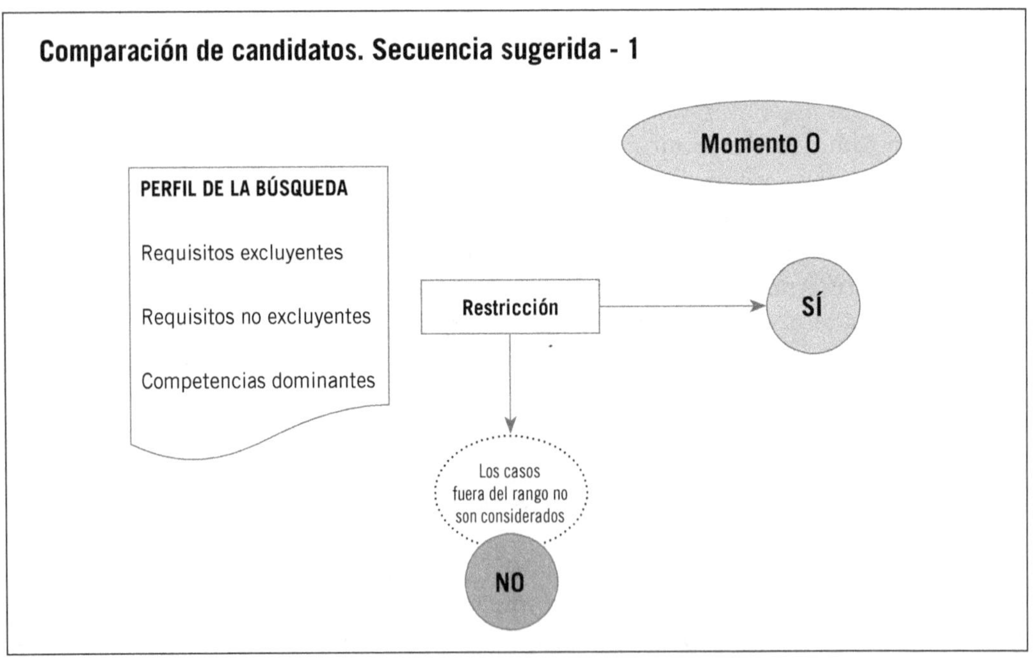

Como surge de la figura precedente, las personas que cumplan los aspectos identificados como restricciones no formarán parte del proceso de selección.

Luego, para realizar la comparación sugerimos agrupar conceptualmente los distintos aspectos a considerar. En este caso, los requisitos del puesto: experiencia, conocimientos y competencias. A su vez, en cada uno de ellos, hay que diferenciar su carácter de excluyente o no excluyente. En el caso de competencias, identificar las dominantes y las restantes. La idea expuesta se muestra en la figura al pie.

Para la comparación de los distintos atributos será posible utilizar *teoría de las decisiones* y *conjuntos borrosos*. Esta última medición cuantitativa se relaciona con la chance de que el atributo se verifique en un contexto de incertidumbre. También se denomina *matemática borrosa*.

A su vez, la *teoría de las decisiones* permitirá la ponderación de dichos atributos, entre sí o, en un análisis más detallado, abriendo cada atributo en partes.

Veremos la aplicación de estos conceptos a continuación.

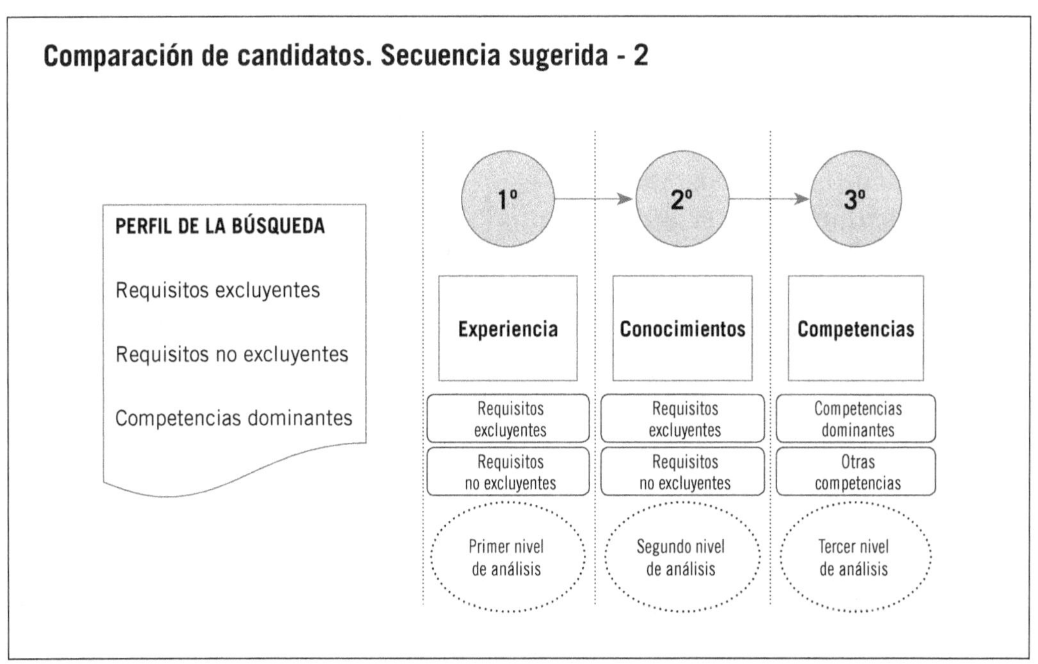

Fijar prioridades y niveles de importancia

¿Cuál es la proporción de conocimientos, competencias y experiencia que un puesto requiere? No hay una respuesta única para esta pregunta; depende de cada caso en particular.

Dentro de una misma organización las proporciones también pueden ser diferentes; dependerán de los distintos puestos y responsabilidades. Incluso puede llegar a darse el caso de que una misma búsqueda, es decir, un proceso de selección para elegir una persona para ocupar un puesto de trabajo, en un momento dado puede requerir una mezcla diferente que en otras circunstancias.

Por ejemplo, se podrá definir que la experiencia se pondera con un factor 20, los conocimientos un factor 30 y, por último, las competencias tienen una ponderación de 50 (total de la suma de factores igual a 100). Adicionalmente, se podría asignar factores diferenciales para las distintas competencias que integren el perfil de la búsqueda. Como se dijera, estas ponderaciones podrán ser diferentes según los puestos de trabajo e, incluso, variar de un proceso de selección a otro, aun referido al mismo tipo de puesto de trabajo.

En todos los casos se debe considerar que las competencias marcan la diferencia. Una persona puede contar con todos los conocimientos y experiencia que el puesto requiere, pero si no posee las competencias necesarias para desempeñarse exitosamente en él, seguramente no es la persona más adecuada para asumir la posición.

Cuando se debe elegir a un candidato, en especial frente a posiciones retadoras/desafiantes, críticas o difíciles, la mejor forma de considerar la situación expuesta hasta aquí será asignarles una ponderación a los diferentes elementos que componen el perfil de la búsqueda. La idea se expresa en la figura de la página siguiente.

Sobre la izquierda de la figura se reproduce la misma enunciación de requisitos que en un gráfico previo. Sobre la derecha se indica que a cada uno de los elementos que componen el puesto a cubrir será posible asignarle un factor de ponderación.

En cuanto a la motivación, podría asignársele un factor (porcentaje) de ponderación o ser considerada como una restricción (tema tratado en párrafos previos). En muchos casos, considerar la motivación como una restricción será lo adecuado. Si las características de una nueva posición tienen aspectos en colisión con intereses y proyectos personales o implican aspectos que hoy son causa de fuerte insatisfacción, esa persona no será la más adecuada para ocupar ese puesto de trabajo.

Si una persona no es la adecuada para ocupar un puesto de trabajo por algún motivo considerado como restricción, no tendrá sentido seguir contemplándola como posible candidato, evaluar sus capacidades, etcétera.

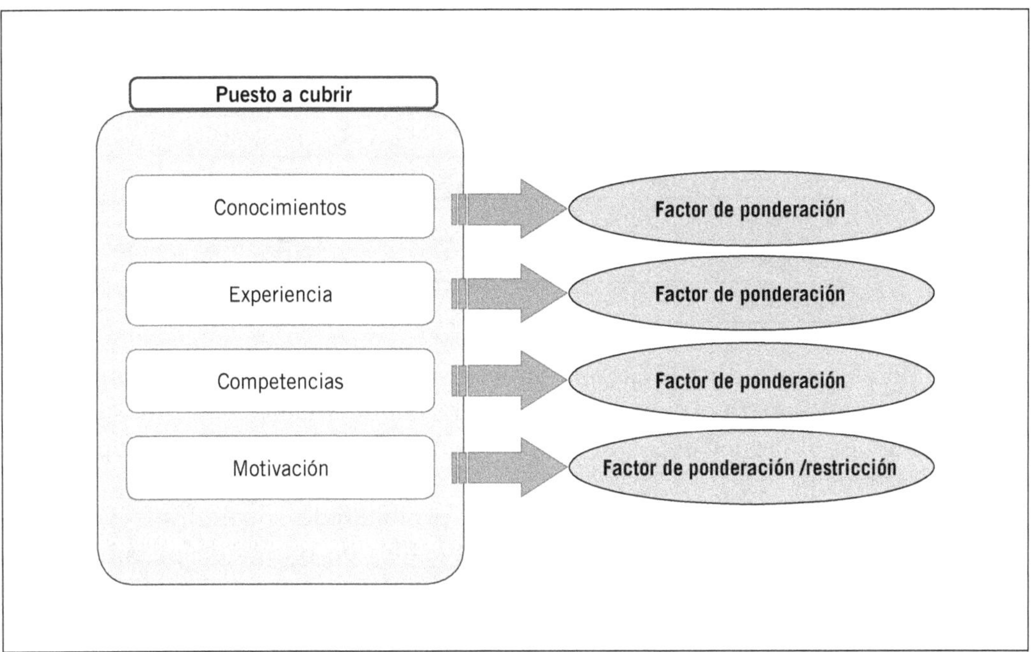

En cuanto a cómo utilizar los factores de ponderación, se debe tener en cuenta que dichos factores (de ponderación) deberán siempre sumar 100. Ejemplo:

Requisito	Factor de ponderación
Estudios formales	10
Conocimientos especiales	5
Experiencia	35
Competencias	50
Sumatoria	100

Una asignación de ponderaciones como la expuesta podría estar relacionada con una posición de vendedor, donde el mayor peso se les asigna a la experiencia y las competencias.

En muchas organizaciones, se ha definido como una condición de ingreso, sin excepción, que una persona posea un título de nivel secundario (*high school*). En un caso así, si bien los factores de ponderación puedan ser como los del ejemplo, esta condición, definida en el proceso de selección, deberá ser considerada como una restricción.

En otro caso podría asignarse una proporción entre factores totalmente diferente, como en el ejemplo siguiente.

Requisito	Factor de ponderación
Conocimientos. Estudios formales	50
Experiencia	20
Competencias	30
Sumatoria	100

Una ponderación como el ejemplo precedente podría identificarse con el perfil de un investigador, para el cual se prioricen los conocimientos y estudios formales como elemento diferenciador, apoyado en competencias como factor importante, pero no el principal.

Como se ve en estos ejemplos, las opciones y posibilidades son múltiples y diversas.

Utilizar factores de ponderación en los perfiles de búsqueda permitirá, una vez que los distintos postulantes hayan sido evaluados, aplicar dichos factores a los diferentes ítems de la evaluación y así comparar las diferentes candidaturas sobre la base de indicadores concretos.

La utilización de factores de ponderación, en todos los casos, deberá fijarse al inicio del proceso, antes de evaluar a los diferentes candidatos.

Cómo realizar la comparación de postulantes para luego elegir al candidato más adecuado

La forma de realizar la comparación es sencilla y compleja a la vez. Primero se deberá comparar ítem por ítem, como se planteó al inicio de esta sección.

Cuando se verifiquen brechas, habría que formular al respecto las siguientes preguntas: ¿En cuánto tiempo es factible reducir considerablemente las brechas en cuestión? ¿Cuál es la chance de que esas brechas se cierren o se reduzcan a un nivel tal que no afecten el desempeño futuro?

Si las brechas son pequeñas y, por ejemplo, se podría estimar que la persona podrá alcanzar el nivel requerido en pocos meses, en ese caso quizá sea adecuado considerar su postulación. En cambio, si las brechas son significativas y/o se estima que la persona no podrá alcanzar el nivel requerido en un plazo razonable, nos encontraríamos en la situación opuesta a la anterior.

No hay una regla al respecto, en todos los casos se deberá considerar el sentido común y las necesidades del puesto a cubrir. Si el ítem en el cual se verifica la brecha no es relevante, la brecha pierde peso o significado. En el caso opuesto, la misma brecha será un motivo suficiente para dejar fuera al candidato.

Cómo comparar candidatos y considerar las brechas cuando se utilizan factores de ponderación

Como se explicara, los factores de ponderación se aplican a cada ítem por separado. Continuamos el análisis de este punto a partir de los ejemplos expuestos más arriba.

Si se utilizaron factores de ponderación y los ítems con brecha tienen un factor muy bajo –por ejemplo, menor a 10– quizá no tendrá un peso importante en la decisión. Si, por el contrario, el factor de ponderación es alto (50), ese ítem cobrará mayor importancia respecto de los restantes.

Una vez realizada la evaluación de todos los posibles candidatos y preseleccionados, solo podrán integrar la carpeta de finalistas aquellos que no posean brechas con la futura posición, o aquellos que las tengan pero no son significativas.

En la figura siguiente, para simplificar el ejemplo se han consignado solo algunos aspectos a tener en cuenta; sin embargo, todos deberán ser considerados. En el informe sobre finalistas se incluirán –además– otros factores, como los temas económicos, los estudios formales, etc. Se los enunciará más adelante.

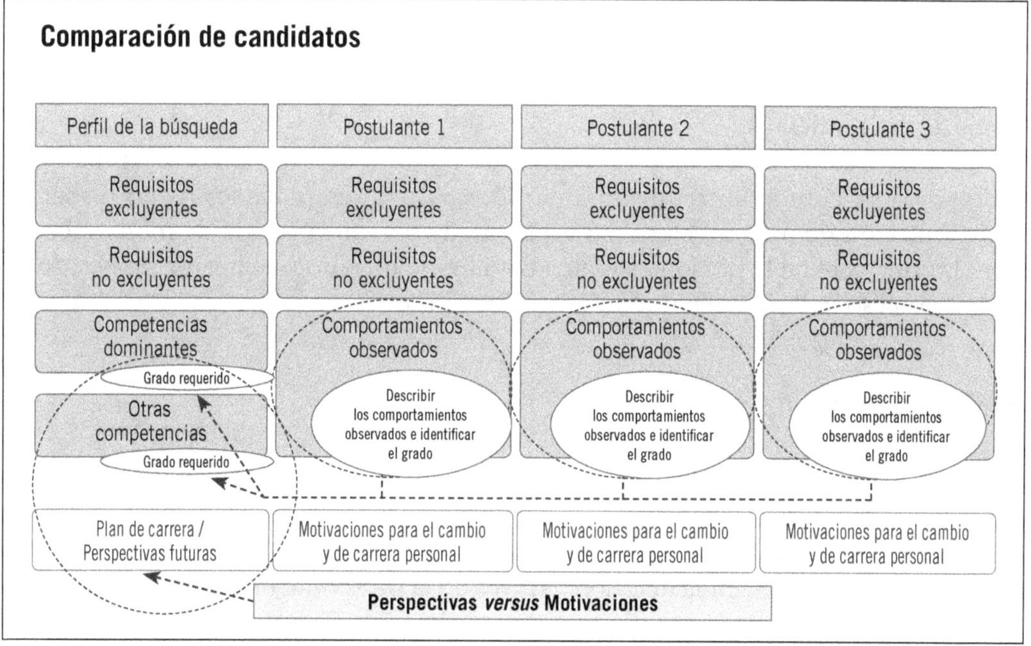

En resumen, primero se consideran los requisitos excluyentes y no excluyentes, tanto de conocimientos como de experiencia. La comparación se realiza ítem por ítem entre lo requerido y lo que cada uno de los postulantes ofrece.

En cuanto a competencias, el perfil de la búsqueda indicará las competencias y los grados requeridos. Al utilizar el *diccionario de comportamientos* se contará con ejemplos de comportamientos observables, correspondientes a cada grado de cada competencia.

Al momento del registro de la entrevista se habrá tomado nota de los comportamientos observados durante el encuentro, los cuales serán comparados con los ejemplos de comportamientos de acuerdo a lo requerido por el puesto en cuestión.

Por último, y como puede apreciarse en la figura de la página anterior, se hará un análisis de la motivación comparando las perspectivas de corto y mediano plazo de la posición a cubrir con las motivaciones de los distintos postulantes, debiendo considerarse todos los factores que la componen, ya mencionados.

La expresión "armado de la carpeta de finalistas" es más un concepto que una tarea propiamente dicha. Hemos llamado al paso 12 "Formación de candidaturas", y al paso 13, "Informe sobre finalistas". En el contexto actual la mayoría de las presentaciones de finalistas de un proceso de búsqueda se realiza de modo digital. Una vez más me interesa precisar el concepto, la idea. Me gustaría solicitarle al lector que imagine una preparación en papel para luego hacerlo de manera digital. ¿Por qué este comentario con relación a este punto en particular? Dada la cultura de la conectividad e inmediatez, que describimos en el Capítulo 3, podemos al mismo tiempo disfrutar sus beneficios y ser víctima de algunos errores involuntarios derivados de esa tendencia.

Este paso implica la acción de reunir al conjunto de aspirantes o candidatos a un puesto que cubren los requisitos definidos para desempeñarse en él, y presentar la información de manera clara para que pueda ser interpretada de modo efectivo por el futuro jefe de la persona a contratar/cliente interno (o externo, en el caso de que el proceso lo lleve adelante una firma consultora).

Informe sobre finalistas

El selector o responsable del proceso de selección presentará al futuro jefe/cliente interno una carpeta de finalistas, ya sea en papel o en formato digital. Si bien la elección del postulante a incorporar recaerá en el futuro jefe, Recursos Humanos influye de algún modo en la decisión a través de la presentación de los mencionados finalistas.

¿Cómo informar? ¿Cuándo? ¿Qué información incluir? ¿Informar sobre todos los casos, o solo los que responden al perfil de la búsqueda? Con frecuencia me formulan estas y otras preguntas.

En la presentación de los posibles candidatos deberá informarse con claridad el grado de concordancia entre el perfil de cada postulante y el perfil de la búsqueda.

Se denomina "informe sobre finalistas" el reporte donde consta el conjunto de aspirantes o candidatos a un puesto que cubren los requisitos estipulados para acceder a él. A su vez, finalistas son los aspirantes a un puesto de trabajo que ya han sido evaluados positivamente en relación con el perfil del puesto.

La *carpeta de finalistas* usualmente consiste en un informe por cada uno de los candidatos junto con sus antecedentes (CV). Puede incluir, además, resultados de las diferentes evaluaciones realizadas y por las cuales se los eligió como finalistas.

En un informe de finalistas se detallan:

- Los datos más relevantes de la persona en relación con el perfil de la búsqueda, tales como estudios formales, conocimientos específicos, etc.
- Información sobre su experiencia previa, empleo actual y anteriores, según corresponda, con las fechas de entrada y salida y principales responsabilidades asumidas.
- Resultados de las distintas evaluaciones practicadas. Comportamientos observados y evaluación de competencias.
- Motivación de cada postulante en relación con el perfil de la búsqueda.
- Aspectos económicos relacionados con la posición a cubrir, salario actual del postulante, pretensiones, etc.
- Disponibilidad para viajar, trasladarse, etc., según los requisitos que plantea la posición ofrecida.
- Disponibilidad para comenzar a trabajar y toda información complementaria que resulte útil para tomar una decisión acerca de su incorporación.

La carpeta o informe sobre los finalistas podrá hacerse siguiendo un orden alfabético o bien un orden o ranking de preferencia (orden de mérito) definido por la mirada del selector. Mi sugerencia es la primera variante y, llegado el caso, ofrecer nuestra opinión profesional en un momento posterior. Fundamento esta elección en que todos los candidatos presentados cumplen con los requisitos planteados en el perfil de la búsqueda.

Por último, muchas veces el responsable de un proceso de selección se ve impulsado a presentar un cierto número mínimo de candidatos y, para cubrir este número, incluye en la carpeta de finalistas a candidatos que no responden al perfil de la búsqueda. De darse una situación como la descrita, se podrá armar una carpeta con los casos que responden al perfil y, por separado, otra con aquellos que no lo cubren totalmente, siempre informando de manera precisa al respecto.

Confirmación de información previa al ingreso (referencias laborales)

El responsable del proceso de selección debe actuar muy cuidadosamente en esta instancia, para salvaguardar la confidencialidad del proceso en general y del pedido de referencias en particular.

Si bien usualmente no se dedican páginas de un texto o libro a este punto, por ser considerado de poca relevancia, incluimos aquí unas reflexiones al respecto porque la experiencia profesional me ha permitido observar rotundos desaciertos en torno a esta cuestión, en especial producidos por futuros jefes no expertos en temas de Recursos Humanos. Dada la gravedad potencial de acciones incorrectas sobre este aspecto, considero que el tema tiene una relevancia sustancial.

Cada organización debe fijar una política sobre el pedido de referencias, cómo llevarlas a cabo y qué preguntar o indagar en cada caso, siempre respetando las leyes vigentes en cada país o región.

Cuando sea posible, será una buena idea hablar con los jefes anteriores del candidato elegido como finalista.

Las organizaciones, de un modo u otro, realizan acciones para confirmar la información que sus futuros colaboradores han brindado sobre sí mismos. Esto incluye llamar a empleadores anteriores para conocer más sobre la persona en cuestión.

Si bien no es una buena idea hacerlo antes de conocer al candidato, es usual que cuando la búsqueda ya está avanzada y comienzan los pasos finales de la selección se traten de corroborar algunos datos de los antecedentes, como por ejemplo su actuación laboral previa.

A los procedimientos que cada empresa tenga decidido llevar a cabo, en el momento de pedir referencias se podría adicionar la utilización de las redes sociales para chequear información y/o complementarla con la que se tiene.

Analizando las opciones disponibles a la fecha, pareciera que una red social como LinkedIn podrá ser una ayuda interesante para confirmar información previa al ingreso de un futuro colaborador.

Ejemplo:

- Sería posible confirmar la información del CV, tanto de estudios como de trabajos anteriores, o de los antecedentes disponibles (por ejemplo, en la base de datos) con la información que el mismo postulante ingresó en Internet (perfil web).
- Se podrán tener en cuenta las recomendaciones (con precaución).

Adicionalmente, se podría identificar a antiguos compañeros y jefes y solicitarles sus referencias de manera sencilla, a través de, por ejemplo, un correo electrónico.

La expresión "referencias laborales" se aplica a los comentarios sobre una persona emitidos por otra, idealmente ex jefes, con los cuales la persona trabajó en el pasado. Cada organización deberá fijar políticas relacionadas con el uso de las referencias laborales, considerando, a su vez, las leyes vigentes en su país o región.

Entre las buenas prácticas organizacionales se encuentra la necesidad de definir procedimientos para los procesos de selección de personas, como se verá en el Capítulo 8. Las referencias laborales deben formar parte de dicho procedimiento.

En todos los casos, antes de solicitar referencias laborales se deberá informar al candidato que se comienza esa etapa del proceso y obtener su conformidad. Usualmente se solicitan referencias solo del candidato finalista. Si se piden referencias de varios finalistas, será adecuado informar de ello a cada uno de los involucrados.

Al solicitar referencias sobre una persona, ya sea llamando a un ex jefe o a cualquier otro individuo vinculado con la trayectoria profesional del postulante, se estará divulgando, de alguna manera, que esa persona se encuentra en un proceso de selección, y esto puede no ser bueno para él. Por ello, antes de iniciar esta etapa se sugiere al responsable del proceso de selección asegurarse de que está frente a un finalista, futuro ocupante del puesto si se complementaran exitosamente los pasos que faltan para efectivizar la incorporación.

Mi sugerencia es no solo avisar al postulante que se inicia el pedido de referencias, sino consensuar con él a quiénes llamar en cada caso. Si la persona está trabajando no será posible llamar a su jefe actual, excepto que ya haya renunciado o que su superior esté al tanto de la búsqueda laboral. De todos modos, aun en este último caso será recomendable informar al postulante para que, si lo desea, él mismo advierta a su jefe sobre el llamado que recibirá solicitándole referencias.

En ocasiones se piensa que al solicitar referencias laborales solo hay que "cuidar" a los altos ejecutivos que participan de un proceso de selección, pero no es así. Siempre se deberá cuidar a los postulantes, de todos los niveles. Por ejemplo, no hay que llamar al trabajo actual del postulante, con la excepción expuesta más arriba, arbitrando, en todos los casos, los medios para salvaguardar la confidencialidad del pedido de referencias laborales.

Algunas sugerencias para el cuidado de la confidencialidad: 1) que la información relacionada con el pedido de referencias la maneje un número reducido de personas; 2) realizar el pedido de referencias a la persona adecuada –asegurarse de que lo es antes de expresar el motivo del llamado–; 3) no revelar el nombre de la persona sobre la cual se pide referencias a otra persona que no sea aquella que nos debe brindar la información; 4) no dar ninguna información que no sea la estrictamente necesaria, entre otros aspectos a tener en cuenta.

Dos tipos de referencias laborales

Existen dos tipos de referencias: las que se gestionan a través de las oficinas de personal y las que se obtienen a través de las opiniones y comentarios de los jefes directos de cada postulante.

Las primeras brindan, por lo general, datos concretos respecto de una persona y las suministra, en general, la oficina de Personal o de Recursos Humanos del lugar donde el candidato trabajó anteriormente. La información más usual es acerca de si la persona trabajó allí, fechas de entrada y salida, y cargos que ocupó al ingresar y al desvincularse. Otro tipo de referencias, de naturaleza análoga, pueden ser obtenidas a través de diferentes fuentes; por ejemplo, si la persona tiene juicios pendientes, inhabilitaciones para operar con bancos, si fue despedida, etcétera.

¿Quién puede aportar información sobre otros temas importantes como el desempeño, la modalidad de trabajo, la relación con pares, jefes y subordinados y otros aspectos relacionados con el comportamiento de la persona en sus trabajos previos? Este tipo de información solo se obtiene contactando a algún observador directo; por ejemplo, si fuese factible ubicar al ex jefe de la persona en cuestión.

También será posible obtener información válida de otras fuentes; solo a modo de ejemplo y si fuese pertinente, en el caso de alguien que se desempeñó como gerente financiero, pueden brindar información los oficiales de cuentas de bancos con los que operó o, en otros puestos, la opinión de proveedores, clientes, agencias de publicidad, auditores, consultores, etcétera. Dependerá del tipo de posición que ocupe o haya ocupado la persona en cuestión.

Muchas personas, al ser consultadas por un pedido de referencias, podrán decir solo una frase, como por ejemplo: "desempeño correcto", "se retiró por su propia voluntad", o cualquier otra expresión similar, sin aportar mayor información sobre el real desempeño del candidato. Las referencias tendrán mayor valor si proveen información acerca de los comportamientos de la persona.

La forma de formular las preguntas será definitoria. Si un ex jefe dice: "En mi opinión, la persona se desempeñó de manera... *xxx*", la repregunta para obtener comportamientos que permitan darle valor al comentario será: *"Reláteme una situación en la que se haya puesto en evidencia esto que usted percibió"*. De este modo, al obtener comportamientos será posible, a través de las referencias laborales, evaluar competencias y no opiniones o percepciones sobre las personas; así las referencias obtenidas serán más informativas y de valor para la organización.

En resumen, no se debe dejar nada librado al azar. Se debe obtener información sobre distintos aspectos. Por ejemplo, si una persona indicó que ha finalizado sus estudios universitarios y posee un diploma, y dicho título no es importante con relación al puesto a cubrir, podría pensarse que no será necesario confirmar dicha información al solicitar referencias laborales. Sin embargo, aunque no sea de relevancia el título en sí mismo y que poseerlo no sea un factor determinante en su elección como candidato finalista, averiguar que se trata de una información falsa brindará un indicador de comportamiento relevante a tener en cuenta.

En la figura al pie se expone un esquema referido a la búsqueda de referencias, dividido en tres etapas: "antes", "durante" y "después".

¿Qué hacer cuando se obtiene una "mala" referencia? El responsable del proceso de selección deberá solicitar nuevas referencias, a fin de confirmar la referencia no

¿Cómo solicitar referencias laborales?

ANTES	DURANTE	DESPUÉS
Primero, verificar las leyes vigentes en materia de discriminación. Solicitar referencias solo cuando esté convencido de que el candidato reúne todos los requisitos del puesto a cubrir. Informe al postulante y obtenga su conformidad.	Obtener información sobre: • Estudios formales (educación) • Antecedentes laborales • Antecedentes financieros • Antecedentes judiciales	¿Qué pasa si una referencia no es la esperada? Averiguar más. Recuerde: un jefe que se siente "abandonado" puede dar una mala referencia.

EN TODOS LOS CASOS
Ser cuidadoso. Cuidar la confidencialidad

positiva, como mínimo, con otra que la respalde. Se podrá dar el caso de que la referencia negativa no sea veraz: un ejemplo frecuente es cuando un jefe resentido con su subordinado, por cualquier motivo, brinda una opinión desfavorable de este aunque en realidad haya sido, por el contrario, un buen empleado. ¿Las razones? Quizá porque simplemente renunció y prefirió trabajar para otro empleador.

Se deberá tener en cuenta, además, cuál es el motivo que dio origen al comentario negativo, ya que quizá ese tipo de comportamiento no sea importante en la nueva posición.

Por otra parte, un jefe "amigo" puede dar una buena referencia de un mal empleado.

En el caso de obtenerse una referencia no positiva, esta situación deberá ser informada al interesado. En especial si las opiniones no favorables se confirman por más de una fuente. Es importante tener en cuenta que el postulante puede tener una explicación de lo sucedido que modifique la información recibida; si no es así, se le habrá dado a la persona la oportunidad de dar su propia versión de los hechos.

Si bien la mayoría de las veces se hace sobre el final de un proceso de selección, en la etapa que usualmente se denomina "admisión", queremos subrayar aquí la importancia de cotejar todos los datos de la persona a incorporar, sin dejar nada librado al azar. Por ejemplo, y cuando corresponda, solicitar títulos originales, certificados de materias, etc. En este punto se debe tener en cuenta que, con los avances tecnológicos, la falsificación de documentos es bastante accesible.

Por último, y dentro de los procedimientos, se deberá definir el alcance de las verificaciones a realizar, según los tipos de posiciones –u otro criterio–, y realizarlas a todos los finalistas o futuros colaboradores de la organización.

Síntesis del capítulo

- La entrevista por competencias es una entrevista estructurada que permite evaluar a un candidato que participa en un proceso de selección considerando, especialmente, sus competencias, a través de preguntas específicas.
- En una entrevista por competencias primero se le formulan al entrevistado las preguntas relacionadas con cada competencia a evaluar, utilizando para ello el *diccionario de preguntas*. A partir del relato obtenido –en respuesta a las preguntas– será posible observar comportamientos. Estos luego se comparan con los ejemplos definidos en el *diccionario de comportamientos* y se establece la relación entre unos y otros para identificar el grado correspondiente.
- La entrevista por competencias podrá ser realizada tanto por los especialistas en Recursos Humanos como por los futuros jefes de los participantes en un proceso de búsqueda.

- *Diccionario de comportamientos.* Documento interno en el cual se consignan ejemplos de los comportamientos observables asociados o relacionados con las competencias del modelo organizacional.
- *Diccionario de preguntas.* Documento interno de la organización en el cual se consignan ejemplos de preguntas que permiten evaluar las competencias del modelo en una entrevista. El *diccionario de preguntas* se utiliza, especialmente, en entrevistas que forman parte de un proceso de selección, tanto en búsquedas internas como externas.
- *Competencia dominante* es un concepto que se aplica en selección de personas, y hace referencia a aquellas competencias que por alguna razón son consideradas más relevantes para ese proceso de selección en particular y que, por lo tanto, se utilizan para planear la entrevista.
- Para la comparación de candidatos y analizar si una persona es adecuada para un puesto, siempre se deben considerar los requisitos para ocuparlo. Esta afirmación se relaciona con cualquier nivel o puesto dentro de una organización. Los requisitos siempre serán una mezcla de conocimientos, experiencia, competencias y motivación. Cambiarán los términos de esa mezcla o fórmula, pero los elementos constitutivos siempre deberían estar en consideración, en la proporción requerida en cada caso.
- En un proceso de selección o en cualquier otra instancia donde se deba elegir entre dos o más opciones de candidatos a un puesto, se debe cotejar lo requerido por la posición con las capacidades de cada aspirante. En cualquiera de los casos mencionados, también será posible encontrarse con restricciones. Se denomina "restricción" al elemento o condición excluyente que deja fuera de un proceso de selección a los candidatos o postulantes que no los presenten.
- Elegir es la acción de optar por una variante en particular sobre la base de criterios específicos. La elección de un candidato deberá realizarse comparando tres elementos con las respectivas mediciones de los mismos ítems en cuestión: conocimientos, experiencia, competencias. A estos conceptos debe adicionarse la motivación del postulante, considerando muy especialmente la correlación entre los proyectos personales y las características del nuevo puesto.
- El selector o responsable del proceso de selección presentará al futuro jefe/ cliente interno una carpeta de finalistas, ya sea en papel o en formato digital. Se denomina "informe sobre finalistas" al reporte donde consta el conjunto de aspirantes o candidatos a un puesto que cubren los requisitos

estipulados para acceder a él. A su vez, finalistas son los aspirantes a un puesto de trabajo que ya han sido evaluados positivamente en relación con el perfil del puesto.

- La *carpeta de finalistas* usualmente consiste en un informe por cada uno de los candidatos junto con sus antecedentes (CV). Puede incluir, además, resultados de las diferentes evaluaciones realizadas y por las cuales se los eligió como finalistas.
- La expresión "referencias laborales" alude a los comentarios sobre una persona emitidos por otra, idealmente ex jefes, con los cuales dicha persona trabajó en el pasado. Cada organización deberá fijar políticas relacionadas con el uso de las referencias laborales, considerando, a su vez, las leyes vigentes en su país o región. En todos los casos, antes de solicitar las referencias laborales, se deberá informar al candidato que se comienza esa etapa del proceso y obtener su conformidad. Las referencias laborales formarán parte de los procedimientos internos.

Capítulo **6**

Evaluaciones específicas

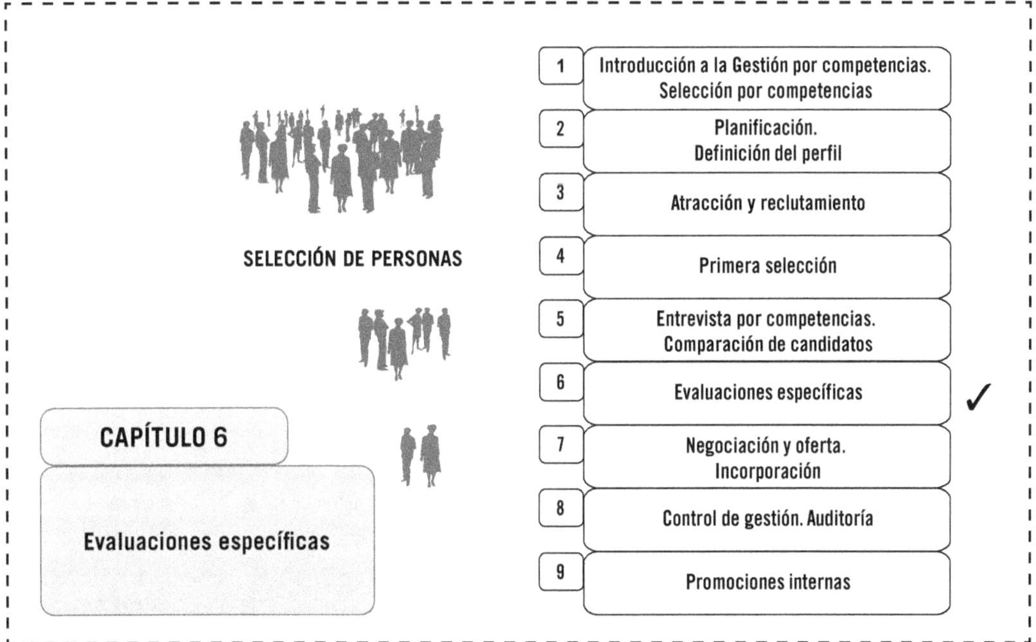

En este capítulo se verán los siguientes temas:

- Evaluaciones específicas. Aplicaciones prácticas
- *Assessment Center Method* (ACM)
- Evaluaciones psicológicas
- Conocimientos. Distintas evaluaciones
- BEI - *Behavioral Event Interview* o entrevista por incidentes críticos
- Herramientas para detectar valores personales previo al ingreso a la organización
- Evaluaciones de potencial

Evaluaciones específicas. Aplicaciones prácticas

Este capítulo lo he destinado a describir distintos tipos de evaluaciones que, con frecuencia, se utilizan en los procesos de selección de personas. La denominación "evaluaciones específicas" hace alusión a que estas se realizan con un propósito muy concreto, determinado con precisión. Las distintas instancias descritas hasta aquí –en los capítulos previos– permiten, en la mayoría de los casos, contar con la información necesaria para tomar una decisión respecto de uno o varios candidatos. No obstante, muchas veces, se desea profundizar sobre algún aspecto en particular.

En resumen, las evaluaciones específicas son aquellas que se realizan cuando se desea profundizar sobre algún aspecto en particular.

En un proceso de selección, las evaluaciones específicas se administran –usualmente– luego de las entrevistas mencionadas en los capítulos 4 y 5. En este capítulo mencionaremos las más habituales. Sin embargo, no todas se aplican en un mismo proceso de selección. Es decir, en unos casos se utilizan unas, y en otras ocasiones, algunas diferentes.

En el Capítulo 1 se han identificado *20 pasos para seleccionar personas*. La temática de este capítulo se corresponde con uno de ellos.

Como se expone en la figura precedente, además de las entrevistas mencionadas en el paso 10, con frecuencia se realizan otras evaluaciones incluidas en el *Paso 11. Evaluaciones específicas.*

Entre este tipo de evaluaciones podemos mencionar las *evaluaciones técnicas específicas o de conocimientos.* No obstante, no se realizan en todos los casos, ya que en la mayoría de los procesos de selección los conocimientos se evalúan en la *primera selección*, como se vio en el Capítulo 4. Además, muchas veces, el futuro jefe formula algunas preguntas en el transcurso de su entrevista para despejar aspectos de conocimientos. En ocasiones, podrá ser necesaria una evaluación adicional o más profunda, por parte de un especialista.

Las *evaluaciones psicológicas*, a su vez, tienen como propósito evaluar actitudes, personalidad y potencial de desarrollo, entre otros aspectos.

Si bien no son de uso frecuente, podría administrarse una entrevista BEI, que analizaremos con detalle más adelante, en este mismo capítulo.

Por último, una herramienta muy utilizada en selección son las actividades de *Assessment Center Method* (ACM), que se explicarán en páginas posteriores. En particular los ACM podrán ubicarse en este paso (número 11) o, en ocasiones, aplicarse antes de las entrevistas mencionadas en el paso 10.

En algunos casos la *entrevista por competencias* puede ser considerada como una evaluación específica, adicional a otras, y llevada a cabo con el solo propósito de evaluar competencias. En esta obra ya fue tratada, en el Capítulo 5.

No hay un único modo de elegir las distintas entrevistas o pruebas a los postulantes; como ya hemos dicho, si se aplicaron cuestionarios de preselección, de preentrevistas y una entrevista por competencias (temas ya tratados) es posible que ya se cuente con la información necesaria para tomar una decisión fundada. La mayor habilidad que debe desarrollar el especialista en selección será detectar cuál o cuáles de esas diferentes herramientas deberá utilizar en cada caso, considerando el tipo de posición a cubrir y los eventuales postulantes.

Las evaluaciones, en un proceso de selección, como ya se expresara, pueden ser de distinto tipo. A continuación se expone una tabla con las más utilizadas. Cada una tiene un propósito particular. Sin embargo, con frecuencia, al aplicar cualquiera de ellas será posible obtener información adicional a la que fue fijada como objetivo principal.

Tipos de evaluación y principales propósitos de cada una				
Evaluación	**Competencias**	**Personalidad**	**Potencial**	**Conocimientos, experiencia y otros aspectos**
Preselección (Capítulo 4): cuestionarios de preselección, cuestionarios de preentrevista, etc.				X
Preselección (Capítulo 4): entrevistas breves				X
Entrevista (Capítulo 4)		X		X
Entrevista grupal		X		X
Entrevista por competencias (Capítulo 5)	X			
Behavioral Event Interview - BEI	X			
Evaluaciones psicológicas		X		
Evaluaciones psicológicas grupales		X		
Evaluaciones de potencial			X	
Assessment Center Method - ACM	X			
Pruebas específicas sobre conocimientos (incluyen idiomas)				X
Futuro jefe evalúa conocimientos en la entrevista				X

Dos definiciones antes de continuar.

Evaluador. Persona que, sobre la base de criterios definidos previamente, emite un juicio sobre otro. Ejemplos:

1. El jefe es el evaluador de sus colaboradores en la evaluación del desempeño.
2. Los evaluadores en una evaluación de 360° son el jefe, los pares y colaboradores junto con la autoevaluación que la propia persona realiza respecto de su desempeño.

Evaluaciones específicas. Mediciones que se realizan frente a una situación en particular. Pueden referirse a conocimientos, a competencias, o a ambos conceptos.

- Para medir competencias y valores se pueden mencionar: *entrevista por competencias,* BEI *o entrevista por incidentes críticos,* Assessment Center Method, *y fichas de evaluación,* entre las más difundidas.
- Para medir conocimientos se pueden mencionar: *entrevista con preguntas específicas sobre conocimientos, examen de conocimientos, y fichas de evaluación,* entre las más difundidas.

Assessment Center Method (ACM)

Un *assessment* (*Assessment Center Method* - ACM) es una actividad de tipo grupal donde los participantes resuelven, de manera individual o colectiva, diversos casos relacionados con su área de actuación profesional, a fin de evaluar comportamientos individuales que se manifiestan en una instancia de grupo. Es una de las herramientas que se pueden utilizar en selección de personas para medir competencias.

En un ACM los participantes se enfrentan, de manera real o simulada, a situaciones parecidas en sus características y contenido a aquellas que deberán resolver de forma real en la ejecución de sus tareas en el puesto de trabajo respecto del cual se los evalúa. Un *assessment* es una herramienta de aplicación grupal y situacional, en la que los casos que conforman la evaluación siempre se relacionan con el puesto de trabajo. Por ejemplo, se podría utilizar para evaluar camareros (meseros, personas que atienden clientes en un restaurante), en un ejercicio donde los evaluados deban atender pedidos de clientes supuestos o reales. No se evaluarán conocimientos de la persona sino sus habilidades, actitudes y competencias en el trabajo, como, por ejemplo, la calidad de su atención al cliente.

ACM. Sus orígenes

Las primeras aplicaciones se identifican en el ejército alemán, durante la Primera Guerra Mundial, destinadas a estudiar los factores por los cuales oficiales de igual graduación y experiencia en el mando de tropas, que habían recibido un proceso de instrucción técnica y práctica idéntico o muy similar, de la misma edad y equivalentes condiciones físicas, que compartían los mismos valores políticos y creencias, mostraban en el campo de batalla resultados significativamente diferentes en cuanto a motivación y enfoque de sus soldados y, en definitiva, en el éxito final de los objetivos que se les asignaban.

Más adelante, en la Segunda Guerra Mundial, los británicos –más específicamente, los responsables del Consejo de Selección de la Oficina de Guerra– abordaron el problema con técnicas más cercanas a lo que hoy consideraríamos un ACM.

El uso de la metodología situacional fue aplicado en organizaciones alrededor de 1969 y 1970. En 1972, la compañía AT&T, convencida de las bondades del ACM, hizo analizar a 75.000 de sus empleados en busca de un diagnóstico sobre sus capacidades de dirección. Estos fueron los comienzos de la aplicación del *assessment* en el ámbito privado.

ACM. Definición

Assessment Center Method **– ACM.** Método o herramienta situacional para evaluar competencias mediante el cual, a través de la administración de casos y ejercicios, se plantea a los participantes la resolución práctica de situaciones conflictivas similares a las que deberán enfrentar en sus puestos de trabajo.
Durante un *assessment* se utilizan casos y ejercicios que permiten poner a las personas a evaluar en un contexto similar al que deberán afrontar en el puesto para el cual son evaluadas.
Se utiliza su denominación en inglés dado que es de uso frecuente y así se la menciona en muchas obras sobre Recursos Humanos y selección, en diferentes lenguas.

La aplicación práctica del ACM tiene relación con varios subsistemas de Recursos Humanos. Con un diseño adecuado, el ACM permite medir los *valores* de la persona evaluada.

Cuándo se utiliza un *assessment*

Las distintas aplicaciones prácticas más usuales se detallan en la siguiente figura.

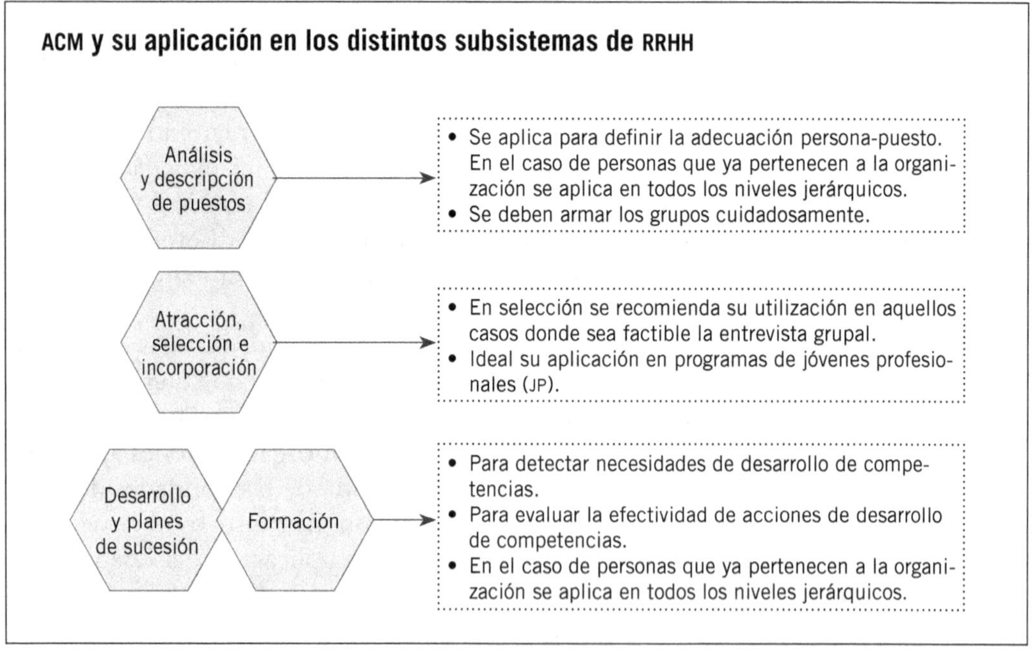

En *selección de personas*, se utiliza para aquellas búsquedas donde sea factible aplicar instancias grupales. Si bien los ACM constituyen una herramienta excelente para evaluar personas, no se recomienda su aplicación para personas con trayectoria laboral de relevancia, no por la validez de la herramienta en sí misma, sino para no exponer a una situación grupal a personas que, eventualmente, no lo deseen.

Frecuentemente los ACM son utilizados en los *programas de jóvenes profesionales* y similares.

En *procesos de selección interna (job posting)*, la principal recomendación será llevar adelante un proceso de selección definidamente transparente, ya que el ACM se estaría aplicando a personas de la misma organización que participan de un proceso de selección.

El ACM se aplica también *para evaluar competencias de personas que ya pertenecen a la organización*. Por ejemplo: cuando se implementa un modelo de gestión por competencias, para conocer el grado de desarrollo de dichas competencias en los distintos integrantes de la organización, con un propósito de desarrollo. También es útil para evaluar personas en programas internos, tales como planes de carrera, planes de sucesión, etc.

ACM. Ubicación en un proceso de selección

El mejor momento para realizar un ACM dependerá del tipo de búsqueda que se realice y se definirá al realizar la *planificación* (Capítulo 2).

En un proceso de selección masivo, por ejemplo los programas de jóvenes profesionales, se sugiere aplicarlo al inicio. En cambio, en otros procesos de búsquedas podría administrarse más adelante. La idea se expresa en la figura de la página siguiente.

Al momento de realizar la planificación se decidirá el mejor camino a seguir en cada caso. Adicionalmente y según la circunstancia, el diseño de la actividad será diferente.

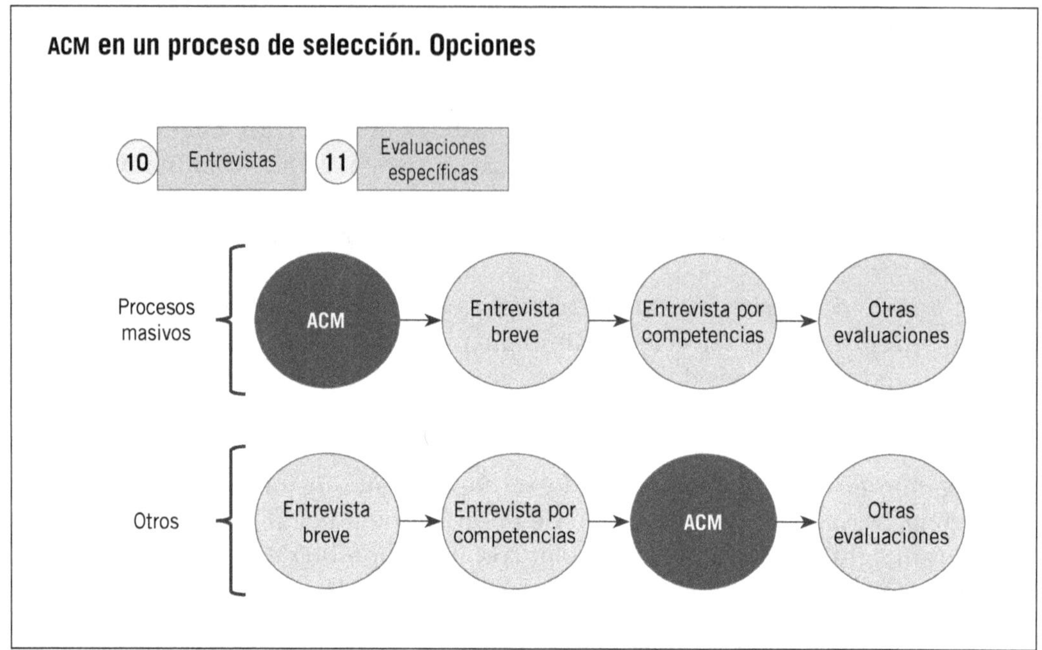

ACM y el modelo de competencias de cada organización

Para que sea eficaz, el ACM debe ser diseñado a medida de cada organización. Los casos a utilizar deberán ser:

- Situacionales, es decir, en relación con la tarea actual o futura del evaluado.
- Relacionados con el modelo de competencias, es decir, tomando en cuenta las competencias del modelo de la organización y diseñados específicamente para medir en particular los comportamientos referidos a ellas.

Los casos situacionales que se utilizan en un ACM deben ser confeccionados sobre la base del *diccionario de comportamientos* organizacional.

Durante un *assessment* se observan los comportamientos de los participantes, que luego serán cotejados con los ejemplos que ofrece el mencionado diccionario. Un *assessment* diseñado a medida puede ser utilizado también para medir valores, si es que estos han sido considerados en la elaboración de la herramienta. En cualquiera de los casos mencionados, los resultados obtenidos durante el *assessment* se analizan del siguiente modo:

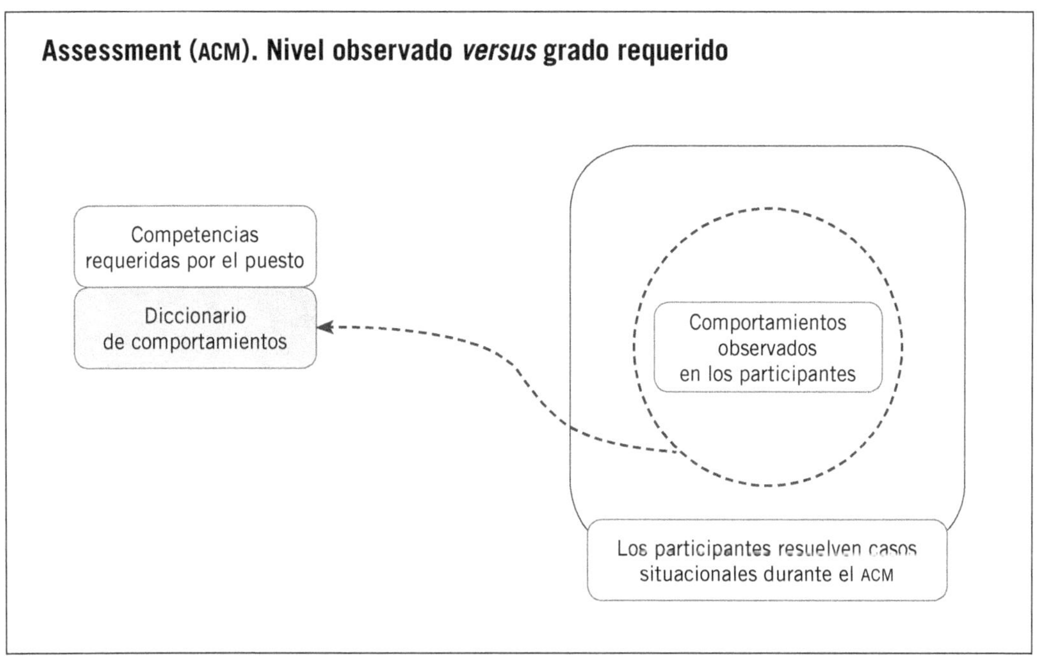

Los *assessment* son sumamente utilizados en selección y en otras instancias organizacionales. Para que estos sean efectivos, como ya se expresara, deberán ser diseñados sobre la base del modelo de competencias de la organización.

Participantes de un ACM. Evaluadores. Evaluados

Participantes. En una actividad de *assessment* participan diferentes personas:

- Administrador del ACM.
- Observador asistente.
- Observador pasivo (futuro jefe/cliente interno).

Los citados precedentemente tienen el rol de evaluadores.

- Los evaluados o participantes propiamente dichos.

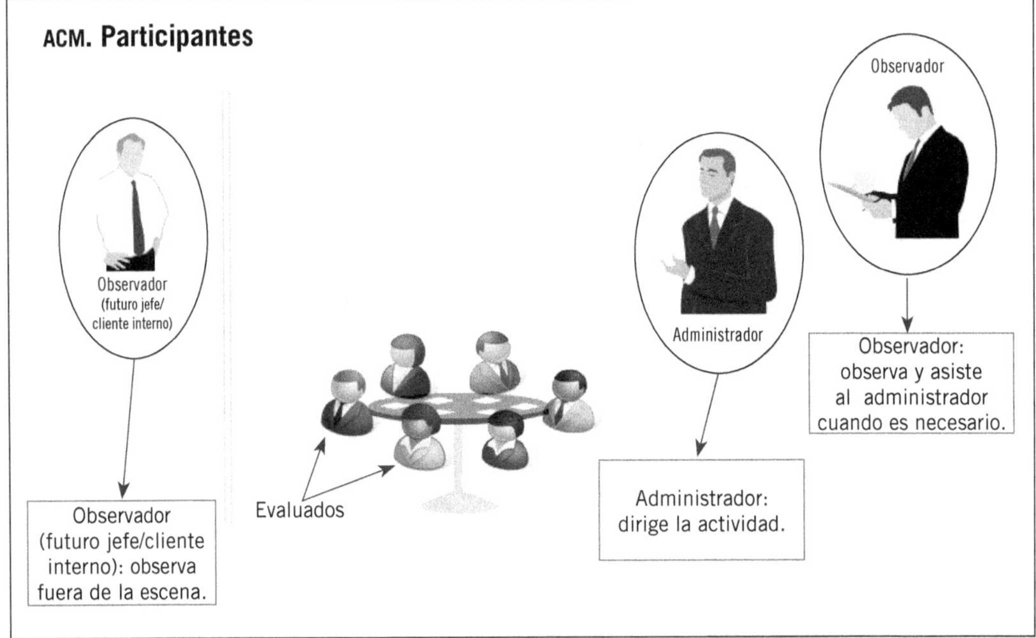

Para la correcta realización de un *assessment* se debe contar con las instalaciones adecuadas. No obstante, no se requiere, como quizá se infiera de la figura precedente (izquierda), un vidrio especial para establecer la posición del observador pasivo (futuro jefe/cliente interno). Solo será necesario contar con espacio suficiente para que cada uno ocupe su lugar.

La idea que se desea expresar es que el futuro jefe debe estar alejado respecto de las demás personas presentes en la actividad. Podrá ser visto por los participantes, pero "fuera de la escena".

Evaluadores. Los evaluadores son aquellos que, en un *assessment*, emiten un diagnóstico sobre los participantes, en función de los comportamientos observados durante la actividad. El equipo evaluador en un ACM está compuesto por:

- Administrador.
- Observador asistente.
- Observador pasivo.

Administrador. El administrador de un ACM es el responsable de la actividad.

Antes del ACM, el administrador será responsable por el planeamiento y la elección de los ejercicios a utilizar en función de las competencias a evaluar.

Durante la actividad, la dirige, con acciones que comprenden desde darles la bienvenida a los participantes, hasta brindarles las consignas necesarias para la realización de los diferentes ejercicios. Además, observa comportamientos.

Observador asistente. El observador asistente es uno de los evaluadores del *assessment.* Adicionalmente, será quien apoye al administrador en todo lo que este pueda requerir durante la actividad.

Su rol principal, como surge de la propia denominación, es observar comportamientos.

Observador pasivo. Tercer observador. El observador pasivo (también denominado "tercer observador") es uno de los evaluadores del *assessment.* Durante la actividad permanece "fuera de la escena" y no participa.

Su rol principal es observar. Desde su posición no participativa, solo observa comportamientos, al igual que el administrador y el observador asistente.

Finalizado el ACM, el administrador y los observadores mencionados (observador asistente y observador pasivo) confeccionarán un informe final, que debe ser consensuado.

Casos y ejercicios en un ACM

El término "caso" hace referencia a la base informativa de un ejercicio práctico, que puede utilizarse en diversas actividades, tanto formativas como otras destinadas a medir las capacidades de las personas.

Un caso consiste en un conjunto de información estructurada sobre un tema específico: una situación-problema que debe ser analizada para luego llegar a una solución.

Entre las características que el caso debe tener para que sea efectivo, se puede señalar que tiene que relacionarse con la actividad de las personas y plantear situaciones más o menos complejas a resolver, considerando el nivel de los participantes. Los casos/ejercicios podrán referirse a situaciones empresariales y, también, relacionados con otros ámbitos o tipos de organización.

La expresión "ejercicios de análisis de casos" se utiliza para el conjunto de información estructurada sobre un tema específico, que puede ser aplicado tanto en actividades formativas como al evaluar competencias o conocimientos, cuando los participantes deben analizar dicha información para, luego, llegar a una solución consensuada.

Y otra expresión similar, "estudio de casos", se utiliza para el estudio en profundidad de las características de un fenómeno determinado para facilitar su comprensión.

Un caso puede ser una persona, un programa, una situación o un acontecimiento particular, un barrio, una comunidad, una organización en su conjunto o unidades o actividades específicas dentro de una organización.

Otros ejercicios utilizados en un ACM y sus definiciones

Bandeja de documentos de entrada (*in baskets*). Ejercicio práctico que consiste en una serie de documentos que el o los participantes deben organizar, priorizar, etc., según las características de cada caso.
Es utilizado con frecuencia en evaluaciones grupales como *Assessment Center Method* (ACM) y otras actividades formativas.

Ejercicios de presentación. En este tipo de ejercicios se pone en práctica la capacidad de expresarse en el momento de presentar a otros o presentarse a sí mismo ante un grupo de personas.

Juego de roles. *Role playing*. Situación simulada de la vida laboral en la cual los participantes juegan un determinado papel asignado previamente. Se utiliza tanto para fines formativos como para la evaluación de personas.
Se emplea la denominación en inglés dado que es de uso frecuente y se la menciona en muchas obras sobre, por ejemplo, Recursos Humanos, desarrollo y selección, en diferentes lenguas.

Juegos de negocios. *Juegos de gestión. Juegos gerenciales.* Caso práctico, usualmente de tipo empresarial, aplicable en actividades formativas o para evaluar competencias o conocimientos, en el cual los participantes deben analizar información sobre un problema específico para, luego, llegar a una solución consensuada.

Características de un *assessment*

Como se expresara, un *assessment* es una prueba grupal situacional con las siguientes características que resumimos a continuación:

- Utilización de pruebas situacionales fiables y válidas. No basta con reproducir situaciones de la vida real. Las pruebas deben reunir una determinada estructura y contenidos y responder a fórmulas específicas, para garantizar los resultados esperados.
- La evaluación de cada uno de los participantes se realiza a través de una actividad grupal. Algunos de los ejercicios pueden contar con alguna parte individual para luego, a continuación, promover la discusión colectiva de las soluciones que cada persona presenta.

- Usualmente los participantes forman grupos de 6 a 12 personas.
- Se debe contar con un evaluador entrenado cada 4 participantes.
- Duración: 3 a 4 horas (no más de medio día).

Los números y cantidades expuestos se brindan a modo referencia. Por ejemplo: la evaluación grupal no podrá hacerse ni con muy pocas personas ni con un número elevado; si solo hay un grupo de 5 personas para evaluar, quizá sea viable su realización, al igual que si son 13 los posibles participantes; si el número es mayor, en cambio, será recomendable formar dos grupos separados.

Otro aspecto a tener en cuenta será la cantidad de observadores y los roles que asumirá cada uno. Nuevamente, cuando recomendamos la presencia de un observador cada 4 personas nos referimos a un valor referencial producto de la experiencia. La asignación de roles antes del inicio de la evaluación grupal permitirá optimizar la observación.

La duración del *assessment* sugerida, de "no más de medio día", es, otra vez, una recomendación producto de la experiencia. El *assessment* deberá ser de una extensión razonable, en algunos casos 2 horas podrán ser suficientes. Dependerá del diseño y del objetivo de la actividad.

Después de finalizada la evaluación grupal

Cada observador (el administrador, el observador asistente y el observador pasivo –futuro jefe/cliente interno–) completará individualmente su formulario de evaluación. Luego se realizará una comparación de las distintas observaciones de cada informe, con el propósito de llegar a un informe final consensuado por todos los observadores.

Por ello adquiere vital importancia la recomendación que hicimos en páginas precedentes, respecto de que cada observador tenga en su poder ejemplos de comportamientos observables. De este modo cada uno tendrá un esquema comparable de observación.

Los tres observadores deberán producir un único informe final, por lo cual será de importancia fundamental que compartan los criterios de evaluación y, frente a la posibilidad de que el juicio no sea compartido, sobre todo respecto del nivel de desarrollo de una competencia en un determinado participante, encuentren un modo de pulir las diferencias y emitir un informe conjunto y consensuado.

En cuanto a los resultados, no existe un rol protagónico del administrador respecto de los otros dos evaluadores; tampoco será el futuro jefe/cliente interno el que incline la balanza hacia un lado u otro: el informe deberá ser consensuado entre todos los evaluadores.

Claves y consejos útiles para la correcta utilización de la técnica de *assessment*

- Definir claramente el objetivo y qué se espera evaluar en cada oportunidad.
- Diseñar un ejercicio o caso adecuado a las circunstancias y en función del objetivo a lograr. Si fuese necesario, solicitar la colaboración del cliente interno (jefe o futuro jefe de los evaluados) para que la situación a plantear sea lo más parecida posible a una *situación real del entorno del puesto de trabajo,* de acuerdo con la definición brindada al inicio de este apartado.
- Armar grupos homogéneos de participantes, tanto si se trata de procesos de selección externa, como en la evaluación de personas que ya pertenecen a la organización.
- El administrador, el observador asistente y el observador pasivo deberán observar a todos los participantes. Se sugiere acordar la observación por subgrupos de participantes de manera rotativa.
- El administrador y los observadores (el observador asistente y el observador pasivo, usualmente el futuro jefe/cliente interno) deben estar entrenados en la herramienta (*assessment*).
- Si el observador pasivo o futuro jefe/cliente interno no ha participado antes en este tipo de evaluaciones o no se siente seguro respecto de su rol, será muy importante el entrenamiento que realice, previo al inicio de las evaluaciones.
- Preparar la actividad en todos sus detalles: lugar de realización, horarios, logística en general.
- Hacer una adecuada convocatoria a los participantes explicando claramente los objetivos del *assessment,* su duración, el lugar de realización, etc. Si se trata de un proceso de selección, indicar en la citación que la entrevista será de tipo grupal.
- Durante la actividad: explicar nuevamente el objetivo y los pasos de la actividad.
- Brindar claramente las consignas sobre el caso a resolver.
- Al finalizar la actividad, explicar claramente la continuidad del proceso (pasos siguientes).
- Realizar los informes inmediatamente después de cada actividad.

Manual de *assessment* (ACM)

El término *manual* hace referencia a un documento en el cual se describen los aspectos más relevantes de un tema en particular. En el ámbito de las organizaciones, se elaboran manuales con el propósito de describir procedimientos relevantes para un buen funcionamiento interno.

Un manual usualmente consta de una breve explicación conceptual sobre el tema en cuestión junto con una explicación detallada sobre la mejor manera de llevar a cabo una tarea determinada o conjunto de ellas. Puede incluir, según corresponda, gráficos explicativos, formularios y procedimientos, entre otras variantes.

Un *manual de ACM* es un conjunto de teoría, casos, ejercicios y formularios que permiten la aplicación práctica de la herramienta *Assessment Center Method* (ACM)[1]. Los manuales y la herramienta ACM tendrán mayor eficacia cuando su diseño sea a medida de la organización y, a su vez, permitan evaluar las competencias del modelo de competencias organizacional.

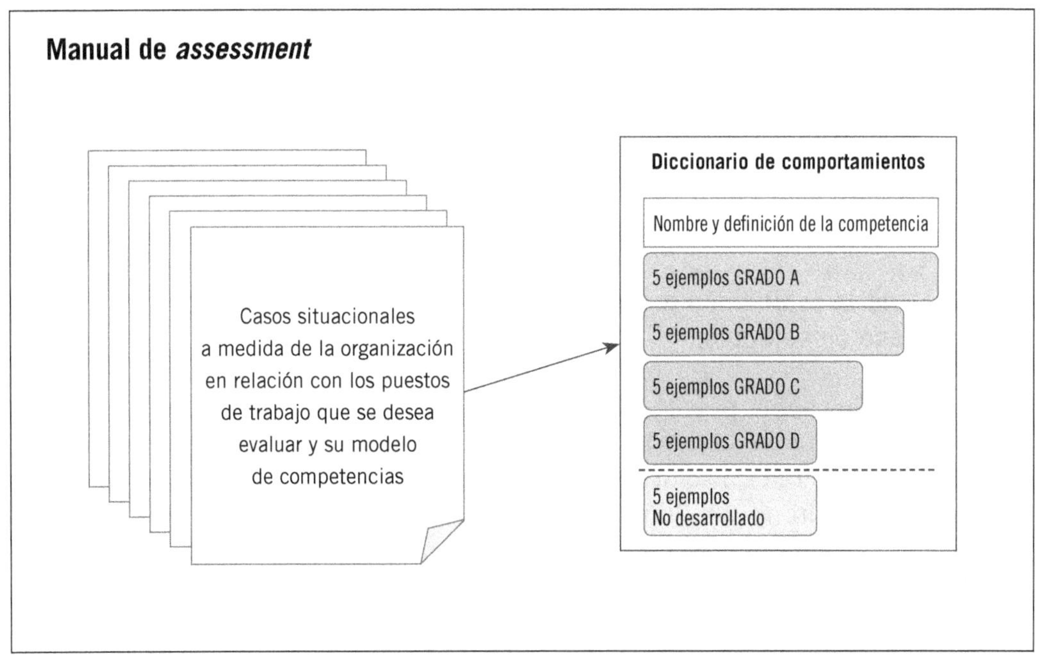

1 *Manual de assessment (ACM). Metodología MAI.* Conjunto de teoría, casos, ejercicios y formularios que permiten la aplicación práctica de la herramienta *Assessment Center Method* (ACM), diseñado de acuerdo con la Metodología Martha Alles y el modelo de competencias de cada organización.

Evaluaciones psicológicas

Las evaluaciones psicológicas en los procesos de selección están ampliamente difundidas y se utilizan desde hace mucho tiempo. Podrían definirse como evaluaciones específicas sobre la personalidad de una persona en relación con un determinado puesto de trabajo y el entorno laboral. Es decir, no tienen un propósito de tipo clínico, sino que están dirigidos a evaluar a una persona en relación con su posible desempeño en un determinado contexto de trabajo.

En todos los casos las evaluaciones psicológicas deben ser administradas por profesionales (psicólogos o licenciados en Psicología), con experiencia en la aplicación de tests con propósitos laborales. Las evaluaciones psicológicas pueden administrarse en forma individual o grupal. En este último caso incluyen pruebas de tipo individual y colectivas.

La evaluación psicológica comprende un conjunto de tests y entrevistas administrado por un profesional psicólogo con preparación específica en este tipo de técnicas, con el propósito de analizar la personalidad de una persona en el ámbito laboral.

Este tipo de evaluaciones tienen una amplia difusión en relación con los procesos de selección de personas. Es muy importante destacar que para esta aplicación específica (selección de personas) deben utilizarse aquellos tests que permitan evaluar las características necesarias para lograr un adecuado desempeño organizacional.

Ubicación de la evaluación psicológica en el proceso de selección

Si bien las evaluaciones psicológicas se realizan en la mayoría de los procesos de selección, no hay un único criterio respecto del momento en el cual deben aplicarse. Para unos, debe ser al inicio del proceso; para otros, al final.

Aun en este último caso, también puede variar el momento más adecuado.

Por ejemplo, en búsquedas de niveles iniciales con muchas postulaciones se podrían combinar las siguientes entrevistas y evaluaciones: entrevistas grupales, evaluaciones psicológicas grupales, entrevistas individuales para los finalistas.

Cuando los postulantes han respondido a un anuncio, mediante cualquiera de las opciones mencionadas en capítulos previos, podría seguirse la secuencia expuesta en segundo término en la figura siguiente: primero entrevistas individuales, y a los finalistas administrarles la evaluación psicológica, para luego ser entrevistados por su futuro jefe.

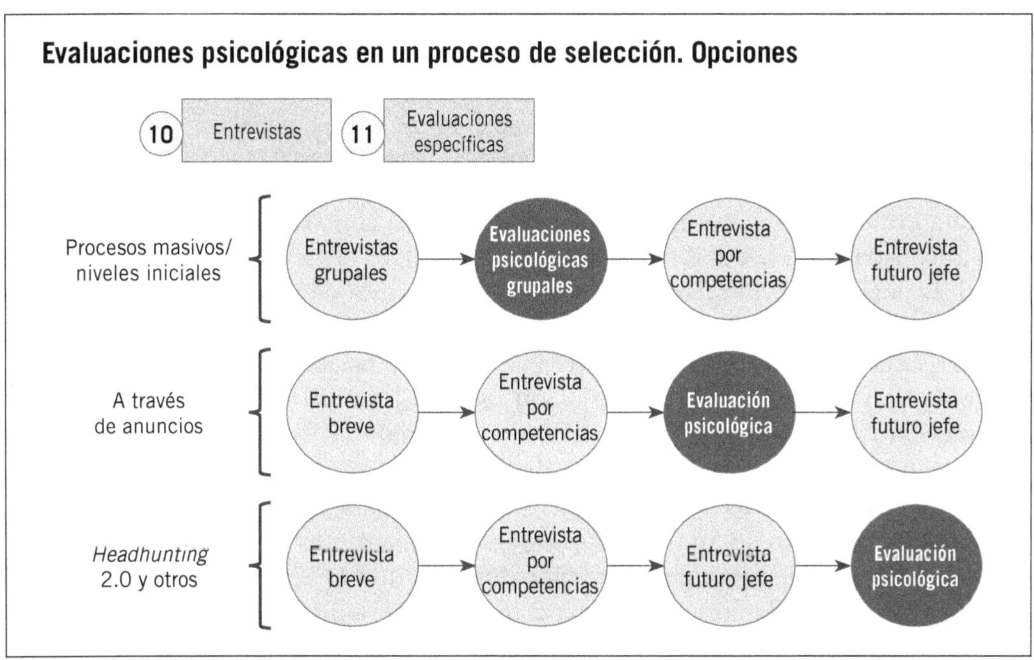

Por último, cuando se realizó *headhunting* y/o *headhunting 2.0*, o bien si los postulantes fueron convocados a través de la consulta a una base de datos, la evaluación psicológica podría realizarse luego de la entrevista con el futuro jefe.

Continuando con un análisis de la figura precedente, en todos los casos las pruebas psicológicas serán un elemento más a considerar junto con las restantes evaluaciones.

La información derivada de la aplicación y valoración de tests debería considerarse un elemento valioso para el conocimiento del candidato, enriqueciendo la imagen e impresión que de él se tiene por otras vías, pero no utilizarse como un factor para descartar candidatos.

Algunas definiciones de conceptos mencionados previamente:

Administración individual y grupal. Las evaluaciones psicológicas, usualmente, son individuales. Sin embargo, las evaluaciones psicológicas a grupos, con propósitos específicos, podrán ser utilizadas.

Evaluación psicológica grupal. Es una variante de la *evaluación psicológica,* aplicada por un profesional sobre un grupo de personas. No es muy usual.

Evaluación psicológica individual. Es la variante más usual: un profesional psicólogo evalúa individualmente a una persona.

En ambas opciones, grupal o individual, el profesional a cargo de la evaluación deberá conocer con anticipación el propósito de la evaluación a efectuar, para su adecuada planificación. El informe de la evaluación psicológica deberá ser analizado en relación con el perfil de la búsqueda. Quizá ciertas características que, en principio, podrían considerarse en un nivel bajo, podrían no ser requeridas para la posición en cuestión.

Una evaluación psicológica tiene como objetivo contribuir al proceso de selección al construir un perfil de personalidad laboral, es decir, describiendo las características personales vinculadas al perfil laboral de una persona en relación con un puesto de trabajo.

Esta es la principal diferencia entre la evaluación psicológica laboral en relación con otro tipo de evaluación e indagación psicológica realizada con otros fines. En resumen, no se trata de un diagnóstico de personalidad con miras a derivaciones psicoterapéuticas, sino de un intento de indagar acerca de ciertos aspectos de la personalidad vinculados con una posición laboral y con un ámbito organizacional.

Es decir, cuando se analiza a una persona en una evaluación psicológica se tiene el propósito de establecer el futuro desempeño y la actitud que ese individuo podría asumir en relación con las experiencias que tendrá que vivir en su puesto de trabajo; o sea: ¿cuál es su actitud ante las situaciones que aborda?, ¿cuál es su relación con los distintos grupos con los cuales va a tener una interacción dentro de la organización y fuera (en caso de que lo requiriera la posición)? En suma, ¿cómo se pronostica que esta persona se va a desempeñar en el ámbito de la organización?

Partes de una evaluación psicológica

Si bien no hay una única forma de organizar una evaluación psicológica, siempre será aconsejable realizar una entrevista inicial, no muy extensa, para indagar sobre aspectos de la vida personal y otros vinculados a lo laboral –por ejemplo, sobre la carrera del individuo–. Se podrá observar que en algunos casos la familia (cónyuge, padres, según la situación) puede ser un factor que incida, de algún modo, en la decisión de cambio laboral, más otros aspectos tales como situaciones difíciles que la persona haya debido enfrentar, y se podrá obtener del entrevistado comentarios sobre la cultura de las organizaciones en las que trabajó anteriormente, cómo analiza esas experiencias, qué opinión tiene de sus superiores, pares, subordinados; etc.

Una evaluación psicológica supone distintas secciones, por ejemplo entrevista inicial, tests psicométricos, tests proyectivos…

Usualmente se aplica una batería estándar de recursos para la evaluación, organizada según la posición para la que se está realizando la búsqueda.

En general, en una evaluación psicológica se analizan tres planos: aspectos personales, aspectos intelectuales, aspectos socio-laborales.

A continuación se mencionan algunas de las pruebas psicológicas más difundidas. Sin embargo, existen otras y cada profesional optará por las que mejor le permitan alcanzar los resultados esperados.

El nivel intelectual se determina a través de pruebas que miden el nivel de inteligencia, entre las más conocidas, Test de Raven y Dominós. El psicólogo deberá analizar los resultados dentro de un marco o contexto. Por ejemplo, evaluar: ¿Cómo respondió? ¿A qué ítem contestó adecuadamente? ¿Qué palabras utiliza cuando responde? Adicionalmente, el evaluador podrá observar la capacidad de análisis o, eventualmente, si el evaluado se precipita en responder sin mayor reflexión. También los comentarios que realiza.

Para investigar aspectos relacionados con lo social y laboral se pueden utilizar algunas láminas del Test de Phillipson, de tipo tradicional. También se utiliza el Test de Rorschach o el de Zulliger; este último se conoce como *Rorschach abreviado.* El Test de Rorschach se utiliza para diagnóstico clínico; en cambio, el denominado Zeta o Zulliger (Zulliger es el nombre de su autor) apunta a trabajar sobre aspectos relacionados con el trabajo y el vínculo de la persona con las organizaciones.

No es propósito de esta sección hacer un análisis exhaustivo de las técnicas utilizadas para la realización de las evaluaciones psicológicas. Existen numerosos tests para temas específicos.

El responsable del proceso de selección y/o el futuro jefe, cuando este contrata directamente evaluaciones psicológicas, debe saber que solo un profesional psicólogo con experiencia puede administrar tests y realizar evaluaciones psicológicas. No será factible hacer mediciones psicológicas o de personalidad de otro modo. Un test y su instructivo sobre cómo debe ser interpretado no puede ni debe ser utilizado por alguien que no sea un profesional de la especialidad.

Por último, cabe decir que un proceso de selección cuenta, como se ha visto, con diferentes pasos, y es un error pensar que la evaluación psicológica es más importante que otros.

Devolución de la evaluación psicológica

La "devolución" es una instancia posterior a la evaluación psicológica, un momento en el cual el profesional que administró la referida evaluación le transmite al evaluado, de forma oral y personal, los resultados de los tests y entrevistas realizados. Se trata de una reunión breve entre el psicólogo que administró la evaluación psicológica y la persona evaluada.

El informe de una evaluación, sin una adecuada explicación por parte del psicólogo evaluador, podrá ser mal interpretado y no ayudar de modo alguno al evaluado.

La devolución no forma parte del proceso de selección. No obstante, es una buena práctica que debería llevarse a cabo, en todo tipo de circunstancia. Usualmente se realiza a pedido del evaluado y debería estar disponible para todo aquel postulante que la solicite. No todos ellos lo harán.

Conocimientos. Distintas evaluaciones

Como se expusiera, siempre que sea posible los conocimientos deben ser evaluados durante la *primera selección*, y se dejará una instancia más profunda de evaluación de los conocimientos solo para casos particulares.

Para estas evaluaciones se podrán realizar diferentes acciones, entre ellas, el *examen de conocimientos.*

Examen de conocimientos. Instancia formal de medición de un conocimiento, usualmente por escrito y sujeto a una nota final.

Los exámenes de conocimientos se realizan, generalmente, mediante pruebas escritas, y se relacionan con temas específicos. Pueden conformarse con ejercicios, preguntas, cuestionarios y/o respuestas de opción múltiple, entre las variantes más utilizadas.

Un examen de conocimientos también puede llevarse a cabo a través de una entrevista realizada por un experto, quien a través de preguntas, o bien planteando un caso a resolver, obtiene la información necesaria para formular un juicio en relación con el nivel de conocimientos del entrevistado sobre un tema determinado. Esta modalidad se utiliza, en general, para altos ejecutivos y profesionales destacados o con amplia experiencia. A los exámenes de conocimientos también se los denomina *pruebas técnicas.*

Una evaluación de conocimientos tiene por finalidad comprobar el grado de conocimiento y la capacidad de aplicación práctica de dichos conocimientos teóricos, así como la experiencia que el candidato posee.

Los medios que se pueden utilizar son:

- Exámenes escritos.
- Exámenes escritos a libro abierto, muy comunes para evaluar a profesionales de diferentes especialidades, por ejemplo, abogados, a quienes se les propone que lleven a cabo la redacción de una demanda de un caso real, con una biblioteca especializada en temas legales a su disposición.

- Exámenes escritos domiciliarios, en los cuales a la persona se le presenta un caso y esta envía o presenta su propuesta de resolución en una fecha a convenir.
- Entrevistas estructuradas, que consisten en preguntas y respuestas.
- Entrevistas abiertas sobre temas técnicos.
- Pruebas de conocimientos específicos (respecto de, por ejemplo, la utilización de un software determinado).
- Evaluaciones de idiomas, en distintos niveles: desde la entrevista en el idioma a evaluar realizada por el entrevistador o por la línea, hasta verdaderas evaluaciones efectuadas por traductores matriculados. Estas últimas se presentarán bajo diversas modalidades, según lo que se requiera en función del perfil: escritas (comprensión de texto y redacción propia), orales (comprensión y expresión), referidas a la utilización de términos técnicos específicos en relación con la posición a cubrir, etcétera.

El futuro jefe/cliente interno como evaluador de conocimientos

Los finalistas, usualmente, son entrevistados por el futuro jefe, luego de las etapas ya vistas: *primera selección* (Capítulo 4) y *selección y entrevista por competencias* (Capítulo 5).

La mayoría de las veces, el futuro jefe desea cerciorarse por sí mismo acerca del grado de conocimiento y experiencia del postulante, por lo cual en la entrevista evalúa los conocimientos de cada uno de los candidatos.

En el momento en que se realice la planificación de la búsqueda (Capítulo 2) será importante definir qué tipo de evaluaciones de conocimientos se llevarán a cabo.

En el caso de ser necesario, el responsable de selección debería ofrecer ayuda al futuro jefe en relación con la forma de preguntar/evaluar conocimientos. Podría darse la circunstancia que este no fuese un experto en el tema o, aun siéndolo, por algún motivo no sea la persona más adecuada para llevar adelante esta tarea. Los jefes de todos los niveles y sectores deberían recibir formación en materia de selección de personas y las distintas formas de evaluar conocimientos, competencias, etcétera.

BEI: *Behavioral Event Interview* o entrevista por incidentes críticos

Behavioral Event Interview (BEI). Definición

La BEI, también conocida como *entrevista por eventos conductuales* o *entrevista por incidentes críticos*, es una entrevista estructurada que evalúa competencias en profundidad explorando los incidentes críticos y los comportamientos del individuo bajo evaluación.

Se utiliza su denominación en inglés dado que es de uso frecuente y así se la menciona en muchas obras sobre Recursos Humanos y selección, en diferentes lenguas.

Por otra parte, el término "incidente crítico" hace referencia a un hecho o suceso poco usual que, en el contexto de la entrevista, permitiría identificar un desempeño alto o bajo del colaborador en un período determinado.

La entrevista BEI tiene como propósito una evaluación integral de la persona, haciendo foco en sus competencias. La entrevista por competencias (Capítulo 5) es una versión simplificada de la BEI. Los objetivos de una y otra son similares, difieren básicamente en la profundidad y amplitud de la evaluación junto su extensión. Con un diseño adecuado, la entrevista BEI permite –también– medir valores de la persona evaluada.

La entrevista BEI requiere la participación de un profesional especializado en dicha evaluación.

BEI. Mejores aplicaciones

La entrevista BEI es aplicable en diversas situaciones en las cuales sea preciso evaluar en profundidad a una persona –en especial, sus competencias–. Su aplicación más frecuente es para niveles gerenciales y de dirección. Ejemplos de circunstancias en que se recomienda su aplicación:

- Fusiones y adquisiciones. Para evaluar competencias de altos ejecutivos, en especial cuando se deba optar entre más de una persona para ocupar una posición determinada.
- Fusiones y adquisiciones. Para determinar el capital intelectual de una empresa.
- Planes de sucesión y diagramas de reemplazo. Para elegir posibles candidatos a participar en los mencionados programas, los cuales siempre se diseñan en relación con puestos clave.

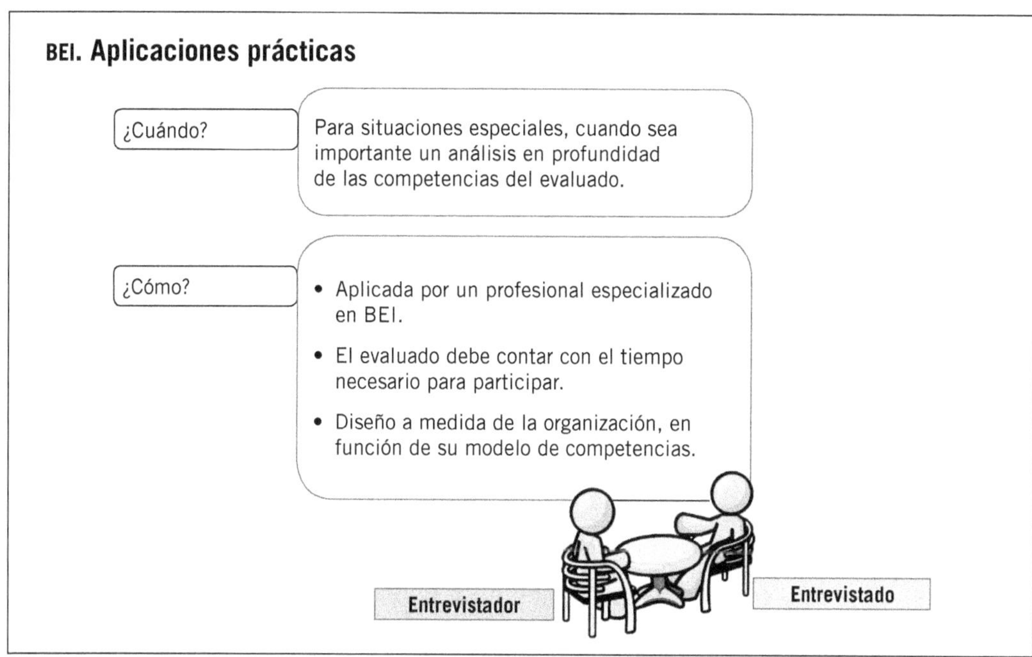

Si bien puede ser utilizada en selección, su uso en estos casos no es frecuente. En la actualidad, y como ya se comentara, la mayoría de las entrevistas en las cuales se desea evaluar competencias (en un proceso de selección) se realizan según se ha explicado en el Capítulo 5.

En síntesis, la entrevista BEI se aplica en situaciones específicas, tal como se desprende de la figura precedente.

BEI. Pasos

Usualmente la entrevista comienza con una pregunta abierta del estilo *"Cuénteme sobre su historia laboral"*, para luego formular preguntas orientadas a evaluar competencias. Los pasos de una entrevista BEI son los que se observan en la figura de la página siguiente.

El objetivo principal de la evaluación será determinar comportamientos en relación con el desempeño laboral de una persona.

El entrevistador formulará preguntas con el propósito de conducir al entrevistado en su relato, de modo de obtener las situaciones críticas a las que hace mención el nombre de la herramienta, y, como decíamos, comportamientos pasados en situaciones reales.

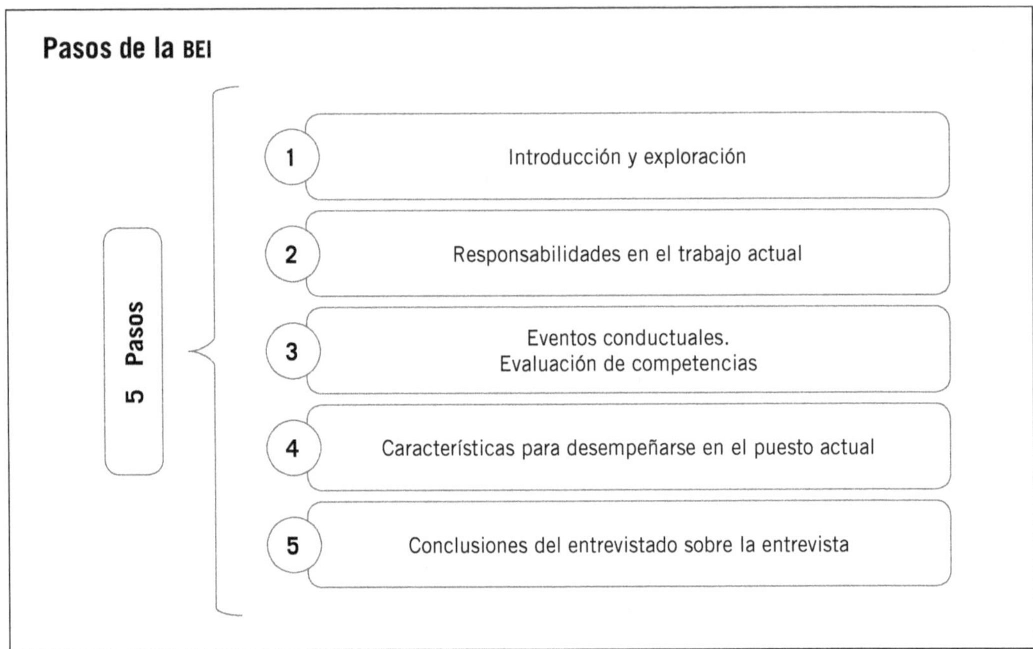

Para planificar la entrevista se deberá conocer –en una primera instancia– el modelo de competencias y las competencias requeridas por el puesto a evaluar:

- Nombre y definición de cada competencia.
- La definición de cada grado o nivel y cuál es el requerido para la posición a evaluar.
- Los comportamientos asociados (diccionario de comportamientos).
- Usualmente se evalúan todas las competencias. En caso contrario, establecer cuáles son las dominantes y enfocar la evaluación en ellas.

En cuanto a la persona a evaluar, será importante conocer: nombre, posición, tipo de empresa donde trabaja y toda información adicional de interés.

La BEI se lleva a cabo en los cinco pasos ya mencionados. La mayor parte de la entrevista debería centrarse en el paso 3, en el cual el entrevistador obtendrá comportamientos, que serán el foco principal de la evaluación a realizar.

Paso 1. Introducción y exploración, experiencia y formación del individuo

El principal objetivo del paso 1 será, primero, la presentación y explicación del propósito y formato de la entrevista BEI por parte del entrevistador/evaluador. Luego, se iniciará la exploración acerca de la carrera profesional, la educación (estudios formales) y las experiencias laborales previas del entrevistado. Esta parte de la entrevista permite la utilización de preguntas de sondeo, abiertas.

Adicionalmente, en estos primeros momentos se debe establecer confianza mutua y buena voluntad entre entrevistador y entrevistado, para lograr así que este último se sienta relajado, abierto y preparado para continuar con los siguientes pasos. La mayoría de las personas quieren conocer las razones de la entrevista y con qué fin y cómo se utilizarán las respuestas que brinden.

El entrevistador podrá, en este momento, explicar al entrevistado que se le formularán algunas preguntas sobre cómo se desempeña en su puesto actual, y se le solicitará que describa algunas de las situaciones más importantes que haya enfrentado en sus tareas y qué hizo en cada oportunidad. Otra variante será decirle que se le preguntará sobre sus tareas y responsabilidades y sobre algunas situaciones críticas o importantes que haya tenido que enfrentar. Dichas situaciones podrán ser exitosas. Pero también interesará que nos relate acerca de algunas otras situaciones eventualmente no exitosas que haya experimentado en los últimos 12 o 18 meses.

Podrá ser de utilidad ofrecerle al entrevistado unos minutos para reflexionar; mientras tanto, el entrevistador podrá revisar sus anotaciones, etc., para distender el momento.

Las preguntas específicas[2] se centrarán en estudios, educación, puestos importantes antes del puesto actual y las responsabilidades más relevantes. Adicionalmente, se solicitará una descripción por parte del entrevistado sobre su propia carrera, cómo llegó a ocupar su puesto actual o, dentro de sus responsabilidades, que describa un proceso de selección que haya tenido que realizar, una promoción, etcétera.

El entrevistador deberá hacer hincapié en la confidencialidad de las respuestas. Explicar cómo se utilizará la información y quiénes serán informados sobre los resultados. Se debe tener en cuenta que el entrevistado podría estar preocupado por estas cuestiones.

2 En el libro *Elija al mejor* podrá encontrar diferentes tipos de preguntas, que podrán ser utilizadas en una entrevista.

Paso 2. Responsabilidades en su trabajo actual

El objetivo de este paso será lograr que el entrevistado describa sus tareas y responsabilidades laborales más importantes. Esta parte de la entrevista permite la utilización de preguntas de sondeo, abiertas.

A través de estas preguntas se desea indagar sobre el puesto actual que la persona ocupa. Eventualmente, el último.

Ejemplos de preguntas:

¿Cuál es el título *(nombre) de su puesto actual?*

¿A quién reporta usted? Se puede agregar: *No necesito su nombre (de la persona que ocupa dicho cargo), solo su cargo o la denominación del puesto que ocupa.*

¿Quiénes le reportan a usted? Del mismo modo, se puede agregar que no necesita nombres, solo la identificación de las posiciones de los subordinados.

Solicitar una descripción de las tareas y responsabilidades más importantes. De ser necesario, reforzar con una repregunta... *¿Qué hace usted (personalmente)?*

Otras formas de repreguntar en este momento sería: *Bríndeme / cuénteme ejemplos.* También: *¿Reláteme cómo es, concretamente, una semana típica en su trabajo; o cómo fue la última semana, más precisamente?*

Esta parte de la entrevista es relativamente breve, no más de 10 a 15 minutos.

Paso 3. Eventos conductuales. Evaluación de competencias

Comenzar por solicitar al entrevistado que describa, en detalle, cinco o seis de las situaciones más importantes que haya experimentado en el puesto, dos o tres situaciones exitosas que considere relevantes, y dos o tres situaciones no exitosas. El entrevistado deberá describir detalladamente las situaciones que haya elegido. Si bien muchos autores y especialistas utilizan el término fracaso para referirse a alguna iniciativa/ responsabilidad a su cargo que no tuvo resultados positivos, no sugerimos hacerlo.

A continuación, formular preguntas específicas para evaluar competencias –todas las del puesto o las competencias dominantes, según se haya definido–. Se ha explicado cómo formular preguntas e interpretar las respuestas en el Capítulo 5.

Al igual que se ha visto (Capítulo 5), a través de las preguntas, en la descripción realizada por el entrevistado de situaciones pasadas reales, se deben obtener comportamientos. Se deberán descartar las respuestas de tipo hipotéticas, filosóficas, abstracciones y posiciones adoptadas frente a situaciones posibles (por ejemplo: *frente a la situación XXX corresponde hacer YYY*). Si el entrevistado brindase respuestas hipotéticas, se deberá repreguntar solicitando un ejemplo específico.

Para lograr este objetivo, el entrevistador deberá formular preguntas cortas y claras, y una a la vez. Y utilizar los verbos en tiempo pasado. Eventualmente, utilizar la conjugación en presente solo para actividades cotidianas y nunca en futuro o en condicional. Al mismo tiempo, el entrevistador deberá estar atento a los tiempos verbales utilizados por el entrevistado así como al uso del singular y plural.

Como se comentara, el paso 3 es el de mayor extensión en la entrevista BEI.

Paso 4: Características para desempeñarse en el puesto actual

Este paso tiene como objetivo obtener la descripción de situaciones críticas adicionales sobre temas que se mencionaron con anterioridad en la entrevista, así como la opinión que el entrevistado tiene sobre su propio desempeño en esas circunstancias.

Se podría solicitar al entrevistado que describa cómo debería ser una persona –conocimientos, competencias, experiencia– para desempeñarse en el puesto que actualmente ocupa.

Otra opción sería formular preguntas similares, pero en relación con un puesto futuro. Para que este tipo de preguntas sea posible, el entrevistado debería contar con información sobre el descriptivo del puesto y/o, según corresponda, el perfil de la búsqueda.

Por último, investigar sobre la motivación en un sentido amplio: motivación ante un eventual cambio de trabajo (si se está evaluando a una persona con este fin) y las motivaciones –en general– sobre su carrera.

Paso 5. Conclusiones del entrevistado sobre la entrevista

Se recomienda cerrar la entrevista agradeciendo al entrevistado por su tiempo y la información suministrada. Adicionalmente, se le solicitará al entrevistado que resuma las situaciones y descubrimientos clave de la entrevista, y que brinde su opinión sobre la misma, el entrevistador y, en particular, su autoevaluación en relación con el paso 4.

Aprovechar el cierre de la reunión para un nuevo comentario tranquilizador, sobre todo si la persona entrevistada tiene algún motivo de preocupación.

A continuación, un breve resumen del rol del entrevistador en cada uno de los pasos

Paso		Rol del entrevistador	Pregunta sobre
1	Introducción y exploración	Tranquiliza Motiva a hablar Enfatiza sobre la confidencialidad Explica motivos de la evaluación	Antecedentes Carrera profesional Estudios formales y conocimientos
2	Responsabilidades en el trabajo actual	Obtiene información	Aquello que la persona hace en el presente Nivel al cual reporta Quiénes le reportan Tareas y responsabilidades
3	Eventos conductuales. Evaluación de competencias	Obtiene información sobre situaciones concretas. Es el foco principal de la evaluación	Situaciones: 3 críticas exitosas y 3 críticas no exitosas Preguntas para evaluar competencias a través del relato por parte del entrevistado de situaciones reales en las cuales sea factible observar comportamientos (similar a Capítulo 5)
4	Características para desempeñarse en el puesto actual	Obtiene información adicional sobre situaciones concretas	Opinión del entrevistado sobre su desempeño actual o futuro, según corresponda
5	Conclusión del entrevistado sobre la entrevista	Agradece Asegura confidencialidad Tranquiliza Brinda información	Solicita evaluación sobre la entrevista

BEI. ¿Cómo analizar los resultados?

En cuanto a la evaluación de las competencias, el procedimiento se realiza de la misma forma que se ha explicado en el Capítulo 5. En una BEI se deberán obtener comportamientos, los que, luego, serán comparados con los requeridos por el perfil de la búsqueda o el descriptivo del puesto, según corresponda, considerando el *diccionario de comportamientos* organizacional. La idea se expresa en la figura siguiente.

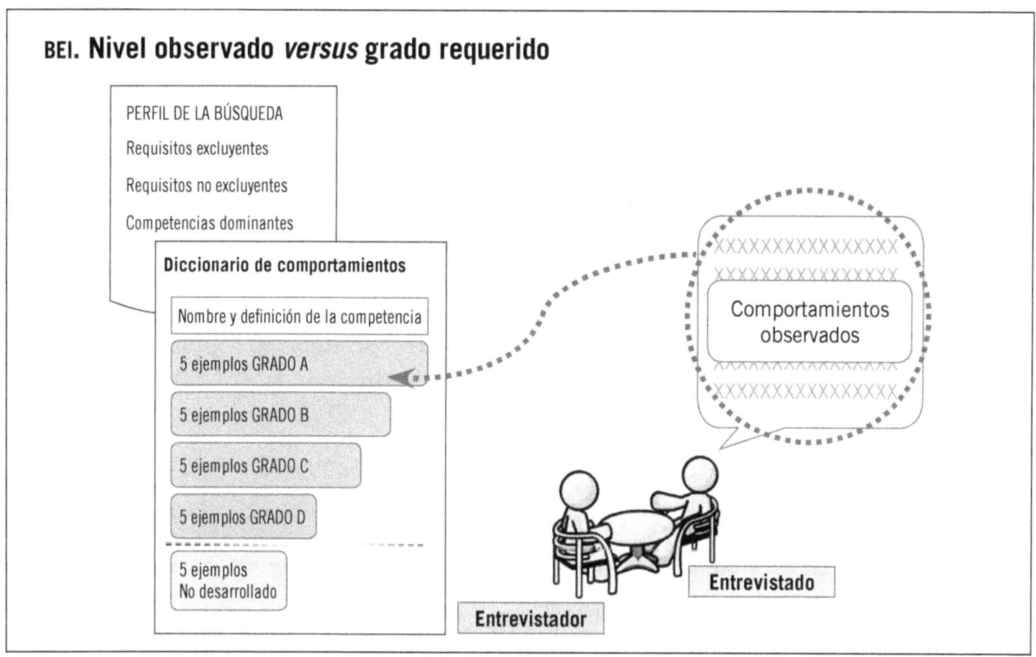

¿Grabar o no grabar la entrevista BEI? Formas de registro

El entrevistador, usualmente, prepara un informe detallado sobre la BEI, describiendo la información recolectada en cada uno de los pasos mencionados.

Como se expuso al explicar el registro para otros tipos de entrevistas, en la BEI se deberán registrar hechos, comportamientos. Igualmente, primero se deberá pasar en limpio las notas para luego confeccionar el respectivo informe, inmediatamente después de que finalice la reunión.

En resumen, se vuelca la información sobre el entrevistado, y se utilizan las palabras del entrevistado para describir sus comportamientos, así como se registran las opiniones del entrevistado que fueron solicitadas y se describe cómo fue el cierre.

Grabar una entrevista puede ser positivo en algunos aspectos y no tanto en otros. Entre los aspectos favorables se pueden señalar que facilita el trabajo del entrevistador y permite contar con información más completa acerca de cómo se desarrolló la entrevista. Adicionalmente, la escucha posterior permite capturar matices en la voz, pausas, silencios que complementen la información sobre los entrevistados.

Las notas, en papel, podrían plasmar una versión de los hechos según el entrevistador y no coincidir fielmente con la del entrevistado.

A su vez, las grabaciones podrán constituirse en un recurso valioso para capacitación, estudio de casos y simulaciones.

Entre los aspectos negativos debe señalarse que muchos entrevistados no se sienten cómodos al ser grabados y, de algún modo, eso dificulta la buena relación entre el entrevistado y entrevistador, necesaria para alcanzar una mayor efectividad en el transcurso de una entrevista.

Nuestra sugerencia consiste en adquirir experiencia para tomar notas durante la entrevista, a fin de lograr un buen registro de la BEI, sin utilizar grabador, y, además, ser objetivo tanto en la observación como en las notas posteriores.

En el caso de grabar la entrevista, previamente se deberá solicitar permiso al entrevistado. Si la persona acepta, se le deberá confirmar la confidencialidad de todo lo registrado[3].

Herramientas para detectar valores personales previo al ingreso a la organización

Los valores de una persona se observan en sus comportamientos, en cualquier momento o circunstancia. Las buenas prácticas indican que los valores pueden ser medidos antes que las personas ingresen a la organización, y así detectar en forma temprana comportamientos no deseados en postulantes, de manera previa a su incorporación.

Manual para detectar valores personales en selección[4]

Este manual representa un conjunto de teoría, casos, ejercicios y formularios que permiten la aplicación práctica de las distintas herramientas necesarias para la detección de valores personales en selección de personas.

3 Este término se relaciona con la herramienta N° 39 C descrita en la obra *Las 50 herramientas de Recursos Humanos que todo profesional debe conocer.*

4 *Manual para detectar valores personales en selección. Metodología MAI.* Conjunto de teoría, casos, ejercicios y formularios que permiten la aplicación práctica de las distintas herramientas necesarias para la detección de valores personales en selección de personas, diseñados de acuerdo con la Metodología Martha Alles International (MAI). Dichas herramientas se complementan con indicadores para medir dichos valores.
Para el diseño del Manual se realizó una investigación y se eligieron 5 valores personales como considerados como los de mayor relevancia, para ser evaluados previo al ingreso de una persona a la organización.

Los manuales usualmente contienen documentos e instructivos específicos y detallados que, en este caso en particular, permitirán al selector o futuro jefe detectar de forma temprana comportamientos no deseados en postulantes, previo al ingreso en la organización.

Una definición necesaria:

Valores. Aquellos principios que representan el sentir de la organización, sus objetivos y prioridades estratégicas.

Esta acepción también engloba la forma habitual para denominarlos, "valores organizacionales".

Valores personales. Principios básicos inherentes a cada individuo en particular. Se relacionan con las creencias más profundas del individuo, con la forma en que cada uno ve las cosas y, además, con los proyectos personales.

Los valores de una persona se observan en sus comportamientos, en cualquier momento o circunstancia.

El concepto *valores personales* engloba aspectos como *integridad* y *ética,* y también otros, como, por ejemplo, *calidad* o *excelencia,* según la manera en que estos diferentes aspectos integran las creencias profundas de cada persona.

El manual para detectar valores personales en selección podrá diseñarse a la medida de la organización. En ese caso será posible confeccionar las distintas herramientas en función de los valores personales que la organización seleccione y, muy especialmente, relacionarlas con sus valores organizacionales.

Evaluaciones de potencial

La expresión "evaluaciones de potencial" hace referencia a aquellas acciones realizadas con el propósito de medir las capacidades de una persona con relación a un desempeño futuro.

La palabra "potencial", dentro de la disciplina de Recursos Humanos, se utiliza en relación con el conjunto de capacidades que una persona posee y sus posibilidades futuras. Es importante tener en cuenta que las personas pueden tener alto potencial en relación con algunos aspectos y bajo potencial en otros. Usualmente, las personas no poseen un alto potencial *para todo,* sino *para algo*; y ese "algo" podrá representar una o varias posibilidades y aspectos, pero no todas las opciones posibles.

La evaluación del potencial siempre deberá realizarse en relación con un parámetro o estándar determinado, y con aspectos específicos del desempeño.

También son de uso frecuente las palabras *high potential,* expresión en idioma inglés que se utiliza para designar a las "personas con alto potencial". En español, al igual que en inglés, se utiliza la expresión "alto potencial" para calificar personas.

Para determinar el potencial de una persona habrá que tener en cuenta las capacidades, conocimientos, experiencia y conocimientos que dicha persona posee. A su vez, el potencial deberá estar relacionado con las capacidades que esa persona posee y la posibilidad, en función de dichas capacidades, de ocupar eventuales puestos en la actualidad o en el futuro.

En el ámbito de las organizaciones, el potencial será determinado en función de los requerimientos de un puesto de trabajo a ocupar en el futuro. Esta nueva posición podrá estar dentro de la misma área de trabajo, o no. Para la evaluación del potencial deberán medirse y compararse conocimientos, experiencia y competencias. Se hace una nueva mención a este tema en el Capítulo 9.

Evaluación psicológica de potencial

En párrafos previos, en este mismo capítulo, hemos analizado en qué consiste la evaluación psicológica. Es posible que dicha evaluación responda a un diseño específico para medir potencial. En ese caso, las evaluaciones se realizan a través de un conjunto de tests administrados por un psicólogo profesional, con el propósito de detectar el potencial de una persona en el ámbito laboral.

Se trata de una variante de la *evaluación psicológica* en la cual el foco se pone en la medición de las posibilidades de desarrollo futuro de una persona.

En resumen, la *evaluación del potencial* es una evaluación psicológica que tiene como propósito principal determinar las posibilidades de desarrollo de una persona en un lapso determinado. Por lo tanto, posee elementos comunes con la evaluación psicológica, utiliza técnicas similares y también puede administrarse en forma individual y grupal.

Las evaluaciones del potencial pueden tener diversas finalidades: pueden utilizarse para la selección de personas jóvenes sobre las cuales interese en especial determinar sus posibilidades de desarrollo; como paso previo a la puesta en marcha de programas para el desarrollo de personas; para la definición de cuadros de reemplazo o planes de sucesión; para descubrir aspectos a desarrollar en una persona; etc.

La evaluación del potencial también puede utilizarse en otro tipo de situaciones, por ejemplo, para tomar decisiones sobre desvinculación de colaboradores.

Cuando una empresa por alguna razón debe realizar un despido masivo de personal, una forma de tomar la decisión acerca de quiénes serán desvinculados es analizar el potencial de los empleados. De ese modo la organización se quedará con aquel personal que considere más acorde a sus necesidades futuras.

Un elemento importante a considerar es qué se entiende por *potencial.* Por lo tanto, para realizar correctas evaluaciones del potencial primero se debe conocer con exactitud qué se desea evaluar, contestando algunas preguntas: ¿Qué propósito tiene la organización? ¿Qué políticas de recursos humanos posee? ¿Cuáles son los objetivos que se propone?

Se debe entender que potencial no es solo "alto potencial": es lo que se espera de una persona en un determinado contexto.

Síntesis del capítulo

- Las evaluaciones específicas son aquellas que se realizan con un propósito particular, cuando se desea profundizar sobre algún aspecto en especial.
- *Assessment Center Method* (ACM) es un método o herramienta situacional para evaluar competencias mediante el cual, a través de la administración de casos y ejercicios, se plantea a los participantes la resolución práctica de situaciones conflictivas similares a las que deberán enfrentar en sus puestos de trabajo. En una actividad de *assessment* se utilizan casos y ejercicios que permiten poner a las personas a evaluar en un contexto similar al que deberán afrontar en el puesto para el cual son consideradas.
- La aplicación práctica del ACM tiene relación con diversos subsistemas de Recursos Humanos.
- Los evaluadores en un ACM son: Administrador, Observador asistente, Observador pasivo.
- Las evaluaciones psicológicas son evaluaciones específicas sobre la personalidad de una persona en relación con un determinado puesto de trabajo y el entorno laboral. No tienen un propósito de tipo clínico, sino que están dirigidas a evaluar a una persona en relación con su posible desempeño en un determinado entorno laboral.
- En todos los casos las evaluaciones psicológicas deben ser administradas por profesionales (psicólogos o licenciados en Psicología), con experiencia en la aplicación de tests con propósitos laborales. Las evaluaciones psicológicas pueden administrarse en forma individual o grupal.

- Los conocimientos, siempre que sea posible, deberían ser evaluados durante la *primera selección.* Con frecuencia, los futuros jefes evalúan conocimientos durante la entrevista.
- La expresión "examen de conocimientos" se utiliza, en general, para designar la instancia formal de medición de un conocimiento, usualmente realizada por escrito y sujeta a una nota final. Adicionalmente, un examen de conocimientos también puede llevarse a cabo a través de una entrevista realizada por un experto, quien por medio de preguntas o bien planteando un caso a resolver, obtiene la información necesaria para formular un juicio en relación con el nivel de conocimientos del entrevistado sobre un tema determinado. Esta aplicación se utiliza, en general, para altos ejecutivos y profesionales destacados o con amplia experiencia. A los exámenes de conocimientos también se los denomina *pruebas técnicas.*
- Una evaluación de conocimientos tiene por finalidad comprobar el grado de conocimientos teóricos de una persona y su capacidad para aplicarlos en la práctica, así como la experiencia que el candidato posee.
- La *Behavioral Event Interview* (BEI), también conocida como "entrevista por eventos conductuales" o "entrevista por incidentes críticos", es una entrevista estructurada que evalúa competencias en profundidad, explorando los incidentes críticos que ha debido enfrentar el evaluado y los comportamientos que demostró en esas circunstancias. La BEI puede ser utilizada en selección, aunque su uso en estos procesos no es frecuente. Sin embargo, es recomendada su aplicación en otras instancias en las que sea preciso evaluar competencias, en especial de niveles gerenciales y de dirección.
- Los valores de una persona se observan en sus comportamientos, en cualquier momento o circunstancia. Las buenas prácticas indican que los compartamientos pueden ser medidos antes que las personas ingresen a la organización. El *manual para detectar valores en selección* presenta un conjunto de teoría, casos, ejercicios y formularios que permiten la aplicación práctica de las distintas herramientas necesarias para la detección de valores personales en selección de personas. En este caso en particular, permitirán al selector o futuro jefe detectar de forma temprana comportamientos no deseados en postulantes, previo a su ingreso en la organización.
- Los "valores personales" son principios básicos inherentes a cada individuo en particular. Se relacionan con las creencias más profundas del individuo, con la forma en que cada uno ve las cosas y, además, con los proyectos personales.

- La *evaluación del potencial* es una evaluación psicológica que tiene como propósito principal determinar las posibilidades de desarrollo de una persona en un lapso determinado. Por lo tanto, posee elementos comunes con la evaluación psicológica, utiliza técnicas similares y también puede administrarse en forma individual y grupal.

PARA PROFESORES

Para cada uno de los capítulos de esta obra hemos preparado:

→ Casos prácticos y/o ejercicios para una mejor comprensión de los temas tratados.
→ Material de apoyo para el dictado de clases.

Los profesores que hayan adoptado esta obra para sus cursos tanto de grado como de posgrado pueden solicitar de manera gratuita las obras:

- *Selección por competencias. CASOS*
- *Selección por competencias. CLASES*

Únicamente disponibles en formato digital, en nuestro sitio: **www.marthaalles.com**, en la exclusiva *Sala de profesores*, o bien escribiendo a: **profesores@marthaalles.com**

PARA TODOS LOS LECTORES

Se encuentra disponible en formato digital un Anexo donde se ha realizado un análisis detallado de libros y subsistemas que complementa las temáticas abordadas en esta obra.

Capítulo **7**

Negociación y oferta. Incorporación

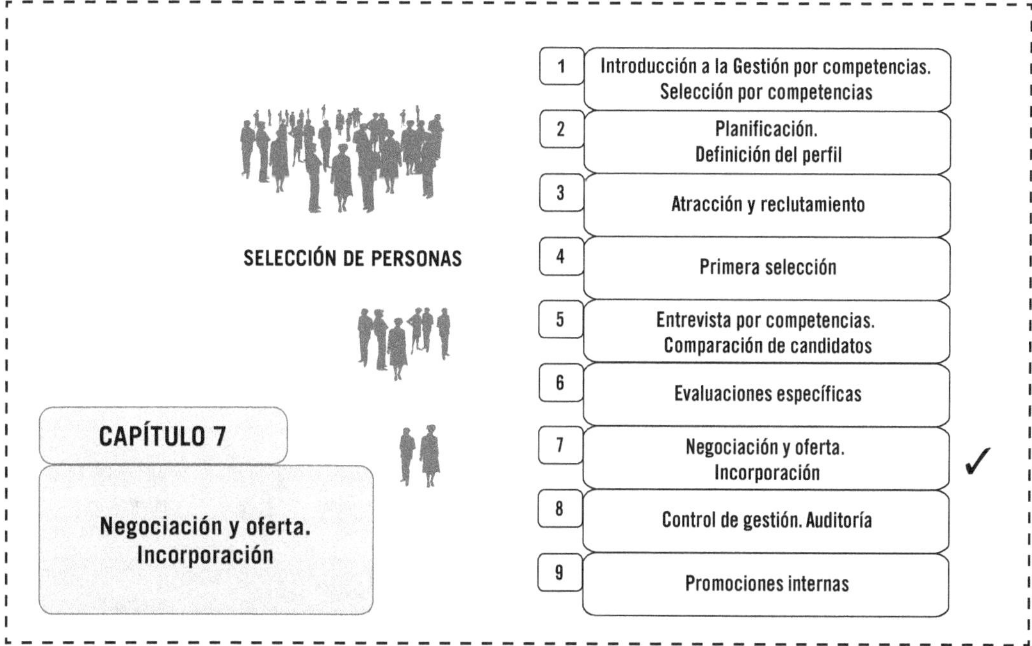

En este capítulo se verán los siguientes temas:

- De la negociación a la incorporación
- Conceptos a tener en cuenta
- Negociación en un proceso de selección
- Oferta por escrito
- Comunicación a postulantes
- El ingreso a la organización
- Inducción a la organización y al puesto

De la negociación a la incorporación

Una vez que se ha tomado una decisión respecto de quién es el candidato elegido para la posición, se inician los pasos finales: negociación salarial, la oferta del empleo al postulante elegido y los trámites finales de admisión. Por último, y no menos importante, la inducción de la persona a la empresa y a su puesto de trabajo. Luego de elegido el finalista se deberá informar de ello a los restantes participantes del proceso de selección.

En el Capítulo 1 se han identificado *20 pasos para seleccionar personas*. En este capítulo se verán los siguientes:

Paso 15. Selección del finalista

El rol del selector o responsable de Recursos Humanos incluye, también, asesorar al futuro jefe en el momento en que deba tomar la decisión de incorporar a uno de los finalistas. Implica, además, estar siempre atentos al grado de satis-

facción en relación con la búsqueda en sí y sobre el desarrollo en general del proceso de selección.

Paso 16. Negociación

Será ideal que la negociación respecto de las condiciones de contratación las realice el futuro jefe. Si no es la persona con mayor capacidad/autoridad para ello, podrá realizar la negociación y oferta el jefe del jefe y/o el responsable de Recursos Humanos.

Paso 17. Oferta por escrito

Una vez finalizada la negociación, será ideal plasmarla en un documento formal. Aunque no es de uso frecuente en muchos países, es una buena práctica. Las organizaciones que la realizan lo hacen a todos los niveles.

Paso 18. Comunicación a los postulantes fuera del proceso

Una persona es la elegida –o varias, según corresponda– y otras no lo son. Respecto de estas últimas, es necesario cumplir con la comunicación de que no han sido seleccionadas. Se sugiere realizar este paso una vez que se han concretado las incorporaciones.

Paso 19. Proceso de admisión

Cada organización determina los aspectos a considerar al momento de incorporar un nuevo colaborador, según los distintos niveles organizacionales y cumpliendo, en todos los casos, con los aspectos legales relacionados.

Paso 20. Inducción

La inducción se divide conceptualmente en dos partes: a la organización y al puesto. Usualmente, la primera de ellas se encuentra a cargo del área de Recursos Humanos, y la segunda es responsabilidad del futuro jefe.

El futuro jefe/cliente interno en el proceso de selección

Cuando una organización cuenta con un área de Recursos Humanos que realiza el proceso de selección, serán sus integrantes los que lleven adelante un gran número de pasos, incluyendo muchas de las evaluaciones respectivas. No obstante, la responsabilidad de la decisión será del futuro jefe/cliente interno u otra persona de mayor jerarquía, según los niveles de responsabilidad.

En ocasiones, un proceso de selección inicia con mucha intensidad y luego, en las instancias finales, a veces con un finalista elegido, el proceso no concluye, porque quizá el futuro jefe/cliente interno salió de viaje o tiene mucho trabajo, o cualquier otra razón. Muchos candidatos se pierden a último momento como consecuencia de una instancia final lenta y/o por errores de comunicación.

La decisión, como ya se expresó en párrafos anteriores, es sin ninguna duda del futuro jefe/cliente interno. El responsable del proceso de selección será un asesor que deberá estar atento a prestar ayuda cuando sea necesario. Si por algún motivo el área de Recursos Humanos tiene un rol activo en la negociación y decisión final, deberá quedar en claro que lo hace desde este rol, velando por el perfil organizacional de los postulantes, pero no será responsable de la decisión final.

En algunas circunstancias Recursos Humanos podrá seleccionar personal e incorporarlo. Serán casos excepcionales, y lo hará por delegación del cliente interno, para facilitar el proceso y no como una responsabilidad intrínseca de su función.

Conceptos a tener en cuenta

No es propósito de esta obra tratar en detalle temas relacionados con *remuneraciones y beneficios*, uno de los subsistemas de Recursos Humanos. No obstante, se hará una breve mención a algunos conceptos relacionados de interés para el selector y el futuro jefe/cliente interno.

Beneficios. El término "beneficio", cuando es utilizado en relación con remuneraciones, usualmente hace referencia a aquellas prestaciones que una organización ofrece a sus colaboradores más allá de aquello previsto por las leyes vigentes en el país o región y que, si bien pueden ser medidas en dinero, no son consideradas de esa forma. Ejemplos: días adicionales de vacaciones, ciertos bienes o servicios que se adicionan al pago en dinero, etcétera.

Contratación. En el marco de la disciplina de Recursos Humanos el término "contratación" hace referencia a los aspectos finales de un acuerdo de ingreso de una persona a una organización.

Contrato. Convenio entre dos partes o más, todas legalmente responsables.
En el marco de la disciplina de Recursos Humanos el término "contrato" hace referencia a los factores o ítems que integran el acuerdo de ingreso de una persona a una organización, bajo relación de dependencia.
Adicionalmente, el término también puede hacer referencia a una relación laboral con fecha de finalización. Ejemplo: *se firmó un contrato por cuatro meses.*

Contrato económico. Relación de tipo legal entre una organización y un empleado –usualmente bajo la modalidad de relación de dependencia– por efecto de la cual tiempo, talento y energía se cambian por dinero, horarios y condiciones de trabajo razonables.

Contrato laboral. Documento donde se especifican en detalle las condiciones de la relación laboral tanto para la empresa como para el colaborador.

Contrato psicológico. Este concepto hace referencia a la suma de expectativas no escritas, tanto del empleado como del empleador, sobre las que se sustancia la relación laboral. Este contrato se mantiene en el tiempo, siempre y cuando esas expectativas mutuas se vayan cumpliendo.

Remuneración. Compensación. Es un valor compuesto por la sumatoria del salario mensual o quincenal, según corresponda, y otros beneficios que recibe el trabajador como retribución por su trabajo.

Remuneración anual. Salario anual. Sumatoria de las remuneraciones o los salarios correspondientes a un año de trabajo.

Remuneración ofrecida. Salario ofrecido. Monto de dinero que se le ofrece a una persona en relación con un determinado puesto de trabajo. Puede ser complementado con beneficios. La remuneración puede expresarse por períodos (semanal, quincenal, mensual) o bien como un valor anual. Usualmente la remuneración ofrecida se expresa en valores brutos, es decir, antes de descontar los impuestos a cargo del empleado.

Remuneración pretendida. Salario pretendido. Monto de dinero que una persona desea percibir en relación con un determinado puesto de trabajo. Puede ser complementado con beneficios. La remuneración puede expresarse por períodos (semanal, quincenal, mensual) o bien como un valor anual. Usualmente la remuneración pretendida se expresa en valores brutos, es decir, antes de descontar los impuestos a cargo del empleado.

Salario. Paga o remuneración regular que recibe el trabajador. Generalmente es una cifra fija por un período de un mes o quincena. El término se utiliza, usualmente, para designar el pago a trabajadores en relación de dependencia. En otras palabras, también podría decirse que el salario es el monto de dinero que la organización abona a un colaborador como retribución por su trabajo.

Salario bruto. Remuneración bruta. Salario nominal. Valor nominal de la paga que recibe el colaborador y que se toma de base tanto para el cálculo de las contribuciones fiscales a cargo del empleado como las que debe abonar el empleador. Ver la figura correspondiente al término *salario neto.*

Salario neto. Salario de bolsillo. Remuneración neta. Importe realmente percibido por el trabajador. El monto surge de restarle al salario bruto o nominal los descuentos e impuestos a cargo del empleado.

En la figura siguiente estos últimos conceptos se explican con un ejemplo sencillo.

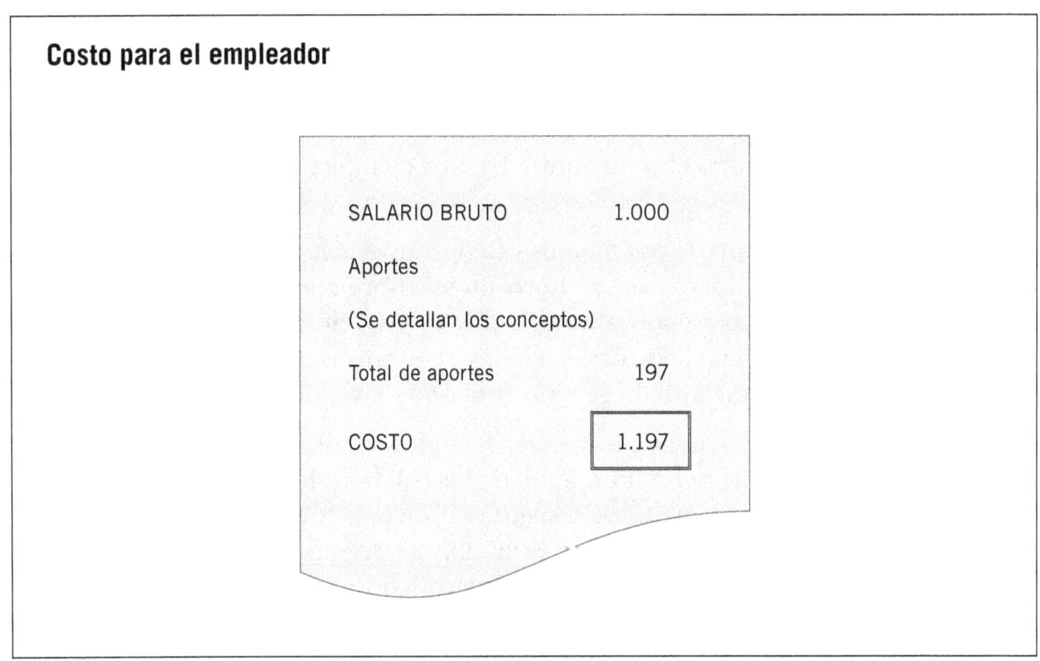

Salario para el empleador o costo para el empleador. El costo total para el empleador es un valor compuesto por el salario bruto, al cual debe adicionarse los impuestos y otras cargas sociales sobre el salario que debe abonar el empleador por cada uno de sus colaboradores.

La idea expuesta se expone en la figura precedente con un ejemplo sencillo.

Remuneraciones variables. Compensaciones variables. Salario con una parte a riesgo

La remuneración de una persona puede estar compuesta por un salario fijo y un ingreso variable.

La mayoría de las remuneraciones variables se definen con base en resultados de algún tipo, desde resultados económicos organizacionales hasta resultados en relación directa con la gestión de un puesto en particular. (Remuneraciones variables sobre la base de resultados. Compensación variable sobre la base de resultados.)

Las remuneraciones variables pueden ser de diferente tipo. En ocasiones pueden representar un porcentaje muy alto de la remuneración y en otros solo un complemento.

Algunas de las más comunes:

- *Salarios a destajo.* Aquellos donde se remunera por cantidad producida. Se utilizan, generalmente, para áreas de producción, pero por extensión pueden aplicarse a otras tareas similares, por ejemplo, ingreso de información (*data entry*).
- *Comisiones.* Es uno de los métodos de remuneración variable más antiguos y consiste en la aplicación de porcentajes sobre algún factor (por ejemplo, ventas, cobranzas, o sobre ambos conceptos). Su aplicación generalizada está en relación con las áreas de ventas y cobranzas, y en especial entre aquellos que llevan adelante la gestión concreta de vender y/o cobrar.
- *Bonus o bono o incentivos a corto plazo.* Se aplican, usualmente, a niveles gerenciales, para motivar el rendimiento de los colaboradores, usualmente de cierto nivel jerárquico. Su cálculo suele realizarse a través de una fórmula que combina varios conceptos, por ejemplo, desempeño, resultados alcanzados por la persona en cuestión, su área de trabajo y la compañía en su conjunto. Habitualmente suelen expresarse en cantidad de salarios mensuales (por ejemplo, entre uno y tres meses de salario si se cumplen "x" e "y" variables). Estos planes suelen estar relacionados con la obtención de ganancias y la rentabilidad de la compañía. La tendencia de los últimos años es hacia las compensaciones con un fuerte componente variable. El *bonus* es una de las opciones más utilizadas.
- *Salarios con una parte a riesgo.* Implica que una parte del salario no está fija (8% a 15% según las compañías relevadas) y solo se abona si la compañía alcanza ciertos objetivos.
- *Participación en las utilidades.* Se aplica, usualmente, como beneficio adicional a un salario fijo. Su aplicación no es frecuente y generalmente se relaciona con los niveles más altos de la organización, como el CEO o el gerente general. Este tipo de remuneración variable implica algún grado de asociación del colaborador con los resultados de la compañía.
- *Incentivos a largo plazo u opción de acciones* (*stock options*). Derecho a comprar un número determinado de acciones de una compañía a un precio predeterminado y durante un período de tiempo, usualmente ventajoso para el colaborador que recibe este beneficio, en tanto se incremente la cotización de las acciones de la compañía. Dichos valores no podrán ser cambiados por dinero en un plazo breve, por lo cual implica que la persona los hará efectivos solo si permanece en la organización.

Si la compañía crece y/o los negocios son favorables, el valor de las acciones puede aumentar y, de ese modo, el colaborador recibirá un beneficio monetario importante.

Los beneficios conocidos como *stock options* u opción de acciones también se denominan *incentivos a largo plazo.* Es una modalidad de uso frecuente en los Estados Unidos, pero no siempre aceptada o considerada por otras legislaciones.

Cada compañía deberá analizar si las leyes del país donde actúa permiten la aplicación de cualquiera de las variantes descritas más arriba.

Incentivos variables. Uniformidad en los criterios de aplicación

La denominación "incentivos variables" hace referencia a aquellos conceptos con los cuales se remunera a una persona, además del salario fijo, y que, desde la mirada de la organización, se realizan con el propósito de que los colaboradores mejoren su desempeño o productividad, según corresponda.

Las remuneraciones constituyen, generalmente, un elemento que puede afectar la susceptibilidad de las personas. Por lo cual se recomienda contar con políticas transparentes junto con un método de cálculo claro y comprensible para todos.

Los incentivos variables pueden ser aplicados a todos los integrantes de la organización o solo a grupos específicos de colaboradores, es decir:

- A toda la nómina (por ejemplo, reparto de utilidades, *stock options,* etcétera).
- A grupos específicos (comisiones a vendedores, comisiones a cobradores, salarios a destajo en producción, etc.).

La segunda de las variantes mencionadas puede concretarse mediante cortes horizontales o verticales de la organización.

La frase "corte horizontal" hace referencia a que se ha definido un grupo como beneficiario de la compensación variable en función de algún atributo, y que el mismo atraviesa la organización a ese nivel (horizontal). Por ejemplo: nivel gerencial. En cambio, "corte vertical" hace referencia a que se ha definido un grupo como beneficiario de esta compensación variable en función de algún atributo, y que el mismo se relaciona con un área o sector, atravesando las diversas jerarquías de manera vertical. Por ejemplo: comisiones para el área de Ventas.

Negociación en un proceso de selección

Negociación es la acción de tratar con otra persona –o varias– una serie de aspectos con el propósito de llegar a un acuerdo, satisfactorio para ambas partes.

Existen muchas instancias de negociación en relación con la disciplina de Recursos Humanos. Entre las más relevantes se pueden mencionar:

- Negociación sindical.
- Negociación de una oferta de empleo, ya sea en una búsqueda externa o interna.

Además de las mencionadas, en el ámbito de las organizaciones existen un sinnúmero de instancias menos definidas, como la interacción diaria entre un jefe y sus colaboradores, donde pueden existir "pequeñas negociaciones", y otras, de mayor significado, como la que se produce en diferentes momentos en relación con los programas internos de desarrollo (solo por nombrar dos de ellos: *diagramas de reemplazo* y *planes de sucesión*).

Por otra parte, "negociación" podría definirse como una competencia y esta ser requerida para algunos puestos de trabajo. El concepto de negociación podría estar incluido en otras competencias, como *Cierre de acuerdos, Capacidad para alcanzar acuerdos, Influencia y negociación*[1], entre otros.

Negociación de una oferta de empleo

La negociación, con relación a un proceso de selección, se realiza mediante conversaciones entre un representante de la organización, usualmente una persona del área de Recursos Humanos, y el postulante seleccionado para ocupar la nueva posición, con el propósito de lograr una incorporación satisfactoria para ambas partes, dentro de las políticas organizacionales.

Componentes de la negociación:

- Las partes que deben negociar: el futuro colaborador y el empleador.
- El objeto de la negociación: lo más frecuente, las condiciones de contratación.

1 Los interesados podrán encontrar definiciones de competencias en *Diccionario de competencias. La trilogía. Tomo 1.* Ediciones Granica, Buenos Aires, 2015.

- El lugar de la negociación: usualmente, las oficinas del empleador.
- Los elementos de la negociación: información disponible para cada una de las partes.

En la negociación es esencial la comunicación, que incluye desde el intercambio verbal hasta la información concreta a utilizar. El resultado se materializará en un documento: oferta por escrito.

Algunas definiciones a tener en cuenta:

Acuerdo. Dentro de una negociación de empleo el término "acuerdo" se utiliza para denominar el momento en el cual la organización y el futuro colaborador convienen –de común acuerdo (valga la redundancia)– una serie de factores relacionados con la futura relación laboral: puesto a ocupar, principales responsabilidades y tareas, remuneración, fecha de ingreso, solo por citar algunos factores.

Alternativa. Dentro de una negociación de empleo el término "alternativa" hace referencia al hecho de contar con una opción fuera de la mesa de negociaciones.
Ejemplos de "alternativa" aplicados a la negociación de una oferta de empleo:

- Para el postulante será su trabajo actual u otra búsqueda en la cual esté participando.
- Para la empresa, otro candidato igualmente adecuado para cubrir la posición.

Estándar objetivo. Dentro de una negociación de empleo los términos "estándar objetivo" o "criterios objetivos" se utilizan para designar aquellos elementos que, al estar al margen de la negociación, pueden brindar información objetiva para llevarla a cabo.
Ejemplos de "estándares objetivos" aplicados a la negociación de una oferta de empleo: remuneraciones del mercado para la posición que se desea cubrir, ya sean valores de tipo general o más específicos del sector donde actúa la organización; remuneraciones dentro de la misma empresa para posiciones similares a la del puesto a ocupar; antecedentes de una negociación similar dentro de la misma empresa; etcétera.

Etapas. La presentación de una oferta de empleo y la negociación que implica se componen de etapas o partes, que aunque puedan no estar claramente explicitadas, siempre existen tanto desde la posición del postulante como de la organización.
Las etapas de una negociación son:

- *Prenegociación.* En esta etapa se analiza la cultura organizacional, se trabaja en equipo con el futuro jefe, se desarrollan alternativas, se definen criterios objetivos, etc. En resumen, todo lo necesario para llevar a cabo la negociación propiamente dicha.
- *Negociación en sí misma.* También denominada "mesa de negociaciones", es la reunión con el futuro colaborador para acordar todos los términos de la futura relación

laboral: Posición. Interés final. Opciones. Estándar objetivo (definirlo previamente). Alternativa, fuera de la mesa de negociones (por ejemplo, otro candidato). Propuesta. Acuerdo (o no acuerdo).

- *Posnegociación.* Una vez establecido el acuerdo, en esta etapa se deben tomar los recaudos necesarios para que se cumpla.

Interés final. Dentro de una negociación de empleo el término "interés final" refleja aquello que los participantes están dispuestos a aceptar como resultado. No necesariamente será lo que se expresó al inicio, sino que se trata del límite hasta el cual se puede llegar a fin de lograr un acuerdo.
Ejemplos de "interés final" aplicados a la negociación de una oferta de empleo:

- Para el postulante: el nivel mínimo que está dispuesto a percibir en materia de compensaciones y beneficios.
- Para la empresa: el nivel de remuneración previsto de acuerdo con el puesto y la estructura de compensaciones organizacional.

Opciones. Dentro de una negociación de empleo el término "opciones" implica la exploración de variantes destinadas a acercar a las partes, de modo tal que se pueda llegar a un acuerdo con la satisfacción de ambas partes involucradas.

Posición. Dentro de una negociación de empleo el término "posición" hace referencia a la primera condición o postura al inicio de la negociación.
Ejemplos de "posición" aplicados a la negociación de una oferta de empleo:

- En la perspectiva del postulante: aquello a lo que aspira como beneficio máximo.
- En la perspectiva de la empresa: su propuesta inicial.

Es decir, a lo largo de la negociación el primero puede estar dispuesto a percibir algo menos, y la empresa puede tener algo más para ofrecer, ya sea en materia de salario, beneficios u otros elementos que conforman la relación laboral.

Propuesta. Dentro de una negociación de empleo el término "propuesta" se utiliza para denominar la oferta concreta que la organización le plantea al futuro colaborador y que consiste en una serie de aspectos relacionados con la futura relación laboral: puesto a ocupar, principales responsabilidades y tareas, remuneración, fecha de ingreso, solo por citar algunos elementos que componen la propuesta.
La propuesta puede formalizarse en la *oferta por escrito.*

Si bien, desde la mirada de la organización, pareciera que el objetivo de la negociación es el ingreso de personas, no es así. El objetivo central será la incorporación de esa persona, pero a través de un acuerdo satisfactorio para ambas partes.

Esquema de negociación entre una organización y un potencial nuevo colaborador

A continuación se detallarán todos los pasos necesarios para una negociación. En unos casos, estas instancias se llevarán a cabo con un mayor detalle, en otros, quizá no tanto. Pero la idea global debería ser similar en cualquier circunstancia.

Una negociación podrá ser compleja o no, quizá solo el ofrecimiento del puesto junto con informar acerca de la remuneración ofrecida, y el postulante simplemente podrá aceptar o rechazar la oferta.

Antes de una negociación siempre existen aspectos a considerar o "prenegociación". Entre los más importantes, si la negociación se prevé compleja, se encuentra la posibilidad de revisar los procedimientos y aprobaciones necesarias, trabajar en equipo –el selector responsable del proceso de selección y el futuro jefe/cliente interno–, y recordar el concepto de alternativa. Es decir, analizar de qué otras opciones se dispone si, eventualmente, la negociación no resulta exitosa y, por ende, no se logra el resultado esperado.

En el momento en sí de la negociación o "mesa de negociaciones" se deberán definir los temas a tratar, discutir las necesidades y los intereses, aclarar eventuales dudas del futuro colaborador y, por último, verificar la viabilidad de implementación de lo pactado antes de finalizar las tratativas.

Siempre que sea posible, es conveniente conocer quién es el otro, cuáles son sus gustos, cuáles sus preferencias, cuál es su historia, qué motivaciones lo mueven en este momento para desear cambiar de empleo, etcétera.

La información en un proceso de negociación será clave, incluyendo las competencias, los conocimientos, proyectos personales y valores, tanto del futuro colaborador como del futuro jefe y de la organización en general.

Adicionalmente, y como ya se mencionó, será importante tener en claro cuáles son las posibles alternativas.

En el análisis de la figura siguiente y haciendo un breve resumen, la *posición* refleja lo que cada uno expresa que desea alcanzar. En cambio, el *interés* será aquello que realmente se desea obtener y que no se está dispuesto a resignar –y que, con frecuencia, o bien no se expresa o solo se explicita más adelante–. En la negociación se exploran opciones. Cada uno posee, además, algún estándar objetivo que justifica su verdadero interés, que quizá lo ayudó a definirlo, y, siempre que sea posible, cada uno tendrá una o varias alternativas. Como ya se indicó, las alternativas están fuera de la mesa de negociaciones, no forman parte de la misma, pero le darán tranquilidad –o no– a cada uno de los que participan, para fortalecer su propia posición y sostener sus intereses.

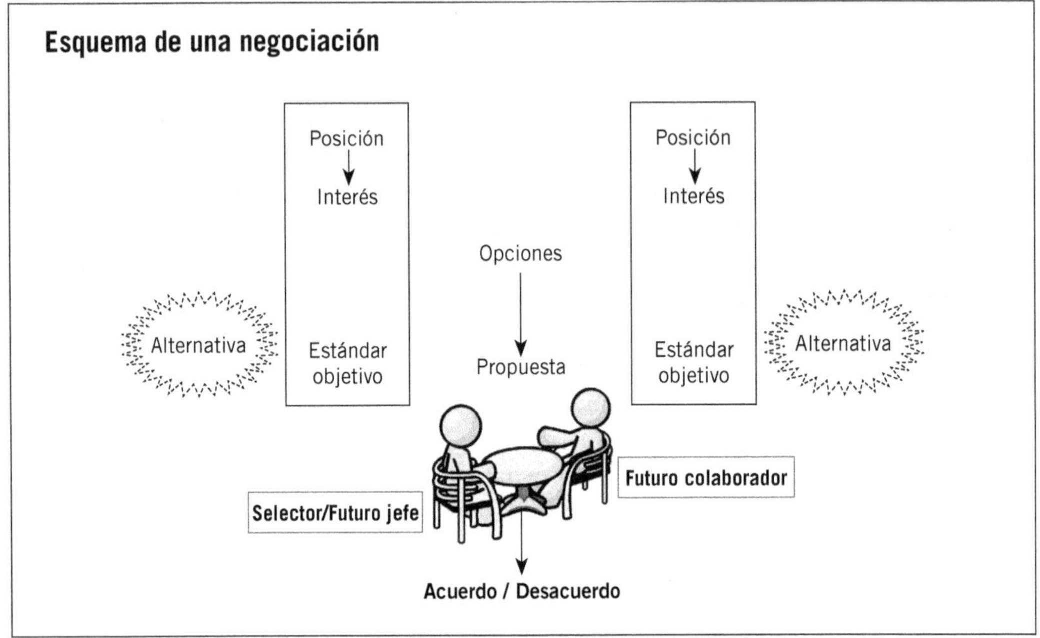

En resumen, y continuando con el gráfico precedente, la posición será el primer acercamiento a la negociación; el postulante dirá lo que él quisiera obtener y la empresa planteará su opción mínima. Por ejemplo, el postulante podría estar dispuesto a percibir un salario menor y la empresa contar con algo más para brindar que lo que actualmente expresa como oferta.

El *interés* es aquello que realmente desea el postulante; dicho de otro modo, el nivel mínimo que está dispuesto a percibir en materia de compensaciones y beneficios. Y desde la empresa, será el nivel que realmente puede ofrecer, por ejemplo, porque no le origina problemas con la estructura salarial. Las *opciones*, como el mismo término indica, son las variantes que se exploran durante la negociación para acercar a las partes. *Estándar objetivo* o *criterios objetivos* son elementos externos que, al estar fuera de la negociación, aportan información objetiva. En el caso de negociar en una selección, los estándares o criterios objetivos podrán ser, por ejemplo, salarios de mercado para esa posición y esa industria en particular, salarios para posiciones similares dentro de la misma empresa, antecedentes de una negociación similar dentro de la compañía, etcétera.

La *alternativa* es una opción fuera de la mesa de negociaciones. Para el postulante será su trabajo actual u otra búsqueda en la cual esté participando (u otra oferta de trabajo), y para la empresa otro candidato igualmente adecuado (o similar) para cubrir la posición. Desde ya, para ambas partes de la negociación será importante contar con una alternativa.

Continuando con la mirada del selector y/o área de Recursos Humanos, los buenos candidatos por lo general tienen posibilidades de participar de otros procesos de selección o están empleados; por lo tanto, casi siempre poseen una alternativa, aunque, por ejemplo, puedan no estar satisfechos con su trabajo actual y esa es su motivación para el cambio.

Es por esto que el responsable de la selección deberá generar una alternativa (otro postulante) tan buena como la que es objeto de la negociación; si no es así, estará negociando, de alguna manera, en desventaja, aunque la contraparte no lo sepa. Cuanto más alta es la empleabilidad de un futuro colaborador, más necesario será contar con una alternativa adecuada.

Por último, el resultado de la negociación, la *propuesta*, sobre la cual habrá o no un acuerdo.

Una vez finalizada la negociación, el que la haya tenido a su cargo, selector o futuro jefe/cliente interno, deberá dar algunos pasos adicionales: la llamada *posnegociación.*

Una vez finalizada una negociación y hasta el ingreso de la persona a la organización, en ocasiones el selector deberá estar atento a posibles cambios de opinión por parte del postulante, renegociaciones, tanto en su trabajo actual como en otro proceso de selección en el cual estuviese participando, solo por citar dos circunstancias frecuentes. Cualquiera de estas circunstancias podrá implicar una reconsideración de todo lo actuado hasta el momento.

¿Cómo medir el éxito de una negociación? Una opción es formularse y responderse las siguientes preguntas: *¿Se logró el acuerdo? ¿Se respetaron las normas y los procedimientos de la compañía?*

Si eventualmente no se llegó a un acuerdo, el selector podrá formularse cuestiones a resolver y/o analizar y reflexionar: *¿Podré hacer algo más para acercar a las partes, reconciliar los intereses mutuos? ¿Qué podrá ser menos importante para una de las partes que, a su vez, pueda ser muy importante para la otra?* Adicionalmente, deberá pensar estratégicamente e imaginar diferentes escenarios. Si fuese pertinente, podrá *cambiar el juego,* introducir otros temas, reemplazar a las personas que negocian. Por último, y según las circunstancias, llevar el tema a una instancia superior.

El rol del área de Recursos Humanos en la negociación con un nuevo colaborador potencial

La negociación deberá ser llevada a cabo por la persona más adecuada en cada caso: el futuro jefe, el responsable del proceso de selección, también un consultor podrá negociar y presentar ofertas. En cada caso se debe identificar la opción más adecuada.

En los casos en que el consultor realice la negociación, tanto el futuro jefe/cliente interno como el área de Recursos Humanos deberían estar involucrados en las distintas instancias de la misma. Muchos buenos candidatos se pierden en esta etapa, y reemplazarlos por otros puede llegar a ser difícil. Además, a esta altura del proceso de selección, usualmente los involucrados ya se habían hecho a la idea de cubrir el puesto vacante con ese candidato que finalmente no ingresará.

Si hay diferencias salariales y el proceso de selección lo manejó el área de Recursos Humanos con la participación de una consultora, será una buena idea pedir a esta que colabore en elaborar una posible solución. El consultor puede acercar a las partes desde un rol neutral.

En ocasiones, los postulantes participan en procesos de selección como un camino para, eventualmente, obtener mejoras en su remuneración en su empleo actual, es decir, no poseen un genuino propósito de cambio laboral[2]. El responsable del proceso de selección deberá ser cuidadoso y estar atento cuando se producen idas y vueltas con las ofertas económicas. Hay casos en que el futuro empleador propone una remuneración más alta porque el candidato recibe contraofertas económicas en su trabajo actual. Cuando esto sucede, quizá sea preferible no incorporar a esa persona, porque con frecuencia este tipo comportamiento se repite, y de ser así, será en la nueva organización.

¿Qué hacer cuando los candidatos piden *hiring bonus* (bono de contratación) o primas de pase? Es un tema delicado y se deberá analizar cada caso en particular.

Algunas posibilidades. Un candidato con un *bonus* devengado; en un caso así no querrá perderlo, por lo cual sería razonable contemplar dicha situación. En ese supuesto, el *hiring bonus* será solamente una compensación de un *bonus* ya ganado por él en otra organización.

¿Qué hacer con las primas de pase, entendiendo por este concepto valores que exceden el pago de un *bonus* ya ganado y que incluyen otros intangibles, como compensación, por ejemplo, por el riesgo que se asume en el cambio de una organización a otra, de una grande a una pequeña, de una multinacional a otra que no lo es, etc.? En primera instancia, no parecen una política aconsejable. Un CEO debería analizar y sopesar con mucho cuidado todas las implicancias de una situación como esta. En el caso de aceptar pagar una compensación adicional por este motivo, habrá que dejar en claro que se trata de un caso excepcional y que no forma parte de la política de la organización.

2 Para detectar este tipo de situaciones, se presentan preguntas orientadas a explorar la motivación en el Capítulo 4.

Oferta por escrito

El término “oferta” hace referencia a las condiciones laborales y económicas que se ofrecen a un nuevo colaborador.

La oferta por escrito es el documento que expide una organización en el momento de hacer una oferta laboral a una persona, donde se consigna información referida al puesto a ocupar por el nuevo colaborador y los aspectos económicos relacionados. Usualmente es firmada por una persona responsable de la organización y por el futuro empleado.

La oferta por escrito refleja la propuesta acordada entre la organización y el futuro colaborador. Los factores relacionados con la futura relación laboral consignados en ese documento son: puesto a ocupar, principales responsabilidades y tareas, remuneración, fecha de ingreso, solo por citar algunos elementos que componen la propuesta.

La oferta por escrito es considerada entre las buenas prácticas organizacionales, aunque su uso no está generalizado. En muchos países de Latinoamérica, entre ellos Argentina, no es de empleo frecuente. Sin embargo, existe una tendencia creciente a utilizar la palabra escrita para hacer la oferta final de contratación en el momento de el ingreso de una persona en la organización.

En cuanto a la formalización de ofertas, en todos los casos será conveniente que estas sean revisadas por el departamento legal o el abogado de la compañía, según corresponda. En ocasiones y según las circunstancias, se podrá contar con un esquema estandarizado, diseñado de acuerdo con las leyes vigentes.

Aspectos a tener en cuenta en el momento de elaborar una oferta

La organización que realizará la oferta a un nuevo colaborador deberá tener en cuenta una serie de factores, considerando que la persona que recibirá la oferta podrá hacer, al mismo tiempo, razonamientos complementarios sobre los mismos ítems.

A continuación se verán los distintos aspectos vinculados, desde la mirada del que realiza la oferta y la organización contratante.

La organización

Cabe preguntarse si la organización que ofrece la nueva posición es del mismo tipo –o no– que aquella donde la persona trabaja actualmente o trabajó con anterioridad. Desde todo punto de vista: tipo de negocio, situación económico-financiera, estilo de conducción o management, etcétera.

La nueva posición

Si la posición es de igual nivel, superior o inferior a la última o actual ocupada por el postulante. En todos los casos, no tener en cuenta solo el nombre, sino lo que representa el cargo.

La proyección

Al igual que en el punto anterior, comparar la proyección profesional en una y otra organización, por ejemplo, planes de carrera.

Beneficios cuantificables y no cuantificables

Incluir en este punto desde el prestigio de la organización hasta la experiencia que la persona, eventualmente, pueda adquirir en el futuro.

Aspectos económicos

Deben ser cuidadosamente analizados:

- *Salario inicial.* Las organizaciones se expresan en valores brutos. ¿El postulante se ha expresado en esos mismos términos? Será el momento de verificarlo. En el caso de remuneraciones variables, definir claramente las bases de cálculo.
- *Bonus o remuneración variable sujeta a resultados.* Este concepto en general está fuera del concepto de salario, tanto sea una retribución en dinero o una opción de compra de acciones. Se deberá definir la frecuencia de estos pagos, ya sea anual, semestral u otra. Se pacta en todos los casos que los *bonus* estarán condicionados a los resultados de la compañía y a la gestión del colaborador. Se suelen utilizar para niveles gerenciales o directamente ligados al negocio.
- *Bonus de contratación.* Fueron explicados en párrafos anteriores. No son de uso frecuente en países de Latinoamérica, entre ellos Argentina. ¿Cuándo está realmente justificado? Cuando una persona tiene devengado total o parcialmente un *bonus* y en ese momento se le ofrece un cambio laboral. En esos casos, será razonable que una persona solicite un monto en compensación del *bonus* que ha perdido. En otras situaciones se trataría de "primas de pase", es decir que para pasar de una organización a otra una persona pide un valor monetario para compensar el riesgo que se asume en cualquier cambio de trabajo. El "bonus de contratación" con este enfoque es menos frecuente y suele darse en casos muy especiales.

- *Beneficios de salud.* Definir claramente si la oferta incluye planes de cobertura médica adicional a lo fijado por las leyes vigentes de cada país.
- *Otros beneficios económicos no monetarios.* Muchas empresas ofrecen paquetes de beneficios económicos en ocasiones muy importantes, además del salario. Dentro de estos beneficios económicos no monetarios pueden encontrarse:
  - vehículo de la compañía con todos los gastos pagos (beneficio habitual para niveles gerenciales o para aquellos que lo requieran por su trabajo específico, como, por ejemplo, los vendedores);
  - gastos de automóvil particular;
  - seguros de retiro o jubilación privada;
  - seguros de vida;
  - vivienda en el caso de personas trasladadas a una ciudad diferente de su habitual lugar de residencia;
  - comedor en planta (beneficio frecuente cuando la empresa está radicada en lugares alejados de la ciudad);
  - transporte de la empresa (en el mismo caso que el anterior);
  - vales de comida, de compra, de combustible;
  - seguros y mutualidades médicas, ya mencionados.

Gastos de mudanza

Es frecuente que este concepto se incluya en la oferta cuando se efectivicen traslados a otra ciudad, ya sea dentro o fuera del mismo país.

Las previsiones respecto de una futura ruptura laboral

Es un punto infrecuente y aparece en las negociaciones cuando la organización plantea algún tipo de riesgo para el nuevo colaborador.

Sobre todos los aspectos aquí detallados, en ocasiones la empresa que elabora la oferta podrá no disponer de información o solo tener una idea somera al respecto. De todos modos, será importante tener en cuenta que algunas de estas cuestiones podrían afectar la decisión de la persona que recibirá la oferta.

Los ítems expuestos son solo una guía, desde la perspectiva de la organización, sobre los aspectos a tener en cuenta en el momento de preparar la oferta, por escrito o no. En todos los casos se deberá considerar tanto las políticas organizacionales como la normativa vigente en cada país o región.

Como se expresara con anterioridad, las ofertas deberán ser revisadas por el departamento legal o el abogado de la compañía, tanto de manera estandarizada como de forma específica para casos especiales.

Pasos en la oferta y contenido del documento

En una breve síntesis los pasos a seguir son:

1. Acordar con el interesado –en forma verbal– las condiciones de contratación, responsabilidades, tareas, personal a cargo y remuneración, que incluye el salario y otros beneficios, y cuando se llega a un acuerdo, expresarlo por escrito.
2. Presentar una oferta por escrito donde se detalle la oferta económica, la posición a ocupar y la fecha de inicio de las actividades.
3. La oferta debe estar firmada por una persona autorizada a tales efectos por la organización.
4. Por último, aceptada por el ingresante, este la devuelve firmada a la organización, conservando una copia.

Como se expresó, cuando se llega a un acuerdo es una buena práctica volcarlo en papel. La palabra escrita tiene un valor particular, sobre todo en relación con derechos y obligaciones, ya que en algunos países incluso otorga fuerza de contrato a lo que sería un acuerdo informal.

La oferta por escrito permite su presentación de forma clara, evita las discusiones futuras (*yo dije... yo entendí que...*), protege al ingresante ante un eventual cambio de responsable en la empresa y a la organización contratante de un eventual arrepentimiento del ingresante, por ejemplo, cuando este recibe una contraoferta de su actual empleador en el momento de la renuncia.

La aceptación de la oferta por escrito por parte del futuro colaborador tiene distintas implicancias legales, según el país en el cual dicha oferta por escrito se lleve a cabo. En la mayoría de los países hispanoparlantes no genera una obligación del futuro colaborador que, aun habiendo firmado, puede desistir del ingreso.

La oferta por escrito puede ser aplicada a todos los niveles organizacionales. Es una práctica muy útil tanto para la empresa como para el postulante, al evitar “ruidos” en la comunicación.

El documento incluye:

- Fecha.
- Destinatario: a quien se le ofrece el empleo.
- Oferta: título del puesto y fecha de inicio.
- Remuneración: salario y otros componentes.
- Revisión salarial: cuándo el candidato puede esperar su primera revisión salarial.
- Beneficios no remunerativos.
- Firmas del acuerdo: del nuevo empleado y de un representante autorizado de la organización.

Comunicación a postulantes

Se denomina *comunicación* a la transferencia de información de una persona a otra. Se trata del contacto con los demás a través de la transmisión de ideas, datos, reflexiones, opiniones y valores. Y también puede ser el nombre de una competencia[3].

A su vez, la comunicación podrá realizarse a través de diversos medios, entre otros, la *comunicación 2.0,* la que podríamos definir como la comunicación en el ámbito de la Web 2.0. Tiene como principios fundamentales la interacción, la colaboración y la horizontalidad.

Por último, y sin extenderme en demasía, la comunicación puede ser formal e informal, interna y externa, entre otras aperturas conceptuales.

La temática que nos ocupa también incluye la comunicación no verbal, expresión que hace referencia a todas aquellas expresiones, además de las palabras, que comunican ideas, pensamientos, sentimientos, sensaciones de una persona a otra u otras. Muchas veces son pequeños gestos inconscientes que, incluso, pueden contradecir las palabras que la persona está diciendo. La comunicación no verbal muchas veces es ignorada por el receptor.

---

3 Definición de la competencia *Comunicación eficaz*: capacidad para escuchar y entender al otro, para transmitir en forma clara y oportuna la información requerida por los demás a fin de alcanzar los objetivos organizacionales, y para mantener canales de comunicación abiertos y redes de contacto formales e informales, que abarquen los diferentes niveles de la organización. Fuente: *Diccionario de competencias. La trilogía. Tomo 1,* Ediciones Granica, Buenos Aires, 2015.

La comunicación, en todas sus variantes y todos sus formatos, es un aspecto relevante en todos los subsistemas de Recursos Humanos. Con relación al proceso de selección, se deberán fijar políticas y procedimientos en torno al tema.

Principales momentos relacionados con la comunicación durante un proceso de selección de personas:

1. Comunicaciones con postulantes en el inicio del proceso: atracción y reclutamiento.
   - Contenido de anuncios y estilo de comunicación.
   - Consultas sobre datos del *curriculum vitae* y/o información adicional. Cuestionarios.
   - Citaciones a entrevistas.
2. Comunicaciones durante el proceso de selección
   - Cuando el postulante llama para conocer su situación dentro del proceso de selección.
   - Si el postulante no llama, ¿cuándo hay que comunicarse con él?
   - Cuando llaman terceros no involucrados directamente en el proceso de selección.
3. Relación con consultoras, cuándo y quién comunica en cada caso.

No es nuestro propósito referirnos a la comunicación en el ámbito de las organizaciones en general,[4] en este apartado solo se hará una breve referencia a la comunicación a postulantes en un proceso de selección de personas. Por otra parte, los primeros ítems –mencionados en el punto 1– fueron tratados en capítulos previos.

Situación de un postulante en un proceso de selección

Los postulantes, usualmente, no llaman para conocer acerca del proceso de selección. No obstante, hay que estar preparados.

Cuando el postulante llama y/o se comunica de algún modo (mediante un correo electrónico, un llamado telefónico, etc.), se debe ser amable con él, informarle

4 La autora se ha referido a la comunicación en otras obras, por ejemplo, en *Comportamiento organizacional*. También, al analizar la relación jefe-colaborador en obras tales como *Rol del jefe* y *Cómo llevarme bien con mi jefe*, entre otras.

solo lo que corresponda, no asumir compromisos tales como "llámeme esta tarde que le diré cómo está usted posicionado en el proceso de esta selección...".

Cuando, por algún motivo, se sabe que la persona que consulta tiene pocas posibilidades de ser seleccionada, será ideal no cerrar el tema diciéndole categóricamente que la selección está resuelta, pero sí se puede anticipar que "hay un caso (un postulante) que está más avanzado que el suyo" u otra expresión similar. En ocasiones, se presentan cambios y un candidato en principio no considerado como finalista luego lo es.

Si el postulante no llama ni se comunica de algún otro modo, ¿cuándo hay que comunicarse con él? Si una persona participa del proceso de selección concurriendo a entrevistas y/o evaluaciones de cualquier índole, se sugiere informarle del resultado al finalizar la selección respectiva.

Consultoras. Cuándo y quién comunica en cada caso

Cuando un proceso de selección se realiza con la intervención de una consultora, deberá definirse con anticipación quién comunica en cada instancia del proceso de selección, incluyendo el momento final. En esta última instancia, las comunicaciones deben realizarse tanto al candidato elegido como a los postulantes que no ingresaron.

En general, todos están deseosos de dar la buena noticia al postulante elegido: el futuro jefe/cliente interno, los integrantes del área de Recursos Humanos que participaron en el proceso y los consultores. En contraste con esto, comunicar el resultado de la selección a los postulantes que no ingresaron es menos agradable y por eso en ocasiones la comunicación no se realiza.

Con respecto a la persona seleccionada, en nuestra opinión sería ideal que la comunicación la realice aquel que haya participado en el proceso de negociación, idealmente el futuro jefe.

Con respecto a las personas que han quedo fuera de la selección, podrá hacerlo la consultora (en caso de que hubiese participado una firma externa) o el responsable del proceso de selección. Con menor frecuencia, el futuro jefe de la posición a cubrir. Aquí lo importante será informar al respecto.

Contenido y medio de la comunicación

Lo esencial es informar, por la vía que se considere más eficaz. El medio más usual en nuestros días es el correo electrónico.

Los procedimientos de Recursos Humanos deberían definir tanto la forma como el contenido de las diferentes comunicaciones a realizar. De este modo, al formar parte de los procedimientos, todas las partes involucradas sabrán cómo actuar en cada momento.

El ingreso a la organización

Tal como expresáramos sobre el final del Capítulo 5, usualmente ciertos pasos del proceso de selección no son, con frecuencia, tratados en libros de texto. Adicionalmente, muchos aspectos a considerar en el momento del ingreso de una persona a una organización dependen de factores diversos, desde políticas organizacionales hasta la normativa vigente en cada país o región.

Algunas organizaciones, en esta etapa, consideran asuntos relacionados con el cuidado del capital intelectual, eventuales traslados a otras ciudades o países, entre otras cuestiones.

En relación con el ingreso de un nuevo colaborador a la organización, la empresa debería definir uno o varios procedimientos, según corresponda, con una indicación detallada de los pasos a seguir. Adicionalmente, las políticas organizacionales deberían considerar diferentes aspectos relacionados tanto con el uso de los bienes de la organización como con el cuidado del capital intelectual y muchos otros factores que intervienen en la relación empleador-empleado. Entre otras medidas, y según las circunstancias, se podrían firmar acuerdos de confidencialidad.

Cuando estas buenas prácticas se han implementado, por un lado se simplifica el ingreso de los nuevos colaboradores y, por otro, se disminuyen los riesgos de problemas futuros.

En las etapas finales de un proceso de selección de un nuevo integrante de la organización es usual cubrir ciertos aspectos formales de la relación que, habitualmente, estarán a cargo del área de Administración de Personal. Entre los pasos más frecuentes se pueden mencionar: formulario o ficha de ingreso, y pruebas o exámenes adicionales, como revisiones médicas, estudios ambientales[5], y otra documentación que se considere necesaria.

---

5 Bajo el nombre de *estudios ambientales* se realizan una serie de entrevistas que en algunos países podrían ser consideradas discriminatorias y son muy frecuentes en otros. Consisten en averiguar y conocer dónde vive la persona a contratar o ingresante, con quién convive, cuáles son sus hábitos de vida, etc. En algunos casos estos estudios incluyen averiguar sobre el legajo judicial de una persona, y si tiene antecedentes por algún tipo de delito, ya sea menor o no; también sobre su situación patrimonial, deudas vencidas, etcétera.

Las buenas prácticas indican que los pasos a seguir deberán ser los mismos para todos los ingresantes; de hacerse alguna segmentación, deberá responder a algún criterio explícito. Por ejemplo: a los colaboradores que trabajen en el laboratorio (por mencionar un ejemplo) se les pedirá "x" documentación. De ese modo, no se podrá acusar a la organización de un uso discrecional de las diferentes prácticas, evitando eventuales problemas.

Los estudios médicos realizados antes que el colaborador ingrese a la organización podrán ser utilizados para determinar que el aspirante califica respecto de los requerimientos físicos de la posición, o para descubrir si existe alguna limitación médica que deba tenerse en cuenta. El examen, al identificar problemas de salud, puede además reducir el ausentismo y los accidentes, y detectar enfermedades transmisibles que incluso podrían ser desconocidas por el aspirante. En todos los casos se deberá tener en cuenta las políticas organizacionales y las normativas vigentes en el país o región.

Con frecuencia, en las organizaciones con muchos empleados existen departamentos médicos internos que realizan este tipo de exámenes; otras más pequeñas contratan el servicio a profesionales externos.

Como ya se expresara con relación a otros temas del capítulo, siempre será adecuado revisar los pasos a seguir con el departamento legal o el abogado de la compañía, definiendo, dentro de lo posible, procedimientos estándar, y realizar consultas específicas cuando sea necesario.

Inducción a la organización y al puesto

La etapa inmediatamente posterior al ingreso de una persona será clave para la relación posterior (futura) entre el nuevo colaborador y la organización en cuestión. Esta etapa se denomina *inducción* (Paso 20, y último, del proceso de selección).

La inducción es un puente entre el momento en que la persona inicia la relación laboral y cuando se hace cargo efectivamente de su puesto. Esta instancia es necesaria para que cada colaborador se interiorice tanto respecto de la nueva organización como de las funciones y responsabilidades que tendrá a su cargo.

Más arriba se ha hecho referencia a los procedimientos necesarios para el momento del ingreso de una persona a la organización. Se lo considera como un paso del proceso de selección (*Paso 19. Proceso de admisión*). También se llama "incorporación" al proceso mediante el cual se concreta el ingreso de un nuevo colaborador a la organización.

En resumen, la inducción hace referencia a actividades formativas mediante las cuales se le presenta a un nuevo colaborador la organización y el puesto de trabajo. Usualmente se divide en dos partes:

- Inducción a la organización.
- Inducción al puesto.

La inducción al puesto debiera realizarse también en otras instancias organizacionales; por ejemplo, en las promociones internas (Capítulo 9).

Algunas definiciones necesarias:

Inducción a la organización. Actividad estructurada, usualmente a cargo de Recursos Humanos, en la cual se presenta a un nuevo colaborador la historia de la organización, sus características principales, objetivos, productos y/o servicios, misión y visión, políticas y toda otra información que le permita al nuevo colaborador conocer lo más profundamente posible su nuevo lugar de trabajo.

Inducción al puesto. Actividad estructurada o no, usualmente a cargo del jefe directo, en la cual se le explica al nuevo colaborador sus principales responsabilidades y tareas, procedimientos específicos en relación con la función, uso de maquinarias u otros equipos o herramientas necesarias para realizar su trabajo.
Asimismo, la inducción al puesto incluye desde la entrega de ropa de trabajo (si corresponde) hasta la presentación ante sus nuevos compañeros de trabajo y demás indicaciones relacionadas con la vida cotidiana en el puesto.

La inducción es una función, dentro del área de Recursos Humanos. En ocasiones, dichas responsabilidades se asignan al sector responsable de Selección –cuando el área de RRHH está dividida en diferentes sectores o subáreas– y, en la mayoría de los casos, se las ubica junto con Capacitación y/o Formación. En cualquiera de las dos situaciones descritas, la inducción en sí misma forma parte del proceso de selección. Todas las personas, cualquiera sea su nivel, deberían tener la posibilidad de recibir este tipo de actividad formativa inicial.

La inducción es un proceso formal, tendiente a familiarizar a los nuevos empleados con la organización, sus tareas y su lugar de trabajo. Usualmente se realiza después del ingreso de la persona a la organización. El tiempo invertido en la inducción de un nuevo colaborador es un factor fundamental de la relación futura.

Cada organización puede hacerlo en forma diferente, según su estilo y cultura. Debe existir de un modo u otro. Las empresas recurren a diferentes formatos, en ocasiones combinándolos para alcanzar un mejor resultado. Por ejemplo: un folleto, un curso presencial u on line, videos en la intranet, etcétera.

Como hemos dicho, la inducción comprende dos instancias que, en la mayoría de los casos, tienen también diferente responsable: inducción a la organización e inducción al puesto.

Inducción a la organización

La inducción a la organización usualmente la lleva a cabo el área de Recursos Humanos. En algunas organizaciones, esta instancia está considerada como parte de las actividades del área de Formación.

Incluye toda aquella información que la persona que ingresa debe conocer respecto de la historia de la organización, su estructura, mercado y esquema comercial; políticas de la empresa con respecto al personal, higiene y seguridad, medio ambiente; programas de salud laboral, de calidad; cultura, misión, valores, etcétera.

En síntesis, la inducción a la organización tiene por objeto desarrollar una serie de unidades temáticas básicas referidas al negocio, a la cultura organizacional y al desarrollo del personal, que todo nuevo empleado debe conocer. Algunos contenidos usuales:

- Información sobre la empresa: historia; visión y misión; organigrama; productos, volúmenes u otra información relevante; localización geográfica; mercados abastecidos, domésticos e internacionales.
- En el caso de que se haya implementado gestión por competencias, informar, como mínimo, acerca de las competencias cardinales.
- Políticas, normas internas, beneficios, sistemas.
- Comunicaciones y costumbres de la compañía, como, por ejemplo: horarios, feriados especiales, etcétera.
- Listado de prestaciones y beneficios.
- Procedimientos de emergencia y prevención de accidentes.
- Información vinculada al mercado, competencia, productos.
- Otras informaciones que sean de importancia para la organización y el empleado que ingresa.

Inducción al puesto de trabajo

En la inducción al puesto, usualmente el responsable es el futuro jefe/cliente interno y/o algún nivel superior, según corresponda. Implica informar sobre funciones, tareas, responsabilidades, así como otras actividades relacionadas con la posición.

Es importante describir las tareas, explicar al ingresante qué se espera de él en términos de resultados y comportamientos y clarificar sus expectativas acerca de la organización y del responsable a cargo. Igualmente, explicar cómo funciona el equipo de trabajo en cuanto a tareas, estándares laborales, reuniones usuales de trabajo y sus objetivos, etcétera.

No hay que olvidar los pequeños detalles que hacen a la convivencia diaria, como los usos y costumbres en relación con el refrigerio o el café, y temas de mayor relevancia, como alternativas de capacitación y entrenamiento.

En la inducción, el nuevo colaborador deberá familiarizarse respecto de los métodos de trabajo y los procedimientos más habituales que lo involucran.

En nuestra opinión, sería de gran utilidad entregar al nuevo colaborador el *descriptivo del puesto.*

La entrevista de seguimiento dentro de la inducción

Si bien no es usual, es una buena práctica acompañar a los nuevos colaboradores por medio de un plan a cargo del área de Recursos Humanos, para el seguimiento de su integración a la organización. Cada un número determinado de semanas primero, cada varios meses luego, se sugiere averiguar cómo se siente, si se han cumplido o no sus expectativas al ingresar en la empresa, etcétera.

Síntesis del capítulo

- *Salario bruto. Remuneración bruta. Salario nominal.* Valor nominal de la paga que recibe el colaborador y que se toma de base tanto para el cálculo de las contribuciones fiscales a cargo del empleado como las que debe abonar el empleador.
- *Salario neto. Salario de bolsillo. Remuneración neta.* Importe realmente percibido por el trabajador. El monto surge de restarle al salario bruto o nominal los descuentos e impuestos a cargo del empleado.

- *Salario para el empleador o costo para el empleador.* El costo total para el empleador es un valor compuesto por el salario bruto, al cual debe adicionarse los impuestos y otras cargas sociales sobre el salario que debe abonar el empleador por cada uno de sus colaboradores.
- *Remuneración ofrecida. Salario ofrecido.* Monto de dinero que se le ofrece a una persona en relación con un determinado puesto de trabajo. Puede ser complementado con beneficios. La remuneración puede expresarse por períodos (semanal, quincenal, mensual) o bien como un valor anual. Usualmente la remuneración ofrecida se expresa en valores brutos, es decir, antes de descontar los impuestos a cargo del empleado.
- *Remuneración pretendida. Salario pretendido.* Monto de dinero que una persona desea percibir en relación con un determinado puesto de trabajo. Puede ser complementado con beneficios. La remuneración puede expresarse por períodos (semanal, quincenal, mensual) o bien como un valor anual. Usualmente la remuneración pretendida se expresa en valores brutos, es decir, antes de descontar los impuestos a cargo del empleado.
- La negociación de una oferta de empleo es una de las últimas etapas del proceso de selección, y se realiza mediante conversaciones entre un responsable de la organización –usualmente una persona del área de Recursos Humanos– y el postulante seleccionado para ocupar la nueva posición, con el propósito de lograr una incorporación satisfactoria para ambas partes, dentro de las políticas organizacionales.
- Las etapas de una negociación. *Prenegociación:* en esta etapa se analiza la cultura organizacional, se trabaja en equipo con el futuro jefe, se desarrollan alternativas, se definen criterios objetivos, etc. En resumen, todo lo necesario para llevar a cabo la negociación propiamente dicha. *Negociación en sí misma:* también denominada "mesa de negociaciones", es la reunión con el futuro colaborador para acordar todos los términos de la futura relación laboral: posición, interés final, opciones, estándar objetivo (definirlo previamente), alternativa fuera de la mesa de negociaciones (por ejemplo, otro candidato), propuesta y, finalmente, acuerdo (o no acuerdo). *Posnegociación:* una vez establecido el acuerdo, en esta etapa se deben tomar los recaudos necesarios para que se cumpla.
- Contar con una alternativa, desde la mirada de la empresa, será disponer de otro candidato igualmente adecuado (o similar) para cubrir la posición. Siempre que sea posible, el responsable de la selección deberá generar una

alternativa tan buena (postulante) como la que originó la negociación; si no es así, estará negociando, de alguna manera, en desventaja.

- La *oferta por escrito* es el documento que expide una organización, en el momento de hacer una oferta laboral, donde se consigna información referida al puesto a ocupar por el nuevo colaborador y los aspectos económicos relacionados. Usualmente es firmado por una persona responsable de la organización y por el futuro empleado.
- La oferta por escrito refleja la propuesta acordada entre la organización y el futuro colaborador. Los factores relacionados con la futura relación laboral consignados en este documento son: puesto a ocupar, principales responsabilidades y tareas, remuneración y fecha de ingreso, solo por citar algunos elementos que componen la propuesta.
- Para la comunicación, con relación al proceso de selección, deberán fijarse políticas y procedimientos adecuados.
- Principales momentos relacionados con la comunicación durante un proceso de selección de personas: 1) Comunicaciones con postulantes en el inicio del proceso: atracción y reclutamiento. Contenido de anuncios y estilo de comunicación. Consultas sobre datos del *curriculum vitae* y/o información adicional. Cuestionarios. Citaciones a entrevistas. 2) Comunicaciones durante el proceso de selección. 3) Relación con consultoras, cuándo y quién comunica en cada caso.
- En relación con el ingreso de un nuevo colaborador, la organización debería definir uno o varios procedimientos, según corresponda, con una indicación detallada de los pasos a seguir. Adicionalmente, las políticas organizacionales deberían considerar diferentes aspectos relacionados tanto con el uso de los bienes de la organización como con el cuidado del capital intelectual y muchos otros factores que intervienen en la relación empleador-empleado. Entre otras medidas, y según las circunstancias, se podrían firmar acuerdos de confidencialidad.
- Cuando estas buenas prácticas se han implementado, por un lado se simplifica el ingreso de nuevos colaboradores y, por otro, se disminuyen los riesgos de problemas futuros.
- La *inducción* es una etapa puente entre el momento en que la persona inicia la relación laboral y cuando se hace cargo efectivamente de su puesto. Es necesaria para que cada colaborador se interiorice tanto respecto de la nueva organización como de las funciones y responsabilidades a su cargo.

- La inducción se realiza, usualmente, a través de actividades formativas mediante las cuales se le presenta a un nuevo colaborador la organización y el puesto de trabajo. Generalmente se divide en dos partes: inducción a la organización e inducción al puesto.

PARA PROFESORES

Para cada uno de los capítulos de esta obra hemos preparado:

→ Casos prácticos y/o ejercicios para una mejor comprensión de los temas tratados.
→ Material de apoyo para el dictado de clases.

Los profesores que hayan adoptado esta obra para sus cursos tanto de grado como de posgrado pueden solicitar de manera gratuita las obras:

- *Selección por competencias. CASOS*
- *Selección por competencias. CLASES*

Únicamente disponibles en formato digital, en nuestro sitio: **www.marthaalles.com**, en la exclusiva *Sala de profesores*, o bien escribiendo a: **profesores@marthaalles.com**

PARA TODOS LOS LECTORES

Se encuentra disponible en formato digital un Anexo donde se ha realizado un análisis detallado de libros y subsistemas que complementa las temáticas abordadas en esta obra.

Capítulo **8**

Control de gestión. Auditoría

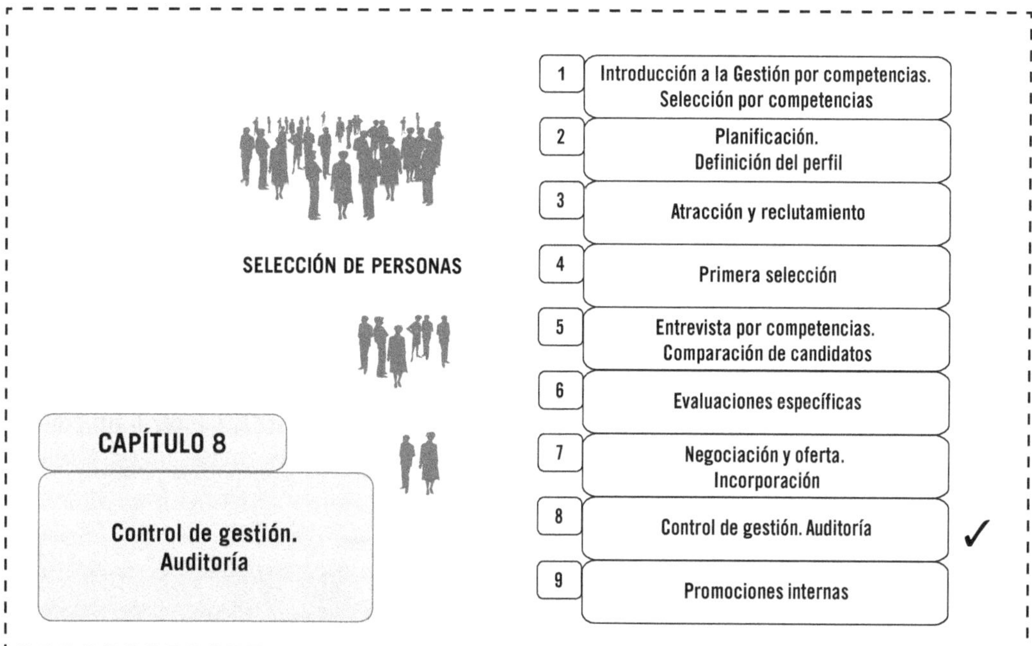

En este capítulo se verán los siguientes temas:

- Control de gestión y Recursos Humanos
- Un enfoque de costos
- Diferentes tipos de indicadores en relación con Recursos Humanos
- Indicadores de gestión para el área de Selección
- Procedimientos. Auditoría

Control de gestión y Recursos Humanos

La gestión del área de Recursos Humanos, ya sea en su conjunto o en alguna de sus funciones o sectores, podrá ser medida a través de "indicadores de gestión", es decir, por medio de índices específicos destinados a medir el resultado de la gestión, ya sea de la organización en su conjunto o de un área en particular o grupo de funciones.

Para una aplicación eficaz de indicadores, estos deben permitir la comparación con años anteriores y/o con organizaciones similares, entre otras alternativas de referencias.

Los indicadores de control de gestión del área de Recursos Humanos o indicadores de gestión del área de Recursos Humanos son índices específicos para medir el resultado de la gestión del área y de las distintas funciones que la componen. Ejemplos: índices para medir el resultado general de Recursos Humanos o las áreas de Selección, Formación, Desarrollo de personas, Desempeño, etc. También, como se verá más adelante, para medir aspectos particulares de una función, que en el marco de esta obra será la de Selección de personas.

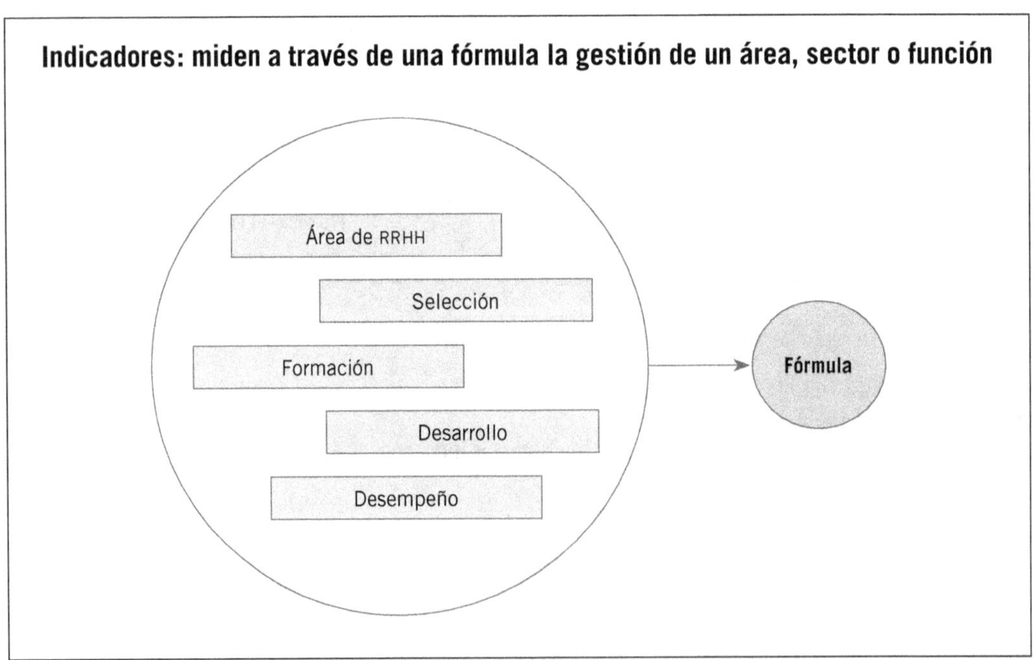

Las buenas prácticas sugieren la aplicación de un número limitado de indicadores, elegidos según las características de cada organización. Se deberán elegir aquellos más representativos en relación con la estrategia organizacional.

Para que los indicadores sean de utilidad, deberán implementarse varios años seguidos y/o contar con parámetros del mercado con los cuales comparar la gestión organizacional.

Se observan los siguientes ejemplos de indicadores para medir la gestión del área de Recursos Humanos en la tabla ubicada al pie.

Más adelante, en este mismo capítulo, se verán índices de control de gestión para medir, específicamente, la gestión de la función de Selección, aunque esté integrada en un área más amplia.

Indicador para medir	Fórmula de cálculo
El área en su conjunto: Rotación	$\frac{\text{Cantidad de personas que se retiran de la organización en un período}}{\text{Cantidad total de personas en nómina}} = X$
Selección: Costo por empleado	$\frac{\text{Costo del área de Selección}}{\text{Cantidad de personas contratadas}} = X$
Desempeño	$\frac{\text{Cantidad de personas con desempeño superior}}{\text{Cantidad total de personas en nómina}} = X$
Formación: Inversión en formación por empleado	$\frac{\text{Inversión en formación}}{\text{Cantidad de empleados capacitados}} = X$
Desarrollo: Grado de eficacia de programas internos (en el ejemplo: diagramas de reemplazo)	$\frac{\text{Cantidad de reemplazos realizados con personas de la propia organización}}{\text{Cantidad total de reemplazos}} = X$

Un enfoque de costos

Todas las áreas y funciones de la organización podrán ser analizadas desde la perspectiva de los costos involucrados en relación con los resultados. Los costos pueden ser fijos o variables.

Los costos fijos –aquellos costos que no son sensibles a pequeños cambios en los niveles de actividad– incluyen conceptos tales como edificios, maquinarias, software, diseño y mantenimiento de sitios web, seguros, personal de departamentos contables, financieros, jurídicos, áreas de Relaciones Institucionales y Recursos Humanos, entre otros. Los costos variables –aquellos que se modifican de acuerdo a variaciones del volumen de actividad– variarán según las diversas actividades que se lleven a cabo. En relación con la temática de esta obra, un ejemplo de costo variable es la publicación de anuncios.

El responsable de Selección deberá, por sobre todas las cosas, utilizar su sentido común, relacionar recursos disponibles, costos involucrados y resultados esperados. La aplicación de indicadores –como se verá más adelante– lo ayudará en este sentido.

Un proceso de selección se lleva a cabo, usualmente, por aproximaciones sucesivas, acciones que se repiten varias veces, por lo que es un proceso iterativo[1], que se propone hasta llegar a una decisión, al elegir al candidato considerado más adecuado para un puesto de trabajo.

¿Cómo determinar el mejor camino a seguir en una selección de personas? Por un lado, si se realizan más pasos, se implementan más evaluaciones, etc., el proceso –en su conjunto– será más confiable, ofrecerá menores riesgos.

Por otra parte, cuando se realiza un mayor número de pasos, por ejemplo, evaluaciones, los costos se incrementan. De allí la necesidad de definir los pasos adecuados en cada caso. Usualmente, la cantidad de pasos tiene alguna correlación con la complejidad de la posición a cubrir.

En el gráfico de la página siguiente se muestran los *20 pasos para seleccionar personas*, que hemos venido analizando a lo largo de esta obra. El responsable del proceso deberá saber que cada paso implica tiempo, horas de trabajo, costos de un modo u otro.

1 Iterativo: que se repite (adjetivo). Se aplica a una acción que se compone de acciones reiteradas. Fuente: www.rae.es

Pasos de una selección

Paso	
1	Necesidad de cubrir una vacante
2	Solicitud de personal
3	Revisión Descriptivo de puesto
4	Recolectar información sobre el perfil
5	Análisis de eventuales candidatos internos
6	Decisión: Búsqueda Interna/Externa/Mixta
7	Elección Fuentes de reclutamiento
8	Recepción de antecedentes
9	Primeros filtros
10	Entrevistas
11	Evaluaciones específicas
12	Formación de candidaturas
13	Informe sobre finalistas
14	Presentación de finalistas futuro jefe
15	Selección del finalista
16	Negociación
17	Oferta por escrito
18	Comunicación a postulantes fuera del proceso
19	Proceso de admisión
20	Inducción

Tiempo

$$

En ocasiones, cuando las diferentes instancias son concretadas por integrantes de la propia organización –Recursos Humanos, evaluadores internos, equipos, etc.– no se consideran, o no se tienen muy en cuenta los costos involucrados al no originarse erogaciones adicionales de dinero hacia el exterior de la compañía. Esto es un error.

El objetivo será lograr un equilibrio adecuado entre la cantidad de pasos a realizar, recursos a utilizar y la complejidad de la búsqueda, de modo de asegurar la calidad del proceso de selección sin incurrir en gastos y el uso de recursos injustificados o excesivos.

Diferentes tipos de indicadores en relación con Recursos Humanos

En la gestión del área de Recursos Humanos se utilizan diferentes indicadores. Los vistos en párrafos previos son los destinados a medir la gestión, al igual que otros que se verán a continuación. No obstante lo antedicho y en relación con la temática de esta obra, selección de personas, se utilizan otros, con diferentes propósitos.

El término "indicador/es" hace referencia al valor numérico que se usa como guía; por ejemplo, para evaluar a una persona en particular o a un área en su conjunto.

Respecto de la disciplina de Recursos Humanos, los indicadores podrán ser utilizados para evaluar tanto el desempeño de las personas en relación con sus respectivos puestos de trabajo como la gestión del área en su conjunto.

Se podrán elaborar indicadores acerca de múltiples temas; entre otros:

- De gestión de un área u organización en su conjunto. Los indicadores de gestión mencionados precedentemente permiten evaluar áreas o sectores de manera integral.
- De comportamientos para medir competencias y/o valores. Permiten evaluar personas, tanto en su desempeño como en un proceso de selección.
- De conocimientos. Permiten evaluar personas, tanto en su desempeño como en un proceso de selección.
- De desempeño, tanto de un colaborador, como de un conjunto de ellos y/o de un área, etcétera.

Indicadores de comportamientos. Indicadores de valores

Estos indicadores ofrecen ejemplos de comportamientos que permiten –a una persona– determinar la presencia (o ausencia) de competencias y/o valores en otra o en sí misma (autoevaluación).

Los indicadores de comportamientos los hemos visto en detalle al analizar la metodología de Gestión por competencias (Capítulo 1) y la entrevista por competencias (Capítulo 5). Estos indicadores, usualmente, se diseñan a medida de la organización y se muestran en los respectivos *diccionarios de comportamientos* organizacionales.

Como hemos visto, estos indicadores se presentan en un formato de catálogo o diccionario donde se expone la definición del valor y los ejemplos de comportamientos asociados.

En materia de indicadores sobre valores, usualmente se utiliza un enfoque binario: ausencia / presencia. Sin embargo, en la Metodología Martha Alles International - MAI, cuando se diseñan modelos de valores se utilizan niveles adicionales con mayor grado de detalle.

Indicadores de conocimientos

Ejemplos de conocimientos que permiten a una persona determinar en qué grado un conocimiento específico está presente en otra o en sí misma (autoevaluación).

Usualmente se presentan en un formato de catálogo o diccionario, donde se indica la definición del conocimiento en cuestión con ejemplos referidos a cada nivel en que puede presentarse.

Para una mejor aplicación práctica de un modelo de conocimientos, estos deben abrirse en niveles, los cuales deben ser definidos con palabras. Este último comentario es de vital importancia. Si no se cuenta con una descripción precisa de los diversos niveles de conocimiento, cualquier calificación que se realice al respecto (por ejemplo, al medir los conocimientos de una persona) se torna subjetiva. No alcanza con utilizar términos generales, como "alto", "medio", "bajo", ni tampoco una escala numérica. En el esquema propuesto se pueden observar cinco niveles numéricos, los cuales podrían corresponder a una escala como la que sigue:

1. Máximo o superior.
2. Muy bueno.
3. Bueno.
4. Superior al mínimo.
5. Mínimo.

No obstante, en todos los casos deberá describirse con palabras qué implica, por ejemplo, el nivel "mínimo", así como el resto de los niveles mencionados.

Indicadores de gestión para el área de Selección

En esta sección se expondrán algunos indicadores para medir la gestión de la función de selección de personas. No son todos los índices posibles. Cada organización definirá los de mayor interés según sus circunstancias. Ver figura de la página siguiente.

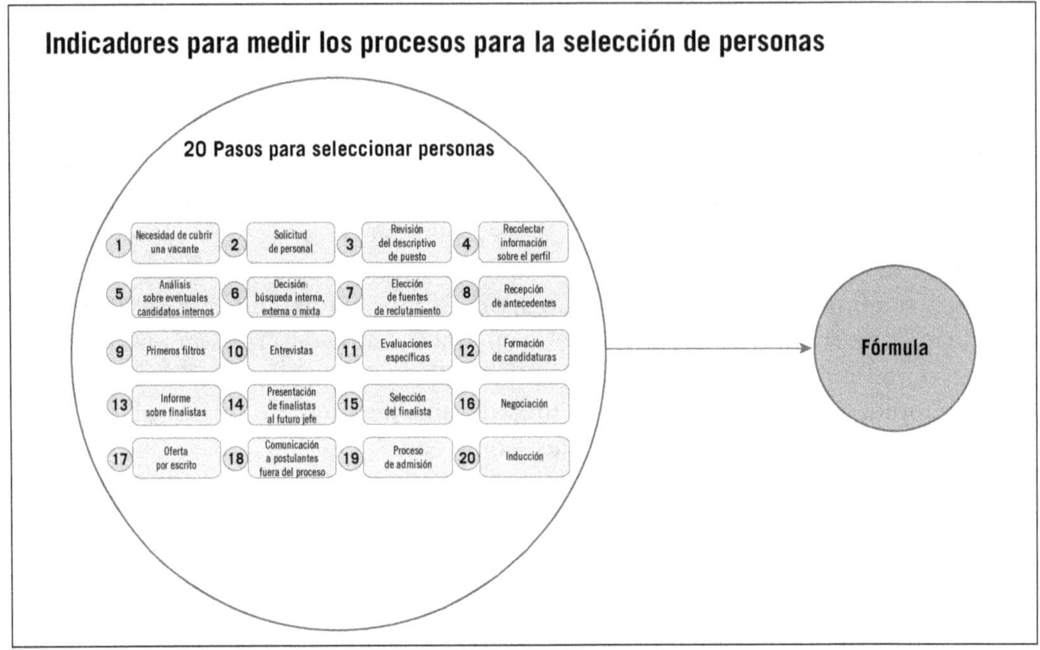

Por qué y para qué los indicadores de gestión

Un área de gestión, cualquiera sea su especialidad, es factible de ser medida. Para Recursos Humanos, como se vio al inicio del capítulo, existen indicadores para el área en su conjunto y también específicos para los distintos sectores o funciones que la componen.

En este capítulo se expondrán indicadores que miden la gestión de la función Selección. Al igual que se expresara en relación con los indicadores sobre el área de RRHH en su conjunto, en materia de indicadores específicos sobre Selección tampoco será una buena idea aplicar todos los posibles, sino solo aquellos que brinden información útil, según la organización y sus características específicas.

Los indicadores sobre Selección podrán ser utilizados con dos propósitos diferentes. Como medición en sí misma, por ejemplo, desde la mirada del número 1 de la organización o del director de Recursos Humanos, según corresponda, y también desde la mirada del responsable del sector, como una suerte de autoevaluación para así poder tomar medidas correctivas, de ser necesario.

A partir de estas mediciones se podrá, en especial, planificar las tareas del sector, preparar el presupuesto del área, proyectar tendencias, detectar problemas, fortalezas y debilidades y actuar sobre ellos, compararse con otras empresas o reducir costos, y servirán para cualquier análisis que pueda hacer uso de la valiosa información que brindan.

Los ejemplos que se expondrán también podrán ser de utilidad para fijar objetivos de desempeño a colaboradores, en forma individual. Esta temática no forma parte de esta obra, aunque los indicadores que se describirán podrían ser utilizados, por ejemplo, en la evaluación de desempeño vertical[2].

Como decíamos, los indicadores de gestión interesan –fundamentalmente– al director de Recursos Humanos y a su jefe directo. No obstante, también pueden ser utilizados por otras áreas. Por ejemplo, algunos de ellos podrían ser de interés del futuro jefe/cliente interno que autorizó la solicitud de personal.

La medición de la eficacia de un área de Selección es una de las más difíciles, no por la complejidad de los indicadores en sí mismos, que son sencillos en su determinación y cálculo, sino porque la performance de la función está relacionada con la decisión de personas ajenas al sector, tanto postulantes como los futuros jefes/clientes internos. Muchas veces decisiones de otras personas inciden en los resultados. Por ejemplo, en ocasiones, el candidato finalista no ingresa por algún factor externo a la búsqueda; quizá la situación pudo ser prevista o detectada durante el proceso de selección, pero no siempre será así.

Índices de control de gestión aplicables al área de Selección

Expondremos algunos índices destinados a medir la gestión del área de Selección y que, según nuestra opinión, serán de utilidad para los responsables de RRHH y Selección y para los directivos, en general, de una organización.

- Costo por empleado incorporado.
- Costo por empleado incorporado en el caso de que se haya incurrido en gastos directos específicos.
- Costo por fuente.
- Indicadores de tiempo: tiempo de respuesta, tiempo para cubrir el puesto, tiempo para que la persona comience a trabajar.

2 Ver las obras *Desempeño por competencias* y *Las 50 herramientas de Recursos Humanos que todo profesional debe conocer*. En esta última, la *Evaluación vertical* es la herramienta número 26.

- Grado de aceptación de ofertas.
- Grado de satisfacción del cliente interno o externo, si se trata de una consultora.

Los conceptos aquí expuestos de manera conceptual deberán ser calculados con una fórmula matemática, en la actualidad utilizando ordenadores.

A continuación analizaremos esta serie de índices de manera detallada.

Costo por empleado

Es un indicador simple que mide la relación entre el costo del departamento/sector y la cantidad de empleados contratados en un determinado período.

El responsable del área de Selección puede solicitar al sector contable de la organización que le suministre el costo total del departamento, y al dividirlo por la cantidad de empleados contratados o ingresados en el mismo período podrá determinar el costo por cada uno de ellos.

Este indicador permitirá realizar una primera evaluación del funcionamiento del sector/área de Selección, en especial si se tiene información de tipo estadística; por ejemplo, comparar un año con otro, un país con otro, etcétera.

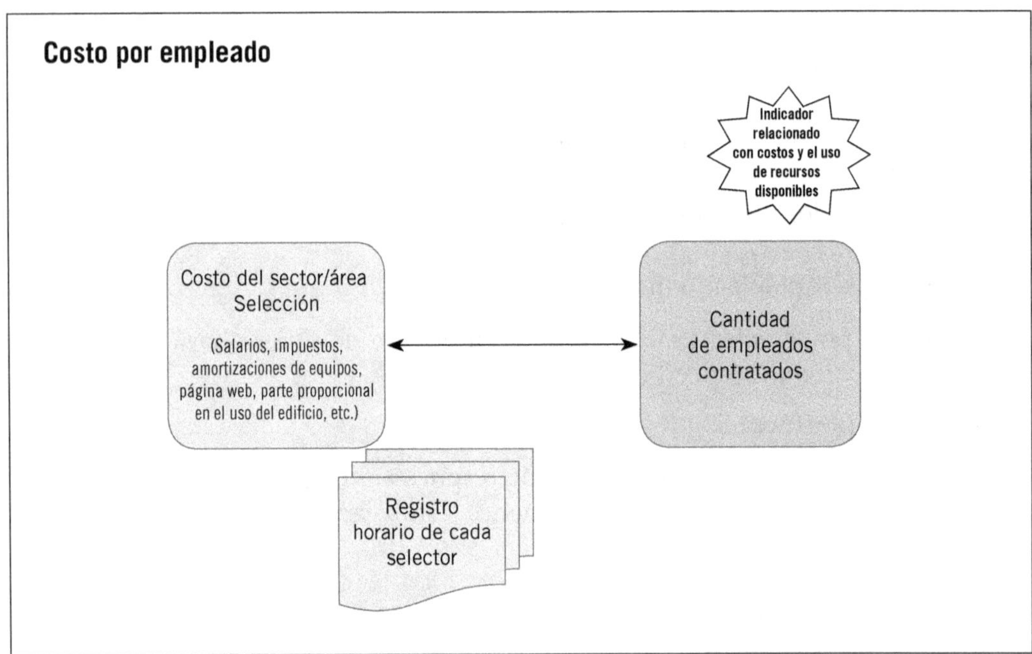

Si se desea establecer indicadores más detallados, se deberá solicitar a cada selector que lleve un registro de su trabajo –por ejemplo, horas destinadas a resolver cada una de las búsquedas a su cargo–. Usualmente los registros horarios se realizan por fracciones de 15 minutos o media hora, según el grado de precisión buscado. El registro horario será imprescindible cuando el selector realice otras tareas; por ejemplo, asignaciones a otros proyectos o personas que realicen una función compartida, por ejemplo, entre selección y capacitación u otra combinación.

Costo por empleado en el caso de que se haya incurrido en gastos directos específicos

En muchas ocasiones, a la tarea del selector se adiciona la utilización de fuentes de reclutamiento que tienen costo específico –por ejemplo, anuncios o consultores–. En ese caso, al costo mencionado en el punto anterior deberá sumársele los costos específicos que correspondan. En algunas organizaciones los costos de anuncios y/o consultores se imputan directamente al área que solicitó la selección (futuro jefe/cliente interno); en ese caso, podría calcularse o no, según cómo la organización decida llevar a cabo sus mediciones y así establecer los indicadores.

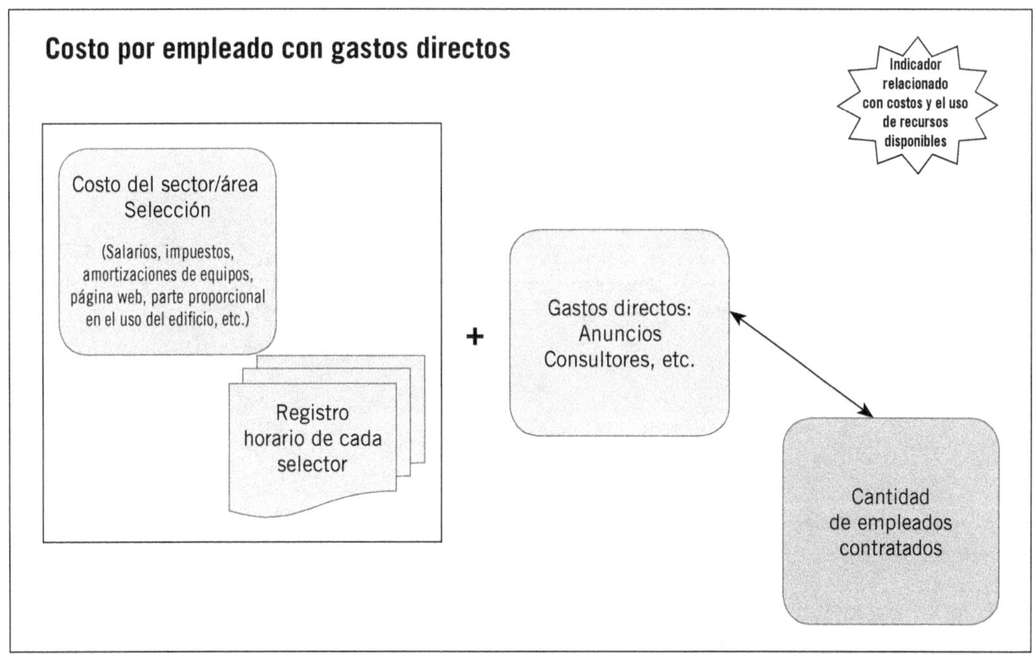

Costo por fuente de reclutamiento

Como se vio en capítulos previos, las fuentes de reclutamiento son diversas y en cada organización varía su aplicación.

Diseñar un indicador de costos por fuente será de utilidad en el caso de que se utilice más de una fuente, para comparar la efectividad de una respecto de las demás. Adicionalmente, habrá que tener en cuenta si dicha fuente se utiliza con frecuencia o no.

De ser de utilidad, este indicador podría desglosarse según los niveles de las personas a contratar –por ejemplo, ejecutivos, niveles intermedios, etc.–. El costo por fuente es sencillo de obtener: honorarios en el caso de consultores y/o facturas del medio de comunicación utilizado, por ejemplo, para la publicación de anuncios.

Como se aprecia en el gráfico al pie, hemos incluido la web, en sus distintas opciones y posibilidades, como una fuente de reclutamiento.

En Internet es posible encontrar diferentes opciones, ya sea a través de la utilización de webs laborales externas, una sección específica en el sitio web de la organización –y en ella una sección destinada a la selección de personas–, y/o un administrador de social media para Recursos Humanos[3], entre otras variantes.

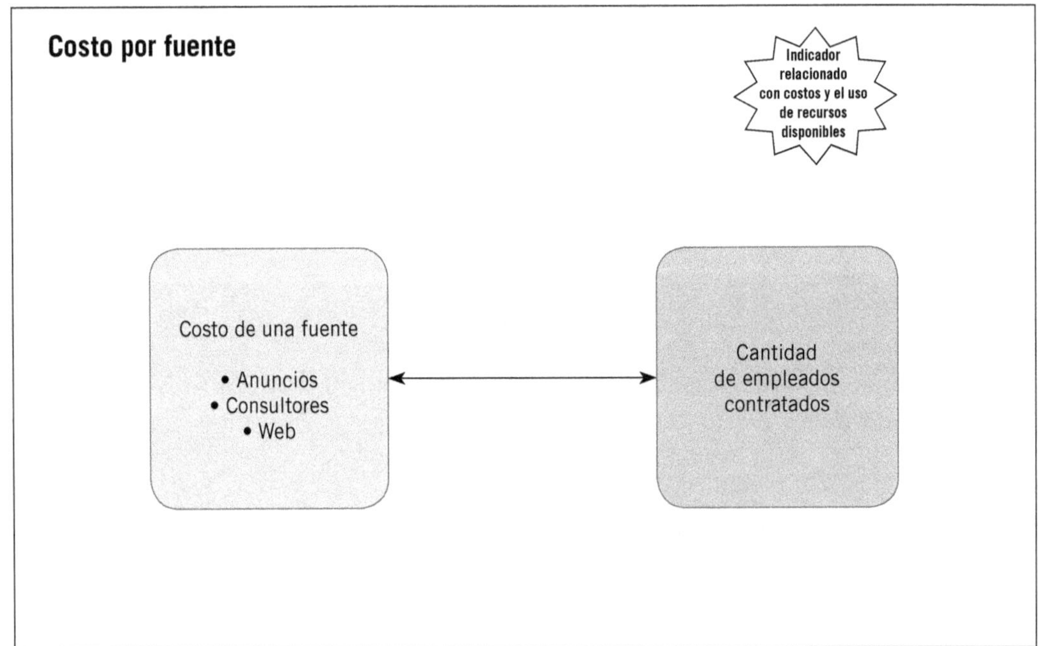

3 Al lector interesado en este tema le sugiero *Social Media y Recursos Humanos*. Ediciones Granica. Buenos Aires, 2012, en especial el Capítulo 8.

En el caso de webs laborales externas, se asimila al servicio de un consultor o de un medio de comunicación, según el servicio prestado. En los sitios web de la organización, se deberá obtener información del costo específicamente relacionado con la sección destinada a la búsqueda de nuevos colaboradores. Esta información deberá ser solicitada al departamento contable y/o al área de tecnología informática. Los costos relacionados serán: diseño, mantenimiento y localización del sitio web (*hosting*), y se deberá hacer un cálculo aproximado de lo que –de ese costo total– corresponde a la función de Selección. Las redes sociales son generalmente gratuitas. En el caso de utilizar alguna variante con costo, el tratamiento sería análogo. Por último, de contar con un administrador de social media para RRHH se debería solicitar que este lleve un registro horario, como se mencionara en el caso de responsables de procesos de selección que realicen, además, otras tareas, como capacitación o desarrollo.

Indicadores de tiempo

Para tratar cuestiones relacionadas con el tiempo, se han identificado tres indicadores, referidos a diferentes aspectos del proceso de selección de personas:

- Tiempo de respuesta.
- Tiempo para cubrir el puesto.
- Tiempo para que la persona comience a trabajar.

Tiempo de respuesta

Este indicador es especialmente importante en relación con el futuro jefe/cliente interno (o externo, en el caso de una firma consultora en selección), ya que permite medir la velocidad de respuesta cuando se solicita la búsqueda de una persona para cubrir un puesto –básicamente, cuántos días se requieren, desde la solicitud, para presentar el primer candidato calificado para esa posición–.

De los tres índices en relación con el tiempo que vamos a tratar, este es el que depende en mayor medida del selector.

El tiempo de respuesta se calcula desde el día en que se recibe la solicitud de personal para cubrir un puesto –firmada y aprobada–, hasta el día en que se envía el informe al futuro jefe/cliente interno, con al menos un candidato calificado en condiciones de ser entrevistado por él.

Este indicador, de alguna manera, protege al selector. En ocasiones, se presenta la situación en que un futuro jefe/cliente interno (o externo, si se trata de un consultor) ofrece una serie de razones –falta de tiempo, entre otras– para

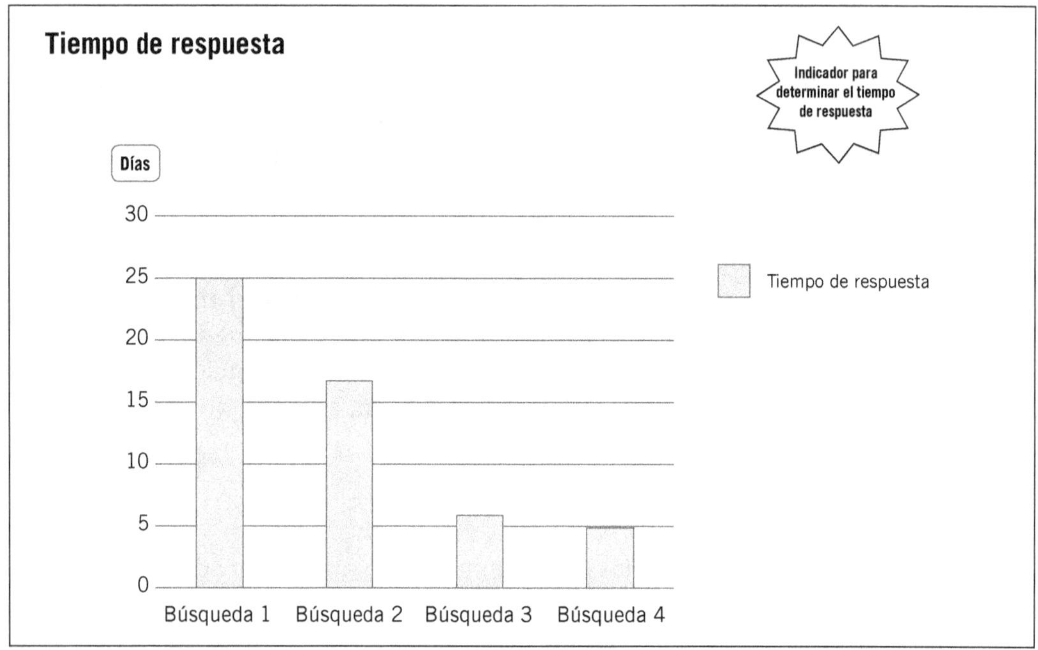

justificar el hecho de no entrevistar a los candidatos calificados que se le han sugerido en el informe de finalistas. Para cuando decide hacerlo, quizá los candidatos han cambiado de opinión, han encontrado otro trabajo, etc. Cuando sucede algo así, usualmente se debe comenzar desde el principio. La consecuencia será la presencia de puestos vacantes durante un período mayor al deseado. Muchas veces el área de Recursos Humanos queda como responsable de la demora, sin serlo.

Tiempo para cubrir el puesto

Este indicador mide el tiempo total entre la solicitud de personal aprobada y firmada y la fecha en que el postulante acepta la oferta de empleo.

En el gráfico de la página siguiente se muestran dos indicadores: tiempo de respuesta y tiempo para cubrir el puesto. El tiempo para cubrir el puesto será el total del tiempo insumido desde el inicio del proceso de selección. En la figura, se muestran los tiempos segmentados, primero el tiempo de respuesta, luego la diferencia entre este y el tiempo para cubrir el puesto.

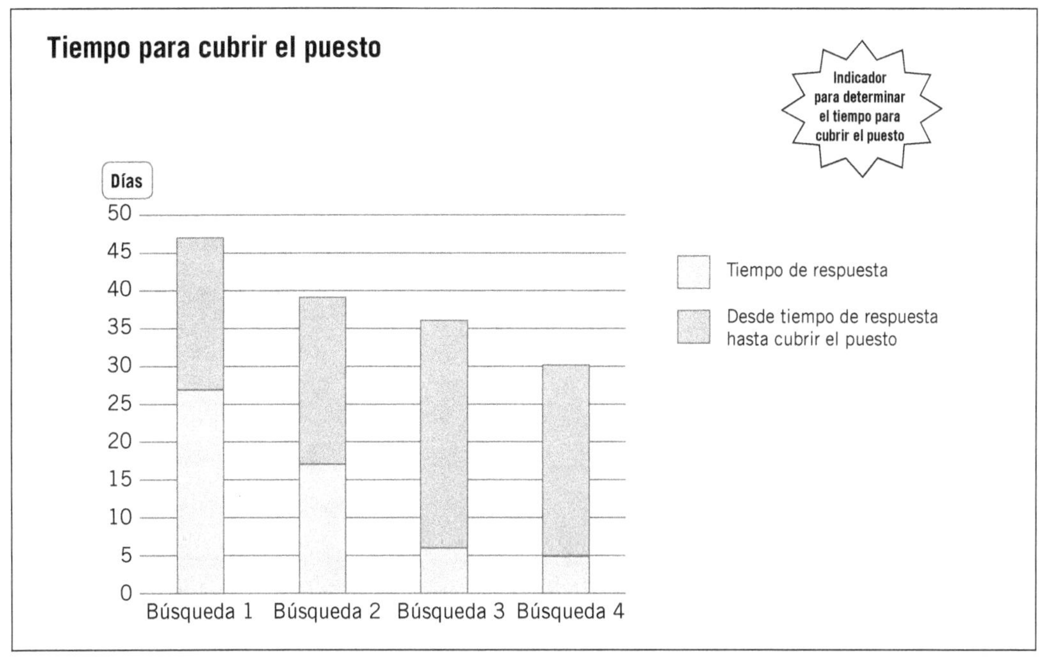

Tiempo para que la persona comience a trabajar

Este indicador es similar al anterior, con el agregado del tiempo transcurrido entre la aceptación y la incorporación –es decir, el día en que la persona contratada comienza a trabajar–.

En el gráfico siguiente se muestran los indicadores: tiempo de respuesta, tiempo para cubrir el puesto y tiempo para comenzar. El tiempo para comenzar será el total insumido desde el inicio del proceso de selección. En la figura, se muestran los tiempos segmentados: primero el tiempo de respuesta, luego la diferencia entre este y el tiempo para cubrir el puesto y, por último, la diferencia entre la sumatoria de los dos primeros y el tiempo para comenzar a trabajar.

El responsable del área de Selección que, a su vez, cuenta con un equipo de selectores, podrá analizar puntos fuertes y débiles a través de este tipo de indicadores, que es sencillo poner en práctica, ya que solo requieren llevar un registro de fechas.

Los indicadores de tiempo son de gran utilidad para aquellas organizaciones que realizan muchos procesos de selección durante el año y para firmas consultoras especializadas en selección de personas, de todos los niveles.

Como se vio en capítulos anteriores, hemos dividido el proceso de selección en 20 pasos. Un registro de fechas por grandes etapas permitirá realizar un análisis de eventuales problemas o demoras; por ejemplo, tiempos excesivos en:

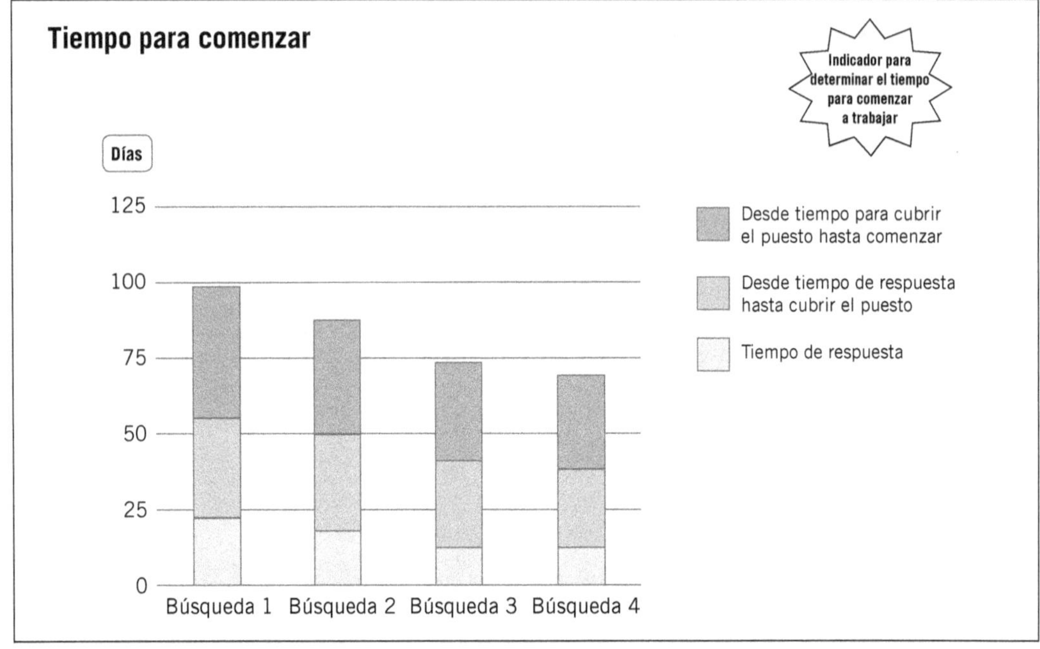

- la selección (responsabilidad de Recursos Humanos);
- el proceso de evaluación de candidatos finalistas por el futuro jefe/cliente interno, o
- el ingreso a la organización (podrá ser responsabilidad del área Recursos Humanos, pero no del selector, si este indicador se utilizara para medir el desempeño de una persona o varias del área de Selección separadamente de otras funciones de RRHH). Desde ya, puede realizarse una apertura diferente de tiempos; aquí solo se seleccionaron tres.

Grado de aceptación de ofertas

El indicador que mide el grado de aceptación de ofertas se recomienda para organizaciones que realizan muchos procesos de selección, o selecciones masivas, o para firmas consultoras especialistas en selección, cualquiera sea el nivel de las búsquedas que realizan.

El índice se calcula relacionando la cantidad de ofertas aceptadas y/o la cantidad de empleados efectivamente contratados, en relación con la cantidad de ofertas realizadas, en un período determinado de tiempo.

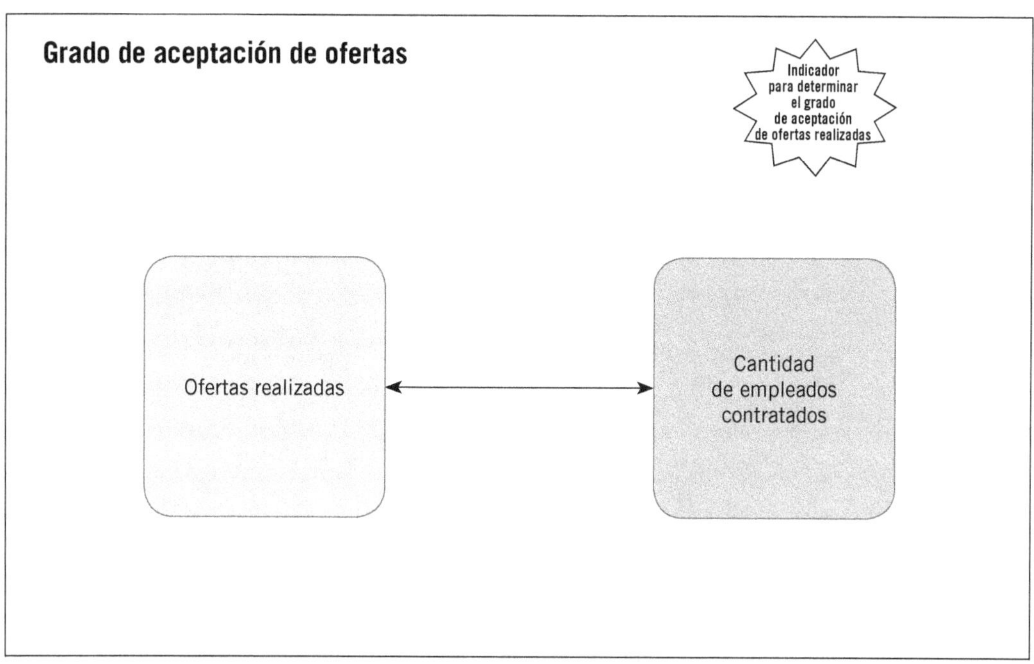

Cada organización podrá considerar un índice de aceptación de ofertas (aciertos) que considere adecuado. En algunas organizaciones un resultado de 70% de aciertos podrá ser muy bajo y sería deseable un porcentaje mayor.

Los factores a tener en cuenta para analizar esta ratio son diversos. La no aceptación de una oferta podría depender de un sinfín de razones.

Una selección bien hecha, siguiendo los 20 pasos propuestos en esta obra y, especialmente, considerando las preguntas que hemos denominado para explorar la motivación (Capítulo 4), es la base para mejorar.

Grado de satisfacción del futuro jefe/cliente interno (o externo)

La medición de la satisfacción de los jefes –clientes internos– es el último de los indicadores que hemos seleccionado.

Si bien la satisfacción no siempre se relaciona con la calidad, será importante medirla con una encuesta al jefe/cliente interno (o externo, en el caso de una firma consultora en selección). A modo de ejemplo, se propone consultar el grado de satisfacción obtenido respecto de ítems relacionados con el servicio en sí (rapidez de respuesta, calidad de atención, coordinación de entrevistas, etc.), y, además de todo lo anterior, acerca de la adecuación al puesto de la/s persona/s seleccionada/s en las diversas búsquedas.

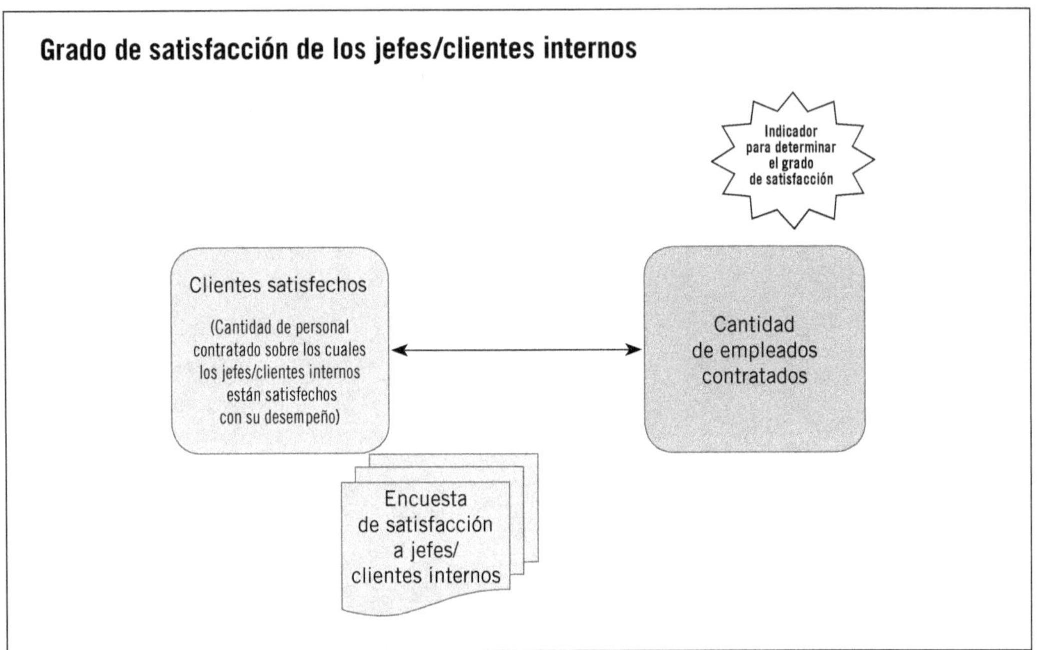

El indicador a confeccionar podrá ser general –es decir, que refleje la relación entre clientes satisfechos y el número de candidatos contratados en un período determinado–, o dividir la opinión del cliente en factores, como en los ejemplos mencionados, para la confección de varios índices, abiertos en conceptos específicos que se desee medir.

Se puede fijar un nivel deseado de satisfacción –por ejemplo, que el 90% de los jefes/clientes internos esté satisfecho–.

Si se abriera el indicador –por ejemplo, en dos conceptos–, se podrían determinar diversos niveles de satisfacción del cliente, como los siguientes:

- Adecuación de la persona al puesto (*porcentaje de satisfacción*).
- Servicio del área de Selección (*Excelente, Muy bueno, Bueno, Debe mejorar*).

La opción de abrir el índice de satisfacción del jefe/cliente interno de la manera expuesta permite medir diversos conceptos (en el ejemplo dado: calidad de servicio del área de Recursos Humanos y calidad de la contratación efectuada).

Síntesis sobre los indicadores de control de gestión en el área de Selección

Como se ha explicado hasta aquí, es factible medir la performance de la función de Selección a través de indicadores que aportan información útil, tanto para quien conduce el área como para aquellos que deban controlarla. Los posibles usuarios de este tipo de índices serán el propio responsable, si Selección es un sector autónomo, el director de Recursos Humanos, la Dirección General, eventualmente, la Auditoría Interna, según la estructura organizativa de cada compañía.

¿Cómo utilizar los indicadores de gestión? Nuestra sugerencia es analizar los principales aspectos que la dirección de la organización desea controlar en función de su estrategia, el tipo de actividad que lleva adelante, etcétera.

Una vez que se determinó cuáles son los conceptos relevantes –siempre pocos– será de gran utilidad tomar un período de prueba que sea representativo de la actividad, por ejemplo los últimos seis meses, y calcular los indicadores seleccionados para ese lapso.

Un director de Recursos Humanos, conocedor de los procesos de selección, podrá darse cuenta si se ha hecho una buena elección de indicadores y, además, si los resultados obtenidos son lógicos.

Los indicadores expuestos aquí, todos o algunos de ellos, podrían ser utilizados para evaluar el desempeño de los profesionales del área, de manera individual. Un ejemplo para explicar la idea: en un área de Recursos Humanos o en una firma consultora, se podrían calcular indicadores por selector, de ese modo se podrían fijar objetivos para ser utilizados en una evaluación de desempeño.

Procedimientos. Auditoría

Las buenas prácticas indican que, para la selección e incorporación de personas, las organizaciones deberían contar con procedimientos establecidos. Al contar con ellos, será posible –posteriormente– auditar dichos procesos.

Procedimientos. Herramientas. Auditoría

Las organizaciones necesitan procedimientos y herramientas que señalen un camino y pasos a seguir para llevar a cabo la tarea a realizar utilizando las mejores prácticas. Su diseño representará un estándar a alcanzar. Las tres palabras –procedimientos, herramientas, auditoría– están fuertemente relacionadas. Para realizar una auditoría se necesita contar con procedimientos y, además, herramientas.

Los *20 pasos para seleccionar personas* identificados en el Capítulo 1, y tratados a lo largo de esta obra, deberían ser considerados en los procedimientos para, luego, tener la posibilidad de ser auditados. Adicionalmente, cada procedimiento debería reflejar, en todos los casos, las buenas prácticas en la materia.

Veamos algunas definiciones necesarias:

Buenas prácticas. La expresión hace referencia a aquellas prácticas que son consideradas un parámetro o estándar a alcanzar según la opinión de un experto.

Buenas prácticas en Recursos Humanos. La expresión hace referencia a aquellas prácticas que son consideradas un parámetro o estándar a alcanzar según la opinión de un experto en la temática en cuestión.

Herramientas. Cuestionarios, manuales, guías y otros materiales de apoyo, de probada eficacia para la resolución práctica de un determinado problema o de una situación.

Procedimiento. Método ordenado de trabajo con relación a un determinado tema o función organizacional.

Procedimiento estándar. El término hace referencia a la situación por la cual un procedimiento definido dentro de una organización es luego tomado como punto de referencia para medir lo actuado, por ejemplo, en una auditoría. También se puede utilizar el térmi-

no cuando dicho procedimiento sea una forma de trabajo que se desea alcanzar.
Los procedimientos deberán ser complementados con herramientas; es decir, en cada uno de los pasos, cuando corresponda, se deberá definir la o las herramientas que deberá/n ser utilizada/s.

Muchas personas poseen conocimientos sobre un tema, de manera amplia o parcial, y los utilizan para llevar a cabo una tarea –por ejemplo, selección de personas–. En ocasiones, las personas mezclan conocimientos, experiencias pasadas y creencias no fundadas. Quizá la mayoría realice las tareas en cuestión, de la mejor manera posible y con la mejor intención. Pero todo esto no es suficiente.

En el ámbito de las organizaciones debe diseñarse un camino que señale los pasos a seguir para llevar a cabo la tarea a realizar de manera profesional y utilizando las mejores prácticas. Por esta razón, será necesario contar con procedimientos y herramientas que respalden la actividad.

Los diseños, como se mencionó, siempre representan un estándar a alcanzar. En algunas actividades o funciones, podrá ser necesario contar con más de un procedimiento de aplicación, por ejemplo, para aplicar a distintos colectivos de personas.

La idea se expresa en el gráfico siguiente. Por cada subsistema, como mínimo, se debe contar con un procedimiento –puede ser más de uno, según convenga en cada organización– y las herramientas necesarias en cada caso. Ejemplo: en el subsistema

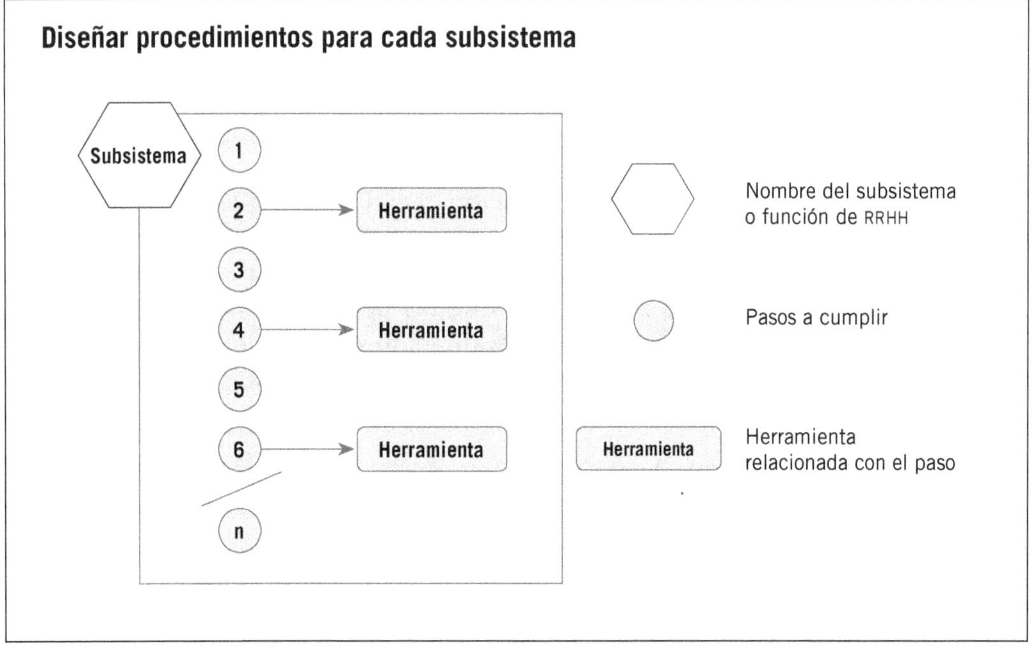

de Desarrollo se puede contar con diferentes programas: *planes de carrera, planes de sucesión, programas de jóvenes profesionales...* En este caso se debería contar con tres procedimientos, uno para cada uno de los programas mencionados. Es posible contar con un número aún mayor de programas, cada uno de los cuales contará con un procedimiento y, a su vez, cada programa podrá ser auditado.

Como dijimos, una vez que se hayan puesto en práctica los procedimientos será posible auditarlos.

Aspectos a tener en cuenta para el diseño de procedimientos en relación con la función de selección de personas

Para comenzar el análisis de este tema se incluye a continuación una breve descripción del subsistema que hemos denominado *Atracción, selección e incorporación de personas.*

En este subsistema de Recursos Humanos se parte de la necesidad de cubrir una posición y el respectivo perfil de búsqueda, para continuar con la atracción y luego la selección, y finalizar con la incorporación de personas a la organización. Incluye la *inducción.*

La atracción de las personas adecuadas, una buena selección, de tipo profesional utilizando las pruebas más convenientes en cada caso, así como un adecuado proceso de incorporación, son acciones que definirán el inicio de la relación laboral de un buen empleado. La elección sobre cuáles son las pruebas más convenientes dependerá de cada caso en particular. El responsable de conducir el proceso de selección deberá determinarlo según lo que se considere más adecuado.

Para el subsistema que nos ocupa, de acuerdo a la temática de la obra, las herramientas[4] más relevantes son las que se mencionan en la tabla de la página siguiente.

Usualmente, en la selección de personas participan varios sectores de la organización: los especialistas de Recursos Humanos, cuando la empresa cuenta con un área específica, y los futuros jefes de las personas a incorporar. Unos y otros deberían contar, para una mejor evaluación de los candidatos, con el ya mencionado *descriptivo de puesto,* junto con las herramientas específicas para la selección propiamente dicha, en especial, la *entrevista estructurada* y/o el *diccionario de preguntas.*

Para analizar los resultados de la entrevista será fundamental contar con un *diccionario de comportamientos.*

---

4 Para mayor detalle, consultar la obra *Las 50 herramientas de Recursos Humanos que todo profesional debe conocer.* Ediciones Granica, Buenos Aires, 2016.

Subsistema: Atracción, selección e incorporación de personas	
Nombre de la herramienta	**Breve descripción**
Descriptivo de puesto	Documento interno donde se consignan las principales responsabilidades y tareas de un puesto de trabajo. Adicionalmente se registran los requisitos necesarios para desempeñarlo con éxito: conocimientos, experiencia y competencias.
Estructura de puestos	Documento interno en el cual se exponen los diferentes niveles organizacionales junto con las principales responsabilidades y los requisitos para ocuparlos. Este documento es la base para la asignación de competencias a puestos.
Asignación de competencias a puestos (integra el descriptivo de puestos, se menciona por separado dada su relevancia).	Procedimiento interno por el cual se asignan competencias, junto con el grado en que son necesarias, a los distintos puestos de trabajo. La asignación se refleja en un documento interno donde se indican, para los distintos puestos de trabajo, las competencias requeridas junto con los grados en que se necesitan. Para que la asignación de competencias sea posible, primero se debe diseñar un modelo de competencias.
Entrevista estructurada	Entrevista basada en un conjunto de preguntas e indicaciones previamente definidas, para indagar sobre una serie de aspectos determinados. La entrevista estructurada puede ser diseñada por niveles, por áreas de actividad, etc. Por lo tanto, una organización puede contar con varios diseños a su medida.
Diccionario de preguntas	Documento interno de la organización en el cual se consignan ejemplos de preguntas que permiten evaluar las competencias del modelo en una entrevista.
Diccionario de comportamientos	Documento interno en el cual se consignan ejemplos de los comportamientos observables asociados o relacionados con las competencias del modelo organizacional.

Adicionalmente a las mencionadas, existen otras herramientas muy interesantes, como ACM (*Assessment Center Method*), que se utiliza para la selección de personas y que también puede ser empleado con eficacia en relación con otros subsistemas, como *Formación*, y *Desarrollo y planes de sucesión*.

Por último, no hemos seleccionado como una herramienta relevante el *manual para detectar valores personales en selección*. Sin embargo, en algunos contextos sociales podría ser la primera en elegirse como fundamental.

En resumen, cada organización decidirá sobre las herramientas a utilizar y estas deberán integrar los procedimientos. Como ya expresáramos, podría elegirse una herramienta para un tipo de procedimiento y no para otro. Un ejemplo: utilizar ACM para búsquedas de jóvenes profesionales y optar por otros tipos de evaluación en búsquedas de niveles gerenciales.

Diseñar procedimientos antes de auditarlos

Las buenas prácticas indican que las organizaciones deben definir procedimientos para los distintos subsistemas de Recursos Humanos, con especial énfasis en algunos de ellos, como *Selección de personas, Evaluación del desempeño, Formación, Promociones internas* y *Diagramas de reemplazo*, por nombrar algunos de los más relevantes.

El círculo virtuoso de las buenas prácticas se cierra cuando se implementan procedimientos de auditoría para controlar la calidad y el cumplimiento de los procedimientos estándar definidos para los distintos subsistemas de Recursos Humanos.

Los procedimientos estándar deberán considerar una variedad de aspectos: pasos a seguir, plazos involucrados, calidad esperada en cada caso, métodos y herramientas a utilizar, resultados esperados y responsables de la implementación.

Un procedimiento de selección de personas debería contemplar el cumplimiento de las políticas organizacionales, el control interno incluido dentro de los métodos de trabajo, los modelos implementados (con frecuencia, un modelo de competencias, y excepcionalmente un modelo de valores y otro de conocimientos) y otros factores a considerar, como por ejemplo la experiencia requerida, en algunos casos.

Luego de considerar estos factores, el procedimiento deberá detallar pasos a seguir, plazos involucrados, estándares de calidad, herramientas a utilizar en cada paso. Adicionalmente, resultados esperados y responsables de la implementación.

En resumen, podrán considerarse como materia auditable los diferentes factores enumerados en el cuadro siguiente –políticas, control interno, etc.–, junto con otros, según corresponda, así como los pasos a seguir con sus aperturas correspondientes (parte derecha de la figura).

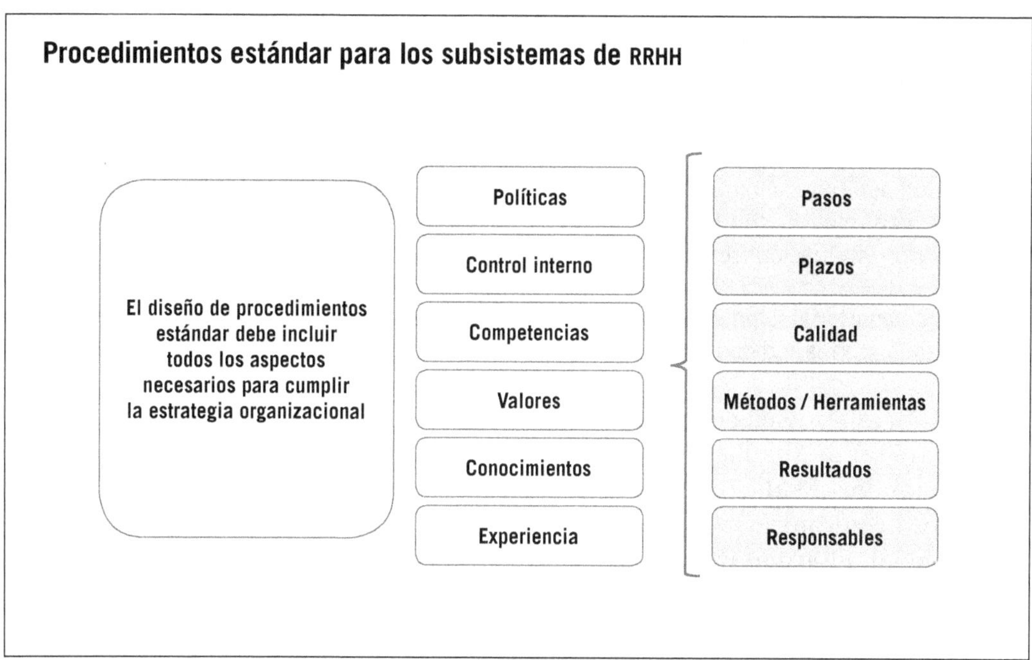

Las organizaciones que aún no han comenzado con la definición de procedimientos estándar y su posterior auditoría, podrán hacerlo a partir de elegir los aspectos más relevantes en la organización. No hay un único camino posible.

Algunas definiciones en relación con la auditoría

Alcance de la auditoría (la definición también podría utilizarse para consultoría). El término, de uso frecuente, se utiliza para denominar al conjunto de las características fundamentales del trabajo a realizar en una auditoría, consultoría u otros análogos, en especial la materia comprendida, la extensión de la revisión, el grado de detalle de la misma y sus límites.

Auditor. Persona que realiza una auditoría. Para ello debe dominar la materia sobre la cual audita y contar con los métodos de trabajo y procedimientos necesarios para la realización de la tarea.

Auditoría. Revisión realizada por un auditor sobre un aspecto determinado. Por ejemplo: el balance o ciertos procesos organizacionales.

Auditoría de procesos. Revisión realizada por un auditor de los distintos procesos organizacionales. Para que la auditoría sea factible deberán haberse definido los procesos estándar a cumplir.

Auditoría de Recursos Humanos. Conjunto de procedimientos a través de los cuales un agente independiente compara determinadas características de los subsistemas de Recursos Humanos con estándares previamente definidos. Para la temática de este capítulo, el subsistema de *Atracción, selección e incorporación de personas.*

Materia auditable. Objeto sobre el cual se realiza una auditoría. Ejemplos de materia auditable en relación con la disciplina de Recursos Humanos: auditoría de los procesos de selección, formación, rendimiento (desempeño), etcétera.

Plan de auditoría. Cronograma detallado de los pasos a seguir para la realización de una auditoría, con la indicación de plazos y responsables de cada etapa.

La función de Selección, así como los otros subsistemas de Recursos Humanos, podrá ser auditada. Para ello, y como se expusiera, primero deberá diseñarse un estándar. Es decir, la auditoría controlará que se haya cumplido con ese estándar. La auditoría no solo debería contemplar el cumplimiento de los pasos, sino también el grado de aplicación de las herramientas relacionadas con cada uno de ellos.

Auditoría de los procedimientos de Selección

Para auditar los subsistemas de RRHH –Selección y otros– será necesario:

- Definir un procedimiento estándar detallado –para la selección de personas–, con todos los pasos necesarios y sus responsables (tema ya mencionado más arriba).
- Diseñar un procedimiento de auditoría.
- Formar auditores que deben, al mismo tiempo, conocer sobre selección y dominar los dos aspectos anteriores: estándar definido y procedimiento de auditoría a utilizar.

En función de lo antedicho, la auditoría implica la revisión de las prácticas organizacionales relacionadas con los Recursos Humanos, en este caso, la función de selección de personas, efectuada por un auditor experto en la temática, independiente del área, junto con la aplicación de métodos y procedimientos adecuados.

Entre las prácticas habituales en materia de auditoría podemos mencionar: la auditoría de procedimientos o subsistemas de selección, desempeño y desarrollo,

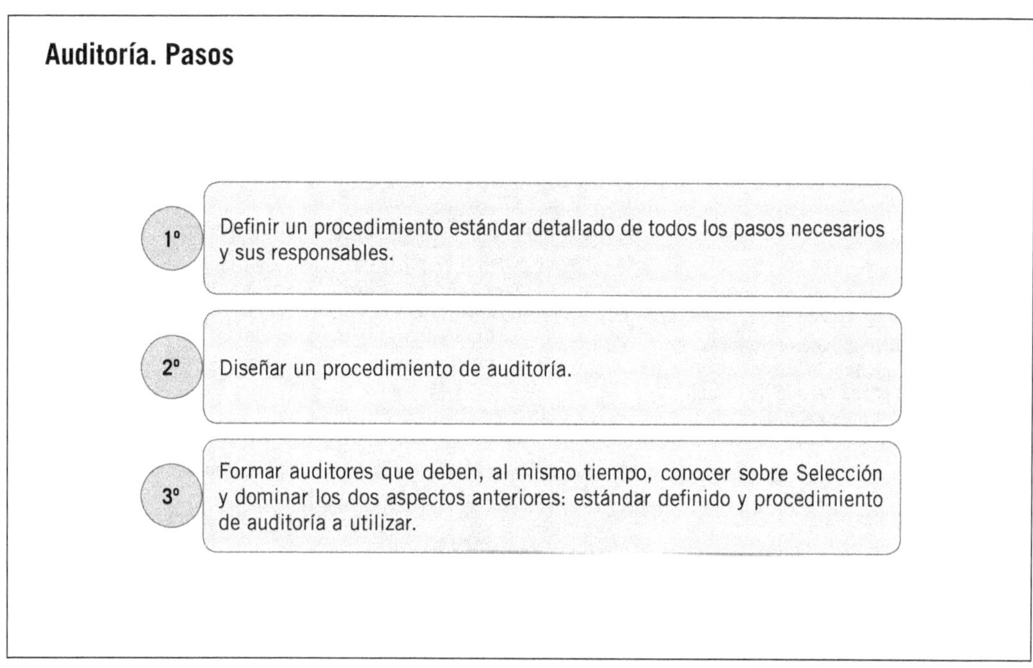

cada uno por separado y de los modelos en su conjunto. Entre las auditorías más frecuentes se encuentra la que se realiza sobre el modelo de competencias; también podrían establecerse procedimientos y auditoria para otros modelos, como de conocimientos y valores, en el caso de contar con ellos.

La elección de fijar procedimientos y auditarlos de una manera u otra dependerá de las diferentes formas de trabajo que cada organización haya implementado para su manejo interno.

En resumen, cada organización podrá auditar sus métodos de trabajo según lo que haya definido previamente.

Como puede apreciarse en la figura de la página siguiente, el procedimiento estándar en relación con la selección de personas debería partir del paso 1, es decir, de la necesidad de cubrir una vacante, hasta el paso 20, la inducción, una vez que los nuevos colaboradores ya hayan ingresado a la organización.

Adicionalmente, deberían considerarse como parte de dichos procedimientos y, luego, constituir materia auditable, aspectos tales como el cumplimiento de políticas, la calidad del control interno, los modelos de competencias, conocimientos y valores (en el caso de contar con ellos, ya que los dos últimos no son de uso frecuente), etcétera.

En síntesis, no alcanza con tener buenas intenciones para llevar a cabo un proceso de selección de personas. En todos los casos, será conveniente contar con un

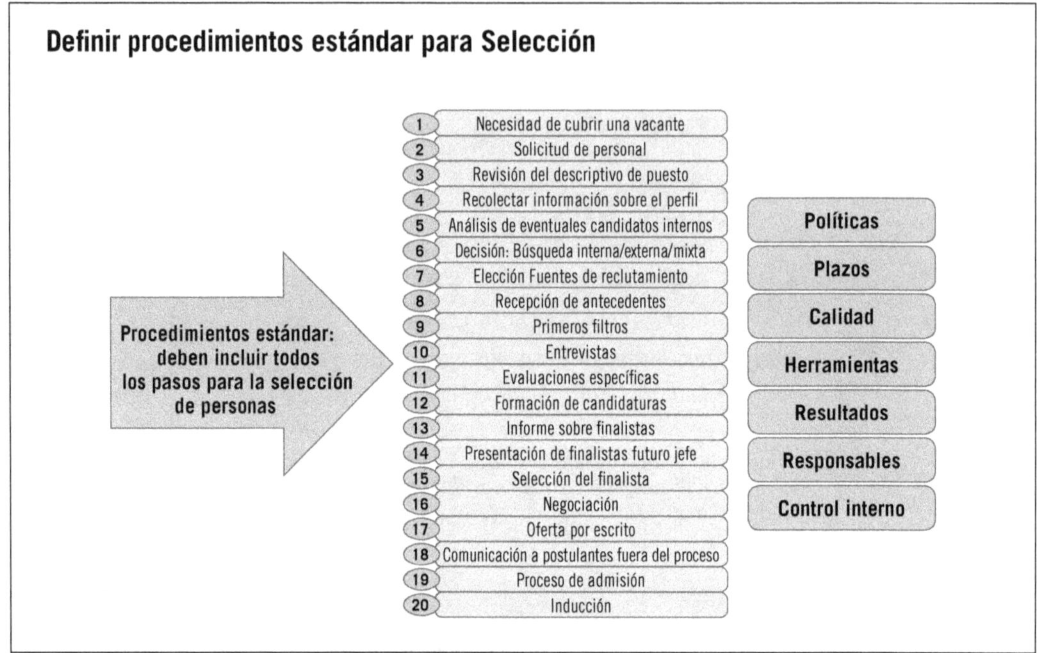

esquema actualizado que incluya las nuevas tendencias e indique todo lo necesario a llevar a cabo según el tipo de posición a cubrir.

Cada procedimiento será estándar pero no único. Por ejemplo, podrá contarse con un procedimiento para seleccionar gerentes y otro diferente para la selección de jóvenes profesionales.

Las organizaciones que aún no han comenzado con la definición de procedimientos estándar y su posterior auditoría podrán comenzar por elegir los aspectos más relevantes en la organización. No hay un único camino posible para llevar adelante estas buenas prácticas.

Síntesis del capítulo

- La gestión del área de Recursos Humanos, ya sea en su conjunto o en alguna de sus funciones o sectores, podrá ser medida a través de "indicadores de gestión", es decir, por medio de índices específicos para medir el resultado de la gestión, ya sea de la organización en su conjunto o de un área en particular o grupo de funciones.

- Para una aplicación eficaz de indicadores, estos deben permitir la comparación con años anteriores y/o con organizaciones similares, etcétera.
- Los indicadores de gestión del área de Recursos Humanos son índices específicos para medir los resultados del área y de las distintas funciones que la componen. Ejemplos: índices para medir el resultado general del área de Selección o aspectos particulares de la misma.
- Todas las áreas y funciones de la organización podrán ser analizadas desde la perspectiva de los costos involucrados en relación con los resultados. Los costos podrán ser fijos o variables.
- En selección de personas, el objetivo será lograr un equilibrio adecuado entre la cantidad de pasos a realizar, recursos a utilizar y la complejidad de la búsqueda, de modo de asegurar la calidad del proceso de selección sin incurrir en gastos injustificados o excesivos.
- Los indicadores sobre selección podrán ser utilizados con dos propósitos diferentes. Como medición en sí misma, por ejemplo, desde la mirada del número 1 de la organización o del director de Recursos Humanos, según corresponda, y también desde la mirada del responsable del sector como una suerte de autoevaluación para así poder tomar medidas correctivas, de ser necesario.
- A partir de estas mediciones se podrá, en especial, planificar las tareas del sector, preparar el presupuesto del área, proyectar tendencias, detectar problemas, fortalezas y debilidades y actuar sobre ellos, compararse con otras empresas y reducir costos, así como contar con información valiosa para cualquier análisis que se desee realizar sobre el área.
- Los índices de control de gestión aplicables al área de Selección y que resultan de mayor utilidad para los responsables de RRHH y Selección y para los directivos en general de la organización son: costo por empleado incorporado, costo por empleado incorporado en el caso de que se haya incurrido en gastos directos específicos, costo por fuente, indicadores de tiempo (tiempo de respuesta a la convocatoria para cubrir un cargo; tiempo para cubrir el puesto; tiempo para que la persona comience a trabajar), grado de aceptación de ofertas, grado de satisfacción del cliente interno (o externo, si se trata de una consultora). En todos los casos, los indicadores deberán ser calculados con una fórmula matemática, utilizando ordenadores.
- Las organizaciones necesitan procedimientos y herramientas que señalen un camino y pasos a seguir para llevar a cabo la tarea a realizar utilizando

las mejores prácticas. Su diseño representa un estándar a alcanzar. En algunos casos, será necesario contar con más de un procedimiento, por ejemplo, para aplicar a distintos colectivos de personas.

- Las buenas prácticas indican que las organizaciones deben definir procedimientos para los distintos subsistemas, por ejemplo, Selección. El círculo virtuoso se cierra cuando se implementan procedimientos de auditoría para controlar la calidad y el cumplimiento de los procedimientos estándar definidos.
- Para auditar el subsistema de Selección será necesario: definir un procedimiento estándar detallado, diseñar un procedimiento de auditoría y formar auditores que deben, al mismo tiempo, conocer sobre Selección y dominar los dos aspectos anteriores (estándar definido y procedimiento de auditoría a utilizar).

PARA PROFESORES

Para cada uno de los capítulos de esta obra hemos preparado:

→ Casos prácticos y/o ejercicios para una mejor comprensión de los temas tratados.
→ Material de apoyo para el dictado de clases.

Los profesores que hayan adoptado esta obra para sus cursos tanto de grado como de posgrado pueden solicitar de manera gratuita las obras:

- *Selección por competencias. CASOS*
- *Selección por competencias. CLASES*

Únicamente disponibles en formato digital, en nuestro sitio: **www.marthaalles.com**, en la exclusiva *Sala de profesores*, o bien escribiendo a: **profesores@marthaalles.com**

PARA TODOS LOS LECTORES

Se encuentra disponible en formato digital un Anexo donde se ha realizado un análisis detallado de libros y subsistemas que complementa las temáticas abordadas en esta obra.

Capítulo **9**

Promociones internas

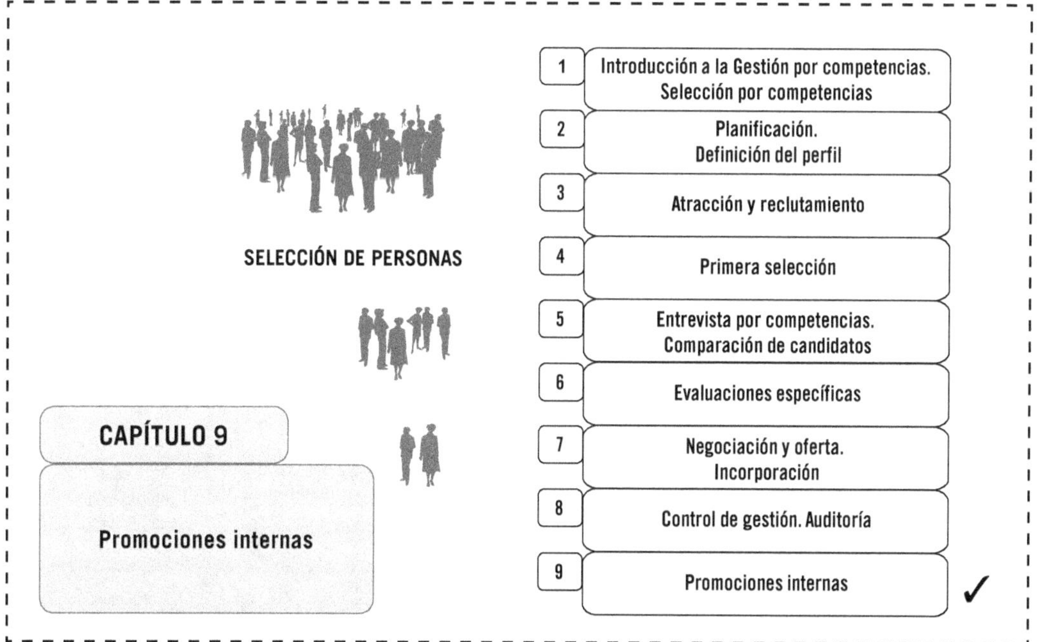

En este capítulo se verán los siguientes temas:

- Análisis de eventuales candidatos internos
- Distintos tipos de carreras
- Promociones internas efectivas
- Cómo elegir al nuevo ocupante del puesto
- Promociones internas. Diferencias y similitudes con otros programas organizacionales
- Programas organizacionales para las personas que ya integran la organización

Análisis de eventuales candidatos internos

Cuando se produce una vacante, uno de los pasos que se llevan a cabo, en todo tipo de empresas y organizaciones, tanto por el futuro jefe como por los responsables de Recursos Humanos, es un análisis de quienes integran el mismo sector y otros relacionados, buscando allí un posible ocupante del cargo. Este paso, en general, no es mencionado en cursos o manuales sobre selección, quizá porque se considera como algo obvio o natural. Sin embargo, esta circunstancia se produce a diario y debería prestársele atención. Los errores son frecuentes.

¿Quién considera, analiza, elige un posible ocupante interno? Lo hace el jefe directo, un responsable de personal, el jefe del jefe... Las opciones son múltiples. También, este análisis lo realizan los posibles beneficiarios de una designación y otras personas, desde compañeros de trabajo hasta los clientes internos.

En resumen, la acción es realizada tanto por los interesados en cómo se cubrirá la vacante como por otros simples curiosos. ¿Cómo se hace, en el día a día y en la mayoría de los casos, dicho análisis? Con frecuencia, de manera intuitiva. En la mayoría de los casos los resultados son buenos. Pero no siempre es así.

Para reforzar las decisiones intuitivas que "salen bien", para evitar errores, para precaverse cuando las cosas "no salen tan bien o todo lo bien que se esperaba", será

necesario recurrir a las buenas prácticas. En síntesis, para realizar el análisis de eventuales candidatos internos –el paso 5 del esquema *20 pasos para seleccionar personas*–, en este capítulo se verán las buenas prácticas en relación con las promociones internas, utilizando la palabra "promociones" en un sentido amplio, como se verá más adelante.

En ocasiones, dentro del mismo sector se podrá encontrar a personas que responden al perfil del puesto y que podrían ocupar la vacante. Por ello se sugiere el diseño de una herramienta y/o procedimiento específico para la realización de *promociones internas*. El término "promoción" no implica necesariamente acceder a una posición de mayor nivel; también se incluyen bajo este término las transferencias laterales o al mismo nivel.

En el Capítulo 1 hemos presentado las buenas prácticas en relación con Gestión por competencias y Selección por competencias. A lo largo de los capítulos previos se hizo énfasis en las competencias sin dejar de tratar los otros elementos relevantes a tener en cuenta, como los conocimientos, la experiencia y, en especial, la motivación.

Reclutamiento interno

En el Capítulo 3 se mencionó que el reclutamiento puede ser interno –es decir, atraer personas dentro de la misma organización–, o bien externo –atraer personas fuera de la organización–. A continuación las definiciones de ambos conceptos.

> **Reclutamiento externo.** Es la forma más frecuente de realizar un reclutamiento, e implica la difusión en el mercado de los perfiles buscados, usualmente a través de anuncios, en periódicos o Internet, junto con otras fuentes de posibles candidatos.

> **Reclutamiento interno.** Cuando el reclutamiento se realiza dentro de la propia organización se denomina *reclutamiento interno*. En ese caso se utilizan anuncios, por ejemplo, a través de la intranet, con el propósito de generar la autopostulación.

Como surge de la definición de *reclutamiento interno*, este puede a su vez dividirse en dos: la autopostulación (*job posting*) y la identificación de posibles candidatos internos a través de una acción del área de Recursos Humanos, una propuesta por parte del futuro jefe, etcétea.

El término "autopostulacion" hace referencia a una práctica organizacional –también conocida como *job posting*– mediante la cual una persona puede postularse a búsquedas internas que la organización publicita en su intranet o carteleras. Usualmente se definen requisitos para participar, además de los inherentes al puesto en sí mismo.

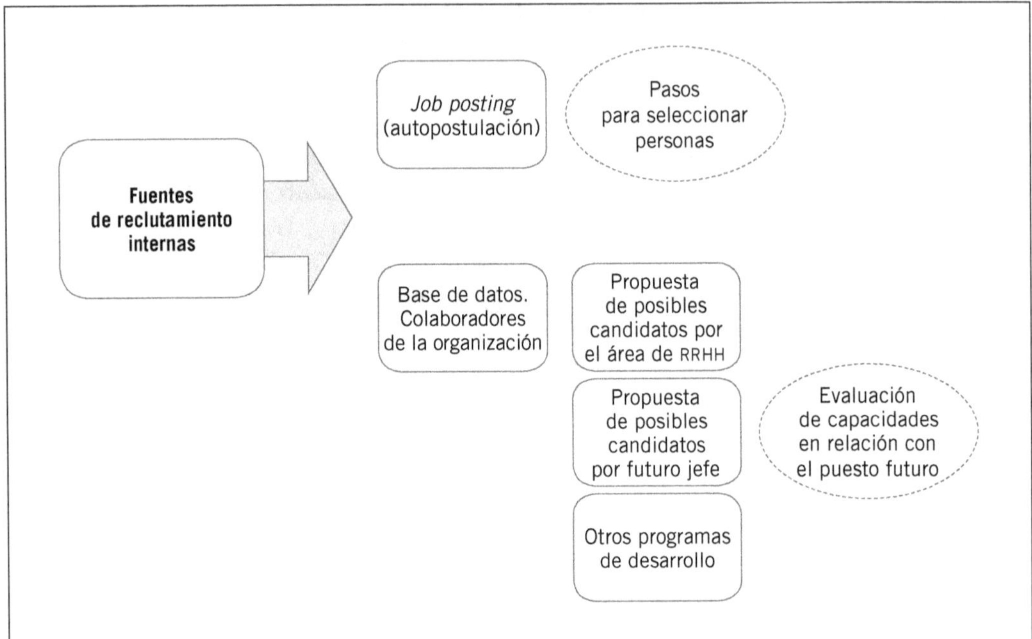

Según surge del cuadro precedente, la realización de la autopostulación[1] podrá realizarse siguiendo los pasos del proceso de selección analizado en capítulos previos.

En cambio, en las otras opciones mencionadas y que se detallan a continuación, la propuesta de un nuevo puesto no surge por una decisión del interesado, que decide postularse, sino de otra persona, un superior, un funcionario del área de Recursos Humanos, etcétera.

- Propuesta de posibles candidatos realizada por el área de Recursos Humanos a través de consultar bases de datos y otra información disponible, como evaluaciones de desempeño, junto con el conocimiento que tenga el responsable del área sobre los diferentes integrantes de la organización, desde participación en actividades de formación hasta asignaciones especiales u otras experiencias similares.
- Propuesta de posibles candidatos realizada por el futuro jefe, el jefe de este, etcétera.

1 Autopostulación es la herramienta número 5 de la obra *Las 50 herramientas de Recursos Humanos que todo profesional debe conocer.* Ediciones Granica, Buenos Aires, 2016.

- Como resultado de otros programas de desarrollo interno que tenga la organización y que provean personas capacitadas para ocupar otros puestos.

Una situación que no es mencionada en la figura, y quizá no tan frecuente, se produce cuando un colaborador se propone para ocupar algún cargo, no como parte de la opción mencionada (*job posting*) sino espontáneamente; por ejemplo, un puesto queda vacante por alguna circunstancia y una persona que siente que cuenta con el perfil adecuado para ocuparlo y desea hacerlo lo expresa a su jefe o a un responsable de Recursos Humanos.

Estas opciones mencionadas u otras similares se resolverán a través de la evaluación de las capacidades de las personas en relación con el puesto futuro, tema a tratar en este capítulo.

Distintos tipos de carreras

El diseño planeado de carreras dentro del ámbito de las organizaciones es una temática directamente relacionada con este capítulo. Muchas organizaciones han implementado programas tales como *planes de carrera,* como se ha descrito en la obra *Construyendo talento*[2]. Otras, sin embargo, no cuentan con este tipo de programas o estos no contemplan todas las áreas organizacionales.

En cualquiera de las circunstancias, será muy importante tener diseñada una herramienta y/o un procedimiento para realizar promociones internas efectivas, como se verá más adelante. Antes, veamos los distintos tipos de carreras posibles.

El término "carrera" se utiliza para marcar el camino que una persona recorre en el ámbito de una organización y que contempla los intereses de ambas partes, empleado y empleador, en una relación *ganar-ganar.*

La carrera puede ser de tipo gerencial o como especialista[3], entre las variantes más difundidas. También se han descrito estas variantes y sus respectivos programas organizacionales en la obra *Construyendo talento,* ya mencionada.

El concepto "carrera laboral" es similar a "carrera" y señala el camino que una persona recorre a lo largo de su vida laboral, dentro del ámbito de una o varias organizaciones.

2 Alles, Martha. *Construyendo talento.* Ediciones Granica, Buenos Aires, 2009. Ver Parte III, Programas de desarrollo (Capítulo 8), donde se trata en detalle los *planes de carrera.*

3 Alles, Martha. *Construyendo talento.* Obra citada. Ver Parte II, Sucesión y promociones (Capítulo 6), donde se trata en detalle la *carrera gerencial y como especialista.*

Por otra parte, la expresión "mapa de carrera" hace referencia a una forma de expresar gráficamente las rutas profesionales que las personas podrían seguir en la empresa. Para confeccionar dicho mapa, como punto de partida se podrán tomar las familias de puestos existentes y los puestos más representativos de cada una de las familias.

Posteriormente, se definirán para cada familia las diferentes rutas posibles, identificando distintos niveles de avance profesional y la interrelación entre familias de puestos. Los programas denominados *carrera gerencial* y *carrera como especialista*, ya mencionados, ofrecen a los colaboradores mapas de carrera concretos, en el marco de una organización o eventualmente dentro de un grupo empresario.

Distinto tipos de carreras. Ascendente. Descendente. Desplazamiento lateral

La carrera ascendente, también denominada *carrera vertical ascendente*, es la más conocida e implica que la persona es promovida a niveles superiores a lo largo de su permanencia en la organización. La carrera ascendente tiene directa relación con la carrera gerencial.

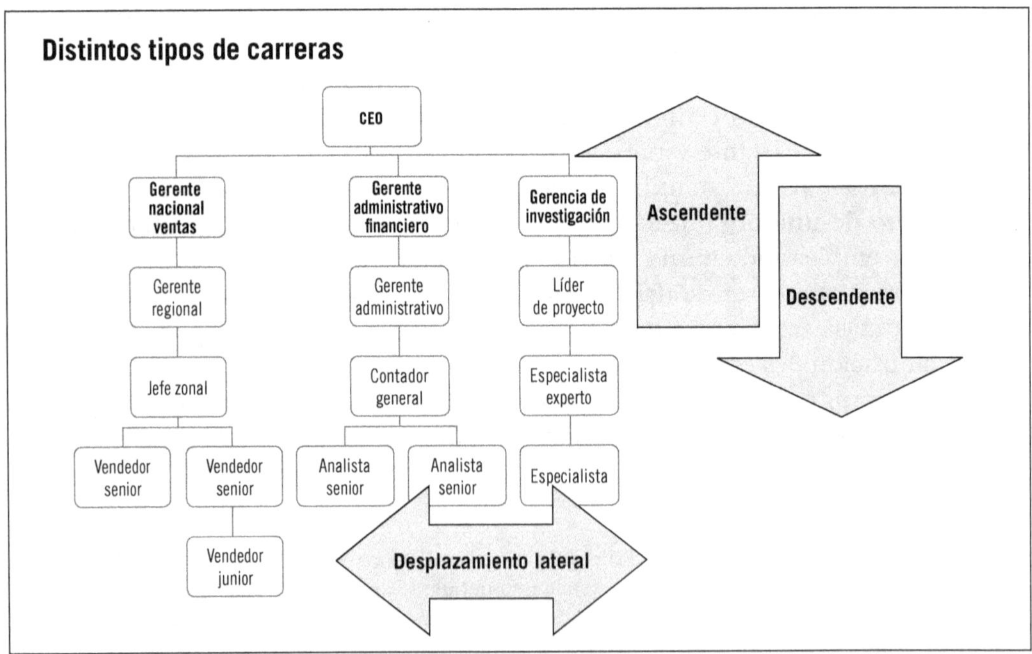

La carrera descendente, también denominada *carrera vertical descendente,* si bien no es frecuente, implica que una persona vuelva a un nivel anterior luego de una promoción que, por algún motivo, no ha seguido un curso favorable. Puede ocurrir también cuando una persona, en una carrera vertical ascendente, momentáneamente pasa a una posición de menor nivel para ganar experiencia en un área diferente a la de su especialidad.

La primera variante –una persona vuelve a un nivel anterior–, puede presentarse cuando una persona no responde a las características del nuevo puesto, ya sea por falta de las capacidades requeridas o bien porque las nuevas funciones implican ciertas exigencias –por ejemplo, viajes prolongados o jornada laboral extendida– que no se corresponden con sus proyectos personales.

En muchas organizaciones, cuando una persona es promovida a un puesto y luego su desempeño no es el esperado, por cualquiera de las razones mencionadas en el párrafo precedente, la solución adoptada es desvincular al colaborador. Cuando se piensa en este tipo de medida, sin embargo, se debe tener en cuenta que la responsabilidad por el frustrado ascenso es compartida.

En todos los casos, antes de la designación a un nuevo puesto deben medirse las capacidades (conocimientos, competencias y experiencia) y evaluarse, además, la correspondencia entre las exigencias del nuevo puesto y los proyectos personales del colaborador en cuestión.

Por último, el desplazamiento lateral, siempre dentro de los diferentes tipos de carrera, puede ser producto de una rotación de puestos, tanto temporal como definitiva, o bien ocurrir cuando una persona es designada para ocupar otro puesto de igual nivel dentro de la estructura organizacional.

Enriquecimiento o expansión en la carrera de una persona

Una variante de carrera que produce alta satisfacción en las personas es la que implica enriquecimiento en la tarea realizada o enriquecimiento en el puesto a través de la realización de actividades y la asunción de responsabilidades con mayor valor agregado.

En la organización pueden coexistir diferentes tipos de carrera, entre ellas la ascendente –ya mencionada– y la de enriquecimiento en el mismo puesto.

La "extensión" en relación con la carrera de una persona

"Extensión" implica mayor cantidad de tareas y/o responsabilidades en relación con las que ya se realizan o asumen. Es la acción mediante la cual se le adiciona a un puesto un mayor número de tareas iguales a las que ya tiene a cargo.

Con frecuencia, no implica una jerarquización del puesto y, en consecuencia, no genera mayor satisfacción en su ocupante; por el contrario, puede generar insatisfacción, en especial cuando, desde la mirada del colaborador, solo representa un mayor número de tareas a su cargo, las cuales pueden ser iguales a las que ya realiza o diferentes, pero, en este último caso, no agregan valor a su puesto de trabajo.

En resumen, es un concepto distinto al de "enriquecimiento" y "enriquecimiento en el trabajo",

No interprete el lector que la extensión es un concepto negativo. Que sea o no así dependerá de las circunstancias. En ocasiones y según el tipo de tareas, la extensión en el trabajo puede permitirle al colaborador el desarrollo de nuevas competencias y conocimientos. En otros, incrementar remuneraciones variables si estas estuviesen relacionadas del algún modo con la cantidad de tareas realizadas. Su valoración positiva o negativa dependerá de cada caso en particular.

Promociones internas efectivas

En las organizaciones, el término *promoción* implica el conjunto de acciones, planeadas o no, mediante las cuales una persona es ascendida a un nivel superior en la estructura de la empresa, y, por extensión –como ya se mencionara–, también comprende los casos en que una persona es designada a ocupar un nivel similar en otra área (desplazamiento lateral), o cuando es considerada como eventual reemplazo de otra, o cuando pasa de un nivel a otro en la carrera gerencial o como especialista, etcétera.

El término promoción se utiliza para designar varias situaciones diferentes. En algunos casos se podrá realizar una evaluación tácita, y como reconocimiento a una mayor experiencia concreta asignársele a un colaborador mayores responsabilidades, por ejemplo, pasar de un nivel *junior* a *senior* en un ámbito profesional, un vendedor al que se le asignan clientes de mayor relevancia, etcétera.

En ciertos casos, la posibilidad de atribuir mayores responsabilidades a una persona conlleva la necesidad de realizar evaluaciones adicionales, antes de tomar dicha decisión. Solo por continuar con ejemplos similares: a un profesional que ocupa un nivel *senior* se desea promoverlo a un nivel de supervisión, o se propone ascender a un vendedor *senior* a jefe de vendedores, por lo cual –en ambos ejemplos– la persona requerirá que posea otras competencias adicionales a las necesarias para el puesto actual. Estas nuevas capacidades deberían ser evaluadas, para ver si están debidamente desarrolladas.

También se pueden dar situaciones diferentes a los ejemplos mencionados en el párrafo anterior, cuando se desea designar a una persona para funciones diferentes de las actuales, pasar de un área de fábrica a ventas, etcétera.

Adicionalmente, varias personas podrían ser potenciales candidatos a una posición, en ese caso se deberían evaluar las capacidades de los posibles ocupantes y luego elegir al más adecuado.

Una mirada de cara al futuro

Al realizar una promoción, un nombramiento a una nueva posición, se debe considerar en el análisis una mirada hacia el futuro.

Antes de iniciar una comparación de candidato/s siempre será una buena idea considerar las necesidades o requisitos actuales del puesto a cubrir (puesto futuro desde la perspectiva de la persona a evaluar) con las necesidades o requisitos que para ese mismo puesto de trabajo se podría llegar a necesitar en un futuro, en función de los planes estratégicos organizacionales. La idea se expresa en la figura siguiente.

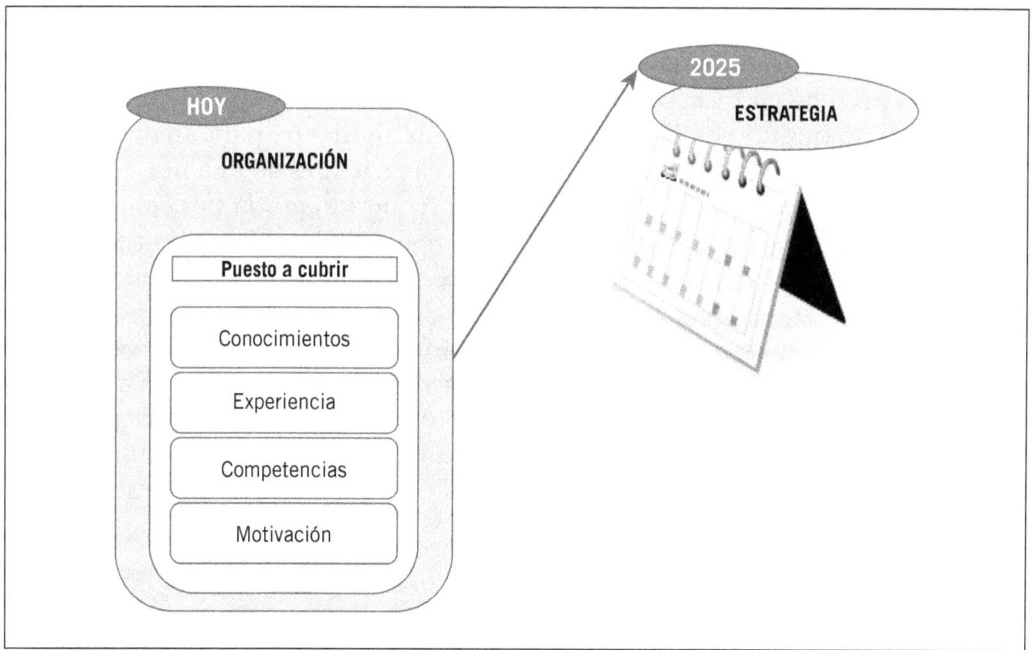

En la figura precedente, al presente de la organización lo hemos denominado "Hoy". Dentro de ese presente de la organización surge la necesidad de cubrir un puesto, para el cual se realizará la evaluación de posibles candidatos internos, de acuerdo a la temática que estamos viendo en este capítulo. Por otra parte, y continuando con el análisis del gráfico, las organizaciones cuentan con una visión y estrategia futura, que hemos supuesto (solo para ilustrar) con vistas al año 2025. Cada organización tendrá definidos sus planes estratégicos para una fecha determinada.

Cuando se analicen nuevas designaciones, en especial para puestos clave, se sugiere considerar si los distintos requisitos determinados como necesarios en el puesto a cubrir (conocimientos, experiencia, competencias) serán los mismos en función de los planes estratégicos fijados. Quizá pueda parecer un análisis demasiado exigente, en especial cuando se deba resolver una situación urgente. No obstante esta primera impresión, el análisis deberá efectuarse.

En muchas organizaciones, los puestos se describen sobre la base de las necesidades actuales y no se consideran los requerimientos futuros.

Para completar el análisis de la figura, el puesto a cubrir –de acuerdo con nuestra metodología– se abre en conocimientos, experiencia, competencias y motivación.

Puesto futuro *versus* perfil del evaluado

En este capítulo se analizan las buenas prácticas para la evaluación de las capacidades de una persona en relación con el futuro puesto.

Como se desprende de la figura de la página siguiente, para analizar la adecuación persona-puesto se deben comparar las capacidades de una persona (conocimientos, experiencia y competencias) con lo requerido por la posición a asumir (descriptivo del puesto). En el análisis que se realiza en este capítulo se trata del puesto futuro, es decir, aquel que una persona eventualmente ocuparía y en relación con el cual está siendo evaluada.

Antes de continuar, deseo recordar al lector un concepto elaborado varios años atrás, que sigue teniendo singular vigencia en el presente, el *Principio de Peter.* El mencionado principio afirma que, *en una jerarquía, todo empleado tiende a ascender hasta su nivel de incompetencia*[4]. La denominación hace referencia a su autor, Laurence J. Peter (1919-1990), quien alcanzó notoriedad en 1968, con la publicación de su libro *El principio de Peter.*

4 Peter, Laurence J. *El principio de Peter.* Plaza & Janés Editores, Barcelona, 1998.

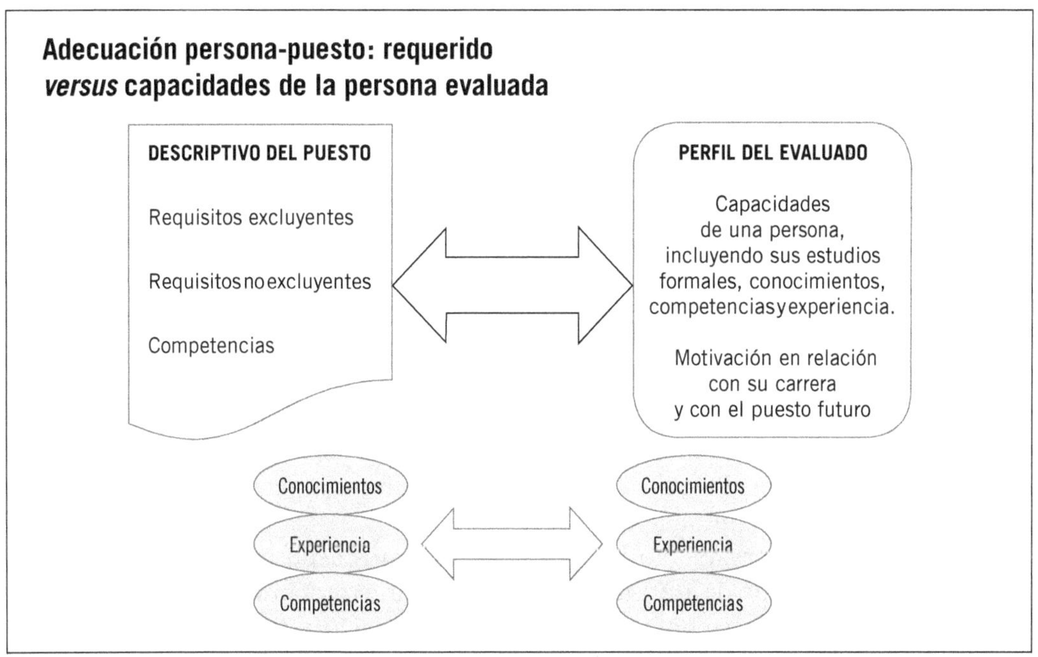

Una promoción, o varias, no constituyen un programa en sí mismo, si bien implican una serie de acciones o pasos previos cuya consecuencia será designar a una persona en otro puesto. Esta designación puede ser el resultado de búsquedas internas (autopostulación o *job posting*) o simplemente de un análisis realizado por el área de Recursos Humanos y/o el jefe directo del involucrado, o el *jefe del jefe*. En estos casos, la evaluación de las personas debería realizarse del mismo modo, es decir, comparando la medición de sus capacidades con lo requerido por la futura posición.

Las empresas que han implementado la *autopostulación*, usualmente han asimilado sus métodos de trabajo a una selección, donde los candidatos que participan pertenecen a la misma organización (se publica un anuncio y las personas interesadas se autopostulan, como se explicó al inicio del capítulo). En cambio, con frecuencia, no existe un procedimiento específico para las otras circunstancias mencionadas, designación de una persona por una sugerencia de RRHH, el futuro jefe, etcétera.

En todos los casos, se sugiere diseñar un procedimiento interno para el tratamiento de este tipo de situaciones, es decir, darle jerarquía y, al mismo tiempo, ofrecer un esquema guía tanto para el área de Recursos Humanos como para los jefes de todos los niveles y los colaboradores, en general. Por extensión, como ya se expresara, el término se utiliza también en aquellos casos en que los desplazamientos son laterales o de otro tipo, dentro de la organización.

Si bien se podrían utilizar de manera indistinta los términos "promoción" y "promociones internas", se ha preferido esta última variante para hacer referencia a una práctica organizacional y de este modo, a través de la adición de la palabra "internas", reforzar la idea de que la promoción en cuestión es de una persona que ya pertenece al ámbito de la organización.

De manera extendida se podría decir que una persona que cambia de empleo y obtiene un puesto en otra entidad de mayor nivel al que tenía ha obtenido una "promoción". Sin embargo, esto no constituye una práctica organizacional, sino un hecho fortuito en el que una persona, por alguna razón, fue seleccionada para ocupar un determinado puesto.

Como se desprende de la figura al pie, y también se verá más adelante, en todos los casos la evaluación de personas con vistas a que ocupen otros puestos en la organización –promociones internas– debería realizarse analizando y evaluando los conocimientos, la experiencia y las competencias de cada persona en relación con el puesto que se prevé que va a ocupar.

Como puede observarse en la figura, los distintos aspirantes son comparados con los requerimientos de un puesto, considerando conocimientos, competencias y experiencia. Ya se ha hecho referencia a la comparación de las mediciones entre puesto actual y futuro en páginas previas. Esta comparación deberá realizarse ante

Promociones internas. Un puesto a cubrir y más de un posible aspirante

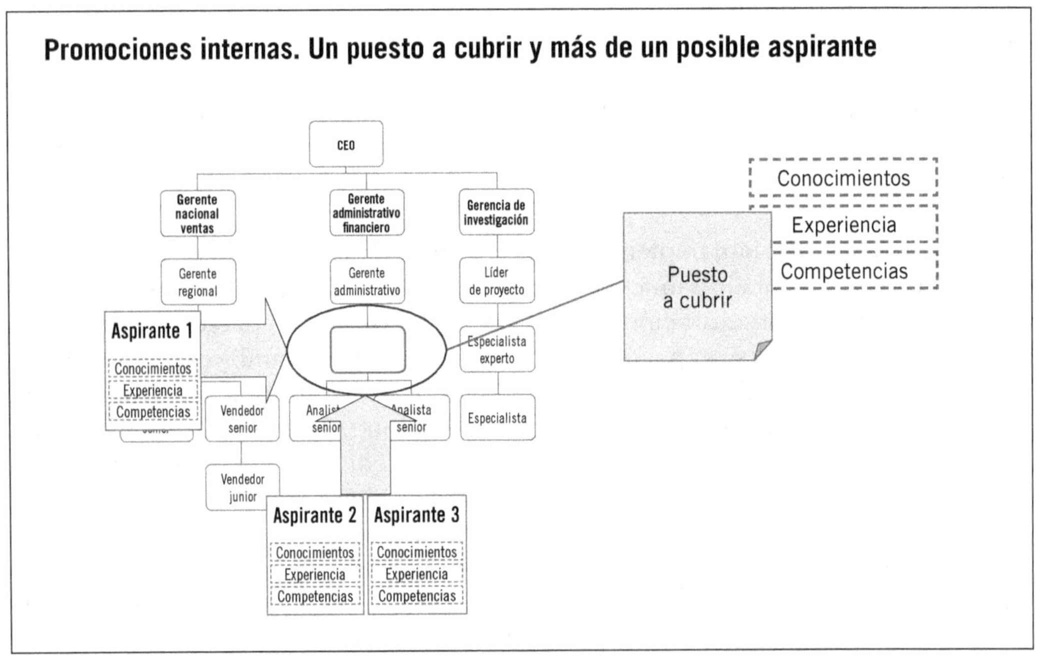

una promoción o traslado de una persona de un puesto a otro, ya sea de un nivel superior al actual o simplemente diferente al que ocupa en la actualidad.

A continuación, la definición de un término importante a tener en cuenta:

Brecha. Distancia entre lo requerido y la evaluación de la persona. El término se aplica en relación con los diferentes tipos de capacidades.

El análisis de las promociones internas[5] y la determinación de eventuales brechas deberán realizarse comparando las capacidades de la persona con el puesto futuro. Dicha idea se expresa en la figura al pie. Allí se podrá apreciar que la persona evaluada posee una adecuación persona-puesto que se ajusta al puesto actual y algunas brechas en relación con el puesto futuro.

La idea central que se desea enfatizar, ya mencionada, es la importancia de comparar las capacidades de una persona con lo requerido por el puesto a ocupar. Si bien la mayoría de los especialistas coinciden al respecto, esto no siempre se verifica en la práctica, con la consiguiente gama de problemas que una promoción mal planteada acarrea tanto a la organización como a la persona involucrada, a su jefe y compañeros de trabajo.

Promociones internas. Brechas en relación con el puesto futuro

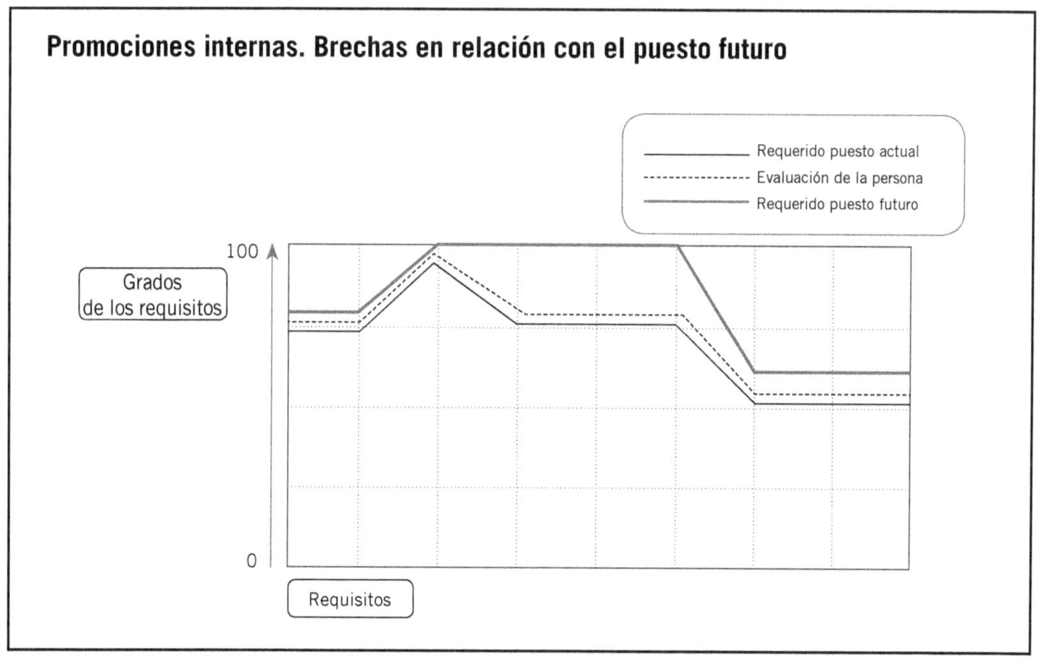

5 Promociones internas es la herramienta N° 50 descrita en la obra *Las 50 herramientas de Recursos Humanos que todo profesional debe conocer.*

Las buenas prácticas sugieren contar con un procedimiento y/o herramienta para las promociones internas. En nuestra metodología utilizamos también el concepto "manual" para designar al documento en el cual se describen los aspectos más relevantes de un tema en particular. En el ámbito de las organizaciones, se elaboran manuales con el propósito de describir procedimientos relevantes para un buen funcionamiento interno.

Un manual[6] usualmente consta de una breve explicación conceptual sobre el tema en cuestión junto con una explicación detallada sobre la mejor manera de llevar a cabo una tarea determinada o un conjunto de ellas. Puede incluir, según corresponda, gráficos explicativos, formularios y procedimientos, entre otras variantes.

Cómo elegir al nuevo ocupante de un puesto

Al inicio del capítulo se enumeraron algunas opciones para identificar posibles candidatos internos, quienes en todos los casos deberán ser evaluados en relación con el futuro puesto.

Una persona puede tener un desempeño superior en su puesto de trabajo, pero esto no siempre es suficiente para que alcance un buen desempeño en otro nivel o posición. Este comentario tiene la misma validez en relación con la sucesión de un alto ejecutivo o la promoción a secretaria de una telefonista. Es decir, cualquier promoción de tipo vertical u horizontal a un puesto diferente debe ser analizada del mismo modo. Como ya se expresara, en cualquier caso se deberán evaluar las *chances* de éxito de la persona en relación con el puesto a ocupar.

En la página anterior se ha expuesto un gráfico donde se presentaba el caso de una persona que teniendo una buena *adecuación al puesto* actual, presenta algunas pocas brechas con relación al puesto futuro. En dicho gráfico, mediante una escala 0-100, se puede observar, primero, el grado de adecuación de la persona al puesto actual. En ese ejemplo, la adecuación se verifica; es decir, la evaluación de la persona coincide con los requerimientos del puesto que actualmente ocupa.

6 Un *manual para promociones internas* Metodología MAI cuenta con documentos e instructivos específicos y detallados que permiten a una organización realizar promociones internas efectivas. Cada manual incluye: 1) buenas prácticas y teoría; 2) método para evaluar capacidades, diseñado a medida de cada organización; 3) método para elegir entre varias opciones (personas participantes en el programa), aplicando técnicas cuantitativas y también elaborado a medida de la organización; 4) armado de un método estándar para promociones internas. Puede incluir el diseño de programas de desarrollo específicos para los colaboradores que serán asignados a nuevos puestos a raíz del proceso de promoción. Los manuales MAI relacionados con los programas para el desarrollo interno del talento, como *promociones internas*, incluyen una planilla de cálculo para su implantación.

Para establecer la *adecuación persona-puesto,* ya sea el actual o el futuro, se deben considerar los conocimientos, la experiencia y las competencias, junto con cualquier otra característica necesaria para desempeñarse en la posición prevista. Si, por ejemplo, las tareas que se le asignan implican viajar dos veces por mes y la persona que estaría a cargo no puede hacerlo, en ese caso la adecuación persona-puesto no se verifica de la manera en que la organización requiere. En el mismo gráfico, se compara la evaluación de la persona en relación con un eventual puesto a ocupar (puesto futuro). En este caso existen brechas específicas, respecto de algunos de los requisitos del puesto futuro.

Para determinar si la persona podrá o no asumir eficientemente el puesto futuro será necesario complementar este análisis con una evaluación sobre el grado de complejidad que las brechas presentan. En algún caso las mismas podrán "cerrarse" en un breve plazo; en otros, no. Cuando se verifica esta última situación (no se prevé que la brecha se cierre en un plazo razonable) nos encontramos ante lo que Laurence Peter describió como el "Principio de Peter", ya mencionado. Si se promoviera a esta persona, se la llevaría a su nivel de incompetencia.

Para los candidatos evaluados deberán determinarse las brechas existentes entre el nivel actual de la persona (candidata para una promoción) y lo requerido para desempeñarse en el puesto futuro.

La idea se expresa en la figura siguiente.

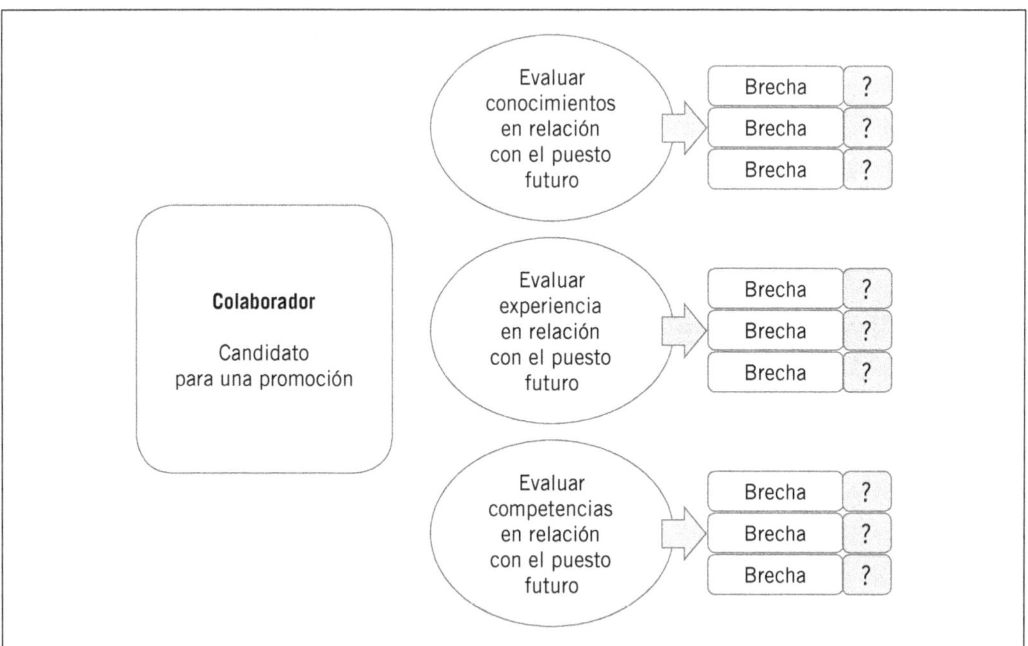

Una vez determinadas las brechas existentes, se deberá analizar tanto el tiempo necesario para reducirlas como la chance de lograrlo. Si las brechas pueden resolverse en un plazo breve/razonable, será posible designar a la persona en el nuevo puesto y brindarle apoyo para que se desempeñe correctamente en él.

En el gráfico al pie se presenta un caso en el cual la persona evaluada excede los requerimientos de la posición actual y se adecua correctamente al puesto que se prevé que ocupe.

En este ejemplo, la *chance* de lograr un buen desempeño en la futura posición es alta; por lo tanto, en una promoción interna se recomendaría su designación. A igual conclusión se llegaría en cualquier otro tipo de análisis similar, un posible sucesor (*plan de sucesión*) o un reemplazo ya elegido como tal en un *diagrama de reemplazos*.

En el caso específico de las promociones internas, con frecuencia se consideran varios posibles aspirantes. Cada uno de ellos deberá ser evaluado en conocimientos, competencias y experiencia para, luego, comparar sus capacidades con lo requerido por el puesto futuro. Quien posea la mejor adecuación será la mejor opción para ocupar el nuevo puesto. La idea se expresa en la figura de la página siguiente.

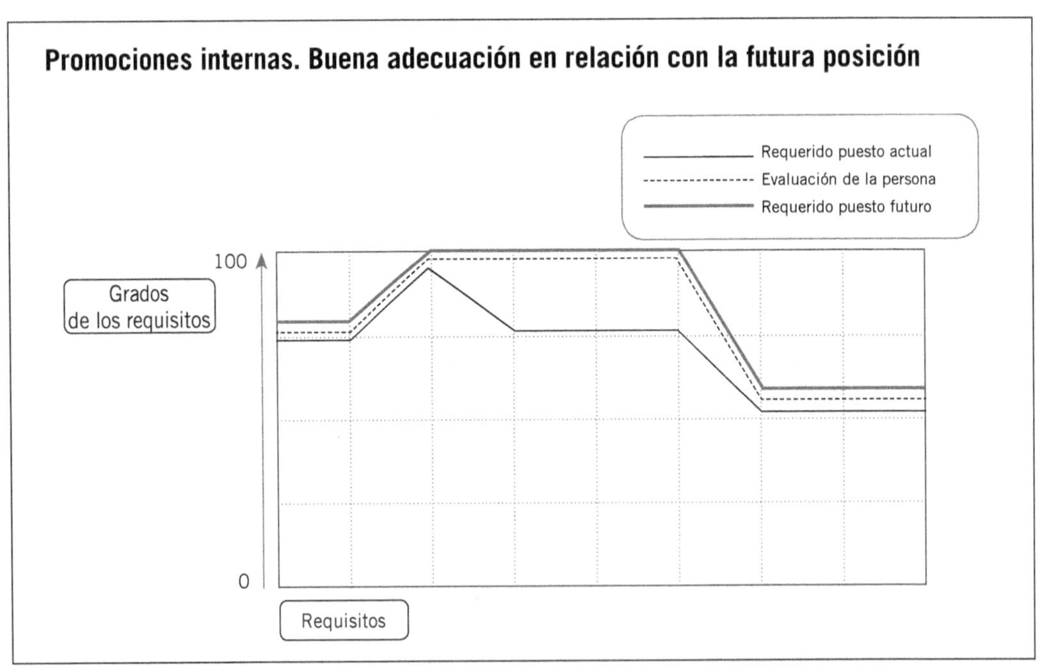

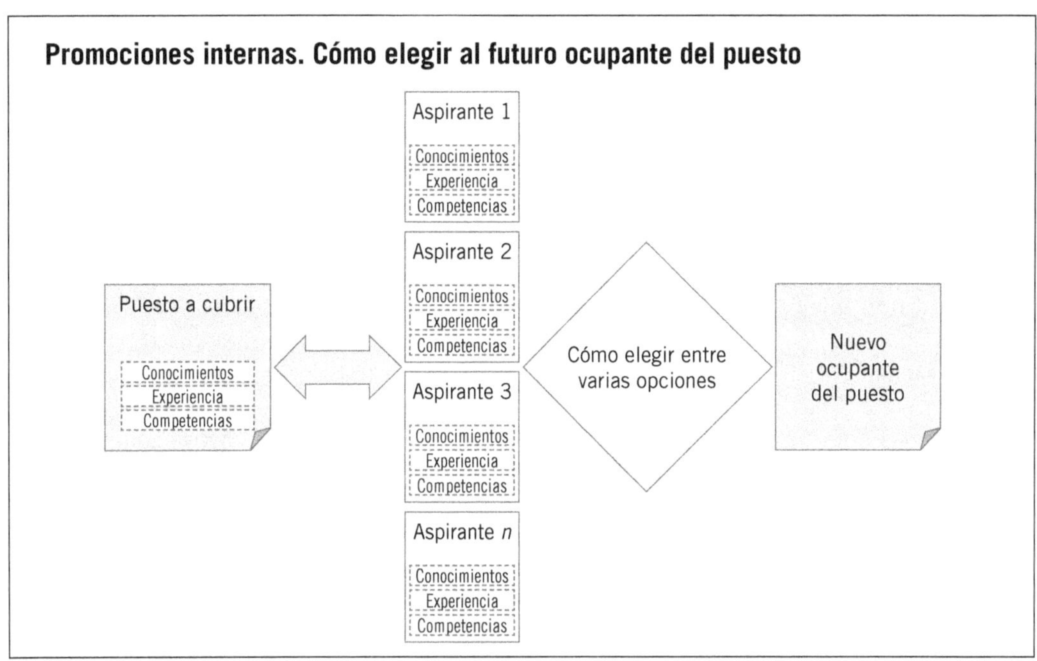

Según se expresara en párrafos previos, se sugiere medir las capacidades utilizando las herramientas más adecuadas en cada caso y luego usar métodos cuantitativos para elegir entre varias opciones.

Explorar la motivación de las personas frente a un nuevo puesto

En una obra previa[7], donde se expusieron las buenas prácticas en Recursos Humanos más adecuadas para ayudar a los colaboradores a una mejor conciliación de su vida profesional y personal, se incluía entre ellas un exhaustivo análisis de las motivaciones de las personas frente al cambio.

Entre otros factores, al analizar la designación de una persona a otro puesto siempre se deberán considerar sus reales motivaciones frente a una eventual promoción interna a un puesto superior o, eventualmente, del mismo nivel, en otro sector o área.

7 Alles, Martha. *Conciliar vida profesional y personal.* Ediciones Granica, Buenos Aires, 2016.

En relación con la elección de candidatos internos me permito recordar al lector algunos conceptos a tener en cuenta y que en ocasiones olvidamos, en especial cuando la persona a evaluar demuestra amplio dominio sobre alguna materia, la conocemos desde hace mucho tiempo y otras características que hacen inferir aspectos –en esas personas– que no necesariamente luego se verificarán en la realidad y, eventualmente, podrían no ser los adecuados. Por ejemplo, sería el caso de un experto en una temática muy compleja que –sin embargo– no tiene la capacidad de liderar a su equipo de trabajo, o el de un colaborador de mucha confianza que no es un buen jefe, y otros similares.

Motivación. Razón, causa o motivo para hacer algo: trabajar, cambiar de empleo, de carrera, etc. El estudio de la motivación o motivaciones de las personas en relación con los temas aquí tratados es un asunto complejo, dado que dichas motivaciones pueden obedecer a causas diversas y abarcan otras razones o motivos más allá de los aspectos económicos que implica toda relación laboral.

Proyectos personales. Aquello que una persona desea ser y hacer en el marco de lo posible. Se relaciona con la visión o imagen del futuro deseado para sí mismo.

Valores personales. Principios básicos inherentes a cada individuo en particular. Se relaciona con las creencias más profundas del individuo, con la forma en que cada uno ve las cosas y, además, con los proyectos personales.
Los valores de una persona se observan en sus comportamientos, en cualquier momento o circunstancia.
El concepto *valores personales* engloba aspectos como *integridad* y *ética,* y también otros, como, por ejemplo, *calidad* o *excelencia,* según la manera en que estos diferentes elementos integran las creencias profundas de cada persona.

Visión desde la perspectiva individual. La imagen del futuro deseado para uno mismo. Implica fijarse retos y objetivos a alcanzar en un futuro.

En el Capítulo 1 se ha analizado la motivación como un elemento a considerar al analizar el talento. Luego, en el Capítulo 4, se ha tratado la motivación de las personas, en especial, frente al cambio de trabajo, y su análisis y exploración en el curso de una entrevista. Aquí se verá un esquema similar, en relación con la posibilidad de que un colaborador asuma un nuevo puesto dentro de la misma organización.

La motivación es un aspecto de enorme importancia y para su análisis deberá considerarse tanto la visión que cada persona posea sobre sí misma (visión desde la perspectiva individual) como sus proyectos personales. Los jefes y especialistas de Recursos Humanos no siempre tienen en cuenta los conceptos que aquí estamos señalando como relevantes, los cuales –en todos los casos– deben ser analizados y considerados.

La exploración de la motivación se realiza formulando preguntas específicas a los colaboradores en el momento de considerarlos para una promoción interna y antes de ofrecerles el puesto. Esto es importante porque no siempre las personas desean asumir otra posición, y por lo tanto será necesario conocer las reales motivaciones de los colaboradores antes de asignarlos a nuevos puestos de trabajo.

Cuando se verifica una adecuada correlación entre las motivaciones y los puestos de trabajo, las personas involucradas se encuentran más cerca de alcanzar sus proyectos personales y actuar en la vida profesional de acuerdo con sus valores e intereses personales.

A continuación, y con un esquema análogo al expuesto en el mencionado Capítulo 4, se propone explorar la motivación en procesos de promoción interna, es decir, cuando a una persona se le ofrece un cambio de puesto dentro de la misma organización. En este caso es importante considerar cómo encaja esta nueva posición con sus proyectos personales y su vida personal.

Un puesto de mayor responsabilidad puede brindar mayores beneficios al colaborador, por ejemplo, económicos, y, a la vez, exigirle más tiempo o esfuerzo. Por lo cual será importante que la persona en cuestión visualice el cambio en toda su magnitud y considere si este se corresponde con sus intereses personales.

Las preguntas sugeridas se exponen en el gráfico siguiente.

Promociones internas. Explorar la motivación para el cambio

Preguntas sugeridas
Expectativas de desarrollo profesional 1. *¿Por qué le interesaría trabajar en ____________________?* Área o sector según corresponda 2. *¿Le interesa asumir posiciones de mayor responsabilidad o prefiere mejorar laboralmente conservando su nivel actual?* 3. *¿Qué posición desearía alcanzar más adelante en ____________________ ____________________?* Área o sector según corresponda 4. *¿Qué imagina estar haciendo dentro de _______ años?*

La primera de las preguntas será pertinente si a la persona se la considera para ser transferida a otra área –por ejemplo, de Administración a Finanzas, de Compras a Ventas, etc.–. La segunda podría aplicarse cuando una persona asumirá un rol de supervisión que ahora no posee y/o cambiarán sustancialmente las personas a su cargo u otra situación análoga. También podría estar relacionada con un cambio de responsabilidades por el nivel de autoridad, etc. Las dos últimas podrán aplicarse según la circunstancia y el tipo de organización.

La idea que se desea expresar es que a través de estas preguntas u otras se debe indagar sobre los deseos y la realidad de la persona con relación al futuro puesto.

Los jefes y los especialistas en Recursos Humanos con frecuencia tienen la tendencia a evaluar las situaciones desde su propia perspectiva de las cosas. El cambio de tipo de trabajo, asumir nuevas responsabilidades... son aspectos frente a los cuales cada uno tendrá su propia visión, evaluará la situación de una manera particular, etc. Para designar a una persona en un nuevo puesto se deben considerar las razones y perspectivas del individuo en cuestión. No es posible pensar "en su lugar haría tal cosa", primero porque no sabemos qué haríamos realmente frente a una situación hipotética y, lo que es más importante aun, no somos la persona que debe decidir. Tampoco valen ciertos comentarios que he escuchado muchas veces, como: "lo voy a convencer"... La elección debe ser libre de cada persona, respetando su propia mirada, valores y proyectos personales.

Promociones internas. Diferencias y similitudes con otros programas organizacionales

Muchas organizaciones cuentan con programas organizacionales para estar preparados ante posibles necesidades futuras (entre los más conocidos, *planes de sucesión* y *diagramas de reemplazo*).

En la obra *Construyendo talento*[8] se presentan tres programas que hemos denominado "programas para el resguardo del capital intelectual", donde el foco central son las sucesiones y los reemplazos, en el ámbito de las organizaciones, programas que si bien pueden –a primera vista– parecer similares, poseen algunas diferencias a destacar. Una breve descripción de cada uno:

8 Alles, Martha. *Construyendo talento*. Ediciones Granica, Buenos Aires, 2016. Ver Parte II. Sucesión y promociones. En el Capítulo 4 se desarrolla el tema *Planes de sucesión* y en el Capítulo 5, *Diagramas de reemplazo*.

Diagramas de reemplazo. Programa organizacional por el cual se reconocen puestos clave, luego se identifican posibles participantes del programa y se los evalúa para, a continuación, designar posibles reemplazos (sucesores), pero solo para aquellas personas que ocupando puestos clave tienen una fecha cierta de retiro, usualmente por su edad avanzada. La necesidad de reemplazo puede deberse a otras razones; por ejemplo, traslado del actual ocupante a otro país o su designación en otro cargo. Para asegurar la eficacia del programa se realiza un seguimiento de los participantes y se les provee asistencia y ayuda para la reducción de brechas entre el puesto actual y el que se prevé que ocupen. Diagramas de reemplazo es uno de los programas organizacionales para el desarrollo de personas; en nuestra opinión, el de mayor relevancia, dado que la designación de *reemplazos* es un paso imprescindible para el cuidado del capital intelectual y la continuidad organizacional.

Planes de sucesión. Programa organizacional por el cual se reconocen puestos clave, luego se identifican posibles participantes del programa y se los evalúa para, a continuación, designar posibles sucesores de otras personas que ocupan los mencionados puestos clave, sin una fecha cierta de asunción de las nuevas funciones. Para asegurar la eficacia del programa se realiza un seguimiento de los participantes y se les provee asistencia y ayuda para la reducción de brechas entre el puesto actual y el que eventualmente ocuparán.
Las organizaciones, cualesquiera que sean su tamaño y objeto social, requieren tener asegurada su conducción frente a eventualidades diversas, es decir, contar entre sus filas personas formadas para ocupar puestos ejecutivos cuando sea necesario. Para ello la herramienta por excelencia son los *planes de sucesión*.

Para ambos programas, *planes de sucesión* y *diagramas de reemplazo*, la organización determina cuáles son los puestos clave de la estructura y para cada uno de ellos designa posibles sucesores y/o un único reemplazo, según corresponda. El foco principal es el desarrollo de las personas para que –cuando resulte necesario– el futuro ocupante esté preparado para asumir la posición.

Previo a la elección de las personas que participarán en cualquiera de los dos programas mencionados, se deben medir sus capacidades, y para elegir entre distintas opciones, se habrán de utilizar técnicas cuantitativas.

En las *promociones internas*, como han sido definidas en este capítulo, la situación a resolver es de carácter inmediato, es decir, el nuevo ocupante del puesto asumirá la posición en un plazo muy breve y por esta razón debería no presentar brechas o ser estas de muy poca relevancia. No se trata de un programa de desarrollo como los dos mencionados más arriba, sino de una herramienta, una forma para tomar decisiones que permitan solucionar problemas o necesidades que se comenzarán a materializar de manera inmediata o, a lo sumo, en un plazo breve.

Como decíamos, en el caso de los *planes de sucesión* se designa a uno o varios sucesores (se sugiere que se consideren varias opciones) para cada puesto definido como clave para la organización. Diseñar un plan de sucesión no significa que la persona que ocupa un puesto determinado en ese programa (*planes de sucesión*) piensa dejarlo en un corto plazo ni que, por designar un posible sucesor, la compañía asume un compromiso con quien fue elegido. No existe promesa de que ocupará el puesto; esto sucedería solo si se dieran ciertas circunstancias.

A través de los *planes de sucesión* solo se desea prever eventualidades, desde las de tipo trágico (fallecimiento o incapacidad de una persona) hasta las más usuales en la vida de las organizaciones: que un gerente o ejecutivo decida dejar su puesto para trabajar en otra empresa o para establecer su propio negocio, o a fin de dedicarse a otra cosa –por ejemplo, la docencia–, o cualquier otra circunstancia.

Por el contrario, en los *diagramas de reemplazo* solo se elige un reemplazo para cada puesto, existe una fecha concreta para asumir la nueva posición, usualmente uno o dos años y, de no mediar ninguna circunstancia extraordinaria, esta persona será el futuro ocupante del puesto.

Como en ambos programas se hace foco en el desarrollo de personas, para cada uno de los participantes se elaboran los denominados *planes individuales de desarrollo para alcanzar un nivel superior*[9], los cuales implican acciones programadas para el desarrollo de las capacidades de un cierto grupo, según los programas internos que la organización haya implementado.

Los distintos programas para el desarrollo de personas se combinan con planes individuales de desarrollo que, en todos los casos, contemplan conocimientos, competencias y experiencia. Los *planes individuales para alcanzar un nivel superior* tienen relación con los programas *diagramas de reemplazo, planes de sucesión* y *carrera gerencial y especialista.* En la mayoría de los casos el foco está puesto en preparar a una persona para asumir una posición de nivel superior.

A modo de resumen de este apartado, podemos decir que para los puestos clave se sugiere la implementación de programas como los mencionados, *planes de sucesión* y *diagramas de reemplazo.* Si aún no se cuenta con ellos, se aconseja comenzar por el segundo.

En las organizaciones, incluso contando con programas como los mencionados, estos no contemplan todas las situaciones posibles. Por lo tanto, siempre será conveniente disponer de un procedimiento para las promociones internas, como se sugiere en este capítulo. Así, todas las situaciones que se presenten se podrán resolver a través de las buenas prácticas. En algunos casos la mejor opción será la autopostulación o *job posting*, que luego desemboca en un proceso de selección (de candidatos internos); y en otros casos será recomendable la designación de personas previo a una evaluación de sus capacidades y motivaciones, en relación con el puesto futuro.

9 Alles, Martha. *Construyendo talento.* Obra citada, Capítulo 7.

Programas organizacionales para las personas que ya integran la organización

En párrafos previos he mencionado varias veces la obra *Construyendo talento*[10]. Allí se presenta al lector una amplia gama de programas para implementar con relación a las personas que ya integran la organización.

Es importante destacar la expresión "mapa y ruta de talentos", utilizada para designar un proceso interno organizacional dividido en dos partes y que implica dos conceptos diferentes entre sí: mapa por un lado y ruta por otro.

Mapa. Registro del inventario de las capacidades de todos los colaboradores de la organización: conocimientos, experiencia y competencias.

Ruta. Elección de los programas organizaciones más adecuados según la visión y estrategia, sobre la base de tres ejes:

- Para el resguardo del capital intelectual, programas como *planes de sucesión, diagramas de reemplazo, carrera gerencial y especialista.*
- Para generar talento organizacional: *planes de carrera, jóvenes profesionales, personas clave.*
- Para aprovechar la experiencia de los jefes: *mentoring, entrenamiento experto, jefe entrenador.*

Los diferentes programas se interrelacionan entre sí y, a su vez, tienen distinto foco o propósito. Por esta misma razón, unos pueden transformarse en la "fuente o cantera"[11] de otros. Si la intención de una organización es contar con reemplazos cuando sea necesario –por ejemplo, cuando un ejecutivo decide dejar la organización o se jubila–, se debe tener en cuenta que para que esto sea posible hay otros programas que sirven de apoyo.

Por último, algunos programas sirven para potenciar el resultado de otros. La interacción entre los distintos programas se puede ver en la tabla siguiente.

---

10 Alles, Martha. *Construyendo talento.* Obra citada.

11 El concepto "cantera de talentos" que expone la autora en obras tales como *Construyendo talento* y *Diccionario de términos de Recursos Humanos*, entre otras, se utiliza para designar a la "acción permanente y planificada para crear talento organizacional a través de programas de desarrollo y formación".

Programa	Se abastece de	Provee a	Se potencia con
Carrera gerencial	Planes de carrera Planes de jóvenes profesionales (JP) Personas clave	Planes de sucesión Diagramas de reemplazo	Mentoring Jefe entrenador
Diagramas de reemplazo	Carrera gerencial Planes de carrera Personas clave		Entrenamiento experto Mentoring Jefe entrenador
Entrenamiento experto		Apoya a diferentes programas, según su diseño.	
Jefe entrenador		A todos los programas organizacionales	
Mentoring		Apoya a diferentes programas, según su diseño.	
Personas clave		Planes de sucesión Diagramas de reemplazo Carrera gerencial Carrera especialista	Mentoring Jefe entrenador
Plan de Jóvenes Profesionales (JP)		Planes de sucesión Carrera gerencial	Mentoring Jefe entrenador
Planes de carrera		Planes de sucesión Diagramas de reemplazo Carrera gerencial Carrera especialista	Jefe entrenador Mentoring (poco frecuente)
Planes de sucesión	Carrera gerencial Planes de carrera Planes de jóvenes profesionales (JP) Personas clave		Entrenamiento experto Mentoring Jefe entrenador

Cada uno de los programas aquí expuestos también está explicado con detalle en la obra *Las 50 herramientas de Recursos Humanos que todo profesional debe conocer.*

A modo de cierre del capítulo

Como decíamos en la presentación de este libro, la obra en su conjunto está destinada a la selección de personas. Cuando esta se realiza de acuerdo con las buenas prácticas, las personas que ingresen a la organización poseerán las capacidades que sus respectivos puestos requieren.

Por otra parte, si una empresa ha implementado programas internos para el desarrollo de personas, muchas de las vacantes serán resueltas con personas formadas, producto de estos mismos programas. No obstante, será difícil que se cubran todas las cuestiones que se presenten. Siempre será necesario realizar procesos de selección externos e internos y siempre deberán realizarse promociones internas.

Las buenas prácticas a las cuales se ha hecho referencia en el Capítulo 1 indican que se debe contar con procedimientos y herramientas para cubrir todas las opciones que se presenten. El factor humano es, en pleno siglo XXI, una de las mayores preocupaciones de los líderes mundiales y no debe ser descuidado. Este es nuestro aporte.

Síntesis del capítulo

- Cuando el reclutamiento se realiza dentro de la propia organización se denomina *reclutamiento interno*. Este puede a su vez dividirse en dos: la autopostulación (*job posting*) y la identificación de posibles candidatos internos a través de una acción del área de Recursos Humanos, una propuesta por parte del futuro jefe, etcétera.
- El término "autopostulacion" hace referencia a una práctica organizacional –también conocida como *job posting*– mediante la cual una persona puede postularse a búsquedas internas que la organización publicita en su intranet o carteleras. Usualmente se definen requisitos para participar, además de los inherentes al puesto en sí mismo.
- La práctica de *job posting* podrá realizarse siguiendo los pasos del proceso de selección analizado en capítulos previos. En cambio, en las otras opciones mencionadas, la propuesta de un nuevo puesto no surge por una decisión del interesado, que decide postularse, sino de otra persona, un superior, un funcionario del área de Recursos Humanos, etcétera.
- El término "carrera" se utiliza para marcar el camino que una persona recorre en el ámbito de una organización y que contempla los intereses

de ambas partes, empleado y empleador, en una relación *ganar-ganar*. Las carreras pueden ser de distinto tipo. La *ascendente*, también denominada *carrera vertical ascendente*, es la más conocida e implica que la persona es promovida a niveles superiores a lo largo de su permanencia en la organización. La *descendente* es también denominada *carrera vertical descendente*. Y también se produce el llamado *desplazamiento lateral*.

- *Enriquecimiento o expansión*. Una variante de carrera es la que implica *enriquecimiento en la tarea* realizada a través de la realización de actividades y la asunción de responsabilidades con mayor valor agregado. La *extensión del puesto* es la acción mediante la cual se le adiciona a un puesto un mayor número de tareas iguales a las que ya tiene a cargo.
- En las organizaciones, el término *promoción* implica el conjunto de acciones, planeadas o no, mediante las cuales una persona es ascendida a un nivel superior en la estructura de la empresa, y por extensión se aplica a los casos en que una persona será designada a ocupar un nivel similar en otra área (desplazamiento lateral), cuando una persona es considerada como eventual reemplazo de otra, etcétera.
- Las *promociones internas* deberán realizarse comparando las capacidades de una persona con el puesto que se prevé que podría ocupar. Luego, será necesario complementar este análisis con una evaluación sobre el grado de complejidad que las brechas presentan. Si las brechas pueden resolverse en un plazo breve y razonable, será posible designar a la persona en el nuevo puesto y brindarle apoyo para que se desempeñe correctamente en él. Las buenas prácticas sugieren contar con un procedimiento y/o herramienta para las promociones internas.
- En el caso específico de las promociones internas, con frecuencia se consideran varios posibles aspirantes. Cada uno de ellos deberá ser evaluado en conocimientos, competencias y experiencia para, luego, comparar sus capacidades con lo requerido por el puesto futuro. Quien posea la mejor adecuación será la mejor opción para ocupar el nuevo puesto.
- Entre otros factores, al analizar la designación de una persona a otro puesto, siempre se deberán considerar las reales motivaciones de las personas frente a una eventual cambio interno, promoción interna a un puesto superior o, eventualmente, del mismo nivel, en otro sector o área.
- Para los puestos clave se sugiere la implementación de los programas *planes de sucesión* y *diagramas de reemplazo*. Si no se cuenta con ellos, se recomienda comenzar por implementar el segundo.

- Todas las demás situaciones se podrían resolver aplicando las buenas prácticas mencionadas aquí, la autopostulación, en algunos casos, y en otros la designación de personas con posterioridad a una evaluación de sus capacidades y motivaciones en relación con el puesto futuro.

PARA PROFESORES

Para cada uno de los capítulos de esta obra hemos preparado:

→ Casos prácticos y/o ejercicios para una mejor comprensión de los temas tratados.
→ Material de apoyo para el dictado de clases.

Los profesores que hayan adoptado esta obra para sus cursos tanto de grado como de posgrado pueden solicitar de manera gratuita las obras:

- *Selección por competencias. CASOS*
- *Selección por competencias. CLASES*

Únicamente disponibles en formato digital, en nuestro sitio: **www.marthaalles.com**, en la exclusiva *Sala de profesores*, o bien escribiendo a: **profesores@marthaalles.com**

PARA TODOS LOS LECTORES

Se encuentra disponible en formato digital un Anexo donde se ha realizado un análisis detallado de libros y subsistemas que complementa las temáticas abordadas en esta obra.

Anexos

- Anexo I
  Cómo tratan la temática de esta obra otros autores
- Anexo II
  Glosario de términos
- Anexo III
  Herramientas
- Anexo IV
  Ética y selección de personas

Anexo I
Cómo tratan la temática de esta obra otros autores

En esta sección, a modo de estado del arte[1], se presentan los autores que han tratado la temática desde diferentes vertientes. Para brindar un enfoque completo, se hará referencia a diferentes aspectos relacionados: Gestión por competencias[2], selección y otros que de alguna forma son de importancia con relación a esta obra en particular.

Antes de comenzar debo compartir con el lector que registrar aquí la totalidad de los libros que tratan sobre selección sería una tarea no solo titánica sino, desde mi punto de vista, imposible. En esta sección presentaré aquellas obras y autores que por un motivo u otro creo necesario comentar; puedo no mencionar a alguno relevante pero con certeza no citaré a ninguno que trate la temática de manera equivocada o inapropiada.

Autores que han tratado temas relacionados con el *Capítulo 1: Introducción a la Gestión por competencias. Selección por competencias*

Libros sobre Recursos Humanos que, entre otros temas, abordan la temática de selección de personas y los subsistemas de RRHH

Idalberto Chiavenato[i], en su obra *Gestión del talento humano,* plantea en su primera parte que, en relación con el trabajo, las personas poseen unos objetivos individuales y las organizaciones otros. Luego presenta los *seis procesos de la gestión del talento humano:* Admisión, Aplicación, Compensación, Desarrollo, Mantenimiento y Monitoreo de personas. Estos procesos equivalen a los subsistemas de Recursos Humanos planteados en el Capítulo 1 de esta obra.

Sherman y otros[ii], en una obra donde se plantean los aspectos básicos de la gestión de personal, presentan una versión resumida de los distintos procesos relacionados con el personal de una organización.

Gary Dessler[iii], en una obra destinada a la *Administración de Recursos Humanos,* trata una serie de temas relacionados con la gestión de personas, desde la igualdad de oportunidades hasta una descripción de los distintos procesos o subsistemas de Recursos Humanos.

---

1 Alguno de los párrafos de este anexo, especialmente los relacionados con Gestión por competencias, fueron tomados de la tesis doctoral de la autora, titulada *Incidencia de las competencias en la empleabilidad de profesionales,* Universidad de Buenos Aires, junio de 2007.

2 El lector interesado en la opinión de otros autores, entre ellos los aquí mencionados, podrá encontrar un detalle mayor en una sección similar en las obras denominadas La Trilogía, es decir: *Diccionario de competencias. La trilogía. Tomo 1; Diccionario de comportamientos. La trilogía. Tomo 2; Diccionario de preguntas. La trilogía. Tomo 3.* Todas publicadas por Ediciones Granica (Buenos Aires, 2015).

Peretti[iv] describe diversos aspectos de la gestión de personal, incluyendo un enfoque humano y social. Incluye además algunos aspectos de la legislación francesa con relación a la relación empresa-empleados.

Mathis y otros[v], en un amplio recorrido por una serie de temas relacionados, analizan desde el planeamiento de los Recursos Humanos hasta los métodos de trabajo relacionados con la gestión de personas (subsistemas). Incluyen además temas relacionados con la igualdad de oportunidades.

Gómez-Mejía y otros[vi] explican los subsistemas de Recursos Humanos junto con otros temas relacionados con la gestión de personas.

Antonio Carreta[vii], en un libro que recopila varios artículos, incluye una visión integrada sobre la gestión de los recursos humanos y, en especial, cómo se debe realizar al considerar la Gestión por competencias.

Competencias laborales y conductuales. Diferencias

Existe en diversos medios, aun en los académicos, una profunda confusión sobre dos términos que, siendo parecidos, significan cosas muy diferentes: las *competencias laborales* y las *competencias conductuales*. El lector interesado podrá leer al respecto en una sección similar en otras obras de la autora[3].

En un breve resumen, las competencias laborales fijan su atención en el individuo, que puede o no pertenecer a una organización, con el propósito de incrementar su empleabilidad a través de mejorar sus competencias laborales. Si se desea trabajar sobre la empleabilidad de las personas, en especial sobre la de aquellos que no tienen trabajo, promover este tipo de programas será una gestión muy útil para la sociedad. Por el contrario, si se desea diseñar modelos de gestión para dirigir organizaciones, las competencias a utilizar serán las competencias conductuales o, simplemente, competencias.

Orígenes de la Gestión por competencias

Unánimemente se considera la obra de David C. McClelland (más precisamente su libro *Human Motivation*[viii] –1999, publicado originalmente en 1987–) como la base sobre la cual luego se construye la metodología de Gestión por competencias. Este libro, como su nombre lo indica, está dedicado al estudio de la motivación humana, al igual que otros libros posteriores del mismo autor.

Entre los principales exponentes sobre la temática de competencias –seguidores de McClelland– se puede distinguir a los norteamericanos Spencer & Spencer. El

3 *La Trilogía* (obras citadas) y el *Diccionario de términos de Recursos Humanos*, Ediciones Granica, Buenos Aires, 2011.

trabajo de estos autores aporta un esquema completo sobre cómo implantar, en una organización, un modelo de competencias. Otro exponente muy reconocido es la profesora francesa Claude Levy-Leboyer.

Comprender la motivación humana lleva a una definición del término *motivo*, entendido como el interés recurrente para el logro de un objetivo basado en un incentivo natural; un interés que energiza, orienta y selecciona comportamientos.

Los estudios de David McClelland sobre la motivación describen los logros en el conocimiento acerca de qué son los motivos y cómo pueden ser medidos, avances que han llevado a un progreso sustancial en la comprensión de tres importantes sistemas motivacionales (definidos por este autor) que gobiernan el comportamiento humano: los logros como motivación; el poder como motivación; la pertenencia como motivación. Esta serie de motivaciones se combina con otras características para determinar la *acción*.

Los autores que se mencionarán a continuación son originarios de diversos países. De los Estados Unidos hemos seleccionado a Lyle y Signe Spencer; de Francia, a Claude Levy-Leboyer; del Reino Unido, a Gerald Cole, y varios otros de Italia. De este modo se pretende mostrar la uniformidad de ciertos criterios que pueden considerarse como básicos dentro de la metodología de Gestión por competencias.

Definición del término "competencia" según Spencer & Spencer[ix]

En la obra *Competence at work*, estos autores aportan una definición de competencia, considerando que es una *característica profunda* de un individuo que se encuentra *causalmente relacionada* con un *desempeño efectivo (que se toma como criterio de referencia) y/o superior* en un puesto de trabajo o situación laboral.

"Característica profunda" significa que la competencia es una parte integradora y permanente de la personalidad de un individuo, por lo que puede predecir el comportamiento en una gran variedad de situaciones y tareas laborales.

"Causalmente relacionada" significa que la competencia es la *causa* o *predice* el comportamiento y desempeño de la persona que la posee.

"Criterio de referencia" significa que la competencia realmente predice quién hará algo bien o mal, y se mide en relación con un estándar o *criterio específico.*

Definición del término "competencia" según Levy-Leboyer[x]

La autora define a las competencias como repertorios de comportamientos que algunas personas dominan mejor que otras, lo que las hace eficaces en una situación determinada. Esos comportamientos son observables en la realidad cotidiana del trabajo e, igualmente, en situaciones de evaluación. Ponen en práctica, de forma integrada, aptitudes, rasgos de personalidad y conocimientos adquiridos.

Las competencias representan un trazo de unión entre las características individuales y las cualidades requeridas para llevar a cabo misiones profesionales precisas.

Otras definiciones del término "competencia"

Lucia y Lepsinger[xi] aportan una mirada interesante sobre el modelo de competencias, desde una perspectiva diferente de las que hemos visto hasta aquí.

Se realiza una distinción entre competencias innatas y adquiridas, presentando un gráfico ilustrativo que denominan "*Competency Pyramid*". *(...)Un modelo de competencias* –dicen– *debería incluir las habilidades innatas y las adquiridas.* De este modo sería *esencialmente una pirámide construida sobre la base de los talentos inherentes* (innatos) *e incorporando los tipos de habilidades y conocimientos que pueden ser adquiridos a través del estudio, el esfuerzo y la experiencia. El tope de la pirámide es un conjunto específico de comportamientos que son la manifestación de todas las habilidades innatas y adquiridas (...).*

Expresar aquellas habilidades en términos de comportamientos es importante por dos razones: 1) permite definir ejemplos para su más sencilla evaluación y 2) los comportamientos se pueden desarrollar de alguna manera.

Para Colardyn[xii] las competencias se pueden definir como *el conjunto de las capacidades demostradas en la vida profesional y social presente. Las competencias son individuales, son particulares de cada individuo y están íntimamente ligadas y dependen del contexto social general donde el individuo actúa o se desenvuelve y, muy especialmente, en relación con su campo de actividad, su especialidad y el sector profesional en el cual él vive cotidianamente.*

Para la autora francesa Nadine Jolis[xiii] las competencias se correlacionan entre sí y se dividen en:

1. *Competencias teóricas.* Por ejemplo: conectar saberes adquiridos durante la formación con la información.
2. *Competencias prácticas.* Por ejemplo: traducir la información y los conocimientos en acciones operativas o enriquecer los procedimientos con calidad.
3. *Competencias sociales.* Por ejemplo: lograr que trabaje un equipo o capacidad para relacionarse.
4. *Competencias del conocimiento (combinar y resolver).* Por ejemplo: conjugar información con saber, coordinar acciones, buscar nuevas soluciones, poder (y saber) aportar innovaciones y creatividad.

Las tres primeras categorías convergen en la última.

El reconocimiento de las diferentes competencias tiene mucha importancia en la implementación de los procesos de Recursos Humanos. Para capacitar o evaluar al personal podrá ser de gran ayuda comprender las diferencias entre unas y otras, ya que pueden requerir diferentes caminos o soluciones a desarrollar.

Un modelo estratégico

Renato Boccalari[xiv], en una obra que reúne trabajos de varios autores, se refiere a la diferencia entre un modelo de competencias psicológico y uno de tipo estratégico. *La máxima conducción de la empresa podrá asegurar la continuidad de la misma solo desarrollando las competencias distintivas; estas deberán reflejar –a su vez– la fuente duradera donde se recogerá el producto futuro. ¿Cómo definir una "competencia distintiva"? Como aquella que reúne una serie de competencias y tecnologías que permite a una empresa ofrecer un beneficio a su cliente.*

La estrategia de la organización también es mencionada por Spencer & Spencer en su obra *Competence at Work*, donde se considera que la evaluación del desempeño es un ciclo donde los gerentes y sus subordinados realizan una serie de pasos o superan determinadas etapas, y mencionan que *para ello se plantean algunos requisitos: 1) definir la estrategia organizacional; 2) definir objetivos organizacionales; 3) definir objetivos por área o unidad de trabajo.*

Si bien tanto Spencer & Spencer como Boccalari presentan otros métodos para la recolección de competencias, como el estudio de ciertos casos de éxito, en algunos pasajes de sus respectivas obras introducen la necesidad de considerar los planes estratégicos de la organización dentro del modelo de competencias.

Asignación de competencias a puestos

Para asignar competencias a un puesto de trabajo debe existir una "descripción del puesto o cargo". Para escribir sobre un puesto de trabajo hay que tener en cuenta el propósito general del puesto y sus principales responsabilidades (Cole[xv]). De todos modos, la tarea no es sencilla, ya que muchas veces se dejan sin describir pequeños detalles que son fundamentales.

Spencer & Spencer, en el Capítulo 18 de su obra *Competence at Work*, el cual trata la temática de la selección de personas y la adecuación persona-puesto, plantean los "Métodos de concordancia entre el puesto y la persona" y mencionan que en un modelo de Recursos Humanos basado en competencias, tanto la selección como la reubicación de personas debe basarse en la adecuación de cada persona con el puesto que ocupa.

Boccalari y otros han reunido, en la obra *Competenze,* trabajos de diversos autores relacionados con la práctica profesional en Europa. Entre ellos uno de Enrico

Oggioni donde se trata la "mappadura", nombre con el cual llaman a la asignación o identificación del grado necesario de una competencia según el puesto. *Si no se identifica la competencia necesaria, no es posible ni la medición ni el desarrollo de las competencias. La importancia de una competencia es diferente en cada caso y tiene directa relación con la organización, con cómo esta desea desenvolverse en un futuro. La determinación de "la competencia necesaria" se relaciona con los planes estratégicos de la organización, de sus valores y objetivos.*

*La asignación de competencias puede realizarse por roles organizacionales, por funciones y familias de puestos, por procesos, entre otras variantes. La asignación de competencias (*mappadura*) por funciones o familia de puestos implica reunir a todos aquellos que desempeñen funciones similares o que pertenezcan a una misma familia profesional.*

Para una mejor medición de las competencias, estas deben ser abiertas en grados. Renato Boccalari presenta un ejemplo en el que la competencia es abierta en tres niveles y le asigna a cada uno de ellos un ejemplo de comportamiento observable. La apertura de una competencia en grados que corresponden a determinados comportamientos observables será lo que permitirá su evaluación y medición.

Competencias de los profesionales de Recursos Humanos

Con este título comienza el Capítulo 7 del libro *El cuadro de mando de Recursos Humanos*[xvi], donde los autores manifiestan que se necesitan ciertas capacidades para conseguir ser un socio estratégico de la gestión general.

Por su parte, Becker, Huselid y Ulrich señalan como importantes los siguientes aspectos:

- Transformar la profesión: crear una conciencia acerca de que los Recursos Humanos constituyen una especialidad profesional. Para poder ser valiosos socios empresariales, los profesionales de Recursos Humanos necesitan definir y medir sus competencias y conocimientos sistemáticamente.
- Conocimientos: se presentan algunos ejemplos (conocimientos informáticos, amplios conocimientos y visión en relación con Recursos Humanos).
- Competencias: se presentan algunos ejemplos (capacidad para anticipar los efectos de un cambio, capacidad para educar e influir sobre los directivos).

Los autores mencionados presentan los resultados de una investigación y sus conclusiones.

Autores que han tratado temas relacionados con el *Capítulo 1: Introducción a la gestión por competencias, Capítulo 5: Entrevista por competencias. Comparación de candidatos* y *Capítulo 6: Evaluaciones específicas*

La selección de personas y su relación con la Gestión por competencias

Algunos de los autores combinan la selección de personas con la Gestión por competencias. Otros no. En cualquier caso, los aquí citados han realizado aportes de interés a la temática, siempre considerando el contexto y la época en que cada texto ha sido publicado.

De Ansorena Cao[xvii], en su obra *15 pasos para la selección de personal con éxito*, analiza, como lo anuncia desde el título, un proceso de selección y utiliza competencias como una forma de alcanzar el éxito que propone. Para este autor, el éxito de un proceso de selección depende de que incluya el menor número posible de pasos: *Simplificar al máximo las operaciones por realizar cuando se trata de proveer de nuevos profesionales a las áreas que la componen. La satisfacción de los candidatos suele dañarse al hacerles participar en procesos extremadamente complejos y prolongados.*

Walnice Almeida[xviii], autora brasileña, presenta el concepto de preselección, que denomina *triagem*, y dice que *los procesos de captación y selección funcionan como un filtro, tratando de seleccionar a los candidatos más talentosos.*

Fitz-enz[xix] menciona que un proceso de selección completo implica 30 pasos; nosotros hemos identificado 20 como los más relevantes.

Existen organizaciones que destinan mucho tiempo a la preselección (*triagem*) de candidatos no calificados, cuando la mayor parte del tiempo debería ser utilizada en acciones destinadas a evaluar las calificaciones de los candidatos. La informatización de los procesos selectivos, en vez de acelerar los procesos de identificación de talentos, como era esperado, en un primer momento solo hizo agravar la situación. Las bases de datos de los sitios corporativos o de las consultoras están repletas de candidatos que no presentan las calificaciones necesarias para los puestos que se ofrecen.

En la obra *Competence at Work*[xx] se define un proceso de selección *como el proceso de reunir personas y puestos*, ya sean personas de fuera (reclutamiento y selección para contratar nuevos empleados) o dentro de la organización (reubicación de empleados en otros puestos o áreas y promoción).

Autores que han tratado temas relacionados con el *Capítulo 1: Introducción a la gestión por competencias*, *Capítulo 2: Planificación. Definición del perfil*, *Capítulo 3: Atracción y Reclutamiento*, *Capítulo 4: Primera selección* y *Capítulo 5: Entrevista por competencias*

Libros tradicionales sobre selección y otros aspectos relacionados

Diane Arthur[xxi] en uno de los más tradicionales libros sobre selección plantea, con un tratamiento resumido, los aspectos básicos de este proceso, desde la descripción del cargo, pasando por las fuentes de reclutamiento y hasta la elección final.

Acerca de la importancia de la selección de personas

Para Edgar Schein[xxii], *...la organización es un plan de actividades humanas que no empieza a funcionar hasta que no se haya reclutado a las personas que van a desempeñar los diversos roles o a realizar las actividades previstas. Por consiguiente, el primero y posiblemente el mayor problema humano en cualquier organización es cómo reclutar empleados, seleccionarlos, entrenarlos, socializarlos y asignarlos al cargo para asegurar la mayor eficiencia.*

Una de las tesis centrales de Schein es que *...es posible mantener las dos perspectivas; la del individuo, que pretende satisfacer sus necesidades por medio de la organización, y la del administrador, que quiere utilizar el recurso humano para suplir las necesidades de esta. Estos dos problemas, aparentemente divergentes pero superpuestos en la realidad, se complican más a la luz de la perspectiva de desarrollo, ya que las necesidades de la organización y las de sus miembros cambian con el tiempo y con la experiencia. Así, por ejemplo, una solución que fue viable para la organización en un momento dado puede que no lo sea en otro.*

John Byrne[xxiii] comenta que *...las corporaciones o sociedades multinacionales pueden a menudo sobrevivir a los errores. Pero no los ejecutivos, o al menos, no con tanta frecuencia. No obstante, los ejecutivos pueden mirar desesperanzadoramente cómo sus carreras se desintegran a causa de un error.*

Byrne se "queja" de los clientes y relata una historia: *Le llevé un ejecutivo de alta calidad para que trabajara con él como vicepresidente ejecutivo de finanzas. Aquel ejecutivo volvió a verme 3 o 4 meses más tarde y me dijo que tenía que sacarlo de allí. Reconocí lo que había hecho porque a veces te dejas fascinar por esas figuras carismáticas* (se refiere a su cliente, que con una fuerte personalidad, de algún modo lo había *engañado*)*; a veces, las personas que nos contratan no dicen toda la verdad.*

El autor del libro, un conocido *headhunter*, reconoce sus errores, como el haber influido negativamente en la carrera de esa persona y de otras. En la especialidad se ve esto con frecuencia.

Schein[xxiv] introduce el concepto del *contrato psicológico* entre la persona y la organización: *Cuando ya la organización ha reclutado, seleccionado y entrenado a la gente, debe preocuparse entonces por crear condiciones que permitan mantener por bastante tiempo un alto nivel de eficiencia y que le permitan también a cada empleado, por el solo hecho de pertenecer a la organización y trabajar para ella, satisfacer sus necesidades más apremiantes.*

Sobre el perfil de la búsqueda

Alvaro de Ansorena Cao[xxv] plantea siete pasos para la definición del perfil: 1) descripción del puesto, 2) análisis de las áreas de resultados, 3) análisis de las situaciones críticas para el éxito en el puesto de trabajo, 4) análisis de los requerimientos objetivos para el desempeño del puesto de trabajo, 5) análisis de los requerimientos del entorno social del puesto de trabajo, 6) análisis de las competencias conductuales requeridas para el desempeño eficaz en el puesto de trabajo, y 7) definición del perfil motivacional idóneo para el puesto de trabajo.

Fuentes de reclutamiento

Dice Fitz-enz[xxvi], sobre el particular, que se trata de una "decisión de *hacer* o *comprar*": *Las organizaciones tienen dos posibilidades al adquirir activo humano: pueden formar personal interno para que tenga una mayor responsabilidad (hacerlo), o pueden ir al mercado y contratar a alguien (comprarlo). Una de las variables fundamentales en la decisión de hacer frente a comprar es el coste.* Dice más adelante que existe una idea errónea: *cuanto menos se gaste en adquisición,* más se puede destinar a otros ítems en principio más productivos. *Irónicamente, el proceso de adquisición* (selección) *tiene una gama de efectos más amplia sobre la organización de lo que generalmente nos imaginamos. La rentabilidad con respecto al coste de cualquier contratación dada no termina cuando se hace la oferta. Entonces es cuando realmente comienza.* Ciertos indicadores de costos comienzan con la selección; por ejemplo, la rotación de personal.

Continuando con otros autores que se han referido a esta temática, y asumiendo el riesgo de superponer conceptos, citaremos a George Milkovich y John Boudreau[xxvii] y a Diane Arthur[xxviii], quienes presentan una serie de fuentes de reclutamiento y canales de comunicación, haciendo alusión además a los solicitantes de empleo espontáneos. Las empresas de puertas abiertas pueden aumentar la cantidad de aspirantes espontáneos al invitar a miembros de la comunidad, estudiantes, etc., a que visiten la empresa y aprendan acerca de sus productos y tecnología. Dentro de estas fuentes es importante incluir las referencias de los propios empleados; es decir, aquellos que presentan a personas conocidas a fin de que se integren a la organización.

En cuanto a los anuncios, para John Courtis[xxix] existen dos dimensiones esenciales: 1) interna –definir el perfil completo del candidato– y 2) externa –armar el anuncio, con información sobre la organización, el contenido del trabajo y el título, las aspiraciones y el tipo de respuesta requerida–.

Planificación de un proceso de selección

En una obra ya mencionada y dedicada a la medición de la gestión de los recursos humanos, Jac Fitz-enz[xxx] hace mención a la planificación y dice que *es el primer insumo formal en el proceso de adquisición de recursos humanos. La función de planificación es tomar datos del plan empresarial, el plan estratégico y el mercado, y conjuntarlos de maneras que satisfagan ciertas necesidades de la organización.* Para decir más adelante que *casi todos los números de las revistas de planificación de Recursos Humanos incluyen un artículo sobre la vinculación del plan de Recursos Humanos con el plan de negocio. Es tan evidente que apenas necesita mencionarse.* Pareciera que esto no sucede siempre. *Sin embargo, un plan preciso ayuda a la dirección a evitar costes, optimizar la productividad y adelantarse a la competencia en la salida al mercado.* Para ello es necesario partir de la visión estratégica de la organización.

También Schein[xxxi] se refiere a la planificación.

Dos autores relatan la historia de los cazaejecutivos o *headhunters*

Byrne[xxxii] refiere en su libro que este tipo de consultoría se inicia después de la Segunda Guerra Mundial, y hace un relato interesante de sus orígenes.

Perkins[xxxiii] relata la historia de los *headhunters*, ubicando su inicio en Nueva York en 1926 con un primer cazaejecutivos, aunque el negocio como lo conocemos hoy comienza en los años '40, tal como lo describe el libro de Byrne.

Autores que han tratado temas relacionados con el *Capítulo 7: Negociación y oferta. Incorporación*

La mayoría de los autores mencionados que se refieren a la selección de personas han tratado de manera más o menos extensa las temáticas de este capítulo. Brindaremos algunas menciones específicas a continuación.

Fisher, Ury y Patton[xxxiv], autores que escriben sobre la temática de la negociación y el método *ganar-ganar* de la escuela de Harvard, dicen que lo más importante es fijarse en los intereses, es decir, lo que se está poniendo en juego, y no en la posición inicial que cada uno lleva a la mesa de negociación.

Dessler[xxxv] trata el tema y da razones a favor de que el examen médico se realice antes de la incorporación del candidato. El análisis puede ser utilizado para determinar que el aspirante califica para los requerimientos físicos de la posición y para descubrir si existe alguna limitación médica que deba tenerse en cuenta. El examen, al identificar problemas de salud, puede además reducir el ausentismo y los accidentes, y detectar enfermedades transmisibles que incluso podrían ser desconocidas por el aspirante.

Por último, la inducción de las personas una vez que ya son incorporadas a la organización no es un tema especialmente tratado por los autores mencionados. Especialmente podemos citar a Diane Arthur, quien se refiere a la *orientación de nuevos empleados* y cómo realizarla.

Autores que han tratado temas relacionados con el *Capítulo 8: Control de gestión. Auditoría*

Los costos en un proceso de selección

En la obra *El cuadro de mando de Recursos Humanos*[xxxvi] se menciona la necesidad de entender la diferencia entre los costos fijos y variables de la empresa. Los costos fijos incluyen conceptos tales como edificios, maquinarias, software, diseño y mantenimiento de sitios web, seguros, personal de departamentos contables, financieros, jurídicos, áreas de Relaciones Institucionales y Recursos Humanos, entre otros.

George Milkovich y John Boudreau[xxxvii] introducen el tema de los costos de la selección en relación con la eficiencia: *Las actividades de selección pueden costar millones de dólares cuando se aplican a grandes cantidades de empleados. Sin embargo, como estos empleados afectan a los resultados de la organización durante muchos años, un solo esfuerzo de selección cuidadosa puede producir rendimientos extraordinarios sobre la inversión.*

Auditoría de Recursos Humanos

Santiago Quijano, en la obra *Dirección de Recursos Humanos y Consultoría en las organizaciones*[xxxviii], describe y enseña a utilizar el modelo ASH (Auditoría del Sistema Humano). Este modelo ofrece un mapa de lectura global de la organización, en el que se relaciona el entorno con la estrategia, esta con los resultados organizativos y todo ello con decisiones de rediseño organizativo (que afectan a las tecnologías incorporadas, a la estructura adoptada y a los sistemas de trabajo y gestión, particularmente de gestión de personas en la organización). Lo cual genera (y en cierto modo es generado por ellos) una serie de procesos psicológicos y psicosociales que a su vez repercuten en los "resultados en las personas". Estos se traducen en una mayor o menor "calidad de los recursos humanos de la organización", lo que finalmente influye en los "resultados de las personas para la organización", es decir, en la efectividad de estas y en la consecución de sus objetivos.

Autores que han tratado temas relacionados con el *Anexo IV:* Ética y selección de personas

La ética es un tema que atañe a todas las esferas y funciones de la organización. No solo a la selección de personas, como se ha tratado en esta obra.

En nuestra metodología de trabajo, usualmente, incluimos valores, especialmente Ética como una competencia en los modelos que diseñamos para nuestros clientes. En obras ya citadas, a las cuales denominamos *La Trilogía,* así se expone.

Adela Cortina[xxxix], al enumerar lo necesario para diseñar una ética de las organizaciones dice: (paso 3) *indagar qué* hábitos *han de ir adquiriendo la organización en su conjunto y los miembros que la componen para incorporar esos* valores *e ir forjándose un* carácter *que les permita deliberar y tomar decisiones acertadas en relación con la meta.* Las cuestiones éticas en Recursos Humanos se relacionan con todas las cuestiones que, pese a no estar específicamente reguladas por el marco legal, integran lo que los especialistas denominamos *los subsistemas de Recursos Humanos.*

Los detectores de mentiras, citados por algunos autores

Un aspecto interesante, al menos para ser mencionado como un caso extremo, es el uso de polígrafos o detectores de mentiras. Estos no se aplican en procesos de selección; sin embargo, figuran en algunos textos de la especialidad y se utilizan, en algunos países, en ciertas dependencias relacionadas con la seguridad nacional.

George G. Brenkert[xl] –dentro de una serie de artículos compilados por A. Pablo Iannone– bajo el título "Privacidad, polígrafos y trabajo" hace referencia a la utilización de los polígrafos o detectores de mentiras en la selección de personal. Brenkert argumenta algo que hoy, en pleno siglo XXI, parece un poco fuera de contexto pero que generó amplios debates no hace muchos años. La utilización de polígrafos afecta la privacidad de las personas. Y esto sucedía en una medida aun mayor cuando este método se aplicaba con una serie de preguntas que de cualquier modo eran invasoras de la intimidad personal.

Sherman[xli] dice que el polígrafo o detector de mentiras culminó en los Estados Unidos con la aprobación de la Ley Federal de Protección al Polígrafo para Empleados de 1988. Sin embargo esta ley plantea excepciones, tales como su posible uso en gobiernos federales, estatales y locales y en relación con la seguridad nacional. En relación con la actividad privada se permitiría el uso de detector de mentiras en el caso de robos o fraude. Otra curiosa excepción se relaciona con la industria farmacéutica. Resulta interesante que el autor mencionado no emita juicio alguno al respecto, y solo mencione que no está permitido.

Gabriel Kessler menciona "algunas implicancias de la experiencia de desocupación para el individuo y su familia" –texto incluido en la obra *Sin trabajo*[xlii]–, donde el autor comenta, entre otras cosas, el resultado de una investigación realizada. Dice allí: *en un contexto de alto desempleo las medidas tradicionales de búsqueda de trabajo ya no dan resultado. En consecuencia, una importante labor del desempleado argentino es ingeniárselas por sí mismo para encontrar las formas de buscar trabajo, tanto en relación de dependencia como por cuenta propia.* Para expresar más adelante: *la acción misma de buscar trabajo describe largas colas, horas de espera, situaciones de maltrato, ofertas de trabajos de muy mala calidad...* Para describir más adelante la entrevista de trabajo, que caracteriza *como inquisitiva, en la que* (los postulantes) *son interrogados sobre aspectos de la esfera personal que no son de incumbencia para el empleador, como convicciones políticas, religiosas, situación afectiva, gustos diversos, decisiones a tomar ante situaciones complejas del ámbito privado, etcétera.*

Otro aspecto que introduce Kessler en su análisis es la asimetría en cuanto a la información: aumentan los datos requeridos al postulante y disminuye la información que se le brinda.

Igualdad de oportunidades

Sherman[xliii] dice que el tema de las preguntas a realizar en procesos de selección es complejo, que no hay una ley específica que mencione "preguntas prohibidas". Sin embargo, el Consejo de Igualdad de Oportunidades en el Empleo observa de manera desfavorable las preguntas directas o indirectas relativas a raza, color, edad, religión, sexo u origen nacional. En los Estados Unidos las organizaciones tienen en cuenta las preguntas que pueden formularse en un proceso de selección y las que no. Kador[xliv] presenta las "preguntas personales aceptables" y a continuación las "preguntas personales inaceptables".

Según Laundreau[xlv], en Francia la consultoría en selección se conoce desde la posguerra, y es en los años '70 cuando se crea la primera agrupación sindical que da reconocimiento a la actividad.

Luego de varios antecedentes, en 1991 la Confederación francesa de consultores en reclutamiento publicó su Estatuto, del cual hemos extraído el código de ética de la institución, registrado bajo la denominación de "Carta Deontológica"[4] –imagino que en referencia a su adhesión a la tradición kantiana–. La vocación de este nuevo instituto no es sustituir a las asociaciones existentes sino "unir los esfuerzos, defender, promover y organizar la profesión del consultor en reclutamiento".

Un dato interesante, en relación con las costumbres de los diferentes países, es la diversa presentación de los antecedentes en los *curriculum vitae.* En los Estados Unidos[xlvi] no es usual consignar ningún dato personal; en cambio, en Francia[xlvii],

4 Se incluye al final del Anexo IV, "Ética y selección de personas".

España[xlviii] y nuestro país, por ejemplo, se estila consignar datos relacionados con la edad y el estado civil.

Si bien los códigos de ética indican la no intromisión en la vida privada, no hay pautas concretas sobre este aspecto y son "permitidas" preguntas, por ejemplo, sobre el estado civil de las personas, según surge de un artículo de Hubert L'Hoste[xlix].

El mayor número de casos observados en materia de discriminación afecta a mujeres y minorías étnicas. Mary Cousey y Hilary Jackson[l] presentan una serie de casos de discriminación, llevados a juicio en el Reino Unido, revelando que no solo se relacionan con la selección de nuevos empleados sino que incluyen la discriminación en el acceso a promociones y entrenamientos lo que eventualmente puede finalizar en un despido.

Cousey y Jackson citan los aspectos más comunes de la discriminación por parte de empleadores, presentando casos legales como ejemplos de cada uno de ellos:

- Aplicar criterios subjetivos, inconsistentes o desorganizados.
- Asumir usuales estereotipos o prejuicios.
- Aplicar o aceptar criterios de selección basados en la raza o el sexo.

A modo de resumen del Anexo I

La obra de los autores mencionados no representa la totalidad de los materiales disponibles sobre la temática; solo mencionamos algunos de los textos que hemos consultado de manera previa a la confección de esta obra.

Elaborar el estado del arte sobre un tema es una tarea que "nunca puede ser completa", se limita a las lenguas que maneje quien lo confeccione y a la limitación física de leer y disponer de obras de tipo bibliográfico.

En algunas temáticas, como la de este libro, Selección, y los subsistemas de Recursos Humanos, existen muchos otros autores que han escrito y publicado al respecto, desde libros de texto a otros de menor envergadura. Hubiese sido imposible la mención completa de todos ellos.

Adicionalmente, es importante tener en cuenta que el término *competencia,* si bien posee varios significados y definiciones, en el contexto de este trabajo hace referencia a las características de personalidad. En el siglo XXI y en el ámbito de las organizaciones se asocia esta palabra con la gestión de Recursos Humanos. Sin embargo, no en todas las compañías se trabaja bajo una metodología de Gestión por competencias. No obstante, las competencias o las características de personalidad están integradas a los métodos de trabajo organizacionales.

Como se expresara en el párrafo anterior, el término competencias puede tener otros significados y aplicaciones. Por lo cual existe cierta confusión al respecto, aun en medios académicos. Por ejemplo, muchas personas confunden *competencias laborales* con *competencias conductuales*, siendo cosas muy diferentes.

Gestión por competencias es una metodología, una manera de dirigir los recursos humanos de una organización para lograr alinearlos a la estrategia de negocios. Cuando el modelo se diseña de manera adecuada es beneficioso, al mismo tiempo, tanto para la empresa como para los colaboradores que allí se desempeñan.

Quizá se ha dejado fuera a otros autores que –también– tratan los temas de selección y competencias. No obstante, creo haber citado a los pioneros y más importantes. Esta no es solo mi opinión, sino que es compartida por otros estudiosos del tema y especialistas en la materia.

Notas

i Chiavenato, Idalberto. *Gestión del talento humano.* McGraw-Hill, Bogotá, 2002.

ii Sherman, Arthur; Bohlander, George; Snell, Scott. *Administración de Recursos Humanos.* Thomson Internacional, México, 1999.

iii Dessler, Gary. *Administración de Personal.* Prentice-Hall Hispanoamericana, México, 1994.

iv Peretti, Jean-Marie. *Gestion des ressources humaines.* Librairie Vuibert, Paris, 1998.

v Mathis, Robert L.; Jackson, John H. *Human Resource Management.* South-Western College Publishing, a division of Thompson Learning; Cincinatti, Ohio, 2000.

vi Gómez-Mejía, Luis R.; Balkin, David B.; Cardy, Robert L. *Gestión de Recursos Humanos.* Prentice-Hall, Madrid, 1998.

vii Carretta, Antonio; Dalziel, Murray M.; Mitrani, Alain. *Dalle Risorse Umanealle Competenze.* Franco Angeli Azienda Moderna, Milano, 1992.

viii McClelland, David C. *Human Motivation.* Cambridge University Press, Cambridge, 1999 (obra original de 1987).

ix Spencer, Lyle M.; Spencer, Signe M. *Competence at work, models for superior performance.* John Wiley & Sons, Inc., New York, 1993.

x Levy-Leboyer, Claude. *Gestión de las competencias.* Gestión 2000, Barcelona, 1997.

xi Lucia, Anntoinette; Lepsinger, Richard. *The art and science of Competency models.* Jossey-Bass/ Pfeiffer, San Francisco, 1999.

xii Colardyn, Danielle. *La gestion des compétences. Perspectives internationales.* Presses Universitaires de France, Paris, 1996.

xiii Jolis, Nadine. *Compétences et Compétitivité.* Les éditions d'organisation, Paris, 1998.

xiv Boccalari, R.; Caroni, L.; Oggioni, E.; Piccolo, A.; Rullani, E.; Vergeat, M. *Competenze. Leva di eccellenza delle persone e delle organizzazioni.* Franco Angeli, Milano, 2004.

xv Cole, Gerald. *Personnel Management.* Letts Educational Aldine Place, London, 1997.

xvi Becker, Brian E.; Huselid, Mark A.; Ulrich, Dave. *El cuadro de mando de Recursos Humanos.* Gestión 2000, Barcelona, 2002.

xvii De Ansorena Cao, Alvaro. *15 pasos para la selección de personal con éxito.* Paidós Empresa, Barcelona, 1996.

xviii Almeida, Walnice. *Captação e Seleção de talentos. Repensando a Teoria e a Prática.* Editorial Atlas, San Pablo, 2004.
xix Fitz-enz, Jac. *Cómo medir la gestión de Recursos Humanos.* Ediciones Deusto, Bilbao, 1999.
xx Spencer, Lyle M. & Spencer, Signe. Obra citada.
xxi Arthur, Diane. *Selección efectiva de personal.* Grupo Editorial Norma, Colombia, 1992. La obra original data de 1986.
xxii Schein, Edgar. *Psicología de la organización.* Prentice-Hall Hispanoamericana, México, 1982.
xxiii Byrne, John. *La búsqueda de grandes ejecutivos. Un negocio muy lucrativo.* Planeta, Barcelona, 1988.
xxiv Schein, Edgar. Obra citada.
xxv De Ansorena Cao, Alvaro. Obra citada.
xxvi Fitz-enz, Jac. Obra citada.
xxvii Milkovich, George y Boudreau, John. *Dirección y administración de recursos humanos. Un enfoque de estrategia.* Addison-Wesley Iberoamericana, México, 1994.
xxviii Arthur, Diane. Obra citada.
xxix Courtis, John. *Recruitment advertising, Right first time.* Institute of Personnel and Development, London, 1994.
xxx Fitz-enz, Jac. Obra citada.
xxxi Schein, Edgar. Obra citada.
xxxii Byrne, John. Obra citada.
xxxiii Perkins, Graham. *Cómo seducir a los cazatalentos.* Paraninfo, Madrid, 1991.
xxxiv Fisher, Roger; Ury, William; Patton, Bruce. *Sí..., de acuerdo! Cómo negociar sin ceder.* Editorial Norma, Colombia, 1997.
xxxv Dessler, Gary. Obra citada.
xxxvi Becker; Huselid; Ulrich. Obra citada.
xxxvii Milkovich, George y Boudreau, John. Obra citada.
xxxviii Quijano, Santiago. *Dirección de Recursos Humanos y Consultoría en las organizaciones.* Editorial Icaria, Barcelona, 2006.
xxxix Cortina, Adela. *Ética en la empresa.* Editorial Trotta, Madrid, 1994.
xl Iannone, A.P. (Ed.). *Contemporary moral controversies in business.* Oxford University Press, New York, 1989.
xli Sherman y otros. Obra citada.
xlii Beccaría, Luis; López, Néstor (compiladores). *Sin trabajo. Las características del desempleo y sus efectos en la sociedad argentina.* UNICEF / Losada, Buenos Aires, 1997.
xliii Sherman y otros. Obra citada.
xliv Kador, John. *The manager's books of questions.* McGraw-Hill, EE.UU., 1997.
xlv Landreau, Jacques. "Les conseils en recruitement". Capítulo 9 de la obra *10 Outils clés du recruteur.* GO Editions, Paris, 1998.
xlvi Piccardo, Nicoletta. *Estrategias para hacer carrera.* Editorial De Vecchi, Barcelona, 1992.
xlvii Vermès, Jean-Paul. *Le guide du CV 1998.* Les presses du management. Paris, 1998.
xlviii Piccardo, Nicoletta. Obra citada.
xlix L'Hoste, Hubert. "L'entretien de Sélection". Capítulo 4 de la obra *10 Outils clés du recruteur.* GO Editions, Paris, 1998.
l Coussey, Mary y Jackson, Hilary. *Making equal opportunities work.* Pitman Publishing, London, 1991.

Anexo II
Glosario de términos

Adecuación persona-puesto	Relación que se establece entre los conocimientos, la experiencia y las competencias que un puesto requiere, y los del ocupante de esa posición.
Análisis y descripción de puestos	Es uno de los subsistemas de Recursos Humanos. En este subsistema se recaba información sobre los distintos puestos organizacionales y se analizan sus contenidos (análisis de puestos) para luego, como resultado final, contar con los descriptivos de puestos de cada una de las posiciones que integran la organización.
Assessment Center Method	Método o herramienta situacional para evaluar competencias mediante el cual, a través de la administración de casos y ejercicios, se plantea a los participantes la resolución práctica de situaciones conflictivas similares a las que deberán enfrentar en sus puestos de trabajo.
Atracción	Es una etapa del proceso de selección de personas durante la cual se realizan una serie de acciones para atraer a los postulantes más adecuados en relación con el puesto que se desea cubrir.
Atracción 1.0	Conjunto de acciones que se realizan a través de la Web 1.0, con el propósito de atraer a los postulantes más adecuados, en relación con los puestos que se desea cubrir.
Atracción 2.0	Conjunto de acciones que se realizan, utilizando tecnologías sociales, con el propósito de atraer a los postulantes más adecuados, en relación con los puestos que se desea cubrir.
Atracción, selección e incorporación de personas	Es uno de los subsistemas de Recursos Humanos. En este subsistema se parte de la necesidad de cubrir una posición y el respectivo perfil de búsqueda, para continuar con la atracción y luego la selección, y finalizar con la incorporación de personas a la organización. Incluye la inducción. La atracción de las personas adecuadas, una buena selección, de tipo profesional y aplicando las pruebas más convenientes en cada caso, así como un adecuado proceso de incorporación, son acciones que definirán un buen inicio de la relación laboral de un buen empleado. La elección sobre cuáles son las pruebas más convenientes dependerá de cada caso en particular. El responsable de conducir el proceso de selección deberá determinarlo según lo que se considere más conveniente.
Autopostulación – *Job posting*	Práctica organizacional mediante la cual una persona puede postularse a búsquedas internas que la organización publicita en su intranet o carteleras. Usualmente se definen requisitos para participar, además de los inherentes al puesto en sí mismo.
Avatar	Representación gráfica de una persona en un ambiente virtual como si se tratase de una "segunda vida". Esta representación puede ser consistente con la realidad actual o bien tratarse de un agradable y mítico *alter ego.*

Codesarrollo	Método para el desarrollo de personas, aplicable tanto a competencias como a conocimientos. Acciones concretas que, de manera conjunta, realiza el sujeto que asiste a una actividad de formación guiado por un instructor para el desarrollo de sus competencias y/o conocimientos. El Codesarrollo implica un ciclo: 1) taller de Codesarrollo; 2) seguimiento; 3) segundo taller de Codesarrollo.
Colaborador	Persona que coopera con otra. En el ámbito de las organizaciones el término se utiliza para denominar a las personas que trabajan bajo la conducción de otra/s.
Competencia	Hace referencia a las características de personalidad, devenidas en comportamientos, que generan un desempeño exitoso en un puesto de trabajo.
Competencia cardinal	Competencia aplicable a todos los integrantes de la organización. Las competencias cardinales representan la esencia de la organización y permiten alcanzar su visión.
Competencia dominante	Este concepto, que se utiliza en selección de personas, hace referencia a aquellas competencias que por alguna razón son consideradas más relevantes para ese proceso de selección en particular y se utilizan para planear la entrevista. Se recomienda determinar en cada caso y con el futuro jefe (cliente interno desde la perspectiva del área de Recursos Humanos) cuáles son las competencias dominantes.
Competencia específica	Competencia aplicable a colectivos específicos, por ejemplo, un área de la organización o un cierto nivel, como el gerencial.
Comportamiento	Aquello que una persona hace (acción física) o dice (discurso). Sinónimo: conducta.
Comportamiento observable	Aquel comportamiento que puede ser visto (acción física) u oído (en un discurso).
Conocimiento	Conjunto de saberes ordenados sobre un tema en particular, materia o disciplina.
Cuestionario de preselección	Documento estructurado que permite la recolección anticipada de información –sobre los postulantes–, previo a la entrevista de selección.
Diccionario de competencias	Documento interno organizacional en el cual se presentan las competencias definidas en función de la estrategia.
Diccionario de comportamientos	Documento interno en el cual se consignan ejemplos de los comportamientos observables asociados o relacionados con las competencias del modelo organizacional.
Diccionario de preguntas	Documento interno de la organización en el cual se consignan ejemplos de preguntas que permiten evaluar las competencias del modelo en una entrevista.

Entrevista	Es un diálogo que se sostiene con un propósito definido, donde entrevistador y entrevistado cumplen cada uno con un rol específico, estableciéndose entre ambos un canal de comunicación en un marco acotado por el tiempo y el tema a tratar.
Entrevista de selección	Entrevista que se realiza con el propósito de elegir a una persona para ocupar un puesto. En ella se comparan las capacidades del candidato (conocimientos, experiencia, competencias) junto con su motivación en relación con el puesto a ocupar.
Entrevista estructurada - Selección	Conjunto de preguntas e indicaciones para realizar una entrevista de selección. Usualmente se diseña por niveles y en función del modelo de competencias. La entrevista estructurada combina preguntas de diferentes tipos, entre ellas, las específicas para evaluar competencias.
Entrevista por competencias	Entrevista estructurada que permite evaluar a un candidato que participa en un proceso de selección considerando, especialmente, sus competencias, a través de preguntas específicas.
Experiencia	Práctica prolongada de una actividad (laboral, deportiva, etc.) que permite incorporar nuevos conocimientos e incrementar la eficacia en la aplicación de los conocimientos y las competencias existentes, todo lo cual redunda en la optimización de los resultados de dicha actividad.
Fuentes de reclutamiento	Conjunto de opciones disponibles para obtener postulaciones en relación con el perfil de la búsqueda. Las fuentes de reclutamiento pueden ser internas o externas.
Gestión por competencias	Modelo de gestión que permite alinear a las personas que integran una organización (directivos y demás niveles organizacionales) en pos de los objetivos estratégicos. Para que sea eficaz la Gestión por competencias, esta se lleva a cabo a través de un modelo sistémico en el cual todos los subsistemas de Recursos Humanos de la organización las consideren.
Headhunter	Consultor que realiza búsquedas de personal utilizando la metodología denominada *headhunting*.
***Headhunter* 2.0**	Consultor que realiza búsquedas de personal utilizando la metodología denominada *headhunting* 2.0.
Headhunting	Método de selección de personas basado en la realización de una investigación acerca de los mejores profesionales del mercado que ocupan puestos similares al que se desea cubrir en la organización que lleva a cabo la búsqueda, y que usualmente se realiza entre las compañías que tienen un estilo de gestión similar a la demandante. El método incluye el posterior llamado a los candidatos detectados, para ofrecerles participar en un proceso de selección. No se convoca a personas que buscan trabajo sino que se les ofrece una posición a aquellos que ya lo tienen y que, en principio, no desean cambiar.

***Headhunting* 2.0**	Método de selección de personas que se realiza con tecnologías de la Web Social (Web 2.0). El proceso se basa en una investigación sobre los mejores profesionales del mercado, que ocupan puestos similares al que se desea cubrir en la organización que lleva a cabo la búsqueda, y que usualmente se focaliza en aquellas compañías que tienen un estilo de gestión similar a la propia. Relacionar con Reclutamiento 2.0, Web 2.0, Social media, entre otros.
Herramental	Conjunto de herramientas relacionadas con una disciplina o un tema en particular. Ejemplo: herramental de RRHH, herramental disponible para selección de personas.
Herramientas	Cuestionarios, manuales, guías y otros materiales de apoyo de probada eficacia para la resolución práctica de un determinado problema o situación.
Herramientas 2.0	Conjunto de aplicaciones dentro de la Web 2.0. Ejemplos: redes sociales, blogs, microblogs, wikis, entre otras. Otra denominación frecuente es herramientas sociales.
Jefe	Persona que tiene a otras a su cargo dentro de una estructura jerárquica. Los jefes pueden tener niveles muy diversos, desde el número 1 de la organización hasta otro con pocos colaboradores a su cargo.
Jefe del jefe	Expresión que se utiliza para denominar a los superiores (jefes) de personas que, a su vez, tienen a su cargo colaboradores, es decir que ellos mismos son jefes.
Manual de *assessment* (ACM)	Conjunto de teoría, casos, ejercicios y formularios que permiten la aplicación práctica de la herramienta *Assessment Center Method* (ACM).
Manual para detectar valores personales en selección	Conjunto de teoría, casos, ejercicios y formularios que permiten la aplicación práctica de las distintas herramientas necesarias para la detección de valores personales en selección de personas.
Marca empleadora / Marca del empleador (En la actualidad es un concepto muy difundido, conocido también por la expresión inglesa *employer branding*)	Lograr esta "marca" implica construir una imagen positiva en el mercado, conseguir una reputación como buen empleador tanto para los colaboradores actuales como para los futuros. Implica proponer y llevar a cabo una serie de acciones tendientes a lograr una percepción, por parte del mercado, altamente positiva como ámbito laboral, de manera que las personas deseen trabajar en la organización. Sin embargo, esta imagen positiva no debe basarse solo en consignas publicitarias sino que, por el contrario, debe estar construida sobre la base de acciones concretas en materia de Recursos Humanos.
Microcomportamientos	Pequeños comportamientos de la vida cotidiana que, al ser poco relevantes, no son considerados o tomados en cuenta. Sin embargo, podrían llegar a predecir otros comportamientos de mayor significado.

Modelo de competencias	Conjunto de procesos relacionados con las personas que integran la organización y que tiene como propósito alinearlas en pos de los objetivos organizacionales. Un modelo de competencias permite seleccionar, evaluar y desarrollar a las personas en relación con las competencias necesarias para alcanzar la estrategia organizacional.
Motivación	Razón, causa o motivo para hacer algo: trabajar, cambiar de empleo, de carrera, etcétera. El estudio de la motivación o motivaciones de las personas en relación con la disciplina de Recursos Humanos es un tema complejo, dado que dichas motivaciones pueden obedecer a causas diversas y abarcan otras razones o motivos más allá de los aspectos económicos que implica toda relación laboral.
Perfil en la Web	Información individual proporcionada por uno mismo en una red social de Internet.
Perfil de la búsqueda	Conjunto de capacidades requeridas para un puesto de trabajo, necesario para realizar la selección de su futuro ocupante. Puede incluir, además, factores adicionales. La elaboración del perfil de la búsqueda es, en general, una responsabilidad de la persona que llevará a cabo el proceso de selección, con sus etapas de reclutamiento y selección. Si esa tarea está a cargo del área de Recursos Humanos, debe participar, en todos los casos, el cliente interno, futuro jefe del nuevo colaborador.
Perfil del postulante	Conjunto de capacidades de una persona, incluyendo sus estudios formales, conocimientos, competencias y experiencia, así como su motivación tanto en relación con su carrera como para el cambio laboral.
Puesto	Lugar que una persona ocupa en una organización. Implica cumplir responsabilidades y tareas claramente definidas.
Reclutamiento	Es un conjunto de procedimientos para atraer e identificar a candidatos potencialmente calificados y capaces para ocupar el puesto ofrecido, a fin de seleccionar a alguno/s de ellos para que reciba/n el ofrecimiento de empleo.
Reclutamiento 1.0	Conjunto de procedimientos para atraer e identificar a candidatos potencialmente calificados y capaces utilizando las posibilidades de la Web 1.0. Usualmente se utilizan los sitios o páginas web organizacionales en los cuales se ofrecen diferentes posiciones vacantes, además de las web laborales y los sitios de consultoras de Recursos Humanos. Ver diferencias con Reclutamiento 2.0.
Reclutamiento 2.0	Conjunto de procedimientos para atraer e identificar a candidatos potencialmente calificados y capaces utilizando las posibilidades de la Web 2.0 a través de diferentes acciones.

Reclutamiento externo	Es la forma más frecuente de realizar un reclutamiento, e implica la difusión en el mercado de los perfiles buscados, usualmente a través de anuncios, en periódicos o Internet, junto con otras fuentes de posibles candidatos.
Reclutamiento interno	Cuando el reclutamiento se realiza dentro de la propia organización se denomina reclutamiento interno. En ese caso se utilizan anuncios, por ejemplo, a través de la intranet, con el propósito de generar la autopostulación.
Remuneración	Es un valor compuesto por la sumatoria del salario mensual o quincenal, según corresponda, y otros beneficios que recibe el trabajador como retribución por su trabajo.
Remuneraciones	El término hace referencia al manejo de todas las remuneraciones dentro de una organización.
Remuneraciones y beneficios	Es uno de los subsistemas de Recursos Humanos. En este subsistema se concentran las diferentes gestiones y actividades en relación con la remuneración de los colaboradores de todos los niveles, desde la política retributiva y la compensación salarial hasta beneficios de cualquier tipo o especie. Además, incluye el cuidado de la equidad interna y externa de las remuneraciones. Implica planeamiento, realización y control.
Requisitos del puesto	Conjunto de características o condiciones necesarias para desempeñar un puesto específico con eficacia, que serán tomados en cuenta tanto para seleccionar personas como para evaluar su desempeño. Los requisitos del puesto se pueden diferenciar en requisitos excluyentes o imprescindibles y en requisitos no excluyentes o deseables.
Requisitos excluyentes	Conjunto de características imprescindibles para desempeñar un determinado puesto con eficacia, que serán tomados en cuenta –especialmente– en los procesos de selección de nuevos colaboradores. Implica que si una persona no los posee, no será considerada para cubrir esa posición.
Requisitos no excluyentes	Conjunto de características deseables, pero no imprescindibles, para desempeñar un determinado puesto con eficacia. Implica que si la persona no los posee, podrá de todos modos ser considerada y, eventualmente, elegida para cubrir la posición en cuestión.
Rol del jefe	Concepto integrador de las diversas facetas de la actividad de todo jefe. Enfoca su papel dentro de la organización, agregando a sus funciones tradicionales las responsabilidades y tareas inherentes a esta condición, por ejemplo: seleccionar colaboradores, evaluar su desempeño y entrenarlos, solo por nombrar algunas.

Salario	Paga o remuneración regular que recibe el trabajador. Generalmente es una cifra fija por un período de un mes o quincena. El término se utiliza, usualmente, para designar el pago a trabajadores en relación de dependencia.
Salario bruto	Valor nominal de la paga que recibe el colaborador y que se toma de base tanto para el cálculo de las contribuciones fiscales a cargo del empleado como las que debe abonar el empleador. Ver la figura correspondiente al término Salario neto.
Salario neto / de bolsillo	Importe realmente percibido por el trabajador. El monto surge de restarle al salario bruto o nominal los descuentos e impuestos a cargo del empleado.
Selección	Conjunto de procedimientos para evaluar y medir las capacidades de los candidatos a fin de, luego, elegir, sobre la base de criterios preestablecidos (perfil de la búsqueda), a aquellos que presentan mayor posibilidad de adaptarse al puesto disponible, de acuerdo con las necesidades de la organización.
Social media	Es la combinación de herramientas en la web: blogs, wikis, entre otras. Implica contenidos creados y diseminados por la gente. Usualmente se la relaciona con la "democratización del conocimiento", dado que permite transformar a la gente de consumidores pasivos en personas activas que contribuyen con comentarios, agregados o la generación de un nuevo conocimiento.
Subsistemas de Recursos Humanos	Bajo este título se incluye una serie de métodos de trabajo o subsistemas en relación con las personas que integran la organización. El término implica segmentos del sistema de Recursos Humanos, compuestos por normas, políticas y procedimientos, racionalmente enlazados entre sí, que en conjunto contribuyen a alcanzar una meta, en este caso, los objetivos organizacionales, y que rigen el accionar de todos los colaboradores que integran una organización, desde el número 1 hasta el último nivel de la estructura. Los subsistemas de Recursos Humanos son: Análisis y descripción de puestos, Atracción, selección e incorporación de personas, Evaluación de desempeño, Remuneraciones y beneficios, Desarrollo y planes de sucesión, Formación.
Talento	Conjunto de competencias y conocimientos.
Tarea	Trabajo que debe realizarse, usualmente, con algunas características predeterminadas, como plazos, contenidos, etcétera.
Valores	Aquellos principios que representan el sentir de la organización, sus objetivos y prioridades estratégicas.

Web 1.0	La expresión hace referencia a la primera generación de la web, basada en sitios, páginas web y portales. Esta denominación surge a partir de la creación de la "Web 2.0". La característica principal de la primera generación web es que, en ella, la edición de contenidos está solo en manos de los creadores de los sitios, páginas, portales, en tanto que los restantes usuarios son solo lectores de dichos contenidos.
Web 2.0	La expresión Web 2.0 hace referencia a una segunda generación de la web basada en comunidades de usuarios y una gama especial de servicios web, como redes sociales, blogs, microblogs, wikis, entre otras, que fomentan la colaboración y el intercambio ágil de información entre los usuarios.
Web laborales	Sitios o páginas de Internet que ofrecen servicios de intermediación entre empleadores y postulantes. Los interesados en encontrar un empleo ingresan allí sus datos personales (que ellos mismos deberán mantener actualizados), para ser "encontrados" por futuros empleadores. Adicionalmente los empleadores publican allí sus ofertas de empleo.

Podrá encontrar mayor detalle sobre estos y otros conceptos en la obra *Diccionario de términos de Recursos Humanos.*

También hallará más información sobre temas relacionados con las redes sociales y aspectos tecnológicos en la obra *Social Media y Recursos Humanos.*

Anexo III
Herramientas

Adecuación persona-puesto (diagnóstico) **Herramienta nº 1**	Conjunto de evaluaciones necesarias para determinar la relación que se establece entre los conocimientos, la experiencia y las competencias que un puesto requiere, y los del ocupante de esa posición. Para la determinación de la adecuación persona-puesto deberán primero establecerse los requisitos del puesto y luego habrá que evaluar a su ocupante, considerando como mínimo tres elementos: conocimientos, experiencia, competencias.
Asignación de competencias a puestos (documento) **Herramienta nº 2**	Procedimiento interno por el cual se asignan competencias junto con sus grados a los distintos puestos de trabajo. La asignación se refleja en un documento interno donde se indican, para los distintos puestos de trabajo, las competencias requeridas junto con los grados en que se necesitan. Para que la asignación de competencias sea posible, primero se debe diseñar un modelo de competencias.
Assessment Center Method (ACM) **Herramientas nº 3 A y 3 B**	Método o herramienta situacional para evaluar competencias mediante el cual, a través de la administración de casos y ejercicios, se plantea a los participantes la resolución práctica de situaciones conflictivas similares a las que deberán enfrentar en sus puestos de trabajo. Durante un *assessment* se utilizan casos y ejercicios que permiten poner a las personas a evaluar en un contexto similar al que deberán afrontar en el puesto para el cual son evaluadas.
***Autopostulación* – Job posting** **Herramienta nº 5**	Práctica organizacional mediante la cual una persona puede postularse a búsquedas internas que la organización publicita en su intranet o carteleras. Usualmente se definen requisitos para participar, además de los inherentes al puesto en sí mismo.
Descriptivo de puesto **Herramienta nº 10**	Documento interno donde se consignan las principales responsabilidades y tareas de un puesto de trabajo. Adicionalmente se registran los requisitos necesarios para desempeñarlo con éxito: conocimientos, experiencia y competencias.
Diccionario de competencias **Herramienta nº 14**	Documento interno organizacional en el cual se presentan las competencias definidas en función de la estrategia.
Diccionario de comportamientos **Herramienta nº 15**	Documento interno en el cual se consignan ejemplos de los comportamientos observables asociados o relacionados con las competencias del modelo organizacional. El diccionario de comportamientos organizacional se diseña en función del diccionario de competencias que, en todos los casos, se confecciona a medida de cada organización.
Diccionario de preguntas **Herramienta nº 16**	Documento interno de la organización en el cual se consignan ejemplos de preguntas que permiten evaluar las competencias del modelo en una entrevista.
Entrevista estructurada – Selección **Herramienta nº 21**	Entrevista basada en un conjunto de preguntas e indicaciones previamente definidas para indagar sobre una serie de aspectos determinados.

Estructura de puestos **Herramienta nº 23**	Documento interno en el cual se exponen los diferentes niveles organizacionales junto con las principales responsabilidades y requisitos para ocuparlos. Este documento es la base para la asignación de competencias a puestos.
Indicadores de gestión para el área de recursos humanos **Herramienta nº 32**	Índices específicos para medir el resultado de la gestión del área de Recursos Humanos y de las distintas funciones que la componen. Ejemplos: índices para medir el resultado general de Recursos Humanos o las áreas de Selección, Formación, Desarrollo de personas, Desempeño, etc.
Manual para detectar valores personales en selección **Herramienta nº 39 C**	Conjunto de teoría, casos, ejercicios y formularios que permiten la aplicación práctica de las distintas herramientas necesarias para la detección de valores personales en selección de personas, diseñado de acuerdo con la Metodología Martha Alles Capital Humano.
Mapa del modelo de competencias **Herramienta nº 34**	Documento organizacional que facilita la comprensión del modelo de competencias al explicar la interrelación de las distintas competencias que lo componen.
Modelo de competencias **Herramienta nº 37**	Conjunto de procesos relacionados con las personas que integran la organización y que tienen como propósito alinearlas en pos de los objetivos organizacionales. Un modelo de competencias permite seleccionar, evaluar y desarrollar a las personas en relación con las competencias necesarias para alcanzar la estrategia organizacional.
Modelo de conocimientos **Herramienta nº 38 A y B**	Conjunto de procesos relacionados con las personas que integran la organización y que permiten definir los conocimientos necesarios para los diferentes puestos. Un modelo de conocimientos permite seleccionar, evaluar y desarrollar a las personas en relación con los conocimientos necesarios para alcanzar la estrategia organizacional, en especial aquellos vinculados con la actividad principal de la organización.
Modelo de valores **Herramienta nº 39 A, B y C**	Conjunto de procesos relacionados con las personas que integran la organización y que permiten incorporar a los subsistemas de Recursos Humanos los valores organizacionales.
Programa de difusión del modelo de competencias **Herramienta nº 44 A y B**	Conjunto de acciones tendientes a que la organización en su conjunto conozca el modelo de competencias adoptado y comprenda cabalmente su aplicación en los distintos subsistemas de RRHH.
Promociones internas **Herramienta nº 50 A y 50 B.**	Acciones mediante las cuales los colaboradores de la organización son elevados a un nivel superior al que poseían. Por extensión, la herramienta se utiliza en el caso de desplazamientos laterales o de otro tipo, dentro de la organización.

Podrá encontrar mayor detalle sobre las herramientas aquí mencionadas en la obra *Las 50 herramientas de Recursos Humanos que todo profesional debe conocer.*

Anexo IV
Ética y selección de personas

La ética en los procesos de selección

En materia de selección de personas, los problemas más frecuentes relacionados con la ética –o la falta de ella– se refieren a aspectos que podríamos clasificar como discriminatorios, en sus distintas manifestaciones.

Las organizaciones, usualmente, no cuentan con políticas y procedimientos que contemplen, en todas sus facetas, la relación con personas ajenas a ella, que al participar en un proceso de selección toman contacto directo con sus procedimientos internos.

En la figura al pie se exponen algunos aspectos éticos a tener en cuenta en un proceso de selección.

En principio, el término "discriminación" implica discernir entre diferentes opciones, elegir una opción en relación con otra y no implica de por sí un juicio negativo.

La connotación negativa del término, en cambio, radica en los casos en que tales elecciones se basan en factores cuestionables o prejuiciosos.

En cuanto a la temática que aquí nos ocupa, "discriminación" hace referencia a la situación por la cual se deja de lado a una persona por características diferentes

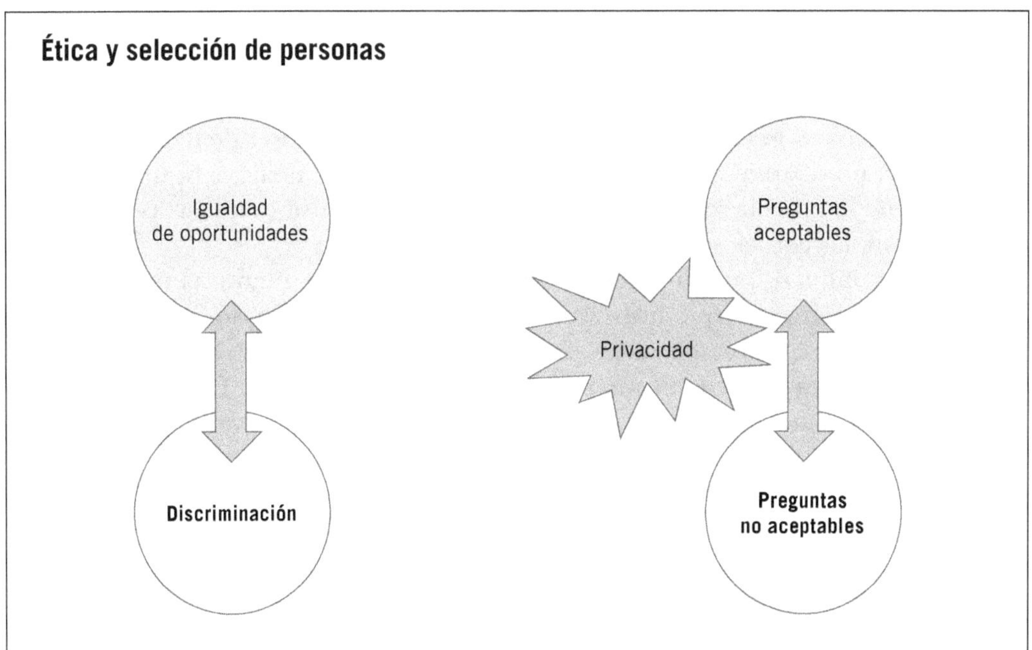

a los requisitos del puesto. En este caso el término "discriminación" conlleva un significado negativo.

Esta segunda acepción puede aplicarse en los procesos de selección de personas o en promociones internas u otros programas internos para el desarrollo de personas, cuando se le da preferencia a una persona con relación a otra/s por factores no relacionados con las características y requisitos del puesto de trabajo.

La mejor forma de evitar la discriminación en el ámbito de las organizaciones es la elección de personas para ocupar un puesto en función de sus capacidades concretas: conocimientos, experiencia y competencias.

Dentro de la definición dada, también puede distinguirse la "discriminación positiva", que, a la inversa, consiste en elegir a una persona por una característica que en principio pueda considerarse negativa y no relacionada con el puesto. Por ejemplo: una determinada discapacidad.

Por otra parte, la privacidad es un tema al que, en ocasiones, no se presta la debida atención y, en otras, se lo trata de manera inadecuada.

En diversos textos se hace referencia a algunas prácticas invasoras de la privacidad, que pueden ser vistas de distinta manera según el contexto.

El término "privacidad", según la RAE[1], es el ámbito de la vida privada que se tiene derecho a proteger de cualquier intromisión.

Nuestro análisis, con relación a los temas mencionados, se hará desde el marco de las organizaciones, sin incluir algunas de tipo específico, como pueden ser las fuerzas de seguridad, donde, en la práctica, se utilizan algunas herramientas diferentes a las que se emplean en el resto de las empresas y los organismos de otro tipo.

Un aspecto interesante que podemos mencionar, en relación con la privacidad y aspectos éticos en general, es el uso de polígrafos o detectores de mentiras[2]. Estos, usualmente, no se aplican en procesos de selección; sin embargo, figuran en algunos textos de la especialidad y se utilizan, en algunos países, en ciertas dependencias relacionadas con la seguridad nacional.

En la actualidad existen, además de los detectores de mentiras mencionados, determinados softwares que utilizan la misma denominación, los cuales efectúan preguntas para –a través de ellas– detectar inconsistencias en las respuestas, las cuales podrían suponer mentiras por parte de los evaluados. También se evalúa la tendencia a cometer delitos, etc. Su aplicación debería ser evaluada con mucha atención, desde la perspectiva de los temas que se tratan en este anexo.

Continuando con el gráfico del inicio, en el Capítulo 4 se expusieron las siguientes definiciones:

1 www.rae.es

2 Se hizo mención a cómo tratan esta temática los diferentes autores en el Anexo I.

Preguntas aceptables – Preguntas no aceptables. Estas expresiones hacen referencia a aquellas preguntas permitidas o no, en una entrevista de selección, según las leyes vigentes en el país en materia de discriminación. Por extensión, estas expresiones también se utilizan si la organización posee políticas en esa materia.

Preguntas personales reñidas con el buen gusto. Se trata de aquellas preguntas que se refieren a la intimidad de la persona entrevistada y que no tienen relación con el perfil de la búsqueda.

Sobre el final de este anexo se exponen preguntas que responden a esta última categoría. En muchos países estas preguntas se consideran discriminatorias y no pueden ser utilizadas en un proceso de selección.

En cualquiera de las dos circunstancias, con leyes sobre discriminación o sin ellas, no se recomienda utilizar este tipo de preguntas.

El concepto de *ética*, en relación con los Recursos Humanos, nos lleva inevitablemente al tema de la discriminación, ya comentado, y a la igualdad de oportunidades en el trabajo.

Podríamos decir que la igualdad de oportunidades se verifica cuando cada persona tiene el mismo acceso potencial a un cierto bien social o económico que cualquier otro individuo. En el caso que nos atañe, se trataría de gozar del mismo acceso potencial a un puesto de trabajo, actual o futuro.

Este concepto, de alguna manera, se relaciona con la igualdad ante la ley, principio que reconoce a todos los ciudadanos los mismos derechos fundamentales.

También el concepto está presente en la competencia *Justicia*[3], cuya definición comienza con la siguiente frase: "capacidad para dar a cada uno lo que le corresponde o pertenece, en los negocios, en la relación con clientes y proveedores, en el manejo del personal, etc.".

Cuando se aplican las buenas prácticas se brinda igualdad de oportunidades y no se incurre en prácticas discriminatorias.

En relación con el reclutamiento y la selección de personas, todo selector –y también los futuros jefes– deberían tener en claro las diferencias existentes entre los siguientes conceptos.

- Privado-público.
- Privado-privado o íntimo.

3 *Diccionario de competencias. La trilogía. Tomo 1.* Ediciones Granica, Buenos Aires, 2015.

No se trata de un mero juego de palabras. Todas las personas tenemos roles y actividades que perteneciendo a nuestro ámbito privado, se llevan a cabo en ambientes públicos –por ejemplo, ir al cine, al teatro, a un *mall* para hacer nuestras compras–.

Al mismo tiempo, todas las personas tenemos un ámbito privado-privado o íntimo. Aquellas cosas que ocurren dentro de nuestro hogar u otros sitios en los cuales el acceso está restringido solo a los que allí pertenecen.

En función de lo antedicho, en un proceso de selección será natural indagar sobre un *hobby* o sobre los estudios y otras actividades similares que se llevan a cabo en lugares públicos, y no así sobre aquellas otras que pertenecen al ámbito íntimo.

Cuando se utilizan las buenas prácticas difícilmente se incurrirá en aspectos discriminatorios, especialmente en relación con los temas de esta obra. Una entrevista por competencias, como se explica en el Capítulo 5, basa sus criterios de evaluación en las competencias de las personas, no en factores de otra índole. La Gestión por competencias en su conjunto, aplicada en todos los subsistemas de Recursos Humanos, también se basa específicamente en las capacidades de las personas que integran la organización (o se prevé que lo hagan).

Comportamientos éticos y no éticos en un proceso de selección

Para abordar temas éticos, desde todas sus aristas, los analizaremos en función de los distintos actores que intervienen en un proceso de selección:

- Empleador. Este ítem –eventualmente– se abre en varias partes actuantes:
  - El futuro jefe/cliente interno.
  - El área de Recursos Humanos.
- Consultor externo.
- Postulante.

En ocasiones pueden existir otros actores intervinientes (médicos o asistentes sociales, por ejemplo), que realicen diferentes evaluaciones sobre los candidatos –generalmente, finalistas–. A los psicólogos u otros evaluadores, como los de idiomas, los asimilamos a la categoría de "consultores externos".

Relacionando los actores intervinientes y los pasos de un proceso de selección vistos en esta obra, haremos referencia a los principales aspectos relacionados con cada uno. Existe la creencia de que los comportamientos no éticos son exclusivos de los empleadores, y esto no es así. En materia de comportamientos éticos –o no– todos los actores del proceso tienen responsabilidad, aunque la de unos sea mayor que la de otros.

Cuándo los requisitos se relacionan con el perfil y cuándo no

En muchas ocasiones, bajo la excusa de "requisito" del perfil de la búsqueda (tema tratado en el Capítulo 2) se plantean conceptos de índole discriminatoria. La mayoría de estos se vinculan con la falta de igualdad de oportunidades, y los más frecuentes en esta instancia se relacionan con las mujeres y la edad de los participantes. En determinadas circunstancias puede existir algún motivo que justifique la inclusión de requisitos de este tipo, pero en el mayor número de casos no es así.

Aun en compañías cuyas *descripciones de puestos* no indican información que pueda ser considerada discriminatoria, a la hora de definir el perfil –y de manera expresa o no– pueden sugerirse o fijarse ciertos requisitos *adicionales* que de un modo u otro limitan la igualdad de oportunidades (Capítulo 2). En algunos casos, de este modo no se respetan las políticas de la organización que, además, figuran en sus códigos de ética.

Dejando de lado la discriminación, es posible encontrar en los perfiles requisitos que no son necesarios en función del puesto a cubrir –por ejemplo, manejo de idioma inglés si no será utilizado en la función, ni en el presente ni más adelante–. Estas son formas encubiertas de discriminación, en algunos casos, y en otros, simplemente reflejan que el perfil está mal definido. Esto es también, en nuestra opinión, un comportamiento no ético.

Las consultoras

Si bien las consultoras y las agencias de personal temporario actúan "por orden y cuenta" del empleador, suelen tener un comportamiento autónomo respecto de este y en esta obra serán tratadas como un actor separado, dentro del proceso de selección de personas.

Las empresas consultoras en sus diferentes variantes (consultoras de Recursos Humanos, agencias de personal temporario o *headhunters*, con sus particularidades y diferencias) incurren en mayor o menor medida en similares comportamientos no éticos. Algunos ejemplos frecuentes:

- Respecto de la calidad de atención a los postulantes, podemos decir que si estos son llamados para participar en una búsqueda el trato ofrecido es generalmente más cordial que si la persona se postula espontáneamente.
- El tipo de pruebas o entrevistas que realizan pueden ser cuestionables.
- Se observa muchas veces una escasa –o deficiente– formación profesional de los evaluadores.
- Muchas veces realizan la presentación de candidatos que no responden completamente a lo requerido, para completar una carpeta de finalistas, sin comunicárselo al postulante, quien cree estar participando como un candidato calificado para el puesto en cuestión.
- En muchos casos se evidencia una ineficiente comunicación con el candidato participante en el proceso de selección –por ejemplo, respecto del estado del proceso–.

Las consultoras también incurren en algunas prácticas no éticas en relación con el mercado, y que repercuten en otras personas; por ejemplo, aceptar lo que se denomina "búsqueda compartida", donde el consultor trabaja de manera simultánea y no coordinada con otros colegas y "a riesgo" –es decir, solo cobra honorarios si ingresa un candidato–. Esta mala práctica trae aparejado que un mismo candidato pueda ser presentado por más de un consultor y –además– que sea el propio candidato quien deba dilucidar quién lo presentó primero, en el caso que sea seleccionado, participando de manera involuntaria –o muchas veces consciente– en la disputa de honorarios entre consultores.

Los empleadores

Los empleadores, y dentro de estos las oficinas de Recursos Humanos, pueden participar en situaciones no éticas a lo largo de todo el proceso de selección. Las más frecuentes son:

- Discriminación, en diferentes grados. En algunos casos la discriminación se produce de manera evidente, por ejemplo, cuando se dejan de lado postulaciones de personas que profesan algún tipo de religión o viven en un determinado lugar; en otros, como se comentó en el punto anterior, la situación está disimulada bajo el paraguas de fijar requisitos discriminatorios en los perfiles: imponer límites de edad injustificados, no incorporar mujeres o personas con determinadas orientaciones sexuales, no aceptar personas casadas, o cualquier variante similar.

- El pedido de foto junto con la presentación del currículum (en el momento de la postulación). Cuando esta solicitud se realiza de manera anticipada a conocer al postulante, se puede inferir que se tomará algún tipo de decisión –a favor o en contra– según el aspecto de la persona. Si bien es cierto que en la entrevista un selector que desee utilizar criterios de "evaluación" no relacionados con el puesto podrá hacerlo y, de ese modo, discriminar por aspecto físico u otro factor, hacerlo previamente significa no brindar a la persona la oportunidad de dar una buena impresión más allá de su imagen exterior.
- Otros comportamientos no éticos se pueden observar en diferentes momentos, por ejemplo, cómo se recibe a las personas que se acercan a dejar sus antecedentes, cómo se atiende el teléfono, cómo se informa –o no se informa– acerca de un proceso de búsqueda, etcétera.
- La elección de las fuentes de reclutamiento siempre transita por un delgado límite: entre elegir la fuente más adecuada –que brinde el mayor número de candidatos que respondan al perfil– o aquella que ofrecerá cierta clase de postulantes. Un ejemplo de este punto: anunciar en una determinada institución educativa al presumir que así se obtendrán postulaciones de una determinada clase social.
- El comportamiento no ético se verifica, además, cuando se asignan búsquedas a personas que no tienen capacidad para llevarlas a cabo. A diferencia de lo que sucede con otras funciones de una organización, donde el perjuicio de designar a un mal empleado solo afecta a la propia empresa, en este caso se perjudica a otras personas –ajenas a la organización– en algo tan sensible como es la búsqueda de un nuevo empleo.
- Dentro de este aspecto se pueden señalar, además, las prácticas inadecuadas en materia de invasión de la privacidad de las personas. Por ejemplo, preguntas violatorias de la intimidad, desde sutiles a claramente indebidas –estas últimas dirigidas, en especial, a mujeres jóvenes–.
- Algunas organizaciones, bajo la forma de "buenas prácticas", incurren en procedimientos no éticos o que pueden implicar una cierta discriminación; por ejemplo, los *programas de referidos*[4], cuya implementación, según como se lleve a la práctica, podría no permitir la igualdad de oportunidades.

4 Un *programa de referidos* es aquel mediante el cual los colaboradores de la propia organización presentan candidatos que ellos consideran interesantes, por sus capacidades, ya sea en relación con una búsqueda concreta o de manera general, anticipando una futura búsqueda por parte de la empresa. También se los conoce por su denominación en inglés, *referral programs.*

Ejemplo: cuando se utilizan los programas de referidos para reclutar personas de una determinada clase social, religión u otro factor similar. Semejante al punto anterior, podríamos señalar el caso de empresas que definen como únicas fuentes de reclutamiento la selección de egresados de determinadas universidades bajo la presunción de seleccionar personas con ciertas características.

- Entre los *empleadores* que intervienen en un proceso de selección se cuentan, además del área de Recursos Humanos, el futuro jefe/cliente interno. El comportamiento no ético más frecuente se presenta cuando este –por su cuenta– pide referencias a empleadores anteriores, antes de haber realizado la oferta de empleo. Si la persona que se postula está trabajando esta averiguación (que delata que está buscando cambiar de trabajo) le puede acarrear problemas con su actual empleador. En esta mala práctica también pueden incurrir los especialistas, pero es menos frecuente.

Los postulantes

Si bien existe una tendencia a enumerar los comportamientos no éticos por parte de los empleadores, no son estos los únicos que pueden tenerlos. Algunos comportamientos no éticos por parte de los postulantes tienen que ver con la asunción de compromisos que luego no cumplen.

En mi país, Argentina, como en muchos otros, los procesos de selección están basados en compromisos no escritos. Esto, como es obvio, puede traer consecuencias negativas a todos los participantes, pero en este punto me voy a referir solo a la relación con el postulante, por representar la situación más frecuente. Muchas veces, personas que aceptan un nuevo empleo con todas sus cláusulas –luego de un proceso de negociación– y que acuerdan un día y hora para el comienzo de la relación, llegado el momento no se presentan, por razones diversas: han aceptado otra posición, han renegociado con su actual empleador, han repensado la situación por cualquier motivo, sin reconocer que habían aceptado una propuesta y asumido un compromiso. Lo más grave de todo esto es que en muchos casos estas personas no son conscientes de que han obrado mal. Estas situaciones acarrean al futuro empleador concretos perjuicios económicos, derivados de la pérdida de tiempo y de la necesidad de reabrir un proceso de selección que se consideraba finiquitado.

Situaciones análogas se presentan cuando una persona, habiendo iniciado la relación laboral, renuncia a los pocos días porque se concretó otra búsqueda en la que estaba participando y que, por ejemplo, satisface en grado más alto sus requerimientos económicos.

A esta falta de seriedad se suman muchas otras inconductas, como personas que acuerdan una cita para realizar una entrevista, no se presentan y no avisan que no irán, o que brindan información falsa, o que aseguran tener conocimientos que no poseen y muchas otras situaciones similares. En general este tipo de situaciones, debido a que el postulante parece el factor más débil de la relación, no reciben sanción ni crítica de ningún tipo e incluso, en muchas ocasiones, generan admiración entre pares.

Comentarios finales sobre la ética en el proceso de selección

Más allá de las normativas vigentes, los empresarios o directivos de las organizaciones, tanto públicas como privadas, deberían observar y hacer observar una serie de comportamientos en relación con la interacción de las personas que las integran, sin tener en cuenta solamente el hecho eventual de un posible juicio. ¿Por qué decimos eventual? Porque muchas personas, antes de verse sometidas a una situación de reexaminación, donde muchas veces se analiza a la víctima y no al victimario, ante la dificultad de la prueba o ante la falta de confianza en la Justicia, optan por no denunciar un caso de discriminación o acoso, de cualquier tipo. Por lo tanto, se sugiere incorporar principios éticos en el funcionamiento mismo de las organizaciones, como un valor compartido por todos, no como una obligación más a cumplir.

La implementación de las buenas prácticas de Recursos Humanos, a las que se hizo referencia en el Capítulo 1, y que en materia de selección fueron consideradas en la totalidad de esta obra, sería una suerte de prevención para evitar comportamientos no éticos en las organizaciones. Los comportamientos éticos –y, en consecuencia, los que no lo son– van más allá del soporte tecnológico que se utilice en los distintos pasos de un proceso de selección. Se verifican –o no– en cualquier momento y circunstancia.

Adicionalmente será posible introducir principios éticos –mencionados en párrafos previos– en todos los aspectos organizacionales al incluir en el modelo de competencias organizacional la competencia Ética[5], por ejemplo, dentro de las competencias cardinales. De este modo formará parte de los descriptivos de puestos de todos los integrantes de la organización, desde la alta gerencia hasta todos los

5 Se sugiere al lector ver las definiciones de las competencias cardinales relacionadas con valores, entre ellas Ética, en la obra *Diccionario de competencias. La trilogía. Tomo 1*, Ediciones Granica, Buenos Aires, 2015.

demás niveles. Si la organización cuenta con personal contratado[6], a este también deberían solicitársele los mismos comportamientos éticos.

En cuanto a las consultoras, comparto a continuación un documento para la reflexión, emitido por la Confederación de Consultores en Reclutamiento y Selección francesa, donde se propone el cuidado de las personas que buscan empleo y, además, un comportamiento ético en relación con los clientes y colegas.

Los candidatos a puestos de trabajo son empleados, estudiantes y/o profesores que en otros ámbitos se comportan correctamente y, por alguna razón, en el momento en que devienen postulantes creen disponer de libertad absoluta para asumir formas inadecuadas de comportamiento. No ocurre en todos los casos, pero sí con alguna frecuencia.

Por último, con relación a los personas en general, y a riesgo de parecer ingenua, imagino que si en las organizaciones –incluyendo escuelas, universidades, empresas, organismos de gobierno, etc.– se verificaran comportamientos éticos, esto influiría en la sociedad en su conjunto, incluyendo a los actores aquí mencionados.

Este Anexo se complementa con dos apéndices:

- Carta deontológica de la Confederación Francesa de Consultores en Reclutamiento y Selección.
- Preguntas personales reñidas con el buen gusto.

Carta deontológica de la Confederación de Consultores en Reclutamiento y Selección (de Francia)[7]

Los consultores en reclutamiento buscan personas para futuras responsabilidades y pueden también aconsejar a estas en su desarrollo y a las empresas en cuanto a mejorar su eficacia.

1. Ejercer la profesión en el respeto de los derechos fundamentales de la persona humana. En particular respetar la vida privada y no practicar ninguna discriminación étnica, social, sindical, sexual, política o religiosa.

6 Muchas organizaciones poseen funciones tercerizadas (bajo el formato de *outsourcing*), por ejemplo, el sector de vigilancia, servicios de IT (tecnología informática), entre otras.

7 Landreau, Jacques. "Les conseils en recruitement". Capítulo 9 de la obra *10 Outils clés du recruteur*. GO Editions, Paris, 1998.

2. Obligarse a transmitir el intercambio de información completa y sincera entre las partes implicadas. Esclarecer la reflexión de sus interlocutores y favorecer la expresión de una elección libre y responsable.
3. Comprometerse a las exigencias del secreto profesional y la prohibición de utilizar las informaciones recibidas para otros fines que el éxito de su misión.
4. No recibir ninguna retribución de parte de los candidatos, actuales o potenciales.
5. No aceptar más que trabajos de selección que estime, en conciencia, corresponden a su formación y aptitudes.
6. Intervenir solamente sobre la base de una proposición escrita que defina con precisión el contenido y las modalidades de la tarea a realizar, necesariamente exclusiva, que le es confiada.
7. Poner en acción los métodos válidos fundamentales y tener la inquietud constante de mejorar la calidad de sus técnicas y la competencia profesional de sus consultores.
8. Formular apreciaciones limitadas a las perspectivas profesionales de la misión que se le ha encargado.
9. Tener regularmente informados a sus interlocutores, empresa y candidatos, de la evolución de la tarea encargada. Aconsejar a estos últimos, si ellos lo desean, sobre el desarrollo de sus carreras.
10. Observar las reglas de una competencia leal con respecto a sus colegas.

Preguntas personales reñidas con el buen gusto[8]

Todos aquellos que deban realizar entrevistas fuera de su país, o en la sucursal local de alguna empresa extranjera, deberán conocer con precisión la legislación nacional y la política interna de la organización en materia de discriminación y averiguar sobre las preguntas que se consideran aceptables e inaceptables en una entrevista de selección.

En general, y en cualquier parte del mundo, hay aspectos de la vida, la historia personal y la conducta que son íntimos, y el simple respeto por el otro impide formular preguntas al respecto.

8 Fuente: *Elija al mejor*. Obra citada.

A modo de ejemplo, a continuación se transcriben algunas preguntas que podrían violar el derecho a la intimidad de una persona, y que consideramos que deben evitarse en una entrevista de selección. Cada organización podrá incorporar otras según su propia política.

Si por algún motivo relacionado con el puesto de trabajo fuese importante informarse sobre algunos de los aspectos mencionados a continuación, se deberá ser muy cuidadoso al formular las preguntas respectivas e interrogar acerca de esas cuestiones de la manera más sutil que sea posible.

Como criterio general es importante recordar que todas las preguntas de la entrevista deben relacionarse con el puesto que la persona entrevistada aspira a ocupar.

Las preguntas que no deben hacerse

1. ¿Le molesta trabajar con un jefe más joven que usted?
2. ¿Alguna vez lo condenaron por un delito?
3. ¿Alguna vez lo arrestaron?
4. ¿Tiene discapacidades físicas?
5. ¿Tiene, o ha tenido, problemas con el alcohol o las drogas?
6. ¿Tiene VIH/sida?
7. ¿Cuáles son sus problemas de salud?
8. ¿Es usted saludable y fuerte físicamente?
9. ¿Tiene buen oído?
10. ¿Puede leer letras pequeñas?
11. ¿Tiene problemas de espalda?
12. ¿Alguna vez le negaron el seguro médico?
13. ¿Cuándo fue la última vez que lo hospitalizaron?
14. ¿Algún miembro de su familia es discapacitado?
15. ¿Alguna vez solicitó licencia por enfermedad?
16. ¿Visita al médico con frecuencia?
17. ¿Toma a diario muchos medicamentos?

18. Esta es una compañía cristiana (o judía, o musulmana). ¿Considera que sería feliz trabajando aquí?
19. ¿Es un problema para usted trabajar con personas de otra raza (o religión, ideología, etc.)?
20. ¿Piensa casarse pronto?
21. ¿Es usted un padre (o madre) soltero/a?
22. ¿Qué hace para controlar la natalidad?
23. ¿Cuáles son sus planes en materia de familia? ¿Proyecta tener (más) hijos?
24. ¿Su apellido es judío (o cualquier otro origen)?
25. ¿Hay algún día de la semana que no pueda trabajar (por razones religiosas)?
26. ¿Es miembro de alguna iglesia?
27. ¿Sus hijos asisten a catequesis?
28. ¿Qué hace los domingos?
29. ¿Asiste a la iglesia?
30. ¿Es miembro de algún grupo religioso?
31. ¿Cuál es su orientación sexual?
32. ¿Es miembro de algún grupo de gays/lesbianas?
33. ¿Es usted heterosexual?
34. ¿Hace citas con miembros del sexo opuesto, o del mismo sexo?
35. ¿Quién pagó su educación formal?
36. ¿Tiene deudas?
37. ¿Cuánto vale su red de contactos?
38. ¿Pertenece a organizaciones gremiales?
39. ¿Está afiliado a algún partido político?
40. ¿Por quién votó en la última elección?

Bibliografía

Almeida, Walnice. *Captação e Seleção de talentos. Repensando a Teoria e a Prática.* Editorial Atlas, San Pablo, 2004.

Arthur, Diane. *Selección efectiva de personal.* Grupo Editorial Norma, Bogotá, 1992. La obra original data de 1986.

Beccaría, Luis y López, Néstor (compiladores). *Sin trabajo. Las características del desempleo y sus efectos en la sociedad argentina.* UNICEF / Losada, Buenos Aires, 1997.

Beccaría, Luis y López, Néstor. "El comportamiento del mercado de trabajo urbano". Artículo publicado en una obra compilada por los mismos autores: *Sin trabajo. Las características del desempleo y sus efectos en la sociedad argentina.* UNICEF / Losada, Buenos Aires, 1997.

Beccaría, Luis. *Empleo e integración social.* Fondo de Cultura Económica, Buenos Aires, 2001.

Becker, Brian E.; Huselid, Mark A. y Ulrich, Dave. *El cuadro de mando de Recursos Humanos.* Gestión 2000, Barcelona, 2003.

Boccalari, R.; Caroni, L.; Oggioni, E.; Piccolo, A.; Rullani, E.; Vergeat, M. *Competenze. Leva di eccellenza delle persone e delle organizzazioni.* Franco Angeli, Milano, 2004.

Brogan, Chris. *Social Media 101. Tactis and Tips to Develop Your Business Online.* John Wiley & Son, New Jersey, 2010.

Byrne, John. *La búsqueda de grandes ejecutivos. Un negocio muy lucrativo.* Planeta, Barcelona, 1988.

Carretta, Antonio; Dalziel, Murray M. y Mitrani, Alain, *Dalle Risorse Umanealle Competenze,* Franco Angeli Azienda Moderna, Milán, 1992.

Chiavenato, Idalberto. *Gestión del talento humano.* McGraw-Hill, Bogotá, 2002.

Colardyn, Danielle. *La gestion des compétences. Perspectives internationales.* Presses Universitaires de France, Paris, 1996.

Cole, Gerald. *Organisational Behaviour.* DP Publications, London, 1995.

Cole, Gerald. *Personnel Management.* Letts Educational Aldine Place, London, 1997.

Cortina, Adela. *Ética en la empresa.* Trotta, Madrid, 1994.

Courtis, John. *Recruitment advertising. Right first time.* Institute of Personnel and Development, London, 1994.

Coussey, Mary & Jackson, Hilary. *Making equal opportunities work.* Pitman Publishing, London, 1991.

De Ansorena Cao, Alvaro. *15 pasos para la selección de personal con éxito.* Paidós Empresa, Barcelona, 1996.

Dessler, Gary. *Administración de personal.* Prentice-Hall Hispanoamericana, México, 1996.

Doury, Jean Pierre. *Cómo conducir una entrevista de selección de personal.* El Ateneo, Buenos Aires, 1995.

Eubanks, James L.; Marshall, Julie B. & O'Driscoll, Michael P. "A competency model of OD practitioners". *Training and Development Journal*, 1990.

Evers, Frederick T.; Rush, James C. & Berdrow, Iris. *The Bases of Competence. Skills for lifelong learning and Employability.* Jossey-Bass Publishers, San Francisco, 1998.

Fear, Richard & Chiaron, Robert. *The evaluation interview.* McGraw-Hill. EE.UU., 1990.

Fisher, Roger; Ury, William y Patton, Bruce. *Sí..., de acuerdo! Cómo negociar sin ceder.* Grupo Editorial Norma, Bogotá, 1997.

Fitz-enz, Jac. *Cómo medir la gestión de Recursos Humanos.* Ediciones Deusto, Bilbao, 1999.

Frederick, Robert E. *La ética en los negocios.* Oxford Press, México, 2001.

Gómez-Mejía, Luis R.; Balkin, David B.; Cardy, Robert L. *Gestión de Recursos Humanos.* Prentice-Hall, Madrid, 1998.

Grados, Jaime. *Centros de Evaluación (Assessment Center).* Editorial El Manual Moderno, México, 2000.

Grassano de Piccolo, Elsa. *Indicadores psicopatológicos en técnicas proyectivas.* Nueva Visión, Buenos Aires, 1977.

Hackett, Penny. *The Selection Interview.* Institute of Personnel and Development, London, 1995.

Harris, Michael M. "Reconsidering the employment interview: a review of recent literature and suggestions for future research". *Personnel Psychology.* 1989.

Heene, Aimé & Sanchez, Ron (ed.). *Competence Based. Strategic Management.* John Wiley & Sons, England, 1997.

Iannone, A.P. (Ed.). *Contemporary moral controversies in business.* Oxford University Press, New York, 1989.

Jolis, Nadine. *Compétences et Compétitivité.* Les éditions d'organisation, Paris, 1998.

Kador, John. *The manager's books of questions.* McGraw-Hill, EE.UU., 1997.

Kaplan, Robert S. y Norton, David P. *Cuadro de mando integral (The Balance Scorecard).* Ediciones Gestión 2000, Barcelona, 1997.

Kelly, Charles M. "The interrelationship of ethics and power in today's organizations". *Organizational Dynamics,* 1987.

Klinvex, Kevin C.; O'Connell, Matthew S. & Klinvex, Christopher P. *Hiring great people.* McGraw-Hill, New York, 1999.

L'Hoste, Hubert. "L'entretien de Sélection". Capítulo 4 de la obra *10 Outils clés du recruteur.* GO Editions, Paris, 1998.

Landreau, Jacques. "Les conseils en recruitement". Capítulo 9 de la obra *10 Outils clés du recruteur.* GO Editions, Paris, 1998.

Levy-Leboyer, Claude. *Gestión de las competencias.* Gestión 2000, Barcelona, 1997. Obra original: *La gestion des competences;* Les éditions d'organisation, Paris, 1992.

Lucia, Anntoinette & Lepsinger, Richard. *The art and science of Competency models.* Jossey-Bass / Pfeiffer, San Francisco, 1999.

Marchal, Emmanuelle. "Les compétences du recruteur dans l'exercice du jugement des candidates". *Travail et Emploi* N° 78. París. Enero 1999.

Mathis, Robert L. & Jackson, John H. *Human Resource Management.* South-Western College Publishing, a division of Thompson Learning; Cincinatti, Ohio; 2000.

McClelland, David C. "Intelligence is not the best predictor of job performance". *Current Directions in Psychological Science,* 1993.

McClelland, David C. "How motives, skills, and values determine what pleople do?". *American Psychologist,* 1985.

McClelland, David C. "Identifying competencies with Behavioral-event interviews". *Psychological Science,* 1998.

McClelland, David C. "Motivational factors in health and disease". *American Psychologist,* 1989, 44(4), 675:83.

McClelland, David C. "The knowledge – testing – educational complex strikes back". *American Psychologist,* 1994.

McClelland, David C. *Human Motivation.* Cambridge University Press. Cambridge, 1999 (obra original de 1987).

McClelland, David C. & Boyatzis, Richard E. "Opportunities for counselors from the Competency Assessment Movement". *The Personnel and Guidance Journal,* 1980.

McClelland, David C. & Burnham, David H. "Power is the great motivator". *Harvard Business Review,* 1976.

McClelland, David C. & Franz, Carol E. "Motivational and other sources of work accomplishments in mid-life: a longitudinal study". *Journal of Personality,* 1992.

McClelland, David C. & Teague, Gregory. "Predicting risk preferences among power-related tasks". *Journal of Personality,* 1975.

McClelland, David C. & Watson, Robert Jr. "Power motivation and risk-taking behavior". *Journal of Personality,* 1973.

McClelland, David C.; Koestner, Richard & Weinberger, Joel. "How do self-attributed and implicit motives differ?". *Psychological Review,* 1989.

Meister, Jeanne C. & Willyerd, Karie. *The 2020 Workplace.* HarperCollins Publishers, New York, 2010.

Merrill, Douglas C. & Martin, James A. *Getting Organized in the Google Era.* Broadway Books, New York, 2010.

Milkovich, George y Boudreau, John. *Administración de Recursos Humanos. Un enfoque de estrategia.* Addison-Wesley Iberoamericana, México, 1994.

OIT. "Igualdad en el empleo y la ocupación". Conferencia Internacional del Trabajo, N° 83, 1996.

Ordóñez Ordóñez, Miguel. La *nueva gestión de los recursos humanos.* Ediciones Gestión 2000, Barcelona, 1995.

Orpen, Christopher. "Patterned behavior description interviews versus unstructured interviews: A comparative validity study". *Journal of Applied Psychology.*

Peretti, Jean-Marie. *Gestion des ressources humaines.* Librairie Vuibert, Paris, 1998.

Peter, Laurence J. *El principio de Peter.* Plaza & Janés Editores, Barcelona, 1998.

Piccardo, Nicoletta. *Estrategias para hacer carrera.* Editorial De Vecchi, Barcelona, 1992.

Rae, Leslie. *The skills of interviewing, a guide for managers and trainers.* Gower, England, 1988.

Quijano, Santiago. *Dirección de Recursos Humanos y Consultoría en las organizaciones,* Editorial Icaria, Barcelona, 2006.

Renckly, Richard. *Human resources.* Barron's Educational Series. EE.UU., 1997.

Rutledge, Patrice & Anne. *Sams Teach Yourself LinkedIn in 10 Minutes.* Sams Publishing, Indianapolis, 2010.

Sachs, Randi Toler. *How to become a skillful interviewer.* Amacom, New York, 1994.

Sainz, Francisco Javier y Gorospe, Lourdes. *El test de Rorschach y su aplicación en la psicología de las organizaciones.* Paidós, Ginebra, 1994.

Schein, Edgar. *Psicología de la organización.* Prentice-Hall Hispanoamericana, México, 1982.

Shah, Rawn. *Social Networking for Business.* Pearson Education, Inc. Wharton School Publishing, New Jersey, 2010.

Sherman, Arthur; Bohlander, George y Snell, Scott. *Administración de Recursos Humanos.* Thomson Internacional, México, 1999.

Shih, Clara. *The Facebook Era.* Pearson Education, Boston, 2010.

Simon, Mary. *Negotiate your job offer.* John Wiley & Sons Inc., New York, 1998.

Smtih, Nick & Wollan, Robert. *The Social Media Management Handbook.* John Wiley & Son, New Jersey, 2011.

Sorell, Tom & Hendry, John. *Business Ethics.* Butterworth Heinemann, Oxford, 1996.

Spencer, Lyle M. & Spencer, Signe M. *Competence at work, models for superior performance.* John Wiley & Sons, Inc., New York, 1993.

Sterne, Jim. *Social Media Metrics.* John Wiley & Son, New Jersey, 2010.

Tapscott, Don & Williams, Anthony D. *Wikinomics. How Mass Collaboration Changes Everything.* Penguin Group, New York, 2010.

Tomasi, Chuck & Steppe, Kreg. *Sams Teach Yuorself WordPress in 10 minutes.* Pearson Education, Inc., New Jersey, 2010.

Vermès, Jean-Paul. *Le guide du CV 1998.* Les presses du management, Paris, 1998.

Weiss, Dimitri y colaboradores. *La función de los recursos humanos.* CDN Ciencias de la Dirección, Madrid, 1992.

Wilson, Robert. *Conducting better job interviews.* Barron's Educational Series, New York, 1997.

Winter, David. "The contributions of David McClelland to personality *assessment*". *Journal of Personality Assessment,* 1998.

Bibliografía de Martha Alles

12 pasos para conciliar vida profesional y personal. Desde la mirada individual. Ediciones Granica, Buenos Aires, 2013.

12 pasos para ser un buen jefe. Ediciones Granica, Buenos Aires, 2014. Título anterior de esta obra: *Cómo ser un buen jefe en 12 pasos* (2008).

5 pasos para transformar una oficina de personal en un área de Recursos Humanos. Ediciones Granica, Buenos Aires, 2005.

Codesarrollo: una nueva forma de aprendizaje. Ediciones Granica, Buenos Aires, 2009.

Cómo delegar efectivamente en 12 pasos. Ediciones Granica, Buenos Aires, 2010.

Cómo transformarse en un jefe entrenador en 12 pasos. Ediciones Granica, Buenos Aires, 2010.

Comportamiento organizacional. Ediciones Granica, Buenos Aires, 2016.

Conciliar vida profesional y personal. Dos miradas: organizacional e individual. Ediciones Granica, Buenos Aires, 2016.

Construyendo talento. Ediciones Granica, Buenos Aires, 2016.

Cuestiones sobre gestión de personas. Qué hacer para resolverlas. Ediciones Granica, Buenos Aires, 2015.

Desarrollo del talento humano. Basado en competencias. Ediciones Granica, Buenos Aires. Nueva edición, 2008.

Desempeño por competencias. Evaluación de 360°. Nueva edición. Ediciones Granica, Buenos Aires, 2008.

Diccionario de competencias. La trilogía. Tomo 1. Ediciones Granica, Buenos Aires, 2015.

Diccionario de comportamientos. La trilogía. Tomo 2. Ediciones Granica, Buenos Aires, 2015.

Diccionario de preguntas. La trilogía. Tomo 3. Ediciones Granica, Buenos Aires, 2015.

Diccionario de términos de Recursos Humanos. Ediciones Granica, Buenos Aires, 2011.

Dirección estratégica de Recursos Humanos. Volumen 1. Gestión por competencias. Ediciones Granica, Buenos Aires. Nueva edición, 2015.

Dirección estratégica de Recursos Humanos. Volumen 2. Casos. Ediciones Granica, Buenos Aires. Nueva edición, 2016.

Elija al mejor. Ediciones Granica, Buenos Aires, 2003. Nueva edición 2016.

Incidencia de las competencias en la empleabilidad de profesionales. Empleabilidad y Competencias. EAE Editorial Académica Española; Saarbrücken, Alemania, 2011.

La Marca Recursos Humanos. Ediciones Granica, Buenos Aires, 2014.

Las 50 herramientas de Recursos Humanos que todo profesional debe conocer. Ediciones Granica, Buenos Aires, 2016.

Rol del jefe. Ediciones Granica, Buenos Aires, 2008.

Social media y Recursos Humanos. Ediciones Granica, Buenos Aires, 2012.

Unas palabras sobre la autora

Martha Alicia Alles es Doctora por la Universidad de Buenos Aires, área Administración. Su tesis doctoral se presentó bajo el título *La incidencia de las competencias en la empleabilidad de profesionales.* Su primer título de grado es Contadora Pública Nacional (UBA). Posee una amplia experiencia como docente universitaria, en diversos posgrados tanto de la Argentina como del exterior.

Con más de cuarenta títulos publicados hasta el presente, es la autora argentina que ha escrito la mayor cantidad de obras sobre su especialidad. Cuenta con colecciones de libros de texto sobre Recursos Humanos, Liderazgo y Management Personal, que se comercializan en toda Hispanoamérica.

De su colección sobre **Recursos Humanos** ha publicado:

- Temas generales de Recursos Humanos y Comportamiento Organizacional:
  - *Dirección estratégica de Recursos Humanos. Gestión por competencias* (nueva edición revisada, 2015).
  - *Dirección estratégica de Recursos Humanos. Gestión por competencias. Casos* (nueva edición revisada, 2016).
  - *5 pasos para transformar una oficina de personal en un área de Recursos Humanos* (2005).
  - *Comportamiento organizacional* (2016).
- Específicos sobre modelos de competencias:
  - *Gestión por competencias. El diccionario* (2002, y 2ª edición revisada, 2005).
  - *Diccionario de comportamientos. Gestión por competencias* (2004).
  - *Diccionario de preguntas. Gestión por competencias* (2005).
- Nuevas obras preparadas sobre la base de un enfoque diferente de la metodología de Gestión por competencias:
  - *Diccionario de competencias. La trilogía. Tomo 1* (2015).
  - *Diccionario de comportamientos. La trilogía. Tomo 2* (2015).
  - *Diccionario de preguntas. La trilogía. Tomo 3* (2015).
- Sobre selección:
  - *Empleo: el proceso de selección* (1998, y nueva edición revisada, 2001).
  - *Empleo: discriminación, teletrabajo y otras temáticas* (1999).
  - *Elija al mejor. La entrevista. La entrevista por competencias.* Nueva edición 2016.
  - *Selección por competencias* (2016).
- Sobre desempeño:
  - *Desempeño por competencias. Evaluación de 360º* (2004, y nueva edición revisada y ampliada, 2008).
- Sobre desarrollo de personas:
  - *Desarrollo del talento humano. Basado en competencias* (2005, y nueva edición revisada y ampliada, 2008).
  - *Codesarrollo. Una nueva forma de aprendizaje* (2009).
  - *Construyendo talento* (2016).

- Sobre Recursos Humanos, liderazgo y management:
  - *Diccionario de términos de Recursos Humanos* (2011).
  - *Las 50 herramientas de Recursos Humanos que todo profesional debe conocer* (2016).
  - *Social media y Recursos Humanos* (2012).
  - *La Marca Recursos Humanos* (2014).
  - *Cuestiones sobre Gestión de Personas* (2015).

De los siguientes títulos están disponibles solo en Internet (**www.xcompetencias.com**), para profesores, una edición de *Casos* y otra edición de *Clases: Comportamiento organizacional, Codesarrollo, Construyendo talento, Dirección estratégica de Recursos Humanos* (nueva edición 2015), *Desempeño por competencias, Desarrollo del talento humano. Selección por competencias, La trilogía (Diccionario de competencias. La trilogía. Tomo 1; Diccionario de comportamientos. La trilogía. Tomo 2;* y *Diccionario de preguntas. La trilogía. Tomo 3), 200 modelos de currículum,* y *Mitos y verdades en la búsqueda laboral.*

- De la serie **Liderazgo** podemos mencionar:
  - *Rol del jefe* (2008).
  - *12 pasos para ser un buen jefe* (2008).
  - *Conciliar vida profesional y personal* (2016).
  - *Cómo transformarse en jefe entrenador en 12 pasos* (2010).
  - *Cómo delegar efectivamente en 12 pasos* (2010).
  - *12 pasos para conciliar vida profesional y personal* (2013).
- Su colección de libros destinados al **Management Personal** está compuesta por:
  - *Las puertas del trabajo* (1995).
  - *Mitos y verdades en la búsqueda laboral* (1997, y nueva edición revisada y ampliada, 2008).
  - *200 modelos de currículum* (1997, y nueva edición revisada y ampliada, 2008).
  - *Su primer currículum* (1997).
  - *Cómo manejar su carrera* (1998).
  - *La entrevista laboral* (1999).
  - *Mujeres, trabajo y autoempleo* (2000).
- En la colección de **Bolsillo** se publicaron:
  - *La entrevista exitosa* (2005 y 2009).
  - *La mujer y el trabajo* (2005).
  - *Mi carrera* (2005 y 2009).
  - *Autoempleo* (2005).
  - *Mi búsqueda laboral* (2009).
  - *Mi currículum* (2009).
  - *Cómo llevarme bien con mi jefe y con mis compañeros de trabajo* (2009).
  - *Cómo buscar trabajo a través de Internet* (2009).

Martha Alles es habitual colaboradora en revistas y periódicos de negocios, programas radiales y televisivos de la Argentina y de otros países hispanoparlantes, y conferencista invitada por diferentes organizaciones empresariales y educativas, tanto locales como internacionales. En los últimos dos años ha dictado conferencias y seminarios en Bolivia, Colombia, Costa Rica, Chile, Ecuador, El Salvador, Estados Unidos, Guatemala, México, Nicaragua, Panamá, Paraguay, Perú, República Dominicana, Uruguay, Venezuela, entre otros, además de numerosos seminarios en su país, Argentina.

Es consultora internacional en Gestión por competencias y presidenta de Martha Alles International, firma regional que opera en toda Latinoamérica y Estados Unidos, lo que le permite unir sus amplios conocimientos técnicos con su práctica profesional diaria. Cuenta con una experiencia profesional de más de veinticinco años en su especialidad.

Es casada, tiene tres hijos, dos nietas y un nieto.

Martha Alles SA
Talcahuano 833 (Talcahuano Plaza), piso 2
Buenos Aires, Argentina
Teléfono: (54-11) 4815 4852
Twitter: marthaalles

Libros de Martha Alles de la serie Recursos Humanos, publicados por Ediciones Granica

Guía de lecturas: secuencia sugerida

- Comportamiento organizacional

- 5 pasos para transformar una oficina de personal en un área de Recursos Humanos

- Dirección estratégica de Recursos Humanos. Gestión por competencias.
- Dirección estratégica de Recursos Humanos. Gestión por competencias. CASOS

Trilogía:

- Diccionario de competencias. Tomo 1
- Diccionario de comportamientos. Tomo 2
- Diccionario de preguntas. Tomo 3

Libros complementarios de la **Serie Management Personal**

- Mitos y verdades en la búsqueda laboral
- 200 modelos de currículum

- Selección por competencias
- Elija al mejor. La entrevista. La entrevista por competencias

- Desempeño por competencias. Evaluación 360°

- Desarrollo del talento humano. Basado en competencias

- Construyendo talento
- Codesarrollo: una nueva forma de aprendizaje

Libros de Martha Alles publicados por Ediciones Granica relacionados con Recursos Humanos y Liderazgo

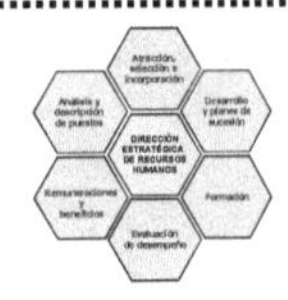

- Diccionario de términos de Recursos Humanos
- Las 50 herramientas de Recursos Humanos que todo profesional debe conocer
- Social media y Recursos Humanos
- La Marca Recursos Humanos
- Cuestiones sobre gestión de personas. Qué hacer para resolverlas

Libros de la serie Liderazgo de Martha Alles publicados por Ediciones Granica

Guía de lecturas: secuencia sugerida

- Rol del jefe. Cómo ser un buen jefe
- 12 pasos para ser un buen jefe

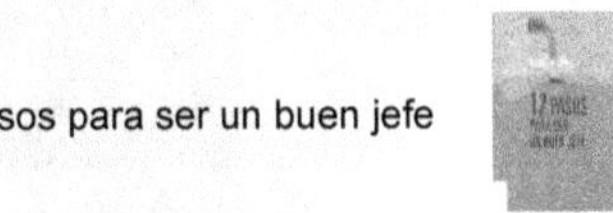

- Cómo llevarme bien con mi jefe y con mis compañeros de trabajo. Serie Bolsillo

- Conciliar vida profesional y personal

- Cómo transformarse en un jefe entrenador en 12 pasos

- Cómo delegar efectivamente en 12 pasos

- 12 Pasos para conciliar vida profesional y personal

Para conocer más sobre la obra de Martha Alles

Revista Técnica Virtual

alles@marthaalles.com
www.marthaalles.com

info@xcompetencias.com
www.xcompetencias.com

CORPORATE
T: +1 (786) 600-1064
A: 2020 NE 163 St, Suite 300-A, North Miami Beach, FL 33162, USA

ARGENTINA
T: +54 (11) 4815-4852
A: Talcahuano 833, 2 piso, Suite "E", Buenos Aires, (1013) Argentina

Martha Alles International

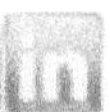

Martha Alles International

@marthaalles

Martha Alles International

www.ingramcontent.com/pod-product-compliance
Lightning Source LLC
LaVergne TN
LVHW061931220826
846092LV00004B/1003

9789506419011